高水平经济学科建设丛书

中国农产品贸易开放过程中的若干问题及治理研究

赵涤非　著

Study on Several Problems and Governance
in the Process of China's Agricultural Products International Trade

中国财经出版传媒集团

经济科学出版社
Economic Science Press

图书在版编目（CIP）数据

中国农产品贸易开放过程中的若干问题及治理研究／
赵涤非著 . —北京：经济科学出版社，2015. 12
（高水平经济学科建设丛书）
ISBN 978 - 7 - 5141 - 6501 - 2

Ⅰ. ①中… Ⅱ. ①赵… Ⅲ. ①农产品贸易 - 国际贸易 -
研究 - 中国 Ⅳ. ①F752. 652

中国版本图书馆 CIP 数据核字（2015）第 312591 号

责任编辑：于海汛 李一心
责任校对：刘 昕
版式设计：齐 杰
责任印制：李 鹏

中国农产品贸易开放过程中的若干问题及治理研究
赵涤非 著
经济科学出版社出版、发行 新华书店经销
社址：北京市海淀区阜成路甲 28 号 邮编：100142
总编部电话：010 - 88191217 发行部电话：010 - 88191522
网址：www. esp. com. cn
电子邮件：esp@ esp. com. cn
天猫网店：经济科学出版社旗舰店
网址：http：//jjkxcbs. tmall. com
北京汉德鼎印刷有限公司印刷
三河市华玉装订厂装订
787 × 1092 16 开 25. 75 印张 540000 字
2016 年 11 月第 1 版 2016 年 11 月第 1 次印刷
ISBN 978 - 7 - 5141 - 6501 - 2 定价：60. 00 元
（图书出现印装问题，本社负责调换。电话：010 - 88191510）
（版权所有 侵权必究 举报电话：010 - 88191586
电子邮箱：dbts@ esp. com. cn）

丛 书 总 序

　　为了促进我校我院经济学科的发展，展示我校我院经济学科全院教师的学术研究水平，进一步提高我国经济学科的理论和应用研究水平，我们撰写和编辑了这套高水平经济学科建设丛书。第一批计划推出 8 本著作，它们是：《向量自回归模型及其应用》，《中国农产品贸易开放过程中的若干问题及治理研究》，《智力资本价值创造研究》，《我国猪肉产业发展与猪肉贸易政策效应评价研究》，《福建省三次产业投入产出动态比较分析——基于历次可比价投入产出序列表》，《中国零售业资本结构及结构调整研究——基于零售上市企业数据》，《"互联网＋"下中国 P2P 网络借贷市场研究》，《计量经济学软件 EViews 操作和建模实例》。其中有些著作偏重于理论和方法的介绍，有些偏重于实际应用。这些著作的共同特点是知识结构新，反映经济学科中某一方面的最新发展状况，并包含作者自己的研究成果。今后随着时间的推移，我们还将进一步推出更多、更好的有代表性的学术著作。

　　读者对这套丛书有什么意见，可以随时反馈给我们。书中若有不妥或错误之处，敬请广大读者批评指正。

黄志刚

2016 年 10 月

前言

近 14 年来，我国经济融入世界经济的步伐在不断加快，自由化程度不断提高，如何协调自由化过程中的各种利害关系一直是一个重要的研究课题。农业被公认为受贸易开放影响最大的产业，农产品贸易成为我国加入 WTO 后最令人关注的领域之一。我国农产品市场开放对农业的影响已经开始凸显，部分产品生产受冲击，农民收入增长乏力，城乡和地区收入差距继续扩大。同时，随着农产品国际贸易的深入，国际国内两个粮食市场的联系也越来越紧密，研究国内粮食价格已经不能忽视来自于国际市场的影响。而且中央政府更加充分地意识到利用国际市场来调节粮食供给和稳定粮价的重要性。这对保障中国粮食安全具有重要的意义。

作为 WTO 的正式成员，我国参与了新的一轮贸易自由化谈判，将面临新的减让承诺和进一步的自由化，这势必对我国农业产生更加深远的影响。贸易自由化以后我国农业部门应该基于比较优势原则进口土地密集型产品，出口劳动密集型产品，实现贸易交换的经济福利。但是，这种政策选择也面临着疑问：虽然土地密集型产品如粮食生产我国不具有比较优势，却涉及大多数的农村人口和农业就业，完全开放不仅仅是对产业的冲击，更多的是这部分人群的福利将不可避免地受到损害，甚至影响其基本生存。

在这样的背景下，我们对我国农产品贸易重点是粮食贸易进行了充分和系统的研究。本书在充分吸收国内外理论研究成果的基础上，运用价格传导理论、调成成本理论等相关理论工具对农产品贸易对我国农业的宏观影响进行了研究，并得出以下研究结论：

（1）基于全国总体数据和省际数据的分析，我国农民人均纯收入在总量上基本保持平稳的上升态势，而中国农产品贸易依存度总体存在上升趋势，而由于自然条件、地理因素和历史原因等的影响，农民收入和农产品贸易依存度存在着明显的区域差异。基于时间序列的实证分析显示，农产品贸易开放对农民收入的提高有促进作用，农产品贸易开放对农民收入水平的影响是不均衡的，农产品贸易开放对东部和中部农民收入的增加起到了促进作用，但会使西部农民收入下降。

（2）基于大豆、玉米、小麦、大米这四个主要粮食品种的贸易数据，利用阈值非对称误差修正模型和门限自回归条件异方差模型（TARCH）研究粮食价格国际传导的非对称性表现，得出以下几点结论：第一，在粮食四个品种中，大豆和玉米的国际国内价格之间存在长期协整关系，而小麦和大米则不存在。第二，Hansen 检验证实玉米和大豆的国际国内价格之间存在阈值效应。在非对称传导的表现中，大豆和玉米都存在方向和符号的非对称。另外，大豆还单独存在价格传导的幅度和速度非对称性。我国粮食出现非对称传导的原因，主要在于信息不对称和市场势力的存在。第三，价格传导的非对称性会影响我国进出口贸易调节效果的发挥，制订粮食进出口计划时，若未合理考虑非对称性，这容易导致进出口贸易的"逆向调节"。同时，粮食价格非国际传导的对称也会使我国社会总福利缩水，福利水平是低于粮食价格对称传导的情形。

（3）基于 26 个省份的面板数据，运用 LA/AIDS 两阶段模型对我国农村居民食品需求的自价格弹性进行估计，并分析了由农产品贸易开放度变化引致的食品价格变动对我国农村居民食品消费支出与消费量的影响。根据实证结果，主要得出以下几点结论：第一，农产品贸易开放度的提高对于我国农村整体食品价格上涨的拉动幅度很小。其中，对于粮食、油脂类、肉类、禽蛋和水产品的价格上涨有较大拉动，但降低了我国农村蔬菜的消费价格，对禽蛋、蔬菜的消费价格影响最大。第二，我国农村居民的粮食自价格弹性最小，几乎为零；水产品的自价格弹性最大，为富有弹性；油脂、肉类、禽蛋和蔬菜的自价格弹性介于 0.6~1.0。第三，由于粮食的自价格弹性几乎为零，因而农产品贸易开放度的提升对我国农村居民粮食的需求量影响最小，从而对粮食的消费支出影响最大。第四，农产品贸易开放度的提高减少了我国农村居民肉类、禽蛋、油脂和水产品的消费量，但这几类食品的消费支出并没有减少。

（4）基于 2001~2013 年全国 31 个省的样本数据，从农业投资主体的视角研究农产品贸易地区的农业投资对农产品出口的影响。实证结果表明，在全国的范围内，财政农业投资、农户生产性经营现金支出、农户生产性固定资产投资和农业利用外商投资对于农产品出口的影响都是显著的，农业投资是农产品出口的显著影响因素。其中前三类国内投资对农产品出口的影响为正向，农业利用 FDI 的影响为负向。在分区域的实证研究中，结果表明，东部地区农户自身的投资行为对出口的影响很大，中部地区外商直接投资对其贸易影响显著，而财政农业投资对于西部地区农产品出口作出了显著贡献。

（5）通过建立扩展的进出口引力模型和进口引力模型，并进行面板数据回归，分别研究了 CAFTA 对福建省农产品贸易的贸易创造效应和贸易转移效应。然后再设定投资效应模型，利用 1985～2010 年的时间序列数据研究 CAFTA 对福建省农产品贸易的投资效应。实证结果发现：福建与东盟间存在竞争性的农产品较少而互补性的农产品较多；福建与东盟农产品出口的产品结构相似性趋异而主要农产品出口的市场相似性趋同；产业内贸易在福建与东盟农产品贸易中的比重在增大；CAFTA 对福建农产品贸易的贸易创造效应大于贸易转移效应，即净贸易效应为正；CAFTA 促进了福建农产品贸易的规模经济效应和结构优化效应，但却使竞争力效应出现了下滑；由于集聚效应的存在，使 CAFTA 对福建农业 FDI 的投资转移效应大于投资创造效应，因此净投资效应为负。

（6）利用 1993～2012 年的全国样本数据，对"平滑调整假说"在我国农业部门的适用性进行检验，并在此基础上测算对比了我国各个地区的农产品和不同类别农产品所面临的调整成本。通过上述分析，我们利用 2003～2012 年的省际面板数据对贸易开放、调整成本和农民收入三者间的关系进行实证分析，并考虑地区差异对研究结果的影响。得出如下结论：第一，"平滑调整假说"对于我国农业部门具有适用性；第二，我国总体上面临着进口扩张型的调整成本，但存在着区域和种类的差异；第三，贸易开放对农民收入的影响受到了调整成本的制约，但各地区的影响是不均衡的，其中东部和中部地区受到了显著的影响，而西部地区的影响并不显著。

（7）以我国农产品加工业为研究对象，选取了 1992～2012 年的样本数据，采用动态面板模型，运用"平滑调整假说"的结论，即用产业内贸易水平的高低来衡量调整成本的大小，进而从贸易开放所引致的调整成本这个视角来分析贸易开放对我国农产品加工业产业结构优化的影响，包括对农产品加工业产业结构合理化的影响和对农产品加工业产业结构高度化的影响。实证结果发现，农产品贸易开放并不如经典贸易理论所言可以改善农产品加工业的产业结构，并使其不断趋向更加合理化和高级化以最终实现产业结构优化。贸易开放度的提高对当前农产品加工业的产业结构趋向更加合理化有一定的负向影响，但却有利于其趋向更加高级化。而农产品贸易所引致的调整成本对农产品加工业的产业结构趋向更加合理化和更加高级化均有一定的负向影响，即农产品加工业产业结构的优化受到了调整成本的显著负向影响。

全书共分为七篇，第一篇，农产品贸易开放与农民收入；第二篇，农产品贸易开放与粮食价格国际传导；第三篇，农产品贸易开放与农户食品消费；第四篇，农业投资与农产品贸易；第五篇，CAFTA 对福建省农产品贸易的影响；第六篇，农产品贸易开放、调整成本与农民收入；第七篇，农产品贸易开放与我国农业产业结构。

由于时间、精力和研究水平的限制，本书难免有错误和不妥之处，望各位同仁给予批评、指正。

赵溟非

福州大学经济与管理学院

2015 年 7 月 16 日

目 录

第一篇 农产品贸易开放与农民收入

第二篇 农产品贸易开放与粮食价格国际传导

第三篇 农产品贸易开放与农户食品消费

第四篇　农业投资与农产品贸易

第五篇　中国—东盟自由贸易区（CAFTA）对福建省农产品贸易的影响

第六篇　农产品贸易开放、调整成本与农民收入

第七篇 农产品贸易开放与我国农业产业结构

第一篇 | 农产品贸易开放与农民收入

　　全球化已成为国际经济发展的主要趋势，经济全球化使国际贸易不断扩大，自1978年以来，随着改革开放和世界贸易自由化进程的不断推进，我国对外贸易得到了很大发展，在市场开放的过程中，我国农产品贸易规模不断扩大。另外，"三农"问题不断在国家规划中被强调，在社会主义新农村建设中，农民的收入问题是我国农业和农村经济发展中的重点和难点。随着贸易自由化的不断深入，全球化对中国的影响越来越大，对中国农业产业的涉及也越来越广，农业国际化也逐渐成为经济全球化的重要组成部分，农产品贸易在我国对外贸易中的地位越发重要。农产品贸易通过国内和国际两个市场、对调剂国内市场余缺、保证农产品有效供给、推动农业产业结构调整等做出了重要贡献。因此，研究农产品贸易开放对农民收入的影响具有重要的意义。

　　本篇分四部分对该问题进行系统研究，第一部分梳理了农产品贸易开放对农民收入影响的理论依据，主要是特定要素模型、H-O理论和H-O-S定理下的贸易与收入分配理论。然后探讨了农产品贸易开放影响农民收入的作用机制。第二部分在界定农民收入和农产品定义的基础上，分析了农民收入和农产品贸易开放的现状，发现我国农民人均纯收入在总量上基本保持平稳的上升态势，而中国农产品贸易依存度总体存在上升趋势，而由于自然条件、地理因素和历史原因等的影响，农民收入和农产品贸易依存度存在着明显的区域差异。第三部分基于相关统计数据利用计量模型对二者之间的关系进行实证检验和分析。首先基于全国总体数据，采用时间序列计量模型分析农产品贸易开放与农民收入的关系，然后基于省际数据，采用面板数据分析不同地区农产品贸易开放与农民收入的关系。基于时间序列的实证结果显示，农产品贸易开放对农民收入的提高有促进作用，面板数据的实证检验结果显示，农产品贸易开放对农民收入水平的影响是不均衡的，农产品贸易开放对东部和中部农民收入的增加起到了促进作用，但会使西部农民收入下降。第四部分针对前文分析提出相应的政策建议。

第 1 章

引　言

1.1　选题背景及意义

全球化已成为国际经济发展的主要趋势，经济全球化使国际贸易不断扩大，自 1978 年以来，随着改革开放和世界贸易自由化进程的不断推进，我国对外贸易也得到很大发展。在市场开放的过程中，我国农产品贸易规模不断扩大，农产品贸易额由 1978 年的 61 亿美元增长到 2010 年的 1666 亿美元，增长了 26 倍多，我国成为了世界第三大农产品贸易国。另外，"三农"问题不断在国家规划中被强调，我国现在拥有七八亿的农民，在社会主义新农村建设中，农民的收入问题是我国农业和农村经济发展中的重点和难点。中国 2011 年 3 月 5 日公布的"十二五"（2011～2015 年）规划纲要草案提出，要努力实现居民收入增长和经济发展同步。农村居民人均纯收入年均增长 7% 以上，是"十二五"经济社会发展的主要目标之一。

对于贸易开放与农民收入问题，中国 21 世纪议程管理中心和可持续发展战略研究组的《全球化和中国"三农"》指出全球化导致的资本、技术、产品流动把农业纳入了国际分工体系，这将使得中国农业加入到国际分工中，从而通过优化资源配置实现中国的比较优势。通过发挥农产品的比较优势，扩大农产品的出口将有助于解决农村的劳动力就业以及农民的收入问题。随着贸易自由化的不断深入，全球化对中国的影响越来越大，对中国农业产业的涉及也越来越广，农业国际化也逐渐成为经济全球化的重要组成部分。农产品贸易在我国对外贸易中的地位越发重要。农产品贸易通过利用国内和国际两个市场，对调剂国内市场余缺、保证农产品有效供给、推动农业产业结构调整等作出了重要贡献。因此，研究农产品贸易开放对农民收入的影响具有重要的意义。

此外，该问题在学术界也引起了很多的探讨，王培志、刘宁（2007）认为如果将农民收入纳入整个国民收入分配格局考察，农民增收的不稳定性和艰难性非常突出[1]。对此，《全球化和中国"三农"》也指出全球化使得农民面临的不确定性大为增加，农业生产和农民收益更难以预测和控制，因此可能会对一部分地区的农民就业和收入产生负面影响。但更多的学者认为农产品出口贸易对农民的收入有促进作用，而且在农业资源配置下，依靠农产品的出口可以达到农业产业的优化，有利于农产品竞争力的提高，进而拉动农民收入的增长。更有学者通过实证研究发现农产品出口不仅与农民收入之间存在长期均衡的关系而且通过Granger因果关系检验，农产品出口与农民收入存在单向的因果关系，农产品出口是农民收入增加的Granger原因。进口方面，有学者从理论分析认为农产品进口贸易会对农民收入增长起到一定的阻碍作用，也有学者认为农产品进口可以通过技术溢出效应提高农业生产效率，进而促进农民收入。也有就农产品进口和农民收入进行的实证分析，表明农产品进口与农民收入之间存在长期均衡的关系，但促进作用不及出口贸易。以上分析表明对于农产品贸易与农民收入的关系存在着争议，且学者对这方面的研究均采用贸易额，而很少就农产品贸易开放与农民收入的关系进行分析。因此，拟从这方面入手研究农产品贸易与农民收入的影响。

1.2　国内外研究综述

1.2.1　贸易自由化对国民收入的影响研究综述

贾格迪什·巴格沃蒂和斯里尼瓦桑（Jagdish Bhagwati and T. N. Srinivasan，2002）从动态效应分析贸易开放对经济增长的影响，发现贸易可以优化资源配置并可以提高非熟练劳动力的工资[2]。道格拉斯·欧文和马尔科·特维尔（Douglas A. Irwin and Marko Tervio，2002）研究发现贸易开放度越高的国家其人均收入也比较高，贸易会促进收入的增长[3]。克雷（Kraay，2006）在经济增长带来贫困水平下降的框架上分析得出，稳健的宏观经济政策和贸易开放在促进经济增长的同时能够使贫困有所下降[4]。温特斯（Winters L. A.，2003）分析了发展中国家的自由贸易如何对贫困产生影响，他认为贸易能通过生产率、价格及政府财政收入影响穷人[5]。道拉·德（Dollar D.，1992）认为贸易开放能够提高生产率等进而促进经济增长[6]。弗兰克尔和罗默（Frankel and J. Romer D.，1999）的研究也支持道拉（Dollar，1992）的结论[7]。莫斯和泰勒等（Vos R. and Taylor L. et al.，2002）以拉丁美洲的国家为样本研究了贸易自由化对收入分配的影响，发现大多数国家的贸易自由化有助于降低其贫困水平，但也指出贸易自由化会通过经济结构的调整而恶化某些国家的收入分配[8]。克鲁格（Krueger A. O.，1983）研究了贸易和就业的关系，得出尽管发展中国家具有劳动力丰裕的优势，但贸易开放对就业的影响并不显著[9]。布吉尼翁和莫里逊（Bourguignon F. and Morrisson C.，1990）研究发现，发展中国家随着贸易保护程度的提高，其非熟练劳动力工资会降低[10]。但贸易会促进经济增长，从而有利于贫穷，因此贸易开放应作为扶贫政策之一[11]（Dollar and Kraay，2002）。弗兰克尔和罗默（1999）把地理因素引入分析中，研究贸易对收入的影响。他们发现，国家间的贸易会带来收入的增长，贸易占 GDP 每增长 1 个百分点会使得收入增加 20 个百分点[12]。

国内学者对贸易开放与国民收入的关系的研究主要集中于贸易自由化所带来的收入分配问题上。一部分学者从理论和实证方面研究发现贸易自由化会带来收入差距的扩大。蒋明华、朱玉（2010）认为贸易自由化会通过产业集聚、技术转移、价格变动、企业竞争动力结构变动、政府保护职能减弱和地区稳定性差异六个方面引起城乡收入差距的扩大[13]。而毛学峰、刘晓昀（2005）从要素市场的角度出发，分析了贸易自由化对就业的影响，发现贫困农户从贸易自由化中获益的余地越来越小，而且其在劳动力市场面临的就业压力更大[14]。罗丹程、张广胜、周娟（2007）通过省际面板数据，实证分析了贸易自由化对中国农村居民收入不均等的影响。发现贸易开放显著影响我国农村居民收入差距的变动，贸易自由化将恶化农村居民收入的不均等，外贸依存度每提高 1 个百分点，我国农村居民收入不均等程度将扩大 2 个百分点[15]。戴枫（2005）以基尼系数表示收入差距实证分析了我国贸易自由化和收入不平等的关系，发现两者之间存在长期稳定的关系[16]。韩雪冬（2007）、谢娴（2008）、李宁（2009）则认为目前中国国内收入分配不均呈扩大趋势是中国特有的区域偏向型贸易自由化造成的[17-19]。

也有学者认为贸易开放不会带来收入差距的扩大，相反会对收入差距有所改善。文娟、孙楚仁（2009）认为随着贸易的扩大，总体上中国收入的不平等状况会得到改善，但是出口相比进口对收入不平等的改善效果更显著[20]。牟少英（2007）用多元回归模型测算了开放程度、第三产业贡献率、第三产业就业人数占全国劳动力人数的比重、居民消费价格指数各因素对收入差距的弹性大小。研究结果表明，开放程度指标无论是对全国居民收入差距还是城乡居民收入差距都呈现出负相关的关系，在理论上表明开放有利于缩小收入差距[21]。从实证上，徐水安（2003）通过两要素模型研究发现，基于贸易比较优势角度，入世后我国收入分配不平等现象不会恶化而且会有所改善[22]。因为贸易开放将带来就业效应，提高劳动要素的收入分配比重，而且贸易开放将促进技术的创新，从功能性分配效应角度看，贸易开放将降低收入差距的扩大[23]（金智娟等，2007）。因此，为了解决中国国内收入差距不断扩大的问题，应该继续坚持并加大贸易开放程度，以促使生产要素的合理配置，同时促进我国各地区积极参与国际分工，增进其获得贸易开放收益的机会[24]（范瑞萍，2008）。

跟以上学者得出的结论不同，一些学者认为贸易自由化对收入分配差距的影响不确定。黄季焜等（2005）采用 CAPSiM 模型对贸易自由化和中国农业的影响进行分析，结果显示贸易自由化对不同地区影响不同，贸易自由化一方面可以改善一些地区的贫困，另一方面又会扩大一些地区的收入差距[25]。张全红、张建华（2007）基于中国中部六省数据，从收入和消费两个方面，引入贸易和 FDI 实证分析了全球化对城市贫困的影响，发现贸易与城市贫困之间的关系并不显著，但是由于外资企业相比本土企业雇佣更多的技术性劳动力，因此如果是外资企业出口为主则技术性与非技术性工人工资的差距将恶化，若是本土企业出口为主则有利于贫困人口[26]。

以上实证研究可以看出学者对贸易自由化对收入的影响这个问题相当关注，研究层面上有广有窄，既有整个国际也不乏某几个国家，既有单个国家的分析也有某个国家的区域研究，研究方法也比较丰富，结论上也不尽相同，大多数国外学者认为贸易自由化会使得国际贫困改善，而国内学者对贸易开放与收入分配关系的研究结论存在较大差异。

1.2.2 农产品贸易自由化的经济影响

对于农产品贸易自由化的经济影响，部分学者肯定了农产品贸易自由化的积极影响。戴维·万泽蒂和布雷特·格雷厄姆（David Vanzetti and Brett Graham，2002）认为农产品进一步贸易自由化改革的静态收益是 90 亿美元，其中绝大部分的收益将被进行自由化改革的国家获得[27]。弗里曼等（Freeman et al.，2000）利用 GTEM（全球贸易和环境模型）分析了多哈回合对推动农业自由化的影响，研究表明，全球将因为农业实现进一步的贸易自由化获益 530 亿美元，其中发展中国家获益 140 亿美元[28]。但由于农业的特殊性[29]（夏志红，2010），国际贸易中农产品贸易一直是各国贸易保护最严重的领域，尤其是发达国家对农产品的补贴政策。伯纳德、弗兰克斯、马塞洛（Bemard；Francis；Marcelo，2004）评价了世界 119 个国家（地区）的关税和国内支持水平，认为发达国家的农业国内支持水平要明显高于发展中国家，要想提高发展中国家参与国际农产品贸易自由化的获利程度，应当削减发达国家的农业国内支持[30]。

国内学者从很多不同角度分析了农产品贸易自由化的经济影响，从收入和就业方面，罗丹程等（2008）研究发现农产品贸易自由化除了会恶化各区域农民收入差距而且会带来农民非农就业的影响[31]。农产品贸易可以带来就业机会并拓宽就业渠道，农产品每出口 1 万美元，可以直接和间接创造大约 28 个就业岗位[32]（程国强，2005）。也有学者从农业发展方面分析，赵慧娥（2005）认为农产品贸易自由化对中国农业起到合理配置资源和改善生产结构的作用，而且会带来非农就业的增加从而提高农民收入，但农产品贸易自由化对农业发展尤其是土地密集型的种植业的冲击是不可忽视的[33]。黄季焜等（2005）分析了贸易自由化对中国农业生产的影响，发现总体上影响并不明显，但利略大于弊[34]。一般大多数学者认为我国农产品贸易具有成本优势，但农产品贸易自由化带来关税的降低和市场的开放，加上国外农产品一般是大规模生产，其劳动生产率远比中国高，相对应的农产品单位成本也较低。因此国外农产品的大量流入会抵消我国劳动力成本低的优势，威胁我国小规模经营和低效益生产的农业[35]（杜云香，2005）。冉浩（2002）认为随着农产品贸易自由化的推进，农产品贸易保护程度不断降低，同时由于我国农业生产率比较低使得我国农业部门比较优势不再明显，但农产品贸易自由化能推动包括农业体制、机制在内的制度创新[36]。另有学者从生态环境和价格角度进行讨论，曲如晓（2003）从农产品贸易自由化对发展中国家生态环境的影响角度分析，发现农产品贸易虽然能给发展中国家带来贸易利益，但同时也给发展中国家带来了自然资源恶化、生物多样性被破坏等生态环境压力和环境成本[37]。朱晶、洪伟（2007）研究发现随着贸易开放的深入，农产品相对价格有所提升，全面的贸易开放可以提高农产品生产者的相对购买力[38]。

1.2.3 农产品贸易开放对农民收入的影响研究综述

1.2.3.1 贸易开放度测量的研究综述

贸易开放度反映了一国经济对其他国家的依赖程度，对贸易开放度进行研究广泛应用的指标是对外贸易依存度。对外贸易依存度也叫对外贸易系数，是指一国参与国际贸易的程度，是对外贸易总额即进口额与出口额之和在该国国内生产总值的比重，该指标方法简单所以成为大多数学者分析一国贸易与经济增长关系的工具。但这种方法却存在很大的争议，许多学者认为该指标有一定的局限性并对其进行调整和修正。

朱立南（1995）认为我国外贸依存度并不真实，存在被高估的现象，应该通过购买力平价调整贸易方式以及国民经济结构[39]。在通过购买力平价消除了名义汇率偏差后计算的贸易依存度，与世界最低水平的外贸依存度的平均水平差不多[40]（黄繁华，2001）。爱德华和塞巴斯蒂安（Edwards and Sebastian，1998）认为贸易依存度无法真实反映贸易开放程度，因为他们发现一个贸易扭曲很严重的国家也是有可能拥有较高外贸依存度的[41]。李亩果（Leamer E.，1988）通过对53个国家的183种基于SITC分类下的三位数商品的贸易强度比进行估计，将贸易开放度定位于贸易强度比的实际值与预测值之差[42]。斯图尔特（Stewart W.，1999）通过贸易引力模型分析国家间的双边贸易流量，并用贸易流量计算贸易开放度[43]。

沈利生（2005）从外贸依存度的公式出发，认为由于分子分母所代表的经济含义不一致，以该公式计算的依存度存在缺陷，因此提出了新的计算公式，将分母GDP换成包含贸易总额和总产出的经济总量，他认为这样可以消除其缺陷[44]。裴长洪、彭磊（2006）赞成沈利生（2005）的观点，认为从支出法看，GDP = C + I + (X − M)，可以发现GDP公式包含的是净出口，与进口额和出口额并无直接关系。但从产出法看，GDP等于总产出扣去中间产品，而中间投入包含了进出口额。对此，他们对外贸依存度的计算公式进行调整，但调整后的公式与沈利生（2005）不同[45]。薛荣久（2003）也对外贸依存度的定义提出质疑，由于进出口贸易是不同的商品或生产要素的交换，存在着交叉重叠，因此薛荣久建议要么把国内生产总值加倍，要么只计算出口依存度，或者把进出口的平均值作为外贸额[46]。

隆国强（2000）认为由于各国国内生产总值的构成存在差异，因此在对贸易依存度进行国际比较时要剔除差异[47]。但陈炳才（2000）认为贸易依存度隐含了一国所面临的风险或所体现的国际竞争力，若对国内生产总值的结构差异进行剔除，则对贸易依存度的分析就没有价值了[48]。包群、赖明勇等（2003）分别用表示贸易开放的外贸依存度指标、实际关税率、衡量汇率扭曲的黑市交易费用指标、衡量价格偏差的道拉斯指数指标等五种指标测算了我国自改革开放以来的贸易开放程度，认为虽然目前的贸易依存度的计算存在种种缺陷，但实证显示贸易依存度可以很好地表现出我国贸易开放对经济增长的影响[49]。

1.2.3.2 农民收入增长的影响因素研究

针对近年来中国农民收入增长比较缓慢而且区域之间的差异不断扩大等问题，国内学者对影响农民增收的因素进行了广泛的研究。谷德平、王丽钦、危春平（2010）认为由于我国农民科学文化素质比较低，而且农业科技水平也不高，科技和制度创新相对滞后，这些因素影响了我国农民的增收[50]。但是杨春玲、周肖肖（2010）的计量模型分析显示农业科技投入并不能促进农民收入的提高，相反还轻微地阻碍了农民增收[51]。黄邦根（2010）实证研究了人力资本投入与农业剩余劳动力转移等因素对农民收入增长的影响，得出农民收入的增长主要受农村劳动力的素质和农业剩余劳动力转移的影响。一方面，农民受教育程度越高，劳动力的素质也就越高，从而可以获得更多非农就业机会，也可以更好地接受和应用科学技术，从而提高农业的劳动生产率；另一方面，农业剩余劳动力转移通过非农就业增加农民工资性收入，同时减少剩余农村劳动力数量，某种程度上提高生产效率[52]。因此，应该进一步调整城乡的人口结构，通过转移农村剩余劳动力增加农民非农就业，促进非农收入的提高，同时，在继续推行九年义务教育外还应该加强对农民的教育培训，以增加农民收入[53]（郑素芳，张岳恒，2010）。陶爱祥（2010）采用灰色理论分析了影响农民纯收入的因素，结果表明农村居民人均消费水平、城镇化水平、农民受教育水平是主要的影响因素[54]。刘秉镰、赵晶晶（2010）运用空间计量方法分两个阶段对我国省际农民收入的影响因素进行了实证分析，发现农民收入的影响因素有所改变，2004年由于农村产业结构相对比较单一，而且农村劳动力基数大，又基本集中于农业生产，这些现象很明显地影响农民的增收。但是2008年，农村剩余劳动力的转移解放了农村劳动力，加上固定资产投资不断增加，很大程度上促进了农民收入的提高[55]。实证研究表明，城镇化率每提高1%，会促使农民人均工资性收入增加2.85元，而农村剩余劳动力转移率每提高一个百分点，农民人均工资性收入增加1元[56]（张占贞，王兆君，2010）。王明胜（2010）从外部、内部和农民自身因素分析农民增收的影响因素，认为农民增收的内部影响因素源自农业的弱质性，而城乡二元结构扩大城乡收入差距而且影响农业的发展，是农民增收的外部影响因素，限制农民增收的自身影响因素是思想观念[57]。由于农民收入的主要部分来自农业收入即家庭经营收入和非农收入，战英杰、申秋红（2010）运用因子分析法实证分析了这两部分收入的影响因素，发现农业收入和非农收入所受的影响截然不同，农业收入主要受生产投入、生产价格指数以及家庭经营耕地面积的影响，而城镇化的发展对非农收入影响比较大[58]。

1.2.3.3　农产品贸易开放对农民收入的影响

随着贸易自由化的不断深入，全球化对中国的影响越来越大，对中国农业产业的涉及也越来越广，农业国际化也逐渐成为经济全球化的重要组成部分。在此背景下，关于农产品贸易对农民收入影响的问题也引起了中国学者的关注。龚雅弦（2007）基于江、浙、沪三地的数据，从人均 GDP、农产品进口额、农产品出口额、农业生产总值 4 个方面实证分析了其对人均收入的影响。发现农产品贸易能够明显地促进人均收入的增加，而且相比进口贸易，农产品出口贸易对人均收入的影响比较明显[59]。张凤芹（2009）运用灰色关联度分析了江苏农产品出口贸易对农民人均纯收入的影响，发现农产品出口额对农民人均收入的关联度达到 0.695，说明农民人均纯收入的提高主要依靠农产品出口额的增加[60]。王培志、刘宁（2007）基于协整分析和格兰杰因果关系检验探讨了农民增收的途径，计量结果表明，长期上我国农产品进出口、农产品国际竞争力与农民收入之间存在长期稳定的关系，而且农产品出口是农民增收的主要原因；从短期上看，农产品国际竞争力和农产品进出口短期变化会引起农民收入的短期波动[61]。因此，积极扩大农产品出口贸易是当前提高农民收入的有效途径[62]（王燕飞，曾国平，2006）。李汝平、任高岩（2000）认为农产品贸易自由化能够促进我国劳动密集型农产品的出口和土地密集型农产品的进口，从而有利于我国农业生产结构的调整，但是短期上，农产品贸易自由化会直接对我国小麦、玉米等传统种植业的生产造成冲击，这些产区的农民收入也会受到影响，但总体上农产品贸易开放带来的机遇大于挑战[63]。郑云（2006）则具体研究了不同农产品的出口贸易对农业经济的影响，根据协整理论和格兰杰因果检验，发现总体上改革开放以来的农产品出口是农业经济增长的主要原因，农产品出口每增加一个单位，将带来农业经济 0.33 单位的增长。其中，劳动密集型农产品出口显著影响农业经济的增长，两者存在双向的格兰杰因果关系；而土地密集型农产品出口对农业经济增长的影响不明显，两者间也不存在格兰杰因果关系，表明劳动密集型农产品的出口对我国农业经济具有明显的促进作用[64]。李德阳（2005）认为农产品出口贸易对农民收入增长的影响主要依赖其出口的结构，其中加工农产品出口将创造农民的非农就业机会。但是通过计量分析发现不管是农产品总的出口还是加工农产品的出口都对农民收入的影响不大[65]。虽然学者们对农产品贸易开放与农民收入的关系的研究结论不一致，但大多数研究表明农产品贸易开放对农业和农民收入存在促进作用。因此，我国不宜实行农业保护政策，因为农业保护政策将带来极大的经济代价，而且对农民不利，贸易保护将一定程度上造成农民丧失对农产品市场变动的反应以及做出相应调节的能力。而且我国实施农业保护政策并不一定能给农民带来真正的利益，因为农业保护若通过政府的干预将会带来寻租等问题，结果是国家花费了纳税人大量钱财但农民却未能从保护中得到真正的实惠[66]（卢锋，1998）。

从以上的研究可以看到，关于农产品贸易开放对农民收入影响的研究，大多数学者着眼于国家整体或是单个区域，很少对区域进行研究，我们拟从农产品贸易开放对东部、中部和西部农民收入的影响进行实证分析。

第 2 章

农产品贸易开放对农民收入
影响的理论基础

　　本章首先梳理并分析了农产品贸易开放对农民收入影响的理论依据，农产品贸易开放与农民收入的关系可以归于贸易与经济增长关系的大框架下，国际贸易与经济增长的相关理论是其理论基础，其中主要的是贸易与收入分配理论。

　　其次，本章探讨了农产品贸易开放影响农民收入的作用机制。笔者认为，农产品贸易对农民收入具有多方位的影响，概括起来农产品贸易对农民收入的作用机理主要包括：价格效应、农产品贸易结构、收入结构调整、规模经济效应和技术效应。农产品贸易开放对农民收入的影响程度依赖于上述多种因素的共同影响。

2.1　农产品贸易开放与农民收入关系的理论分析

2.1.1　国际贸易与经济增长理论

2.1.1.1　国际贸易促进经济增长

　　基于自由贸易与经济增长的理论研究可以从古典贸易理论得到体现，亚当·斯密绝对优势理论认为追求自利的本性产生了交换的要求，而交换导致了分工，他将分工理论推广到了国际领域。认为分工提高了劳动生产率从而促进了国民财富，因此提出了自由贸易政策，既然各国通过自身的有利生产条件参与国际贸易会带来国民财富的增加，那么政府就不应该限制国际贸易。李嘉图对此问题做了进一步的研究，提出了比较优势理论，比较优势理论认为国际分工建立在生产成本的比较优势上，只要根据"两优取其重，两劣取其轻"的原则进行分工和贸易，则无论发达国家还是发展中国家都可以从国际贸易中得到更多的利益。穆勒沿用了比较优势的概念用相互需求理论解释贸易利益的分配问题，为比较优势理论进行了补充。哈伯勒将替代成本引进国际贸易理论，认为在不同的国家中，生产替代成本低的商品具有比较优势，根据这种比较优势进行国际分工和贸易就能为各国带来贸易利益，两国的替代成本差异越大，比较优势就越明显。赫克歇尔和俄林提出了要素禀赋理论，该理论将资本、土地等资源要素引入模型，认为一个国家应该出口密集使用其生产要素的产品，进口密集使用其稀缺要素的产品。

到了现代，罗伯特逊则提出了著名的"对外贸易是经济增长的发动机"理论，后来诺克斯对英国等国家与新移民地区的经济增长的研究，进一步发展了该理论，他认为19世纪国家的经济增长的原因主要来自国际贸易，19世纪的国际贸易通过资源的有效配置等手段产生规模经济并将经济增长进行传递。但凯恩斯认为只有贸易顺差才会带来国民收入的增加而逆差会带来收入的减少、失业的增加，因此他认为政府为了保持顺差可以干预贸易从而实现本国的充分就业。

2.1.1.2 国际贸易对经济增长作用不大甚至起副作用

克拉维斯在20世纪70年代提出了"对外贸易是经济增长的侍女"，认为一国经济增长的主要因素不在于对外贸易而是一国的内部因素，对外贸易对经济增长不是发动机而只是"经济成长的侍女"，属于从属地位。此外，普雷维什提出了中心—外围论，发达工业国构成的中心与发展中国家组成的外围在经济上是不平等的，外围依附于中心主要出口初级产品受中心的剥削，因此，发展中国家应实行贸易保护政策。巴格瓦蒂提出了"贫困化增长"理论，即"贸易规模不断扩大，而贸易条件不断恶化的外贸增长"，分析了国际贸易带来的负效应，"贫困化增长"理论在拉美地区得到了验证。

2.1.2 农产品贸易开放影响农民收入的理论基础

对国际贸易影响收入分配的研究自古典贸易理论就有所涉及，但比较有影响力的是保罗·萨缪尔森和罗纳德·琼斯的特定要素模型、赫克歇尔和俄林的要素禀赋理论（H-O理论）以及斯托尔帕·萨缪尔森的要素价格均等化学说（H-O-S定理）。这些贸易理论除了分析贸易基础和贸易结构外还研究各国参与贸易的获益及贸易对收入分配的影响。

2.1.2.1 特定要素模型

特定要素模型主要用于解释短期内对外贸易的收入分配问题。该模型假定一个国家生产两种产品，其中除了劳动作为流动生产要素可以在各部门流动外，还有其他特定生产要素，特定要素短期内不能流动，只能用于生产某些特定产品。

特定要素模型假设有A、B两国，每个国家都生产两种产品，即制造品（M）和粮食（F），每个国家有三种生产要素：劳动（L）、资本（K）和土地（T）。劳动和资本是生产制造品需要的生产要素，而劳动和土地用于生产粮食，其中，劳动是可自由流动要素，而土地和资本是特定要素。由于劳动是可自由流动的，在封闭条件下，劳动在两个部门配置达到均衡时，劳动报酬相同。开放条件下，两国依据比较优势原理开展贸易，以 A 国为例，假设 A 国向 B 国出口粮食，从 B 国进口制造品。那么国际贸易将促使 A 国粮食的相对价格上升。为了简化分析，假设制造品价格 P_M 不变，只有粮食价格 P_F 上升。

随着 P_F 上升，粮食部门的劳动报酬超过了制造部门，导致劳动从制造部门转移到粮食部门。根据边际收益递减规律，粮食部门的边际劳动生产率将下降，而制造部门的边际劳动生产率则上升。达到新的均衡时，粮食部门的劳动报酬回落，制造部门的劳动报酬回升。

又由于资本和土地是特定要素，则当 P_F 上升导致粮食部门的劳动投入量增加时，粮食部门的边际劳动生产率将下降，相反，制造品部门的边际劳动生产率则上升。则贸易后 A 国的工资水平将提高，但提高的幅度小于粮食价格的上涨幅度。所以，国际贸易对劳动力的实际收入的影响是不确定的，因为对于劳动者来说，若其全部收入均来自于工资，则其实际收入水平在贸易后是否提高取决于其消费结构。若劳动者的消费偏好于粮食商品，则其实际生活水平可能会下降，如果劳动者的消费偏好于制造品，则其实际生活水平可能上升。

当粮食部门由于商品价格上升导致劳动流入时，其特定要素——土地的边际生产率将上升。自由贸易下，粮食部门的资本实际收入提高了。当制造品部门因粮食价格上涨而流出部分劳动之后，其特定要素——资本的边际生产率将下降，贸易后制造品部门的资本实际报酬是下降的。

而 B 国与 A 国相反，B 国出口制造品，进口食品将使得制造品资本报酬增加，土地所有者报酬下降，劳动力的实际收入不确定。

综述所述，国际贸易使出口部门的特定要素获益，进口竞争部门的特定要素受损，可自由流动要素可能受益也可能受损。

2.1.2.2　要素禀赋理论（H-O 理论）

1919 年，赫克歇尔发表《国际贸易对收入分配的影响》，提出了建立在相对资源禀赋情况和生产中要素比例基础上的比较优势理论。而俄林在他的基础上进一步发展了要素禀赋理论。在要素禀赋理论中，每个国家的生产要素是给定的，而且生产要素可以在国内自由流动，但不能在国家间自由流动，两个国家生产同一产品的技术水平一致，消费偏好相同，意味着两国的消费无差异曲线的形状和位置是完全相同，商品市场和要素市场都是完全竞争的。但是两国拥有的资源不同，要素禀赋存在着差异，因此 H-O 理论认为两国由于所拥有的生产要素量不同，要素相对价格也就不同，引起商品相对价格不同，相对价格的差异又产生贸易。

假设只有 A、B 两个国家，H-O 理论认为如果 A 国资本资源相对丰富，而劳动资源相对稀缺；而 B 国劳动资源相对丰富，资本资源相对稀缺，则 A 国应该生产并向 B 国出口资本密集型产品，而从 B 国进口劳动密集型产品，则双方均可从贸易中获利。因此，一个国家出口的商品是那些需要密集地使用该国相对丰裕要素的商品，而进口的商品是那些需要密集地使用其相对稀缺要素的商品。

2.1.2.3 要素价格均等化学说（H-O-S 定理）

要素价格均等化定理是萨缪尔森在 H-O 理论的基础上提出的，按照 H-O 模型，国际贸易将导致各国生产要素的相对价格和绝对价格趋于均等化，萨缪尔森认为要素价格均等化不仅是一种趋势，而且是一种必然，国际贸易将使两个国家间的生产要素的相对和绝对收益必然相等。贸易使出口产品的价格相对提高，进口价格相对下降，这会使出口产品生产中密集使用的那种生产要素——国内供应相对充裕的生产要素的价格提高；同时，它也使出口产品生产中非密集使用的主产要素——国内供给相对稀缺的生产要素的价格下降。总而言之，国际贸易会提高该国丰裕要素所有者的实际收入，降低稀缺要素所有者的实际收入。

这一结果的重要含义在于国际贸易虽然改善了一国整体的福利水平，但并不是对每一个人都是有利的，因为国际贸易会对一国要素收入分配格局产生实质性的影响。

2.2 农产品贸易开放影响农民收入的作用机制

2.2.1 农产品贸易开放通过价格效应影响农民收入

随着贸易自由化的不断推进，国内市场越来越受国际市场变化的影响，国际农产品价格的变化也会引起国内农产品价格的变动。而对于农民而言，农产品价格直接影响着农民收入，因此国际农产品价格变动会带来农民收入的变化。农产品贸易开放通过价格效应影响农民收入主要体现在两方面：一是农产品关税变动的影响，二是汇率传递效应的影响。

2.2.1.1 农产品关税变动的影响

根据关税理论，关税会引起产品的国际市场价格和国内市场价格的波动，我国农产品贸易占世界农产品贸易总额比重由 2005 年的 3.9% 提高到"十一五"后期的 4.4%，已成为世界第三大农产品贸易国。因此，国际农产品价格的变化会带来国内农产品价格的变动。从 1992 年乌拉圭回合谈判开始，中国农产品平均关税水平就逐步下调，从 1992 年的 54% 降至 2001 年的 23.2%，2010 年中国农产品平均关税降至 15.2%，不到世界农产品平均关税 62% 的 1/4。罗丹程等（2007）认为中国农产品平均关税的下降会使得国内市场价格不断向国际价格靠拢，能在一定程度上消除国内价格扭曲，优化资源配置，但是因此也降低了对国内农产品的保护，造成部分农产品出口的减少，降低某些农产品的价格，影响部分农民收入[67]。梁晓芳（2010）认为关税减让在一定程度上会影响我国农产品的生产价格，但关税不是影响农产品生产价格的唯一因素，因为生产价格还受到诸如居民人均纯收入、农产品生产资料价格等的影响[68]。因此，随着农产品关税的不断减让，农产品国际价格的变动会影响国内农产品的价格，进而影响农民收入。

2.2.1.2 汇率传递效应的影响

对汇率传递的研究可以追溯到一价定律和购买力平价，在一价定律条件下，汇率对出口价格的传递是完全的。但在现实的不完全竞争的市场结构下，汇率传递通常是不完全的[69]（原小能，2003）。对于汇率不完全传递的原因，克鲁格曼（Krugman，1987）、马斯顿（Marston，1990）等研究"市场定价"以解释价格歧视的存在[70~71]。弗露特、克伦佩尔等（Froot；Klemperer et al.，1989）利用市场份额模型分析市场定价，认为预期汇率可以为 20 世纪 80 年代美国美元进口价格汇率低传递的现象提供依据[72]。戈登·博德纳等（Gordon M. Bodnar et al.，2002）认为出口商所在国货币贬值会产生溢价，从而造成不完全传递；另外产品可替代性越高，出口商所面对的需求弹性越大，因此，很小的价格变化会导致在国外市场新的销售利润达到最大化水平，即产品可替代性越高，汇率传导给本币价格机制越低[73]。针对农产品贸易价格的汇率传递效应，鞠荣华等（2006）研究表明汇率对中国农产品出口价格的传递不明显，因为看市定价，出口商负担了大部分的汇率变化的成本。同时汇率对不同的农产品的出口价格的传递也不一样，汇率传递的程度受其在国际市场所占有的份额而定，份额大的传递程度较高，份额低的传递程度较低[74]。刘艺卓（2010）实证分析了我国农产品进口价格的人民币汇率传递效应，结果表明：农产品进口价格的汇率传递虽然不是100%，但比较完全，人民币升值将使得农产品的进口价格明显降低[75]。阙树玉（2010）构建理论模型分析了汇改前后人民币有效汇率对农产品进口价格的影响，再次验证了人民币汇率传递的不完全性，但汇改后人民币汇率传递的效率有所提高[76]。根据学者们的研究，基本可以确定汇率能够调节国内外农产品的价格，并且对我国外部失衡有一定的调节作用，这就要求国家在制定货币政策时应关注汇率变动等外部冲击。

2.2.2 农产品贸易开放通过农产品贸易结构影响农民收入

按照古典比较优势理论，贸易将引导一个国家或地区按照自己的比较优势来调整产业结构，即集中生产具有比较优势的产品，进口其比较劣势的产品。而根据 H-O 理论，一国在贸易中应该出口密集使用其相对充裕的生产要素的商品，进口密集使用其相对缺乏的生产要素的商品。

针对农产品贸易，为简化分析，这里考虑的农业生产要素主要是土地资源和劳动力资源。我国是劳动力充裕而土地稀缺的国家，2008 年底，中国耕地总面积为 18.2574 亿亩，但人均耕地不足 1.39 亩，不到世界平均水平的 40%[77]（吴研，2010）。虽然从总量来看，我国土地资源丰富，但由于人口基数大、人均耕地面积占有量小，因此，土地资源是属于相对稀缺的。根据我国《第二次全国农业普查主要数据公报》的数据，2006 年末，农村劳动力资源总量为 53100 万人，农村从业人员 47852 万人，占农村劳动力资源总量的 90.1%。其中，从事第一产业的占 70.8%；从事第二产业的占 15.6%；从事第三产业的占 13.6%，农村外出从业劳动力 13181 万人。张同升（2011）利用计量方法推算中国农村剩余劳动力，研究发现，2009 年，我国农村剩余劳动力数量在 1 亿人左右[78]。因此，可以发现我国土地资源相对稀缺、劳动力资源相对丰裕，根据 H-O 理论，这会对我国劳密型和土密型农产品贸易产生影响。

"入世"以来我国农产品贸易商品结构发生了变化，我国农产品出口主要集中在具有竞争优势的劳动密集型农产品上，园艺产品和水产品从 2001 年开始就占所有农产品出口总额的一半，至 2010 年两者出口比重达到 60.86%。而进口主要集中在土地密集型农产品上。目前林产品、大宗农产品、其他农产品是中国的主要进口农产品，平均占农产品进口总额的 76% 左右。其中油籽类、棉花及植物油进口呈现快速增长，这三类农产品进口占大宗农产品进口的比重从 2001 年的 84.45% 上升至 2010 年的 93.72%。这种农产品贸易结构基本上符合我国劳动力资源丰裕、人均土地资源稀缺的农业资源禀赋和比较优势特征。总体而言，农产品贸易开放将促进我国劳密型农产品的生产及土密型农产品的进口，通过影响我国农业产业结构进而影响生产要素的价格即劳密型和土密型农产品农民的收入。

2.2.3 农产品贸易开放通过规模经济效应影响农民收入

所谓规模经济效益是指随着生产规模的加大，生产成本和经营费用都得以降低，从而能够取得一种成本优势。农产品贸易涉及的不再是本国单一市场，农产品出口意味着国外市场的开拓，而市场空间的不断扩大，有利于促进农产品规模经济的形成，从而使得单位农产品的成本下降。在市场经济条件下，产业规模经济的程度直接影响着国家的国际竞争力，影响着国家的贸易得失[79]（付洪良，2006）。另外，农产品贸易将促使我国专业化生产具有竞争优势的农产品，专业化生产又会带来生产率的提高，使得农产品的生产规模扩大，从而发挥规模经济效益。

2.2.4 农产品贸易开放通过技术效应影响农民收入

伴随着农产品国际流通的是该农产品所包含的技术，而进口贸易是物化型技术外溢的一种主要传递渠道，进口贸易使得本国可以直接分享贸易伙伴国的技术成果[80]（方希桦等，2004）。农产品进口贸易能够缩小国内与先进农产品国家之间的技术差距，进口可以降低没有进行技术创新的国家的模仿成本。贸易伙伴国研发投入有助于本国的技术进步，且其影响程度会随着本国贸易开放度的提高而加强[81]（David T. Coe et al.，1995）。而且随着农产品贸易的扩大与推进，技术创新国家可能会利用多种途径和方式进行技术转让，其他国家通过技术引进，导致技术差距的缩小，从而改进农产品的生产模式，有利于农民收入增长[82]（汪艳涛，2010）。

2.2.5　农产品贸易开放通过调整收入结构影响农民收入

对于贸易开放与就业问题，余官胜（2011）利用省际面板数据研究表明贸易开放对就业具有间接影响，但是要素禀赋的构成不同其影响也不同，贸易开放将提高劳动力—资本比率高的地区的就业，减少资本—劳动力比率高的地区的就业[83]。关艳丽、张习宁（2009）认为对外贸易通过就业效应影响居民收入分配包含有两个方面：出口的扩大效应和进口的替代效应。出口可以扩大就业的影响是直接的，而进口则间接地创造就业机会[84]。克鲁格（1983）较早对贸易与就业的关系进行了分析，她的案例研究发现发展中国家的制造业的确具有劳动密集型特征，但是自由贸易政策对就业的影响是非常微小的[85]。雷蒙·罗宾逊（Raymond Robertson，2000）通过实证研究发现，墨西哥的贸易自由化增加了对技能劳动者的需求，进而导致了工资差距的扩大[86]。

而农产品贸易自由化在促进农产品国际流通的过程中，也会带来劳动力等生产要素的流动，从而影响农村居民的收入结构。这种影响主要是通过农产品贸易开放带来的就业效应，因为我国农产品贸易的比较优势是劳动密集型农产品，因此，按照要素禀赋理论我国将加大劳密型农产品的出口，随着农产品生产规模的扩大，我国农民就业将会有所提高。杨玉华（2008）实证分析结果说明，农产品贸易对农民就业有影响，但对非农就业的影响较大，农产品出口贸易将增加非农就业[87]。安德逊等（Anderson et al.，2002）运用 GTAP 模型模拟入世对中国农业和非农业收入影响。结果表明如果没有户籍制度改革，非农就业的农户工资的增加将受益于贸易自由化[88]。因此，可以发现，农产品贸易开放将影响农业就业和非农就业，通过影响农民收入结构影响农民收入水平。

第 3 章

我国农民收入与农产品贸易开放现状

3.1 我国农民收入现状分析

3.1.1 农民收入相关的一些指标与定义

农民收入一般是指将农民一年中各种渠道所获得的收入，扣除了生产费用、国家税收和统筹等后所剩下的部分。农民收入的概念采用《2010 年中国统计年鉴》的指标解释，按收入来源的性质可以划分为工资性收入、家庭经营收入、财产性收入和转移性收入四种。其中：

工资性收入是指农村住户成员受雇于单位或个人，靠出卖劳动而获得的收入。

家庭经营收入是指农村住户以家庭为生产经营单位进行生产筹划和管理而获得的收入。农村住户家庭经营活动按行业划分为农业、林业、牧业、渔业、工业、建筑业、交通运输业邮电业、批发和零售贸易餐饮业、社会服务业、文教卫生业和其他家庭经营。

财产性收入是指金融资产或有形非生产性资产的所有者向其他机构单位提供资金或将有形非生产性资产供其支配，作为回报而从中获得的收入。

转移性收入是指农村住户和住户成员无须付出任何对应物而获得的货物、服务、资金或资产所有权等，不包括无偿提供的用于固定资本形成的资金。一般情况下，是指农村住户在二次分配中的所有收入。

农民纯收入是指农村住户当年从各个来源得到的总收入相应地扣除所发生的费用后的收入总和。农民人均纯收入是国家统计局制定的衡量农民收入的一个科学指标，准确反映了农民一年内的实际收入水平和扩大再生产、改善生活条件的能力，是农村经济发展的综合体现和最终结果。改革开放以来统计部门反映农民的年收入水平，都使用纯收入这个指标。而农民人均纯收入是按人口平均的纯收入水平，反映的是一个地区农村居民的平均收入水平。因此，我们所指的农民收入均指农民人均纯收入。

3.1.2　我国农民收入的总体分析

从 1985 年至今的 30 年间，随着农村家庭联产承包责任制的确立和发展，伴随着城市经济体制改革的深入展开和国家的战略性结构调整的推进，我国农民收入取得了可喜的增长。

分阶段看，1985～1991 年，农民收入在波动中缓慢增长。从图 3－1 和表 3－1 可见，1991 年农民人均收入为 708.6 元，比 1985 年增加了 311 元，是 1985 年的 1.8 倍。农民收入增长速度明显下降，而且增长速度起伏较大，其中 1988 年最高，全国人均纯收入名义增长率为 17.8%，东部、中部、西部①人均纯收入名义增长率分别为 20.67%、13.13%、18.86%。而 1991 年人均纯收入名义增长率最低，全国人均纯收入名义增长率为 3.5%，东部、西部人均纯收入名义增长率分别为 7.23%、2.04%，中部地区人均纯收入名义增长率更是呈现负增长，为 -3.50%。可以看出这一阶段人均纯收入名义增长率起伏较大，但人均纯收入在总量上基本保持平稳的上升态势。

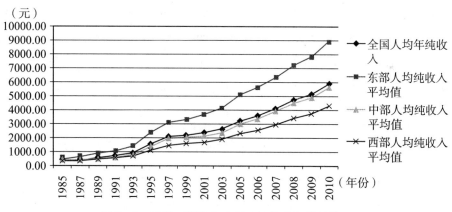

图 3－1　1985～2010 年农民人均纯收入增长情况

资料来源：根据历年《中国统计年鉴》整理。

1992～1996 年是农民收入快速增长的阶段，这 5 年内农民人均纯收入均呈现 2 位数的增长，其中 1994 年达到顶峰，全国人均纯收入名义增长率为 32.5%，东部、中部和西部人均纯收入名义增长率分别为 29.91%、36.79%、25.61%。这一方面是因为国家在这期间两次大幅度提高粮食等农产品的收购价格，其中，

———————————

①　按照各省的社会经济发展和所处地理环境，将其划分为东部、中部和西部 3 个地区。其中，东部地区包括辽宁、上海、浙江、广东、河北、北京、天津、福建、江苏、山东和海南 11 个省市；中部地区包括了山西、安徽、江西、吉林、黑龙江、河南、湖南和湖北 8 个省份；西部包括广西、内蒙古、重庆、四川、贵州、云南、陕西、甘肃、青海、宁夏、新疆和西藏 12 个省市区。（因重庆 1997 才被设立为直辖市，数据严重缺失，在此予以剔除）。

1994 年农产品收购价格提高了将近 40%，1996 年提高了 22%，因此农民人均纯收入明显得到提高。另一方面是因为农村非农业产业的发展，快速发展的乡镇企业吸纳了将近 3000 万农村剩余劳动力，这些都推动了农民收入的增长。

表 3-1 　　　　　　　　　　农民人均纯收入名义增长率 　　　　　　　　单位：%

年份	全国	东部	中部	西部	年份	全国	东部	中部	西部
1986	6.59	11.09	7.37	5.75	1999	2.23	2.55	0.09	1.58
1987	9.16	13.89	7.74	6.59	2000	1.95	3.92	0.46	1.05
1988	17.79	20.67	13.13	18.86	2001	5.01	6.07	4.95	3.67
1989	10.39	11.76	8.15	6.41	2002	4.61	6.23	5.27	5.77
1990	14.10	11.92	20.85	22.20	2003	5.92	6.23	5.02	7.39
1991	3.25	7.23	-3.50	2.04	2004	11.98	9.72	15.07	10.95
1992	10.64	11.68	13.39	10.02	2005	10.85	12.24	9.35	10.12
1993	17.55	20.92	14.52	11.86	2006	10.20	10.40	10.89	10.12
1994	32.49	29.91	36.79	25.61	2007	15.43	13.07	16.64	16.07
1995	29.22	29.37	29.12	23.65	2008	14.98	13.18	16.16	15.70
1996	22.08	18.37	25.74	21.67	2009	8.25	8.52	7.25	8.85
1997	8.51	8.14	9.91	8.51	2010	14.86	13.63	15.85	15.74
1998	3.44	4.94	3.03	7.75					

资料来源：根据历年《中国统计年鉴》整理。

1997~2003 年农民人均纯收入增长变缓，1997 年以后农民人均纯收入进入了徘徊不前的阶段，这 7 年内农民人均纯收入平均增长速度均未超过 5.5%，农民收入增幅连续四年下降，1999 年和 2000 年这两年的增长速度最低，这一阶段我国出现了工业品的结构性供给过剩现象，整个国民经济增速减缓，农产品的需求也随之增长乏力[89]（闫福山，2007）。这段时间除去 1999 年和 2000 年农业总产值有略微下降外，其他年份农业产值都有明显提高，但由于农产品价格持续下跌，导致农民增产却不增收。

2004~2008 年农民人均纯收入呈现恢复性增长，农民人均纯收入平均增长速度又恢复 2 位数的增长，但相比 1992~1996 年有所减缓，农民人均纯收入平均增长速度为 12.7%。农民人均纯收入在总量上保持稳定的增长，至 2008 年农民人均纯收入已达到 4760.6 元，其中，东部、中部、西部人均纯收入分别为 7238.8 元、4551.0 元、3422.6 元。这主要得益于国家出台相应政策从而能够有效地促进农民收入增长，《中共中央、国务院关于进一步加强农村工作提高农业

综合生产能力若干政策的意见》提出了统筹城乡经济社会发展，建立和谐社会的
目标，坚持"多予、少取、放活"的方针，继续加大强化"两减免、三补贴"
等政策实施力度。这些政策和措施主要包括：扩大农业税免征范围、加大农业税
减征力度、取消农业特产税；增加良种补贴和农机具购置补贴资金、加大对农业
的财政投入；对种粮农民实行直接补贴；实行最低收购价政策、稳定粮食市场价
格等，这些措施的实施促进了农民收入的增长。

2009 年农民人均纯收入虽然从总量上有所增长，但增速却放缓，全国农民
人均纯收入为 5153.2 元，增长速度下降至 8.25%，东部、中部、西部人均纯收
入分别增至 7855.3 元、4880.9 元、3725.6 元，增长速度分别为 8.52%、
7.25%、8.85%，可以看出 2009 年西部地区的增长速度反而比其他地区高。
2010 年农民人均纯收入激增，增长速度也迅速恢复到两位数，全国农民人均纯
收入为 5919.0 元，与中部地区的 5654.5 元接近，东部地区和西部地区分别为
8925.9 元、4312.0 元；全国农民人均纯收入增长速度恢复至 14.86%，东中西部
地区农民人均纯收入增长速度分别为 13.63%、15.85%、15.74%。2009 年中国
经济面对历史罕见国际金融危机的严重冲击，受金融危机影响，农民工收入增速
明显降低，而且农产品价格出现了下降，这给农民的就业和农民收入的增长带来
了负面影响。而 2010 年国家大幅度提高小麦、稻谷等主要农产品的最低收购价
格，主要农产品价格平稳上升，农民收入也有明显增长。

3.1.3　基于省份的农民收入分析

由于自然条件、地理因素和历史原因等的影响，农民收入存在着明显的区域
差异。1985～2010 年东部地区农民人均纯收入平均水平及大部分省份的农民收入
水平高于全国水平，但仍有部分省份低于全国收入水平，增长速度亦慢于全国水
平。福建在 1985～1986 年均低于全国水平，但在 1987 年超过全国水平并保持高
于全国的增长速度。河北省在 1985～1994 年农民人均纯收入平均水平低于全国
水平，在 1995 年实现赶超，而在同一年，一直高于全国水平的海南省增长速度
慢于全国水平，农民收入亦低于全国水平，并将此格局持续至今。中部地区农民
人均纯收入平均水平与全国水平相差不多，安徽、河南、江西和山西农民人均纯
收入一直落后于全国水平，湖北、湖南、吉林和黑龙江农民人均纯收入围绕着全
国水平轻微的波动。西部地区中，新疆 1985 年收入水平为 394.3 元，略低于全
国的 397.6 元，但增长速度落后于全国水平，导致后期均低于全国水平。而西部
地区其余省份农民人均纯收入均低于全国水平。我国东、中、西部地区农村居民
家庭人均纯收入如表 3 - 2、表 3 - 3、表 3 - 4 所示。

表 3 – 2　　　　　　　　东部地区农村居民家庭人均纯收入　　　　　　单位：元

地区	1985 年	1992 年	2000 年	2004 年	2008 年	2009 年	2010 年
北京	775.1	1571.6	4604.6	6170.3	10661.9	11668.6	13262.3
福建	396.5	984.1	3230.5	4089.4	6196.1	6680.2	7426.9
广东	495.3	1307.7	3654.5	4365.9	6399.8	6906.9	7890.3
海南	406.0	842.8	2182.3	2817.6	4390.0	4744.4	5275.4
河北	385.2	682.5	2478.9	3171.1	4795.5	5149.7	5958.0
江苏	492.6	1060.7	3595.1	4753.9	7356.5	8003.5	9118.2
辽宁	467.8	995.1	2355.6	3307.1	5576.5	5958.0	6907.9
山东	408.1	802.9	2659.2	3507.4	5641.4	6118.8	6990.3
上海	805.9	2225.9	5596.4	7066.3	11440.3	12482.9	13978.0
天津	564.6	1309.0	3622.4	5019.5	7910.8	8687.6	10074.9
浙江	548.6	1359.1	4253.7	5944.1	9257.9	10007.3	11302.6

资料来源：历年《中国统计年鉴》。

表 3 – 3　　　　　　　　中部地区农村居民家庭人均纯收入　　　　　　单位：元

地区	1985 年	1992 年	2000 年	2004 年	2008 年	2009 年	2010 年
安徽	369.4	573.6	1934.6	2499.3	4202.5	4504.3	5285.2
河南	329.4	588.5	1985.8	2553.2	4454.2	4807.0	5523.7
黑龙江	397.8	949.2	2148.2	3005.2	4855.6	5206.8	6210.7
湖北	421.2	677.8	2268.6	2890.0	4656.4	5035.3	5832.3
湖南	395.3	739.4	2197.2	2837.8	4512.5	4909.0	5622.0
吉林	413.7	807.4	2022.5	2999.6	4932.7	5265.9	6237.4
江西	377.3	768.4	2135.3	2786.8	4697.2	5075.0	5788.6
山西	358.3	627.0	1905.6	2589.6	4097.2	4244.1	4736.3

资料来源：历年《中国统计年鉴》。

表 3 – 4　　　　　　　　西部地区农村居民家庭人均纯收入　　　　　　单位：元

地区	1985 年	1992 年	2000 年	2004 年	2008 年	2009 年	2010 年
甘肃	255.2	489.5	1428.7	1852.2	2723.8	2980.1	3424.7
贵州	287.8	506.1	1374.2	1721.6	2796.9	3005.4	3471.9
宁夏	321.2	591.0	1724.3	2320.1	3681.4	4048.3	4674.9
青海	343.0	603.4	1490.5	1957.7	3061.2	3346.2	3862.7
陕西	295.3	558.8	1443.9	1866.5	3136.5	3437.6	4105.0
四川	315.1	634.3	1903.6	2518.9	4121.2	4462.1	5086.9

续表

地区	1985 年	1992 年	2000 年	2004 年	2008 年	2009 年	2010 年
西藏	353.0	829.7	1330.8	1861.3	3175.8	3531.7	4138.7
新疆	394.3	740.4	1618.1	2244.9	3502.9	3883.1	4642.7
云南	338.3	618.0	1478.6	1864.3	3102.6	3369.3	3952.0
广西	303.0	731.7	1864.5	2305.2	3690.3	3980.4	4543.4
内蒙古	360.4	672.2	2038.2	2606.4	4656.2	4937.8	5529.6

资料来源：历年《中国统计年鉴》。

　　总体而言，一是东部地区农民人均纯收入大大高于中西部地区，其中东部地区农民收入最高的上海市在 1985 年为 805.9 元，远高于中西部地区最高水平的省份，是中部湖北省的 1.9 倍和西部新疆的 2 倍。2010 年上海市农民收入达到 13978.0 元，是中西部农民收入最高省份吉林的 2.2 倍、内蒙古的 2.5 倍，可以发现东部与中西部之间的收入水平差距在拉大。并且上海市和北京市农民收入在 2008 年突破万元，上海市达到 11440.6 元，北京市为 10661.9 元，远高于全国的 4760.6 元。

　　二是东部地区内部差异也大大高于中西部地区。1985 年，东部地区农民收入最高的上海市为 805.9 元，最低的河北省为 385.2 元，两者相差 420.7 元，前者是后者的 2.1 倍。并且差距不大扩大，2010 年上海市为 13978.0 元，最低的海南省为 5275.4 元，两者相差扩大到 8702 元，前者是后者的 2.6 倍；1985 年中部地区收入最高和收入最低的省份吉林和河南农民收入差距 185.6 元，前者是后者的 1.6 倍，2010 年收入最高和收入最低的吉林与山西相差 1501.2 元，吉林是山西的 1.3 倍；1985 年西部地区收入最高和收入最低的省份新疆和甘肃农民收入差距 141.6 元，前者也是后者的 1.6 倍多，2010 年内蒙古自治区位居西部收入最高省份，甘肃仍是农民收入最低的省份，两者相差 2104.9 元。可以看出东中西部地区农民收入差距在量上均有所扩大，但东部差异大于中西部，且有所扩大，中西部农民收入差距反而有所缩小，中部地区农民收入差距是最小的。

　　造成这些现象的原因主要体现在两方面，一是政策原因，1978 年邓小平第一次明确地提出了"先让一部分人富裕起来"，中国的改革优先在东部沿海地区实行，并由此形成了长期以来的发展优势，这也带来了东中西部农民收入的差距。二是地理因素，我国东部沿海在地理位置上优越，便于进行海上贸易，然后通过贸易影响农民收入。对于这个问题，很多学者的研究均发现农民收入与农产品贸易具有相关性，农民收入的变动受农产品贸易变化的影响。

3.2　我国农产品贸易开放现状分析

3.2.1　我国农产品贸易现状分析

3.2.1.1　农产品贸易范围的界定

对于农产品贸易范围，主要有两种标准，一个是联合国统计委员会制定的《联合国国际贸易标准分类目录》（SITC），另一个是海关合作理事会制定的《协调商品名称和编码制度》（HS）。虽然这两个分类标准都按照一定依据对农产品进行分类，而当今世界各国对贸易农产品进行归类统计基本都采用 SITC 和 HS 商品分类标准。但由于不同研究机构和组织所提供的数据存在统计口径的差异，因此，农产品贸易也就存在统计口径问题，不同时期统计口径不同将会影响数据的一致性从而影响实证研究结果，所以存在统计口径的衔接问题。对此，有不少学者在研究农产品贸易时先对农产品的范围进行界定，卢锋、梅孝峰（2001）认为标准国际贸易分类（SITC）转变为协调商品名称和编码体系（HS）会使得前后统计指标口径不能衔接，因此对两种体系统计编号建立了交叉编码系统，将农产品分为七大类[90]。但存在的问题可能是一级分类划分得过于宽泛，使得产品与大类之间的对应关系不够明确[91]（田志宏等，2007）。程国强等（1999）在分析农产品进出口的时间序列数据时，使用按 SITC 统计的数据，但在分析农产品贸易结构时，则使用 HS 数据[92]。赵一夫（2005）对 SITC 和 HS 农产品进行口径衔接时以 HS 产品范围为基准，将 SITC 口径下的农产品内容对应到 HS 口径下的农产品上[93]。但孙笑丹（2003）认为 HS 的基本分类数目高于 SITC 分类制度，可以把按 HS 分类的商品数据转换成 SITC 数据，反过来，SITC 数据就无法转换成 HS 数据[94]。所以孙笑丹（2003）和吕丽玲（2004）研究农产品贸易时单纯采用 SITC 标准[95]。

3.2.1.2　农产品统计和范围数据来源

中国直到 1980 年才恢复海关统计，1992 年起中国才采用海关合作理事会商品名称和编码协调制度（HS）进行海关统计。而此前采用的是以联合国国际贸易标准分类（SITC）为基础编制的中华人民共和国海关统计商品目录来对进出口贸易进行分类统计。联合国贸易与发展会议（UNCTAD）颁布的"标准国际贸易分类"根据 SITC 分类定义制订了农产品的范围。根据这一分类，农产品包括属于 SITC 分类第 0、第 1、第 2、第 4 章中的全部商品减去第 2 章中的第 27、第 28 类商品。根据数据来源的可得性，我们采用 SITC 分类。具体如表3－5所示。

表 3 - 5   SITC 制度下农产品类别名称及类代码

农产品类别名称	SITC 类代码	农产品类别名称	SITC 类代码
活动物	00	烟草及烟草制品	12
肉及肉制品	01	生皮及生毛皮	21
乳制品和禽蛋	02	油籽及含油果实	22
鱼（非海洋哺乳动物）、甲壳动物、软体动物和水生无脊椎动物及其制品	03	生胶（包括合成胶及再生胶）	23
谷物及谷物制品	04	软木及木材	24
蔬菜及水果	05	纸浆及废纸	25
糖、糖制品及蜂蜜	06	纺织纤维及其废料	26
咖啡、茶、可可、香料及其制品	07	未另列明的动物及植物原料	29
牲畜饲料（不包括未碾磨谷物）	08	动物油脂	41
杂项食用品及其制品	09	未加工的、已提炼的或精制的非挥发性植物油脂	42
饮料	11	已加工的动植物油脂，未另列明的不适宜食用的动植物蜡及动植物油脂的混合物或产品	43

　　同时进一步将农产品进行细分以分析我国农产品贸易的商品结构，在参考了程国强（2004）对农产品分类的基础上[96]将农产品分为大宗农产品、畜产品、水产品、园艺类产品、糖、烟及饮料、林产品和其他农产品，其中土地密集型农产品指的是大宗农产品，劳动力密集型农产品主要指畜产品、园艺类产品、糖、烟及饮料产品和林产品。表 3 - 6 体现了具体的分类情况。

表 3 - 6   贸易农产品分类（按 SITC - 2 或 3 位代码定义）

大宗农产品	04、22、263（棉花）、42
畜产品	00、01、02、21、261（丝）、268（羊毛）、41
水产品	03
园艺类产品	05、07
糖、烟及饮料产品	06、11、12
林产品	23、24、25

续表

其他农产品	08、09、29、43、264（黄、红麻及废料）
	265（其他植物纺织纤维及其废料）
	266（纺织用合成纤维）
	267（其他纺织用人造纤维及废料）
	269（旧衣着及旧纺织品；纺织纤维）

3.2.1.3 我国农产品贸易的总体情况

随着中国农业生产水平和经济全球化趋势下经济开放程度的不断提高，我国农产品的国际贸易规模不断扩大。从农产品进出口总额增长情况看，1985 年农产品进出口额为 85.57 亿美元，2010 年达到 1666.04 亿美元。其中，中国农产品出口贸易呈现出了稳定发展的态势，并一直保持比较良好的增长态势，1985 年中国农产品出口为 45.34 亿美元，到了 2010 年稳步增长至 513.13 亿美元，相比 1985 年农产品出口额增长了 10 倍多。但 2009 年由于受 2008 年金融危机的影响，农产品出口出现下滑。而农产品进口相比出口波动较大，并在波动中也呈现增长趋势。农产品进口经历了几次的大波动，1994 年农产品进口突增至 118.91 亿美元，是 1993 年的 1.8 倍，随后在轻微波动中保持增长，1998 年、1999 年有所下降，但在 2000 年出现大幅增长，2009 年再次出现大幅下降，2010 年开始回升。从这些年份农产品进出口额的变动，可以发现中国农产品贸易与整个外部经济环境是息息相关的，其中 2000 年农产品的进口的快速增长也反映了中国在"入世"后，随着贸易自由化进程的深入推进，利用国际市场对国内农产品进行调节[97]（陶秀玲，2009）。

从农产品贸易在总体外贸中的比重可以看出，随着农产品贸易规模的扩大，农产品贸易占外贸的比重并没有相应的增加。相反，比重呈现明显的下降趋势。1985 年农产品贸易占外贸的比重为 13.08%，至 2010 年该比重下降至 5.60%。1985～1992 年，该比重均达到两位数，1993 年该比重下降至 9.42%，但 1994～1996 年又恢复至两位数，比重在 10.89%～11.85%。从 1997 年开始至今，这一比重再次下降至 10% 以下，平均比重为 6.62%。

1985～1994 年，除 1989 年以外农产品贸易均保持顺差，顺差规模表现出明显的扩大趋势，这为中国提供了主要的外汇来源，并在 1985～1988 年贡献了当年全部贸易顺差，这对早期经济的发展非常重要。从 1995 年开始至今，除了 1998 年以外农产品贸易进入逆差格局，并且逆差呈现递增的趋势，而中国的总贸易收支出现了明显的转变，总贸易已经稳定地进入了贸易顺差状态。1995 年农产品贸易逆差为 37.22 亿美元，至 2010 年扩大到 639.77 亿美元。可见，农产品贸易在中国的贸易发展中，曾经发挥了重要的创汇的作用，但随着农产品贸易在中国外贸中的比重越来越低，农产品贸易的创汇作用和地位也明显地下降。这也说明了 20 世纪 80 年代以前依靠农产品和原料产品创汇来进口工业建设需要的物资的贸易政策在实行改革开放后发生了转变[98]（何秀荣，2002）。马有祥（2005）也认为农产品贸易额在我国商品贸易总额中所占的比例的下降趋势表明农业为国家工业化提供资金积累的作用已大大降低[99]。

表 3-7　　　　　　　　　　中国农产品贸易发展情况　　　　　　　单位：亿美元，%

年份	农产品出口额	农产品进口额	农产品进出口总额	净出口	进出口总额	农产品进出口占全部进出口比重
1985	45.34	40.23	85.57	5.10	654.27	13.08
1986	53.27	42.38	95.64	10.89	742.25	12.89
1987	80.83	63.01	143.85	17.82	826.53	17.40
1988	96.22	93.43	189.65	2.80	1027.84	18.45
1989	99.35	105.01	204.36	-5.66	1116.78	18.30
1990	100.25	87.99	188.24	12.26	1154.37	16.31
1991	108.36	85.20	193.56	23.16	1356.33	14.27
1992	115.35	83.44	198.79	31.91	1655.25	12.01
1993	117.71	66.66	184.38	51.05	1957.03	9.42
1994	147.02	118.91	265.93	28.11	2366.20	11.24
1995	147.86	185.08	332.94	-37.22	2808.63	11.85
1996	147.57	168.22	315.79	-20.65	2898.80	10.89
1997	155.53	161.61	317.15	-6.08	3251.62	9.75
1998	141.80	139.43	281.24	2.37	3232.87	8.70
1999	140.86	149.29	290.16	-8.43	3606.30	8.05
2000	162.53	201.89	364.42	-39.36	4742.96	7.68
2001	165.08	206.24	371.32	-41.15	5096.51	7.29
2002	186.86	231.43	418.29	-44.57	6207.66	6.74
2003	220.49	330.43	550.92	-109.94	8509.87	6.47
2004	239.98	459.69	699.67	-219.70	11545.54	6.06
2005	285.86	480.25	766.11	-194.38	14219.06	5.39
2006	324.31	547.00	871.31	-222.69	17603.96	4.95
2007	387.13	714.37	1101.50	-327.23	21761.74	5.06
2008	420.55	957.40	1377.95	-536.86	25632.54	5.38
2009	406.67	831.85	1238.51	-425.18	22072.02	5.61
2010	513.13	1152.91	1666.04	-639.77	29737.65	5.60

资料来源：根据联合国统计司 COMREADE 数据库整理。

3.2.1.4 中国农产品贸易的商品结构

从出口角度看，1985 年中国主要出口农产品为大宗农产品和畜产品及园艺产品，1985 年这三类农产品出口额分别 18.76 亿美元、10.44 亿美元和 7.45 亿美元，占农产品总出口的 41.37%、23.02%、16.44%，三类农产品出口占了农产品出口的 80.83%。但大宗农产品和畜产品出口呈下降趋势，直至 2010 年大宗农产品和畜产品的总出口比重还不到 12%。而随之成为出口大宗的是园艺产品和水产品，水产品 1985 出口额只有 1.54 亿美元，只占总出口比重不到 4%，1988 年突破 10% 后不断增长，至 2010 年达到 25.74%，园艺产品和水产品从 2001 年开始就占所有农产品出口总额的半壁江山，至 2010 年两者出口比重达到 60.86%。另外，1985 年糖、烟及饮料出口额为 1.03 亿美元，出口占比不到 3%，随后出口地位有所上升，1996 年出口占比接近 12%，但自 1996 年后出口地位开始下降，2010 年出口比重约 6%。虽然林产品 1985 年出口非常少，接近 0.3%，但增长较快，到 2010 年出口比重已经接近 4%。其他农产品出口地位并没有太大变化，历年出口比重均在 15% 左右。

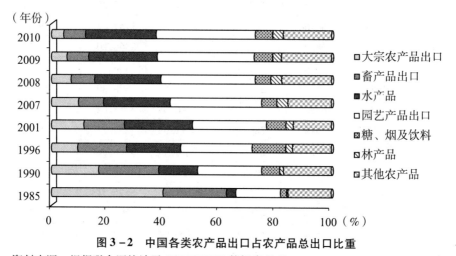

图 3-2 中国各类农产品出口占农产品总出口比重

资料来源：根据联合国统计司 COMREADE 数据库整理。

从进口角度看，林产品、大宗农产品、其他农产品是中国的主要进口农产品，平均占农产品进口总额的 76% 左右。其中，林产品进口呈较快的增长趋势，1985 年进口比重为 13.19%，随后不到增长，2010 年达到 30% 左右。而大宗农产品先出现下降趋势，至 2001 年只有 22.53%，然后呈现增长态势，2010 年进口比重为 37.59%。其中油籽类、棉花及植物油进口呈现快速增长，这三类农产品进口占大宗农产品进口的比重从 1985 年的 9.17% 上升至 2010 年的 93.72%。而谷物及谷物制品进口呈现较大的波动，且占农产品总进口比重逐年有所下降，1985 年谷物及其制品进口额为 8.29 亿美元，占农产品总进口比重 20.61%，而

至 2010 年该比例仅为 2.36%。其他农产品的进口在 1997 年前变化不大，1997
年后呈下降趋势，2010 年相比 1997 年下降了 61.28%。水产品和园艺产品的进
口呈波动性上升趋势，分别由 1984 年的 1.03% 和 0.84% 上升至 2010 年的
3.87% 和 4.14%；畜产品进口的比重波动较大，但至 2004 年趋于平缓，2010 年
与 1984 年的进口比重相差不到 1%。糖、烟及饮料的进口则总体上呈下降趋势，
2010 年相比 1984 年下降了 73.43%。

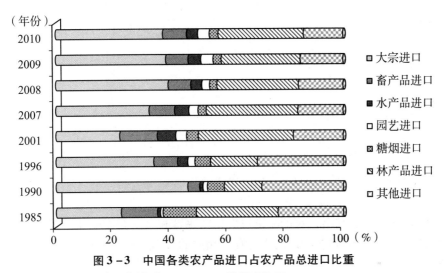

图 3 - 3 中国各类农产品进口占农产品总进口比重

资料来源：根据联合国统计司 COMREADE 数据库整理。

可以看出中国的出口大宗主要是园艺产品、水产品等劳密型农产品，而进口
的主要是大宗农产品。

从农产品的净出口看，在 1999 年前除了 1985 年外，园艺产品、水产品等劳
密型产品净出口额均为正值，自 2000 年开始表现为净进口。而大宗农产品除了
1985 年、1986 年、1987 年及 1993 年外均为负值，且净进口有上升的趋势，其他
农产品除了 1986 年、1987 年这两年外均表现为净进口。可以看出农产品贸易的
顺差主要是来自劳密型农产品的贡献，说明劳密型农产品发挥了早期农产品贸易
担负的出口创汇作用。

3.2.2 中国农产品贸易依存度

外贸依存度反映了一国对贸易的依赖程度，是衡量一国对外开放程度的重要
指标，一般表示为：贸易依存度 = 贸易总额/国内生产总值。李应中（2003）认
为农产品贸易依存度是指一国或地区农产品生产和消费依赖国际农产品贸易取得
产、销平衡的程度。具体计算公式为：农产品外贸依存度 = 农产品进出口量或进
出口额/农产品产量或产值[100]，我们采用这一公式计算农产品贸易依存度。

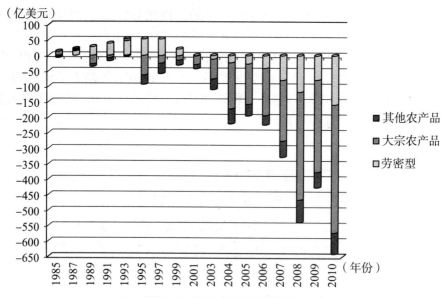

图3-4 三大类农产品净出口

资料来源：根据联合国统计司 COMREADE 数据库整理。

从图3-5可以看出，农产品进口贸易依存度和总依存度变化趋势总体相同，并且与农产品进口额和贸易额的变化存在相同的折点。我国农产品贸易依存度存在波动性，并且存在上升趋势，1985~2010年平均贸易依存度为12.82%。

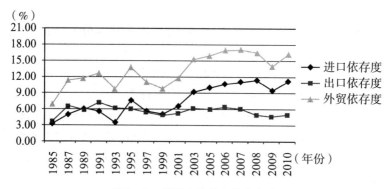

图3-5 我国农产品贸易依存度

资料来源：根据联合国统计司 COMREADE 数据库和历年《农业统计年鉴》整理。

出口依存度可以反映农业的生产对外部市场的依赖程度，同时也反映了一个国家农产品的国际竞争力，农产品出口依存度的波动比较平缓，1994年达到一个最高点8.04%，随后波动性下降。进口依存度则是反映了国内市场的供给对外部市场的依赖程度，随着农产品贸易开放的发展，农产品进口依存度自2001年起除了个别年份外有了明显增长，2007年为17.13%，2008年和2009年由于金融危机国际农产品市场不稳定，农产品进口依存度有所下降，2010 年随着经济复苏有所反弹。中国通过进口农产品一方面弥补国内供给不足，一方面用于发展经济，从农产品进口依存度的变化说明中国对国际农产品市场的依赖程度有所增强。

从表 3 - 8 可以发现中国各地区的农产品贸易依存度存在着较大差别，东部地区的农产品贸易依存度要远远高于中部和西部地区，且差距越来越大。而中部高于西部，但差距不大，呈现出东高西低的特征。

表 3 - 8　　　　　　　　　东中西部农产品外贸依存度　　　　　　　　单位：%

地区	2002 年	2003 年	2004 年	2005 年	2006 年	2007 年	2008 年	2009 年	2010 年
东部	20.87	28.72	43.46	44.81	45.09	53.16	61.31	45.99	57.74
中部	3.30	4.05	2.62	2.94	2.91	2.71	2.55	2.46	2.76
西部	2.52	2.66	2.56	2.90	2.89	3.23	3.20	2.89	3.21

资料来源：根据历年《农业统计年鉴》和《农村统计年鉴》整理。

"入世"后东部 11 个省市平均的农产品贸易依存度为 44.57%，2002 年农产品贸易依存度仅为 20.87%，之后不断增加，2008 年超过 60% 达到最高，远高于同期全国平均农产品贸易依存度的 16.5%。由表 3 - 9 可以看出，北京和上海的农产品贸易依存度较高，平均贸易依存度超过 100%，分别为 171.91% 和 145.17%，远高于海南的 3.63%。除去天津的 62.59%，其他省市农产品贸易依存度均不超过 25%，说明东部地区之间的差异较大。东部地区由于其得天独厚的地理位置上的优势，以及政策支持，其对外贸易的发展遥遥领先于中西部地区[101]（魏发凡，2011）。

表 3 - 9　　　　　　　　　东部地区农产品贸易依存度　　　　　　　　单位：%

地区	2002 年	2003 年	2004 年	2005 年	2006 年	2007 年	2008 年	2009 年	2010 年
北京	90.74	127.52	215.55	192.49	165.62	180.63	246.93	134.45	193.22
福建	6.72	8.18	17.80	18.63	19.65	19.87	19.37	20.62	24.16
广东	4.15	4.93	10.88	10.63	10.98	11.92	11.54	12.36	14.84
海南	1.21	1.17	3.17	3.09	4.35	5.19	5.31	4.68	4.46
河北	4.05	5.07	4.56	4.76	4.93	5.48	6.27	5.31	4.84
江苏	6.97	9.86	12.57	13.19	15.60	17.96	15.62	15.44	18.34
辽宁	8.69	10.81	18.60	18.00	16.25	16.76	14.95	12.89	14.40
山东	11.43	14.52	23.95	26.09	27.72	25.32	23.26	20.66	25.52
上海	54.89	80.26	101.59	131.56	147.34	188.91	205.35	178.51	218.16
天津	29.78	40.39	47.06	51.76	60.11	86.56	99.00	80.20	92.75
浙江	10.93	13.22	22.37	22.70	23.48	26.17	26.81	20.75	24.42

资料来源：根据历年《农业统计年鉴》和《农村统计年鉴》整理。

　　中部8省在"入世"后的平均农产品贸易依存度为2.92%，其中黑龙江和吉林两省区有发展外向性经济的优越条件，从表3－10可以看出这两省的农产品贸易依存度明显高于其他省区。黑龙江平均农产品贸易依存度为4.93%，吉林为8.17%，其他省区均不超过2.50%，江西省最低为1.01%。但是总体上看中部地区农产品贸易依存度与全国水平相差很大，说明中部地区的农产品贸易在对外开放中的贡献非常低。虽然江西省、河南省、四川省、安徽省、湖南省和湖北省等拥有优越的区位条件和丰富的自然资源，农业产值很高，但其农产品贸易依存度普遍偏低，说明农产品贸易的发展远远滞后于农业的生产，这主要是地理因素和政策因素造成的。中部省份基本都是位于内陆，没有有利的海洋运输条件，农产品贸易所需配套的基础设施相对落后，农产品的进出口需要利用东部地区港口，从而造成农产品贸易成本增加，加上中部崛起的优惠政策在时间上落后于沿海开放、西部开发，力度也不大[102]（李朝民，2009）。所以中部省份农产品贸易依存度与全国水平存在较大差距。

表3－10　　　　　　　　　　中部地区农产品贸易依存度　　　　　　　　单位：%

地区	2002 年	2003 年	2004 年	2005 年	2006 年	2007 年	2008 年	2009 年	2010 年
安徽	1.83	2.20	1.96	2.44	2.69	3.02	2.56	2.45	2.87
河南	1.79	2.66	2.41	2.08	2.01	2.04	2.03	1.81	2.26
黑龙江	4.67	6.95	4.61	5.08	4.90	4.00	4.09	4.83	5.21
湖北	1.28	1.77	1.91	1.86	2.17	2.03	1.85	2.06	2.55
湖南	1.34	1.60	2.08	1.79	2.13	1.44	1.21	1.32	1.30
吉林	12.61	13.93	5.85	8.58	7.23	6.84	6.43	5.69	6.30
江西	0.88	0.85	1.25	1.06	1.08	0.96	1.01	1.03	0.99
山西	1.98	2.41	0.92	0.67	1.03	1.39	1.20	0.49	0.64

　　资料来源：根据历年《农业统计年鉴》和《农村统计年鉴》整理。

　　"入世"后西部11个省、市、自治区的平均农产品贸易依存度最低，仅有2.89%。从表3－11可以发现，新疆、云南和广西等与其他国家接壤等省份的农产品贸易依存度比其他西部内陆省市高，其中广西的农产品贸易依存度最高，这主要是因为边境贸易的发展。虽然西藏也有很长的国境线，但由于地理因素交通极为不便加上自然环境恶劣，农业发展与贸易也受到了阻碍。而甘肃省国境线极短，且严重沙漠化，不利于边境贸易的发展。西部地区除了广西壮族自治区有海岸线可资利用外，其他省区都位于我国内陆地区，没有有利的海洋运输条件，加上经济发展相对落后等，从而影响了农产品贸易的发展。但是总体来看，随着我国西部大开发的进行，西部地区农产品贸易依存度有所上升，虽然幅度不大但表明了西部也开始慢慢向外向型经济转变。

表 3-11　　　　　　　　　西部地区农产品贸易依存度　　　　　　　　单位：%

地区	2002 年	2003 年	2004 年	2005 年	2006 年	2007 年	2008 年	2009 年	2010 年
甘肃	1.55	1.75	1.95	2.55	2.35	2.62	2.47	1.91	1.86
贵州	1.12	0.97	1.15	0.99	0.84	0.80	0.87	1.13	1.26
宁夏	1.17	1.02	1.00	1.35	1.57	1.49	1.39	0.91	1.53
青海	0.62	0.69	0.48	0.54	0.65	0.45	0.31	0.47	0.60
陕西	1.89	2.61	3.11	3.33	4.01	6.34	4.22	2.81	2.71
四川	1.55	1.96	2.10	1.80	1.79	1.62	1.57	1.41	1.61
重庆	1.45	1.50	1.83	3.16	2.62	3.38	4.22	3.25	2.97
新疆	6.47	4.80	4.37	5.25	5.15	5.33	5.83	5.12	4.86
云南	3.78	4.28	4.09	4.32	4.19	4.72	4.96	5.83	8.94
内蒙古	3.49	4.40	2.53	2.92	2.18	2.59	1.63	1.50	1.93
广西	4.62	5.26	5.52	5.63	6.38	6.21	7.69	7.43	7.03

资料来源：根据历年《农业统计年鉴》和《农村统计年鉴》整理。

3.3　本章小结

本章通过对农民收入和农产品贸易开放现状的分析得出以下结论：

第一，从农民收入现状看，我国农民人均纯收入在总量上基本保持平稳的上升态势，由于自然条件、地理因素和历史原因等的影响，农民收入存在着明显的区域差异。东部地区农民人均纯收入大大高于中西部地区，同时，其内部差异也大大高于中西部地区。

第二，从农产品贸易开放现状看，一方面我国农产品的国际贸易规模不断扩大，其中，中国农产品出口贸易呈现出了稳定发展的趋势，并一直保持比较良好的增长态势，而农产品进口相比出口波动较大，但在波动中也呈现增长趋势。从农产品贸易在总体外贸中的比重可以看出，随着农产品贸易规模的扩大，农产品贸易占外贸的比重并没有相应的增加。农产品贸易在中国的贸易发展中，曾经发挥了重要的创汇的作用，但随着农产品贸易在中国外贸中的比重越来越低，农产品贸易的创汇作用和地位也明显地下降。从农产品贸易的商品结构发现中国的出口大宗主要是园艺产品、水产品等劳密型农产品，而进口的主要是大宗农产品。

第三，我国农产品贸易依存度存在波动性，但总体存在上升趋势，而进口依存度在1998年后超过出口依存度。从省际数据可以看出，中国各地区的农产品贸易依存度存在着较大差别，东部地区的农产品贸易依存度要远远高于中部和西部地区，且差距越来越大，东部地区内部农产品贸易依存度差距也比较大，而中部农产品贸易依存度高于西部，但差距不大。

第 4 章

农产品贸易开放与农民收入关系的实证分析

上一章我们主要分析了农产品贸易的现状及农产品贸易开放情况，前面章节也分析了农产品贸易开放对农民收入影响的传递机制，但是农产品贸易开放与农民收入之间的关系是怎样的？农产品贸易开放和与农民收入之间是否存在着长期稳定的均衡关系？这两者之间的短期动态效应又是怎样的？对于这些问题，本章将基于相关统计数据利用计量模型对二者之间的关系进行实证检验和分析。

我们分两部分实证分析我国农产品贸易开放与农民收入的关系，首先基于全国总体数据采用时间序列计量模型分析农产品贸易开放与农民收入的关系。由于东、中、西部地区经济发展水平差异大，贸易在各地区呈现不平衡发展，各地区农民受教育程度也存在较大的差异，因此采用面板数据分析不同地区农产品贸易开放与农民收入的关系。

4.1 变量的选取和说明

4.1.1 农产品贸易开放度（OPEN）

我们采用农产品外贸依存度表示农产品贸易开放的程度，其中，农产品进出口额按当年的人民币对美元汇率换算成人民币计算的进出口额，农产品产值是以农林牧渔总产值衡量。

4.1.2 农民的受教育水平（EDU）

我国从 2008 年开始已经全面实施免费九年制义务教育，义务教育是指初中及以下所接受的教育，而非义务教育指高中及以上所接受的教育，包括高中、中专、大专及大专以上的教育。辛岭等（2007）采用农村劳动力中初中以上文化程度劳动力所占比重来衡量农民的受教育水平[103]。但随着我国义务教育的实施，全国农村从业人员文化水平达到初中水平的比重逐年增加。从表4-1可以看出，1985年我国农村劳动力中初中文化程度劳动力所占比重只有27.69%，随后逐年有所增加，至2010年该比重达到52.4%以上。

表4-1　　　　　　　　农村劳动力中初中文化程度劳动力所占比重　　　　　　单位：%

年份	占比	年份	占比	年份	占比
1985	27.69	1994	38.59	2003	50.24
1986	28.58	1995	40.10	2004	50.38
1987	29.39	1996	42.83	2005	52.22
1988	30.37	1997	44.30	2006	52.81
1989	31.43	1998	44.99	2007	52.91
1990	32.84	1999	46.05	2008	52.80
1991	35.23	2000	48.07	2009	52.70
1992	36.21	2001	48.88	2010	52.40
1993	37.43	2002	49.33		

资料来源：根据历年《农村统计年鉴》整理。

而具有高中、中专、大专及大专以上文化的从业人员对农村经济结构调整、技术进步具有重要的作用，这部分高文化程度从业者对农村经济的发展有着低文化水平的人员所没有的特殊作用[104]（钱雪亚，2000）。我们借鉴黄邦根（2010）的做法[105]，采用平均每一百个农村劳动者中高中文化以上的人数衡量农民的受教育水平，数据来源于历年《中国农村统计年鉴》。

4.1.3　农产品生产价格总指数（P）

农产品生产价格总指数反映了一定时期内，农产品生产者出售农产品价格水平变动趋势及幅度，因此是影响农民纯收入的重要因素。2000年之前用农副产品收购价格指数进行表示，2000年之后才改为农产品生产价格总指数。将所有农产品生产价格总指数换算为以2002年为基期的定基数据。数据来源于历年《中国农村统计年鉴》。

4.1.4　农民收入（Y）

通过以2002年为基期的农村居民消费价格指数对农民人均纯收入进行平减，换算为实际农民人均纯收入。

4.2 农产品贸易开放与农民收入的实证检验

4.2.1 基于协整分析和 Granger 因果检验的实证分析

这一部分基于全国总体数据，并采用时间序列计量模型分析农产品贸易开放与农民收入的关系，数据来源于联合国贸易统计数据库和历年《中国统计年鉴》，所有样本数据区间均为 1985~2010 年，为了消除时间数列中存在的异方差，我们对这部分所有变量取对数，其中 LNOPEN 表示农产品贸易开放度、LNY 表示农民收入、LNEDU 表示受教育水平、LNP 表示农产品生产价格总指数。分析软件采用 Eviews6.0 软件。

4.2.1.1 平稳性 ADF 检验

如果时间序列是非平稳的，则用非平稳变量建立回归模型会存在虚假回归问题，为了避免出现虚假回归，我们采用 ADF 检验对时间序列数据的平稳性进行检验，同时考察变量的单整阶数。

由表 4-2 检验结果可以看出，在 1% 显著性水平下，各变量 LNY、LNOPEN、LNEDU 和 LNY 的 ADF 统计量的值均大于临界值，因此均不能拒绝存在单位根的假设，说明各变量都是非平稳的。但 LNOPEN 和 LNEDU 的一阶差分序列在 1% 的显著性水平下 ADF 值均小于单位根检验临界值，LNY 和 LNP 的一阶差分序列在 5% 的显著性水平下 ADF 值均小于单位根检验临界值，即各时间序列是在 5% 显著性水平下是平稳的，说明各变量均为 I（1）序列，可以进一步检验它们是否存在长期协整关系。

表 4-2　　　　　　　　各序列单位根检验结果

变量	检验类型	ADF 值	1% 临界值	5% 临界值	10% 临界值	P 值	判断
LNY	(C, T, 1)	-1.7521	-4.3743	-3.6032	-3.2381	0.6971	接受
D(LNY)	(C, T, 1)	-4.2268	-4.3943	-3.6122	-3.2431	0.0143	拒绝
OPEN	(C, 0, 1)	-2.7815	-3.7241	-2.9862	-2.6326	0.0753	接受
D(LNOPEN)	(C, 0, 1)	-5.0277	-3.7379	-2.9919	-2.6355	0.0005	拒绝
LNEDU	(C, 0, 1)	-0.2787	-3.7241	-2.9862	-2.6326	0.9150	接受
D(LNEDU)	(C, 0, 1)	-6.1103	-3.7529	-2.9981	-2.6388	0.0000	拒绝
LNP	(C, 0, 1)	-1.7267	-3.7379	-2.9919	-2.6355	0.4058	接受
D(LNP)	(C, 0, 1)	-3.4602	-3.7529	-2.9981	-2.6388	0.0190	拒绝

注：检验形式（C，T，K）分别表示检验是否包括常数项、时间趋势和滞后阶数。

4.2.1.2　协整检验

由于各变量的自然对数序列都是一阶单整，我们采用 Johansen 协整检验方法对农民收入、农产品贸易依存度、受教育水平和农产品生产价格总指数进行协整检验，协整检验的结果见表 4 - 3。根据迹统计量检验和最大特征值统计量检验显示，拟检验的变量之间在 5% 的显著性水平下至多存在 1 个协整关系。也就是说农民收入、农产品贸易依存度、受教育水平和农产品生产价格总指数之间存在着长期稳定的均衡关系。

表 4 - 3　　　　　　　　　　　　　　协整检验结果

零假设	特征值	迹统计量	5%临界值	P 值
无	0.73434	50.88198	47.85613	0.02530
至多 1 个	0.39761	19.06927	29.79707	0.48800
至多 2 个	0.21552	6.90473	15.49471	0.58880
至多 3 个	0.04396	1.07899	3.84147	0.29890
零假设	特征值	最大特征值统计量	5%临界值	P 值
无	0.73434	31.81271	27.58434	0.01340
至多 1 个	0.39761	12.16454	21.13162	0.53150
至多 2 个	0.21552	5.82574	14.26460	0.63570
至多 3 个	0.04396	1.07899	3.84147	0.29890

由协整检验结果我们可以看到，农民收入、农产品贸易依存度、受教育水平和农产品生产价格总指数均显著地进入协整方程，说明解释变量对被解释变量具有较强解释作用，表明这几个变量之间存在长期的协整关系。表 4 - 4 可以看出，农产品贸易依存度、受教育水平和农产品生产价格总指数是导致农民收入变动的重要因素。从长期来看，农产品贸易依存度、受教育水平和农产品生产价格总指数都与农民收入呈正相关关系。其中，农产品贸易依存度每增加 1%，会带来农民收入 0.8234% 的增加，受教育水平的提高会带来农民收入的增加，受教育水平每提高 1% 将带来农民收入 0.38131% 的提高，农产品生产价格总指数每提高 1%，会引起农民收入增加 1.03469%。

表 4 - 4　　　　　　　　　标准化后的长期协整关系

LNY	LNOPEN	LNEDU	LNP
1.00000	0.82344	0.38131	1.03469
	(-0.22039)	(-0.26495)	(-0.18877)

4.2.1.3 建立误差修正模型

由协整检验结果显示，农民收入、农产品贸易依存度、受教育水平和农产品生产价格总指数存在协整关系。为了反映相互协整的时间序列变量的误差修正机制和短期调节行为，我们根据上述的协整关系建立误差修正模型，得到：

$$\Delta LNY_t = 0.06795 - 0.15735 \times \Delta LNY(-1) - 0.00405 \times \Delta LNOPEN(-1) - 0.19159 \times \Delta LNEDU(-1) - 0.05996 \times \Delta LNP(-1) - 0.16121 \times EMC_{t-1}$$

其中，误差修正项系数反映了对偏离长期均衡的调整力度，误差修正模型中的误差修正项系数为 -0.16121，符合反向修正作用。表明当短期均衡偏离长期均衡时，将以 0.16121 的调整力度将非均衡状态拉回均衡状态。

4.2.1.4 Granger 因果关系检验

虽然从单位根检验和协整检验可以发现农民收入、农产品贸易依存度、受教育水平和农产品生产价格总指数存在长期稳定的均衡关系，但各变量之间是否构成因果关系，需要进一步验证，在此采用 Granger 因果关系检验检验各变量的因果关系。因为 Granger 因果检验对滞后期的选择较为敏感，不同的滞后期长度可能其检验结果差距很大，在检验中，滞后期分别选取 1~3 期，结果如表 4-5 所示。

表 4-5　　　　　　　　　　Granger 因果关系检验结果

原假设	滞后期数	F 统计量	P 值	结论
LNOPEN 不是 LNY 的 Granger 原因	1	2.49821	0.12820	接受
LNY 不是 LNOPEN 的 Granger 原因		2.33301	0.14090	接受
LNOPEN 不是 LNY 的 Granger 原因	2	1.22971	0.31460	接受
LNY 不是 LNOPEN 的 Granger 原因		1.65049	0.21830	接受
LNOPEN 不是 LNY 的 Granger 原因	3	1.48087	0.25740	接受
LNY 不是 LNOPEN 的 Granger 原因		1.35829	0.29110	接受
LNEDU 不是 LNY 的 Granger 原因	1	1.64858	0.21870	接受
LNY 不是 LNEDU 的 Granger 原因		1.39142	0.27290	接受
LNEDU 不是 LNY 的 Granger 原因	2	1.02873	0.40620	接受
LNY 不是 LNEDU 的 Granger 原因		1.52944	0.24530	接受
LNEDU 不是 LNY 的 Granger 原因	3	3.98056	0.02530	拒绝
LNY 不是 LNEDU 的 Granger 原因		3.24791	0.04700	拒绝
LNP 不是 LNY 的 Granger 原因	1	6.44142	0.01870	拒绝
LNY 不是 LNP 的 Granger 原因		0.61890	0.43980	接受

原假设	滞后期数	F 统计量	P 值	结论
LNP 不是 LNY 的 Granger 原因	2	3.40848	0.05430	拒绝
LNY 不是 LNP 的 Granger 原因		3.17735	0.64500	接受
LNP 不是 LNY 的 Granger 原因	3	2.31646	0.11450	接受
LNY 不是 LNP 的 Granger 原因		2.67004	0.82600	接受

　　Granger 因果检验结果表明：不管是滞后 1 期还是 3 期，农产品贸易依存度均不是农民收入的 Granger 原因，农民收入也不是农产品贸易依存度的因果关系。但受教育水平与农民收入在滞后 1 期和 2 期不存在因果关系，但滞后 3 期时两者在 5% 的显著性水平上存在双向的因果关系，即受教育水平是引起农民收入变动的 Granger 原因，同时农民收入的变动也是带来受教育水平变动的主要原因，说明教育投资对农民收入的回报具有滞后性。对于农产品生产价格总指数和农民收入之间的关系，在 5% 的显著性水平上，滞后 1 期时，农产品生产价格总指数变化会直接带来农民收入的变动，但农民收入变化不是农产品生产价格总指数的 Granger 原因，两者之间存在单向的因果关系。

4.2.2　基于面板数据的实证分析

　　由于我国改革开放是分步进行的，从地域开放看，1980 年确定在深圳市、珠海市、汕头市、厦门市试办经济特区，1983 年对海南岛实行经济特区优惠政策，1984 年开放 14 个沿海大中港口城市，80 年代中 ~ 90 年代初开放上海浦东，并设定长江三角洲、珠江三角洲、闽南三角区和环渤海区域为沿海经济开放区，随后开放更多的沿江、沿边及内地的 17 个中心城市，最终形成了"经济特区——沿海开放城市——沿海经济开放区——沿江和内陆开放城市——沿边开放城市"全方位的开放格局。随着我国对外开放的推进，农产品贸易也有了很大的增长，但由于先行优势、自然条件和经济基础等方面的原因，不同地区的农产品贸易开放相差比较大，尤其是东部与中西部的差距。东部地区的农产品贸易依存度要远远高于中部和西部地区，且差距越来越大，而中部略高于西部，呈现出东高西低的特征。为了分析不同地区农产品贸易开放对农民收入的影响，我们利用面板数据分别对东部、中部和西部进行计量分析。

　　由于西藏部分数据不可获得，我们选取中国大陆除西藏以外的 30 个省、自治区和直辖市 2002 ~ 2010 年的面板数据为样本，全面分析农产品贸易开放对我国农民收入的影响，所用的数据均源于历年《中国农村统计年鉴》和《中国农业年鉴》。由于农民收入影响因素较多，除农产品贸易依存度外，还有教育水平、农产品生产价格总指数等等。因此我们同样将这几个因素纳入分析模型中，分析

软件采用 Eviews6.0 软件。基本模型如下:

$$Y_{it} = c_i + c_{1i} \times OPEN + c_{2i} \times EDU + c_{3i} \times P + u_{it}$$

$$i = 1, 2, 3, \cdots, 30; \ t = 2002, \cdots, 2010$$

4.2.2.1 面板数据模型的选定

在进行面板数据分析之前,需要确定合适的面板数据模型。面板数据模型可分为三类:一是混合回归模型 (Pooled Regression Model),二是固定效应模型 (Fixed Effects Regression Model),三是随机效应模型 (Random Effects Regression Model)。首先通过 F 检验来选择是使用混合模型还是固定效应模型。F 统计量定义为:

$$F = \frac{(SSE_r - SSE_u)/[(NT - K - 1) - (NT - N - K)]}{SSE_u/(NT - N - K)} = \frac{[(SSE_r - SSE_u)/(N-1)]}{SSE_u/(NT - N - K)}$$

其中,SSE_r 表示约束模型即混合估计模型的残差平方和,SSE_u 表示非约束模型即固定效应模型的残差平方和,N 为截面数,K 是非常数解释变量个数,T 为样本时间长度。F 检验的原假设是模型中的不同个体的截距相同即模型为混合回归模型。F 检验的判别标准为:如果 F 统计量 >F 临界值,则推翻原假设,结论是建立固定效应回归模型更合理,否则,应该选择混合回归模型。根据以上公式计算并查 F 分布表,得到表 4 - 6 相应的 F 统计量的值和相应的临界值。

表 4 - 6   F 统计量的值和相应的临界值

	F 统计量	F(0.95, N-1, NT-N-K)	结论
东部面板数据	57.92269	1.94398	固定效应模型
中部面板数据	12.11177	2.16388	固定效应模型
西部面板数据	13.43546	1.98932	固定效应模型

结果可知,三个面板数据的 F 统计量的值均大于 5% 显著性水平下的统计量 F 的临界值,因此在 5% 显著性水平下拒绝相应的原假设,即三个面板数据建立固定效应模型比较合适。

根据对截距项个体的影响不同,面板数据模型又分为固定效应模型和随机效应模型。一般如果样本中的个体或成员不是从一个较大样本随机抽取,则固定效应模型比较合适,但若样本只是从总体中随机抽取的一部分,则用随机效应模型比较合适。而对于固定效应模型和随机效应模型的选择,标准的检验方法是 Hausman 检验。Hausman 检验直接可以通过 Eviews 实现,其原假设为个体效应与解释变量无关,即为随机效应回归模型。小概率拒绝原假设,否则应选择随机效应模型。检验结果见表 4 - 7。

表 4 - 7　　　　　　　　　　Hausman 检验的结果

	检验类型	Chi - Sq. Statistic	Chi - Sq. d. f.	P 值	结论
东部面板数据	Cross-section random	3.37017	3	0.33800	随机模型
中部面板数据	Cross-section random	2.46282	3	0.48200	随机模型
西部面板数据	Cross-section random	4.31685	3	0.22920	随机模型

　　Hausman 检验结果显示，东部、中部和西部面板数据 Hausman 统计量分别为 3.370、2.463 和 4.316，其相对应的概率分别是 0.338、0.482 和 0.2290，说明检验结果不能拒绝随机效应模型原假设，因此，东部、中部和西部面板数据适合随机效应模型。

4.2.2.2　模型估计结果及分析

　　表 4 - 8 显示了东部、中部和西部面板数据的回归结果。

表 4 - 8　　　　　　　　　　面板数据回归结果

	变量	系数	t 统计量	P 值
东部面板数据回归结果	C	-1481.76400	-3.25641	0.00160
	OPEN	6.60454	3.21509	0.00180
	EDU	165.47510	6.06789	0.00000
	P	22.69628	8.09699	0.00000
	R^2	0.874784	修正 R^2	0.87083
	观测值个数	99	F 统计量	221.2299
	变量	系数	t 统计量	P 值
中部面板数据回归结果	C	-183.62680	-2.24932	0.02810
	OPEN	3.90587	4.40140	0.01980
	EDU	51.84409	2.47109	0.01600
	P	17.87342	16.35285	0.00000
	R^2	0.869532	修正 R^2	0.863776
	观测值个数	72	F 统计量	151.0663

续表

	变量	系数	t 统计量	P 值
西部面板数据回归结果	C	− 261.45870	− 1.59246	0.11460
	OPEN	− 44.82998	− 2.06014	0.04210
	EDU	83.63643	5.44738	0.00000
	P	14.03867	15.67281	0.00000
	R^2	0.901192	修正 R^2	0.898072
	观测值个数	99	F 统计量	288.8205

从东部、中部和西部的面板数据回归结果看，各非常数变量的系数在 5% 显著性水平下均通过检验，说明农产品贸易依存度、受教育水平和农产品生产价格总指数确实对农民收入的变化存在着影响。下面进一步从系数来分析各解释变量与被解释变量的关系。

（1）从农产品贸易开放度角度分析。OPEN 对东部地区和中部地区农民收入的影响在 5% 显著性水平下显著为正，OPEN 每提高 1 单位给东部地区农民带来 6.60 元的收入增加、给中部农民带来 3.91 元的收入增加，表明农产品贸易开放程度的提高会带来东部和中部农民收入的增加，但增加幅度并不高，人均纯收入的提高不超过 10 元。西部地区各非常数解释变量的系数在 5% 显著性水平下也都显著为正，但农产品贸易开放将使西部农民收入减少，OPEN 每提高 1 单位将带来 44.83 元收入的减少。对于农产品贸易开放会对区域收入的影响产生差异，是由于我国长期实施的差异化政策以及各区域贸易开放发展不均衡所致[106]（张建清等，2011）。我国的对外开放是逐步进行的，因此各地区的农产品贸易开放也有所不同。"入世"后东部 11 个省市平均的农产品贸易依存度为 44.57%，但中西部农产品贸易依存度基本在 4% 以内。贸易开放对个地区收入的影响不同，贸易越开放的地区，人均收入水平越高，相反，贸易开放程度越低的地区，其人均收入水平越低[107]（于涛，2009）。

同时根据前文贸易开放对农民收入影响的传递机制的分析，随着贸易开放的推进，国际农产品价格对国内农产品价格的影响越明显。随着进口贸易的扩大，国外农产品的大量涌入，将会直接对中国土地密集型农产品产生极大的冲击，进而影响这部分农民的收入[108]（黄季焜等，2002）。中国的农产品贸易主要是以劳动密集型农产品出口，土地密集型农产品进口为主。从总体的要素禀赋看，中国是属于劳动力资源比较丰裕的，但若从区域角度分析，可以发现，东部地区是属于劳动力资源比较丰裕而西部地区是土地资源比较丰富。根据 H-O-S 理论，贸易自由化会提高一国相对丰裕要素的收益。

而且中西部不仅出口规模小，出口中初级产品比重高，初级产品出口虽然也是建立在比较优势基础上，但初级产品贸易的利润率长期趋于下降，从而降低了西部地区的农民收入[109]（欧志斌等，2008）。

（2）从受教育水平角度分析。EDU 的系数均显著为正，受教育水平的提高有利于各地区农民收入的增加，受教育水平每增加一个单位，即平均每一百个农村劳动者中高中文化以上的人数每增加 1 人，将分别给东部、中部和西部地区农民收入带来 165.48 元、51.84 元和 83.64 元的增加，表明我国的教育发展尤其是非义务教育的发展将很好地提高农民的收入水平。因此，在大力普及和巩固农村九年制义务教育的同时，农村非义务教育也需要大力发展[110]（刘唐宇等，2008）。

我国各地区农民受教育水平呈现东高西低的趋势，与我国区域经济发展水平差距基本相对应。从图 4-1 可以看出，东部地区受教育水平明显高于中西部，并且不断增长。虽然中部地区农民受教育水平高于西部，但近几年两个地区的差距有所减少，2010 年中部地区与西部地区这一比重的差距为 2.04%，低于 2008年的 2.60%。

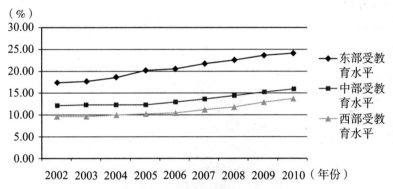

图 4-1　各地区受教育水平
资料来源：根据历年《中国农村统计年鉴》整理。

虽然农民受教育水平能很好地促进农民增收，但受教育水平对各地区农民收入的增加有所差距，其中东部地区受教育水平对农民增收的效应大于中部地区，但中部地区小于西部。东部地区属于沿海和经济开放地区，非农产业发展比较好，农民受教育水平的提高对农民工资性收入的增加有很大作用，中西部地区经济比较落后，非农产业发展落后，农民收入结构中占主要地位的还是传统的农、林、牧、渔产业收入，即家庭经营收入，所以农民受教育水平的提高对农民收入的正向影响不如东部地区[111]（辛岭，2007）。

中部地区虽然靠近东部沿海地区，且农民受教育水平高于西部地区，但由于中部地区劳动力数量高于西部地区，对于既定量的土地，劳动投入与农业劳动生产率表现出反向关系。根据《第二次全国农业普查主要数据公报》，2006 年我国农业从业人员数量为 34400 万人，高中及以上文化程度的农业从业人员约为 1170万人，占总从业人员的 3.4%。由表 4-9 可以看出，虽然中部农业从业人员数量低于西部地区，但高中及以上农业从业人员数量是4.3倍。说明相比西部，中部地区高中以上文化程度劳动力资源比较多。

表4-9 　　　　　　　　　2006年农业从业人员数量　　　　　　　　单位：人

	全国	东部	中部	西部
农业从业人员数量	344000134	103538731	118290979	122170424
高中及以上农业从业人员数量	11698529	4904304	5500467	1293758

资料来源：《第二次全国农业普查主要数据公报》。

由图4-2发现，中部地区与西部地区耕地面积相差约1%，中部地区耕地面积为46357.7千公顷，而西部地区为44938千公顷，两个地区相差不多。由此可以得出西部地区高中及以上文化水平农业从业人员人均耕地面积是中部的4倍多。也就是说西部更有利于扩大农业经营规模，能在某一地区连片发展某种或某类农产品，并能通过周边市场的扩大获得外部规模效应的外部规模经营方式，即区域规模经营。因此，西部地区农民受教育水平的提高是提高农业劳动生产率的重要途径。

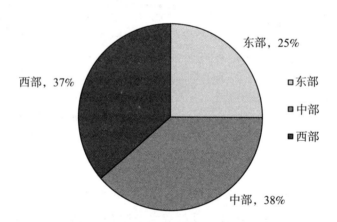

图4-2　2006年我国各地区耕地分布

资料来源：《第二次全国农业普查主要数据公报》。

（3）从农产品生产价格总指数角度分析。农产品生产价格总指数对东部、中部和西部农民收入的影响也是显著为正，农产品生产价格总指数每提高1个单位将使东部农民收入增加22.70元、中部农民收入增加17.87元、西部农民收入增加14.04元。说明农产品生产者出售农产品的价格水平的提高将直接带来农民收入的增加，李智（2009）认为农产品价格上涨除了直接增加农民收入外，还具有激励效应即激发农民农资等投入的积极性，以及资源配置效应等[112]。对于农产品价格的上涨是否会提高农民收入，一部分学者认为农产品价格上涨会使农户人均纯收入有所增加，对农民增收是有利的[113]（李文等，2003），但有部分学者认为农产品价格与农民收入之间的关联性不强，农产品价格上涨，农民不一定增收[114]（陈艳等，2004），农民能否从农产品价格上涨中获益，关键要看其生产成本，只有当农产品价格的上升幅度高于生产成本的上升幅度，农民收入才是真的增加。实证研究表明农产品价格的上升是促进农民增收的，这主要是因为虽然农业生产资料成本总体上呈现稳幅上涨，但农产品价格除了个别年份外上涨的幅度均大于生产资料成本涨幅。图4－3显示农业生产资料价格指数和农产品价格指数的变化趋势。因此，农产品价格的上涨可以增加农民的纯收入。

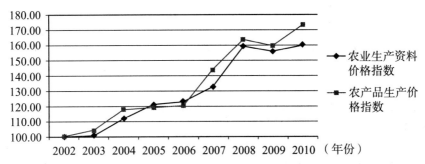

图4－3　农业生产资料价格指数和农产品价格指数（以2002＝100）

资料来源：历年《农村统计年鉴》。

此外，近年来农业政策通过税收、补贴等方式对农业和农民等进行支持，不断提高农业生产力和基础设施。从2004年以来，国家每年都根据当年粮食产量情况实施最低收购价政策来稳定粮食生产，调动农民种粮积极性。2012年国家将继续在稻谷主产区实行最低收购价政策，并适当提高2012年最低收购价水平。2012年生产的早籼稻（三等，下同）、中晚籼稻和粳稻最低收购价分别提高到每50公斤120元、125元和140元，比2011年分别提高18元、18元和12元，而2012年小麦最低收购价每50公斤比去年提高了7~9元。除了农产品价格支持外，国家还逐步加大农业"四补贴"，即种粮农民直接补贴、农资综合补贴、良种补贴和农机具购置补贴。2007年"四补贴"为513.6亿元，2010年增至1225.9亿元，增长了138.69%。根据最新的预算安排，2012年中央财政安排的"四补贴"支出将增至1628亿元。因此，国家补贴等政策在有力地调动农民的生产积极性、促进粮食稳定发展的同时稳步提高农民收入。

注　释

［1］王培志，刘宁．农产品贸易对农民收入增长影响的实证分析．三农问题专栏，2007，32（1）：8 - 12.

［2］Jagdish Bhagwati, T. N. Srinivasan. Trade and Povertyin the Poor Countries. American Economic Review, 2002, 92（2）: 43 - 56.

［3］Douglas A. Irwina, Marko Tervio. Does trade raise income? Evidence from the twentieth century. Journal of International Economics, 2002, 8（1）: 1 - 18.

［4］Kraay, A. When is growth pro-poor? Evidence from a panel of countries. Journal of Development Economics, 2006, 80（3）: 198 - 227.

［5］Winters, L. A. Doha and world poverty targets in The New Reform Agenda: Proceedings of the Annual Bank Conference on Development Economics. Oxford University Press, 2003, 25（5）: 91 - 121.

［6］Dollar, D. Outward-oriented developing economies really do grow more rapidly: Evidence from 95 LDCs, 1976 - 1985. Economic Development and Culture Change. 1992, 40（3）: 523 - 44.

［7］Frankel, J., Romer, D. Does trade cause growth. American Economic Review, 1999, 89（3）: 280 - 321.

［8］Vos, R., Taylor, L., Paes de Barros, R. Distribution and Poverty: Latin America in the 1990s. Economic Liberalisation, 2002, 45（6）: 21 - 45.

［9］Krueger, A. O. Trade and Employment in Developing Countries. Synthesis and Conclusions, 1983, 12（3）: 1 - 17.

［10］Bourguignon, F., Morrisson, C. Income distribution, Development and Foreign trade: A cross-sectional analysis. European Economic Review, 1990, 34（2）: 1113 - 1132.

［11］David Dollar, Aart Kraay. Growth Is Good for the Poor. Economic Growth, 2002, 34（2）: 1 - 50.

［12］Frankel, David Rome. Does Trade Cause Growth? . American Economic Association, 1999, 89（3）: 379 - 399.

［13］蒋明华，朱玉．关于贸易自由化对城乡收入差距影响机制的讨论．商业研究，2010，43（2）：80 - 80.

［14］毛学峰，刘晓昀．贸易自由化对贫困农户劳动力非农就业的影响．中国农村观察，2005，32（2）：45 - 56.

［15］罗丹程，张广胜，周娟．贸易自由化对中国农村收入不均等的影响．商业研究，2007，368（12）：45 - 47.

［16］戴枫．贸易自由化与收入不平等——基于中国的经验研究．世界经济研究，2005，32（10）：39 - 46.

［17］韩雪冬．贸易自由化与收入分配不平等的关系．硕士学位论文．厦门：厦门大学国

际贸易学，2007.

［18］谢娴．贸易自由化对我国收入分配差距的影响研究．硕士学位论文．湖南：湖南大学经济与贸易学院，2008.

［19］李宁．贸易自由化与收入分配——基于中国区域偏向型贸易政策视角．华北电力大学学报，2009，30（3）：1 - 7.

［20］文娟，孙楚仁．贸易与中国收入不平等的计量检验．财贸研究，2009，34（2）：21 - 27.

［21］牟少英．对外贸易对我国收入分配差距的影响研究．硕士学位论文．山东：山东大学世界经济学，2007.

［22］徐水安．贸易自由化与中国收入分配的演变．世界经济文汇，2003，12（4）：44 - 54.

［23］金智娟，安礼伟，赵曙东．对外开放对我国收入差距影响的分析．世界经济与政治论坛，2007，4（3）：24 - 32.

［24］范瑞萍．国际贸易对我国城乡收入差距的影响．时代经贸，2008，106（6）：22 - 23.

［25］黄季焜，徐志刚，李宁辉，等．贸易自由化与中国的农业——贫困和公平．农业经济问题，2005，12（7）：9 - 15.

［26］张全红，张建华．全球化与城市贫困——基于中部六省的实证分析．财贸研究，2007，134（2）：16 - 20.

［27］David Vanzetti, Brett Graham. Simulating Agricultural Policy Reform with ATPSM. European Trade Study Group Fourth Annual Conference, 2002.

［28］Freeman, E, Melannie, J., Roberts, L, Vanzetti, D, etc. The Impact of Agricultural Trade Liberalization on Developing Countries. ABARE Research Report, 2000.

［29］夏志红．农业补贴与国际农产品贸易自由化的冲突——兼谈我国的应对策略．郑州轻工业学院学报，2010，11（5）：100 - 103.

［30］Bernard Hoekman, Francis Ng, Marcelo Olarreaga. Agricultural Tariffs or Subsidies: Whiching Economies? . The World Bank Economy, 2004, 18（1）: 45 - 67.

［31］罗丹程，张广胜，周娟．农产品贸易自由化对中国农村收入差距的影响机制分析．商场现代化，2008，528（12）：371 - 372.

［32］程国强．中国农产品出口的增长——结构与贡献．中国果菜，2005，24（1）：4 - 7.

［33］赵慧娥．农产品贸易自由化对中国农业的影响及对策．经济纵横，2005，34（5）：30 - 33.

［34］黄季焜，徐志刚，李宁辉，等．贸易自由化与中国的农业——贫困和公平．农业经济问题，2005，12（7）：9 - 15.

［35］杜云香．农产品贸易自由化及其对中国的影响．硕士学位论文．天津：天津财经大学国际贸易学，2005.

［36］冉浩．农产品贸易自由化对我国农业的影响及对策．合肥工业大学学报，2002，16（2）：88 - 91.

［37］曲如晓．农产品贸易自由化与发展中国家的生态环境．山东财政学院学报，2003，67（5）：71 - 75.

［38］朱晶，洪伟．贸易开放对我国工农产品贸易条件及农民福利的影响．农业经济问题，2007，12（12）：9 - 14.

［39］朱立南．中国经济的对外开放度与适度外债规模．中国人民大学学报，1995，24

（5）：1 - 10.

［40］黄繁华. 90 年代度量贸易开放度的新方法及其启示. 外国经济与管理, 2001, 23（1）：19 - 21.

［41］Edwards, Sebastian. Openness, Productivity and Growth: What Do We Really Know?. Journal of Development Economics, 1998, 447（108）：383 - 398.

［42］Leamer, E. Measuring of Openness, Trade Policy and Empirical Analysis. University of Chicago Press, 1988, 23（2）：5 - 25.

［43］Stewart, W. Institutional Quality and its Effect on Trade: An Empirical Analysis. UBC Economic Honors Thesis, 1999, 34（2）：121 - 137.

［44］沈利生. 论外贸依存度——兼论计算外贸依存度的新公式. 数量经济技术经济研究, 2005, 67（7）：15 - 24.

［45］裴长洪, 彭磊. 对外贸易依存度与现阶段我国贸易战略调整. 财贸经济, 2006, 103（4）：3 - 8.

［46］薛荣久. 对我国贸易依存度计算的置疑与建议. 国际商报, 2003, 23（5）：89 - 100.

［47］隆国强. 如何看待我国的外贸依存度？. 国际贸易问题, 2000, 12（11）：24 - 27.

［48］陈炳才. 处理好开放度和依存度的关系. 宏观经济研究, 2000, 12（10）：29 - 31.

［49］包群, 许和连, 赖明勇. 贸易开放度与经济增长：理论及中国的经验研究. 世界经济, 2003, 12（2）：10 - 18.

［50］谷德平, 王丽钦, 危春平. 影响我国农民增收的主要因素及促进增收可行性对策. 安徽农业科学, 2010, 603（17）：9263 - 9265.

［51］杨春玲, 周肖肖. 农民农业收入影响因素的实证分析. 财经论丛, 2010, 150（2）：13 - 18.

［52］黄邦根. 我国农民收入增长缓慢的原因与对策分析. 农民收入与消费, 2010, 30（10）：37 - 40.

［53］郑素芳, 张岳恒. 我国农民收入的影响因素分析及对策建议. 广东农业科学, 2010, 45（10）：223 - 225.

［54］陶爱祥. 基于灰色理论的农民增收问题研究——以江苏省为例. 安徽农业科学, 2010, 150（28）：15985 - 15987.

［55］刘秉镰, 赵晶晶. 我国省域农民收入影响因素的空间计量分析. 当代经济科学, 2010, 25（5）：32 - 37.

［56］张占贞, 王兆君. 我国农民工资性收入影响因素的实证研究. 农业技术经济, 2010, 12（2）：56 - 61.

［57］王明胜. 农民增收影响因素及对策探析. 农业经济, 2010, 36（8）：73 - 75.

［58］战英杰, 申秋红. 影响我国农民收入的因子分析. 东北农业大学学报, 2010, 41（4）：144 - 150.

［59］龚雅弦. 农产品贸易与人均收入的实证分析——以江浙沪三地为例. 江西农业学报, 2007, 19（6）：133 - 136.

［60］张凤芹. 江苏农民收入与农产品出口贸易关系的实证研究. 当代经济, 2009, 50（11）：150 - 151.

［61］王培志, 刘宁. 农产品贸易对农民收入增长影响的实证分析. 三农问题专栏,

2007，32（1）：8 – 12.

　　［62］王燕飞，曾国平．我国农产品出口对农民收入影响的实证分析．国际贸易，2006，12（4）：34 – 36.

　　［63］李汝平，任高岩．我国农产品贸易自由化的利弊与应对．经贸论坛，2000，36（3）：5 – 7.

　　［64］郑云．中国农产品出口贸易与农业经济增长——基于协整分析和 Granger 因果检验．国际贸易问题，2006，12（7）：26 – 31.

　　［65］李德阳．农产品出口贸易发展对农民增收贡献的理性分析．理论导刊，2005，89（2）：43.

　　［66］卢锋．我国是否应当实行农业保护政策．产业政策，1998，12（19）：10.

　　［67］罗丹程，张广胜，周娟．贸易自由化对中国农村收入不均等的影响．商业研究，2007，368（12）：45 – 47.

　　［68］梁晓芳．关税减让对我国农产品进出口的效应分析．硕士学位论文．云南：云南财经大学财政与经济学院，2010.

　　［69］原小能．市场结构——汇率转嫁与出口．产业经济研究，2003，7（6）：41 – 57.

　　［70］Krugman，Paul. Pricing to market when the exchange rate changes. MIT Press，1987，14（2）：81 – 97.

　　［71］Marston，Richard C. Pricing to market in Japanese manufacturing. Journal of International Economics，1990，34（29）：217 – 236.

　　［72］Froot，Kenneth A.，Paul Klemperer. Exchange rate pass-through when market share matters. American Economic Review，1989，134（79）：637 – 654.

　　［73］Gordon M. Bodnar，Bernard Dumas，Richard C. Marston. Pass through and Exposure. The Journal of Finance，2002，12（5）：199 – 231.

　　［74］鞠荣华，李小云．中国农产品出口价格汇率传递研究．中国农村观察，2006，12（2）：16 – 23.

　　［75］刘艺卓．汇率变动对中国农产品价格的传递效应．中国农村经济．2010，12（1）：19 – 27.

　　［76］阙树玉，王升．人民币汇率波动对中国农产品进口价格影响的研究．农业技术经济．2010，24（5）：15 – 23.

　　［77］吴研．中国的农业生产要素禀赋与农产品比较优势．中国证券期货，2010，34（9）：110 – 111.

　　［78］张同升．中国农村剩余劳动力的数量与结构变化分析．中国市场，2011，661（50）：13 – 19.

　　［79］付洪良．规模经济理论基础性重构与我国贸易条件的改善．中国矿业大学学报，2006，24（1）：56 – 59.

　　［80］方希桦，包群，赖明勇．国际技术溢出——基于进口传导机制的实证研究．中国软科学，2004，35（4）：58 – 64.

　　［81］David T. Coe，Elhanan Helpman. International R&D spillovers. European Economic Review，1995，39（5）：859 – 887.

　　［82］王艳涛．基于农产品贸易的农民收入增长研究．硕士学位论文．湖南：湖南科技大学农业经济管理，2010.

［83］余官胜．贸易开放、要素禀赋与就业增长——基于中国省际面板协整的实证研究．人口与经济，2011，184（1）：34－38.

［84］关艳丽，张习宁．全球化、对外贸易与居民收入差距．社会科学家，2009，141（1）：55－58.

［85］Krueger, A. O. Trade and Employment in Developing Countries. Synthesis and Conclusions, 1983, 25（3）：111－117.

［86］Raymond Robertson. Wage shocks and North American labor-market integration. The American Economic Review, 2000, 90（4）：345－352.

［87］杨玉华．我国农产品贸易对农村就业的影响．河南科技大学学报，2008，26（3）：73－76.

［88］Anderson Kym, Jikun Huang, Elena Ianchovichina. Impact of China's WTO accession on agriculture and rural-urban income inequality. paper prepared for the DRC, 2002, China, June 28－29.

［89］闫福山．我国经济增长下的农民收入问题研究．硕士学位论文．河南：河南大学国民经济学，2007.

［90］卢锋，梅孝峰．我国"入世"农业影响的省区分布估测．经济研究，2001，12（4）：67－73.

［91］田志宏，王琦，孙永华．农产品对外贸易的产品分类问题研究．世界农业，2007，339（7）：16－19.

［92］程国强，彭廷军．中国农产品贸易回顾与展望．国际贸易问题，1999，12（2）：14－19.

［93］赵一夫．中国农产品贸易格局的实证研究．博士学位论文．北京：中国农业大学管理科学与工程，2005.

［94］孙笑丹．中国与东盟国家农产品出口结构比较．中国农村经济，2003，12（7）：52－53.

［95］吕丽玲．中国与东盟农产品比较优势分析．中国农村经济，2004，12（9）：20－25.

［96］程国强．着力提高出口竞争力——中国农产品出口结构变化与政策建议．国际贸易，2004，12（2）：17－21.

［97］陶秀玲．我国农产品贸易与农民收入关系的实证分析．硕士学位论文．重庆：重庆大学产业经济学，2009.

［98］何秀荣．中国农产品贸易：最近20年的变化．中国农村经济，2002，12（6）：9－19.

［99］马有祥．国际农业贸易自由化研究．博士学位论文．湖北：华中农业大学农业经济管理，2005.

［100］李应中．中国和主要发达国家农产品国际贸易依存度比较．世界农业，2003，285（1）：21－24.

［101］魏发凡．对外贸易影响我国收入分配差距的实证研究．硕士学位论文．宁波：宁波大学国际贸易学，2011.

［102］李朝民．中部六省贸易依存度比较研究——河南贸易依存度现状分析．经济经纬，2009，34（5）：44－47.

［103］辛岭，王艳华．农民受教育水平与农民收入关系的实证研究．中国农村经济，2007，12（2）：93－100.

［104］钱雪亚，张小蒂．农村人力资本积累及其收益特征．中国农村经济，2000，12（3）：25 – 31.

［105］黄邦根．我国农民收入增长缓慢的原因与对策分析．农民收入与消费，2010，30（10）：37 – 40.

［106］张建清，魏伟．贸易开放、市场化改革与中国地区收入差异．商业时代，2011，566（5）：45 – 46.

［107］于涛．贸易自由化对中国区域间收入分配差距影响研究．硕士学位论文．厦门：厦门大学国际贸易学，2009.

［108］黄季焜，解玉平，张敏，等．从农产品价格保护程度和市场整合看入世对中国农业的影响．管理世界，2002，12（9）：84 – 94.

［109］欧志斌，冼国明．FDI 对中国国内投资的挤入和挤出效应及进入壁垒对该效应的影响——基于行业面板数据的重新检验．世界经济研究，2008，12（3）：121 – 130.

［110］刘唐宇，许文兴．农村非义务教育人力资本与农民收入关系的实证．湖南农业大学学报，2009，9（2）：15 – 20.

［111］辛岭，王艳华．农民受教育水平与农民收入关系的实证研究．中国农村经济，2007，12（2）：93 – 100.

［112］李智．农产品价格对农民增收效应有限性的研究——实证检验与规范解析．价格理论与实践，2009，7（1）：20 – 21.

［113］李文，李兴平，汪三贵．农产品价格变化对贫困地区农户收入的影响．中国农村经济，2003，12（12）：18 – 21.

［114］陈艳，王雅鹏．农民家庭经营性纯收入影响因素的贡献分析．农业技术经济，2004，12（5）：12 – 15.

［115］白菊红，袁飞．农民收入水平与农村人力资本关系分析．农业技术经济，2003，12（1）：16 – 18.

第二篇 | 农产品贸易开放与粮食价格国际传导

粮食问题关乎民生大计。近些年来粮食价格大幅波动式上涨，是此番世界粮食安全问题面临的最大挑战。随着国际贸易的深入，国际国内两个粮食市场的联系也越来越紧密，研究国内粮食价格已经不能忽视来自于国际粮食价格的影响。而且中央政府更加充分地意识到利用国际市场来调节粮食供给和稳定粮价的重要性。关注国内粮食价格问题，研究国际粮价对国内粮价的传导影响，这对保障中国粮食安全具有重要的意义。

我们以大豆、玉米、小麦、大米这四个国内主要粮食品种为代表，分品种地研究我国粮食价格的传导，主要分析了三个问题：第一，国际国内粮食价格的波动是否会互相传导；第二，中国粮食价格的国际传导是否存在非对称性；第三，粮食价格传导若是呈现非对称性，会产生什么影响。首先，我们运用协整模型来分析四个粮食品种的国际国内价格之间是否存在长期协整关系。其次，在分析价格传导非对称性中，先用 Hansen 检验来判断价格变量之间是否存在阈值效应，也就是检验是否存在非对称性。在证实存在非对称性的基础上，再应用阈值非对称误差修正模型和门限自回归条件异方差模型（TARCH）来研究粮食价格国际传导的非对称性表现。最后，分析在粮食价格的国际传导存在非对称性的情形下，对粮食进出口调节效果和社会福利所产生的影响。

根据分析，我们主要得出以下几点结论：第一，在粮食四个品种中，大豆和玉米的国际国内价格之间存在长期协整关系，而小麦和大米则不存在，由此也不再研究小麦和大米两个品种的价格传导特性。第二，Hansen 检验证实玉米和大豆的国际国内价格之间存在阈值效应。在非对称传导的表现中，大豆和玉米都存在方向和符号的非对称。另外，大豆还单独存在价格传导的幅度和速度非对称性。我国粮食出现非对称传导的原因，主要在于信息不对称和市场势力的存在。第三，价格传导的非对称性会影响我国进出口贸易调节效果的发挥，制定粮食进出口计划时，若未合理考虑非对称性，容易导致进出口贸易的"逆向调节"。同时，粮食价格非国际传导的对称也会使我国社会总福利缩水，福利水平是低于粮食价格对称传导的情形。

第 5 章

导　言

5.1　研究背景及意义

5.1.1　研究背景

什么是粮食安全？最早认为"粮食安全"就是有足够粮食。随着社会发展，人们对于粮食安全含义的理解不断丰富，其内涵也就不断得到延伸。1983 年 4 月，联合国粮农组织（FAO）对粮食安全作出了第二次定义，即"确保所有人在任何时候都能买得到又能买得起他们所需要的基本食物"。那么粮食安全的内涵，也就从 1974 年最早的有足够的粮食延伸到 1983 年保障所有百姓消费得起粮食。这样粮食安全也就不仅仅是粮食数量上的保证，还要能够使得所有人在任何时刻都有能力消费得起粮食。这就涉及粮食价格问题。

近几年，粮食价格大幅上涨已对中国粮食安全形成巨大威胁，可以说粮食价格上涨是此番粮食安全危机中最突出的问题。在美国生物能源发展政策推动、石油价格持续上涨、国内需求推动等多重因素影响下，国内主要的粮食品种的价格都呈现了较大的波动性上涨。粮食作为人民生活的必需品，粮食价格的上涨使得人们食品消费的比重上升，影响人民福利。粮价上涨使得贫困人民基本的粮食消费难题进一步加剧。联合国世界粮食署执行干事乔塞特·希兰在 2008 年的一次会议上曾谈到"粮食价格的上涨会使 1 亿人口退回到贫困线"。粮食价格的过度波动，将无法保证所有的人消费得起粮食，这势必严重危及国家粮食安全，影响社会稳定。

2014 年，中共中央、国务院在《关于全面深化农村改革加快推进农业现代化的若干意见》中关于如何完善国家粮食安全保障体系中重点谈道：在坚持国内粮食生产的基本前提下，中国应该更加积极地利用国际农产品市场和农业资源，来有效调节国内供需。目前，无论是国家政策导向还是粮食贸易发展的现实，都在证实国际粮食市场对国内粮食产业发展越来越重要。随着国际国内粮食贸易市场的开放，国际国内粮食价格的联动性越来越强。从而对于国内粮食价格的研究就不能再局限于国内因素所带来的影响，也应关注到国际粮价对国内粮价的传导影响，这样才能全面了解国内粮食价格问题，更好地应对粮食安全危机。

粮食进出口贸易的发展使得国际粮食市场成为国内粮食市场调节供给的储备仓。理论上，粮食的进出口贸易应该可以成为调节国内粮食供需、稳定粮价的重要手段，理论上在国内供给不足时，可以通过加大进口量来保证国内粮食供给，而国内粮食丰腴时则出口或减少进口。然而现实中在一些年份中，粮食进出口却出现了"逆向调节"。粮食进出口贸易并没有发挥应有的调节作用，反而加剧了粮食市场的供求矛盾。在一些年份的粮食进出口贸易中出现"当国内粮食供给出现缺口或价格上涨过快，粮食出口反而增加；而在国内粮食相对丰腴时则增加净进口"的矛盾情形。这是由于我国粮食进出口缺乏合理计划，过多依赖于历史数据，导致粮食进出口进一步加剧国内粮食供给矛盾和粮价进一步波动。这源于我们对国际国内粮食价格传导的特性问题研究不够深入。

目前学者对于国际国内粮食两个市场价格的研究，主要是集中在国际国内两个粮食市场是否存在协整关系以及两个粮食市场价格之间传导的途径和渠道这两个方面，而对于国际国内粮价传导是否存在非对称性问题的研究相对较少。非对称问题，也就是关于"国际国内粮食价格是否是双向传导、传导之间又是否存在时滞、国内粮价在国际粮价变化幅度不同时的响应程度是否相同、国内粮价对于国际粮食价格的上涨与下降的响应是否相同"等非对称的问题。对于国际国内价格传导特性认识不足，从而无法制定精准的粮食进出口计划，容易出现粮食贸易"逆向调节"问题。若国际国内粮食价格传导呈现非对称性，这又将对国内生产者、消费者、社会福利产生什么影响？这些问题亟待深入研究。

5.1.2 研究目的和研究意义

我们基于非对称性视角对我国粮食价格的国际传导进行实证研究。鉴于粮食各个品种在进出口贸易和价格波动的情况大不相同，本书不直接研究粮食大类的价格传导，所以选取了大豆、玉米、小麦、大米这四个国内主要粮食品种为代表，来分品种地研究我国粮食价格的国际传导问题。运用阈值非对称误差修正模型和门限自回归条件异方差模型对我国粮食价格国际传导非对称性进行实证分析。

本书重点研究粮食价格传递的非对称性，这是具有重大的理论和实际意义的。首先，价格是市场的信号，而且国际粮食价格这一因素对于国内粮食价格波动的影响成分越来越重。研究粮食价格的国际传导，能更好地认识本国粮食贸易中所存在的问题，从而政府政策才能针对问题作出相应的调整，来应对粮食安全危机。其次，传统研究认为价格传导是属于线性、对称的，但越来越多的学者研究发现农产品的价格传导实质是非对称性的。本书研究粮食价格国际传导的非对称性，研究其呈现非对称的原因、非对称的表现及影响，从而能发现粮食价格传导的规律和本质，探究出现粮食价格非对称性传导的原因，以及对粮食进出口计划和福利的影响。从而为政府合理制定粮食进出口计划和提高我国粮食产业的国际竞争力提供相关建议。

研究价格传导的非对称性除了现实意义，还具有重要的理论意义。从模型上看，经济变量若是呈现一种非线性的关系，那么再用传统的线性模型来研究这样的经济变量是有误的。因为经典的线性模型并没有考虑或解释这种变量间存在的非线性调整。传统的协整模型和误差修正模型包含了一个前提，即在发生短期偏离时，向长期均衡的调整是时刻以相同的速度且连续发生的。事实上很多经济变量并非如此，调整不一定是连续的，如在偏离程度较小时变量是不会发生调整，而且调整也并非一直以相同的速度每时每刻发生。因此如果变量之间存在非对称现象，用传统的协整理论在解释这个现象时是有偏误的。

针对经济变量的非对称性，学者提出相应研究非对称的计量模型。目前国内常用的有：门限自回归条件异方差（TARCH）模型，非对称误差修正模型等。然而这些计量模型主要集中于研究垂直产业链中某两个环节价格传导的符号非对称问题，这对于价格传导过程中非对称表现的研究是不充分的。相对于目前国内主流的分析模型而言，本书采用阈值非对称误差修正模型来分析价格传导的非对称性问题，一方面克服了传统协整模型在研究非对称变量产生的误差，另一方面也能够弥补国内价格非对称传导研究在方向、速度、幅度这几个方面研究相对不足的缺陷。

5.2　文　献　综　述

5.2.1　粮食安全问题研究综述

5.2.1.1　粮食安全问题研究综述

国内外学者对于粮食安全的研究主要从粮食安全的内涵、影响粮食安全的因素、粮食安全的评价标准以及目前粮食安全存在的问题和解决对策等几个角度进行研究。综合前人研究，对粮食安全概述如下。

随着时代发展，学者对于现今粮食安全内涵的解释和1996年联合国粮农组织的定义异曲同工，大致包含三个维度：有足够和结构合理的粮食供给、所有人能消费起的粮食和能够获得营养和安全的食物。随着全球化战略发展，对于粮食安全探讨也不再局限于国内这一孤立区域，更加强调从国际视角来研究粮食安全的三个维度。

关于影响我国粮食安全的因素，学者认为我国耕地数量减少，农业用水不足，自然灾害频发和气候变化，我国农业技术相对落后等因素都会从粮食供给角度来影响国内粮食安全。另外，国内粮食流通体制、价格政策和进出口贸易政策也会从粮食的流通、供给和需求等多角度影响到国内的粮食安全。近些年，我国工业化、城市化进程不断加快，这也将从多角度影响我国粮食安全。城市化发展会从粮食生产的耕地面积、土地利用效率和劳动力资源三个方面对粮食安全的影响。刘亮、章元、高汉（2014）认为城市化进程的推进会占用耕地而影响粮食生产。城市化也会使得劳动力资源向城市迁移，导致农村的剩余劳动力老龄化和文化程度低等问题[1]。

关于粮食安全的评价标准，学者也从不同角度构建了粮食安全预警指标体系。刘凌（2007）采用层次分析法将粮食安全体系划分为生产、流通、储备和消费四个层次后，再进一步细分化 16 个指标来评价粮食安全[2]。肖国安、王文涛（2006）则直接采用粮食自给率、粮食价格指数、粮食产量增长率、粮食总库存率、粮食需求增长率这 5 个指标来衡量粮食安全状况[3]。

关于我国目前的粮食安全现状，学者研究认为我国目前的粮食自给率基本能得到保证，粮食生产也不断实现增长，但还是存在很多隐患。张凤（2014）认为我国目前的粮食安全问题主要有耕地不足、投资基础投资不足和粮食价格的上涨等[4]。谭华（2014）则从供需因素和结构性因素分析了我国粮食安全问题[5]。国内外从不同角度探讨了现今我国粮食安全面临的主要挑战，而粮食价格上涨问题是近些年学者探讨最多的。接下来从粮食价格角度对国内粮食安全的影响展开讨论。

5.2.1.2　粮食价格对粮食安全的影响

粮食价格问题关乎粮食安全。高帆（2006）认为要真正实现粮食安全除了有足够量的粮食供给外，还要考虑粮食价格这个因素，也就是要保障居民有足够的能力来消费粮食[6]。而粮食价格的攀升，必然影响到贫困人民对于粮食的消费能力。陈纪平（2012）则更直接的指出目前的粮食安全问题就是粮食价格的波动过大，是价格波动幅度超过市场本身所能平抑的范围后，而引起社会动荡并破坏了市场制度。那么，保障粮食安全也就是应将粮食价格波动控制在安全范围之内[7]。王锐（2011）认为粮食价格的剧烈波动直接影响了粮食的供给和需求。他同样认为目前国内外最突出的粮食安全问题就是粮食价格大幅上涨所导致的[8]。姚建华、张锐（2008）认为粮食价格会深刻影响粮食的生产者收入水平和消费者的粮食消费水平，确保粮价稳定是保障粮食安全的关键[9]。

5.2.1.3　国际粮食市场对保障国内粮食安全的意义

我国农产品需求的刚性增长与水土资源相对短缺的矛盾将越来越凸显，城镇化、工业化的发展也使得解决粮食安全问题所面临的挑战将更加严峻。立足国内实现粮食的基本自给，这并不意味着所有农产品都要自给自足。程国强（2013）指出在中国当前的国情下，完全依靠自身农业资源来支撑粮食的有效供给已经很难奏效[10]。王锐（2011）分析认为我国可适当降低国内粮食自给率，更加积极利用国际这个市场和资源，这有利于增强国内市场的稳定性[8]。程国强、朱满德

（2014）在《中国农业实施全球战略的路径选择与政策框架》谈到应积极推动中国农业"走出去"，深入实施全球农业战略，构建开放型粮食安全保障[11]。进口粮食相当于利用国外土地、水等资源，这是缓解国内农业资源日益紧张的压力、保障国内粮食供给的战略选择。

5.2.2 国际国内粮食市场联动性的研究综述

随着经济全球化和农产品贸易自由化的加深，一国的粮食安全问题不能仅依托于农产品国内生产进行解决。在全球化过程中对粮食的需求和对粮食生产所需资源的竞争必然跨越国界，必须充分利用"两个市场"（即国内与国际市场），实施农业全球发展战略。

随着我国农产品市场不断放开，国内外农产品的价格联动性不断增强，之间的影响日益显著。杨军、黄季焜、仇焕广、尚强（2011）认为开放程度很高的产品是无法单纯地依靠调整国内供需来控制农产品价格，而大豆、玉米、小麦等粮食产品的开放程度较高，由此稳定国内粮价就必须在全球框架下进行考虑[12]。所以对于此番粮食价格波动的原因，学者研究视角除了关注国内自身的供求因素以及美国相关的能源政策、石油价格持续上涨等方面外，还研究了国际市场价格传导的影响。

关于国际粮食价格是否会影响国内粮食价格。大部分学者认为国际粮价和国内粮食价格之间的互动效应不断增强，价格之间互相影响（顾国达、方晨靓，2010[13]；王丽娜，2011[14]）。潘苏、熊启泉（2011）以大米、小麦、玉米为例，通过分布滞后模型分析发现国际国内粮食市场是整合的[15]。罗锋（2009）指出国际农产品价格波动通过外贸途径和期货途径传递到国内[16]。孙超、孟军认为（2010）随着全球一体化进程的推动，国际粮价的大幅度波动必然影响到国内价格[17]。

5.2.3 粮食价格传导的研究综述

关于价格传递的研究分为两个层次，一个是关于国际国内价格之间的空间传递，二是关于国内不同环节价格之间的垂直传递。

5.2.3.1 国际国内粮食价格之间的空间传递

王立清、杨宝臣、苏云鹏（2010）指出小麦和玉米等粮食作物属于政府有限调控的商品，市场在价格决定上还是发挥主导作用，而这种有限管制使得小麦只存在国际价格对国内价格的单向影响，而大豆由于进口量大，则国际国内价格存在双向影响[18]。潘苏、熊启泉（2011）利用误差修正模型和脉冲响应函数来证实国际粮食市场和国内粮食市场是整合的，但相互影响还较弱，价格传递不完全[15]。王锐（2011）研究发现大豆的国际价格波动会传导到国内，而国内大豆市场的变化则只能有限的影响国际大豆市场[8]。王锐（2012）利用格兰杰因果检验和误差修正模型认为国际国内粮食价格有一定联系，但还不够紧密，中国的进出口量无法影响国际价格，然而国际价格却会影响我国的进出口量，这代表我国粮食还不具有"大国势力"[19]。

5.2.3.2 国内粮食产业链价格的垂直传递

国内粮食价格垂直传递，学者主要从传导的方向和时滞进行研究。首先在国内粮食价格传导的方向研究，是从两个角度展开。一是按产业链的角度分析价格传递：李圣军、李素芳、孔祥智（2010）利用 VAR 模型以农业生产资料价格指数、农产品价格指数、食品类工业品出厂价格指数、居民食品消费价格指数研究国内农业产业链条价格传递机制[20]。刘家富、李秉龙、李孝忠（2010）利用 VAR 模型分析了国内大豆和豆油之间的价格传递[21]，发现豆油价格波动会传导到大豆，大豆产业链属于需求拉动型的价格传导机制。二是按照产销链条角度分析：张慧（2008）通过小麦收购市场、批发市场和零售市场价格关系的研究，发现国内小麦价格传递以批发市场为中心向收购市场和零售市场波动[22]。刘芳（2012）[23]和张艳平（2013）[24]研究我国生鲜农产品的产销间价格传导机制，认为从零售价格向生产价格传导要顺畅于生产价格向零售价格传递，其主要原因在于零售商、生产商的市场地位和垄断势力的强弱对比。

此外，还有一些学者的研究关注于国内价格传递的时滞问题。董晓霞、许世卫、李哲敏、李干琼（2011）[25]利用 FDL 模型确定肉鸡养殖业市场上下游价格传递的时滞。李圣军、李素芳、孔祥智（2010）利用脉冲响应函数认为价格波动从农业生产资料到进入最终消费存在 4 个月的时滞[20]。顾国达、方晨靓（2011）国内农产品产业链各环节存在 3~5 个月的时滞[26]。

5.2.3.3 国际国内粮食价格传递的渠道研究

至于国际粮价如何传递到国内，罗锋（2009）通过 VAR 模型和脉冲响应函数认为主要是通过外贸和期货两种方式进行国际国内价格传导[16]。关于期货路径对于棉花这个品种研究得较多，赵荣、乔娟（2008）研究认为期货价格在价格传导过程中起主导作用[27]。除了期货路径，另外还有就是通过外贸路径。王丽娜、陆迁（2011）利用 VAR 模型和脉冲响应函数比较完整了分析了国际国内玉米价格通过外贸和期货确定的价格传导路径，但相比较下国际期货指数对国内玉米价格影响较大[14]。赵革、黄国华（2005）完整的描述国际价格到国内价格的传递过程，主要是在空间层次上国际价格经进出口价格传递到国内，而在国内价格的传递主要呈现的是沿产业链的上下游的垂直传递[28]。方晨靓、顾国达（2011）认为贸易途径中，商品可以被用作生产原料或直接消费。因此，根据贸易用途的不同，国际传导的贸易路径可以按照分为：价格直接传导路径、产成品成本传导路径以及贸易替代路径[26]。

5.2.4　综述小结

总的来说，粮食价格上涨是目前粮食安全问题面临的主要问题，未来解决粮食安全问题关键是要走农产品全球化战略，充分利用好国际国内两个市场、两个资源。随着贸易的深化和全球一体化的推进，国际国内粮食市场的联动性会越来越强，粮食价格能够通过进出口、期货两个渠道进行国际传导。

对于价格传导非对称性研究，国外相对比较成熟，研究完整性、计量模型也在不断完善。国内对于价格传导的存在单向传导和时滞问题是有一定研究，但未归入到价格传导非对称这个体系内研究。国内价格传导的非对称性研究则主要集中于传导符号的非对称性。对于非对称性的文献综述将在下一章节中非对称性的识别进行阐述。

5.3　研究框架和方法

5.3.1　研究框架

本篇研究的主题是中国粮食价格国际传导的非对称性问题，研究目的在于通过实证分析确定国际国内粮食价格传导的非对称性，从而探析非对称性存在对中国进出口调节效果和对社会福利的影响，从而为国家应对粮食安全危机提供相关的建议。考虑到粮食的四个主要品种（大豆、玉米、小麦、大米）在进出口贸易中表现不尽相同，对四个品种分别进行分析。

本篇共分为 5 章，结构编排如下：

第 5 章，引言。主要阐述研究背景及意义、文献回顾、相关理论、研究框架与方法以及本书的创新与不足。

第 6 章，国际国内粮食价格的协整分析。本章首先阐述了我国粮食安全所存在的问题、进出口贸易现状和国内国际粮食的联动性三方面。其次，应用协整分析方法对粮食四个品种的国际国内价格是否存在联动性进行分析。

第 7 章，价格传导非对称的理论分析。首先，对价格传导非对称的定义进行阐述，介绍非对称性传导四个方面的表现。其次，阐述出现非对称性传导的原因。

第 8 章，粮食价格国际传导的非对称实证分析。运用 Hansen 检验对我国粮食价格国际传导的非对称性进行实证检验，在检验基础上进一步运用非对称模型的门限自回归条件异方差模型和阈值非对称误差修正模型来分析，说明粮食品种价格国际传导的非对称性表现。

第 9 章，我国粮食价格国际传导非对称性的影响。分析粮食国际传导的非对称性对粮食贸易进出口调节效果和社会福利的影响。

最后，基于前面的研究结论提出建议。

实证分析逻辑图见图 5 – 1。

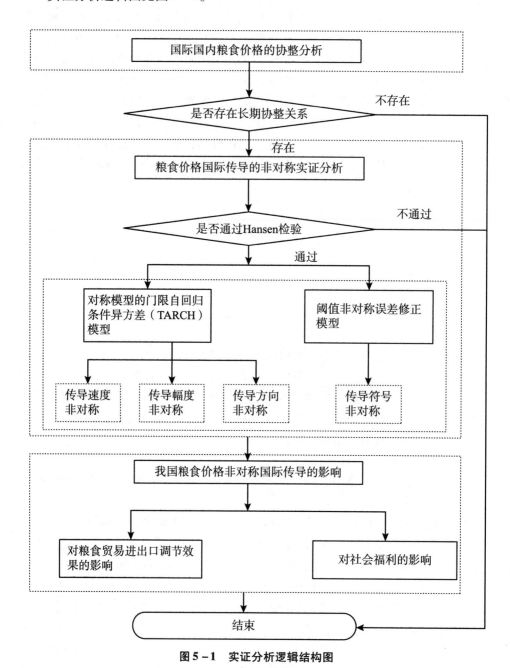

图 5 – 1　实证分析逻辑结构图

5.3.2　研究方法

本书采用协整关系模型、TARCH 模型和阈值非对称误差修正模型的计量经济学方法，研究我国粮食（大豆、玉米、小麦、大米）价格传导的非对称性，进而探讨国际国内粮食市场的非对称价格传导产生的影响。

5.4　研究创新与不足

5.4.1　研究创新

（1）研究视角的创新。本书突破以往的粮食价格对称传导研究，指出粮食价格传导主要是呈现一种非对称现象，并对非对称传导的四个方面进行实证分析。

（2）研究方法的创新。国内已有研究大多数还主要是用非对称误差修正模型对价格传导的符号非对称性来展开。本书的阈值非对称误差修正模型能对非对称多方面表现进行实证分析，特别是弥补了国内在价格传导幅度非对称研究的不足。

5.4.2　研究不足

第一，由于本人的学术水平所限，本书阈值非对称误差修正模型的单位根检验采用的是传统的 ADF 检验。这个 ADF 检验是专门针对线性平稳过程，在非线性的变量的检验，容易出现 ADF 检验具有低势。但目前还没有较好的改进方法。

第二，非对称价格传导的影响分析不够完全，有待于进一步完善。未来的研究方向还可以继续深入，如可以分析非对称价格传导对粮食生产者和消费者的影响的量化问题，特别是对于农民福利和收入的影响等。

第 6 章

国际国内粮食价格的协整分析

6.1 中国粮食安全问题

6.1.1 中国粮食供需的矛盾

保障粮食供给是实现粮食安全的基本要求。目前我国的粮食安全危机就有来自于国内粮食供给的矛盾。国内粮食需求的不断增长和消费需求结构的变化，需要国内粮食供给有相应的调整，这给国内粮食供给带来新的挑战。而事实上，国内粮食供给除了面临粮食需求增长的挑战，其自身在粮食生产上本来就存在问题。国内需求增长和供给不足的矛盾在我国粮食产业发展上越来越明显。

从需求上看，我国人口众多的基本国情决定了我国属于粮食消费大国。随着人口的增长，社会对粮食消费也在不断增长。钟甫宁（2006）认为我国粮食消费量在 20 世纪 90 年代以后增长速度趋于稳定，大约为 1%[29]。人民生活水平不断提高，粮食消费的结构也在不断发生变化。粮食总需求分为口粮、饲料用粮、工业用粮和种子用粮。粮食需求结构变化总的趋势是口粮消费减少，而饲料用粮、工业用粮在不断增长。人们对直接的口粮消费在减少，这是因为人们生活水平在提高，更多注重营养均衡搭配，对肉禽蛋奶等粮食转化消费逐渐增多。而随着工业和城镇化的发展，工业用粮的比重也在不断提高，特别是美国推出生物燃料政策，这势必导致粮食更多地被用在工业发展上。

从供给上看，虽然中国粮食生产已经实现十年增产，但这仅仅反映了粮食总量的增长，并没有能够从实质上解决中国粮食供需的结构性矛盾。目前，中国的粮食生产大致占世界的比重为 22%。新中国成立后，中国的粮食生产能力得到不断提高。特别是 2004 年粮食安全问题得到重视，中央连续制定几个"一号文件"关注粮食生产。直至 2013 年粮食生产突破 60000 万吨，已经实现十年增产（图 6 - 1）。实现国内粮食基本自给，一直是中国首要而艰巨的政策目标。然而过分强调粮食总量自给率既不现实，也会使中国付出极大环境和经济代价。进口粮食相当于利用国外土地、水等资源，是缓解国内农业资源日益紧张的压力、保障粮食供给的战略选择。

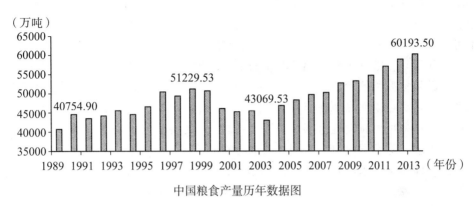

中国粮食产量历年数据图

图 6 - 1 中国粮食历年生产量

资料来源：中华粮网。

人多地少、农业资源紧张是中国的基本国情。目前，我国的粮食供给主要有以下几方面的问题。

一是耕地数量和质量无法保证。耕地是粮食生产的基本要素，要实现粮食安全耕地既要有数量上的保证，又要有质量上的保障。工业化与城镇化的发展，原来的耕地很多都变成工业城市群，耕地的面积在不断减少。国内农业发展长期呈现粗放式增长，过度使用化肥、农药等使得土壤质量不断退化，部分农田已经无法耕种。

二是水资源等农业资源和劳动力资源的缺失。联合国开发计划署曾指出，未来几十年限制粮食产量增长的主要因素是水资源的短缺。能用于粮食生产的水资源的减少和水不断受到污染等问题，这都影响到农作物的产量，威胁到粮食安全。城镇化和工业化的发展也将会使劳动力资源要素向非农部门转移，农村青壮年劳动力大量涌入城市，农村农业发展缺乏劳动力保障。

三是国内农业投资不足，粮食生产不具竞争力。我国农业公共投资相对不足，农民还是我国农业投资的主体。农民的农业投资很分散，一般是一家一户式。在这样的投资形式下，信息的不对称和投资力量的分散使得农业投资风险较大，也缺乏长期规划，我国的粮食生产难以在国际市场上形成有力的竞争。

另外，气候问题和自然灾害等其他因素也是导致国内粮食供给存在隐患的因素。

6.1.2 中国粮食价格上涨的危机

粮食安全包含粮食价格稳定这一因素，粮食安全是要保障百姓在任何时刻能消费到粮食，包含了粮食供给和粮食消费两个维度，即在保证有足够粮食供给后，还需要考虑人们是否有能力消费得起粮食。粮食价格上涨使得粮食安全无法在消费这一维度上得到保障。高涨的粮价直接导致了食品价格的上升，这进一步削弱了人们的实际消费能力。粮食价格的过度波动不仅影响了粮食消费，也会从粮食供给角度影响粮食安全。因为粮食价格波动大，使得粮食生产者对市场预期不可靠，承担风险较大，这必将影响到农户的粮食生产积极性。

近几年来，粮食价格大幅上涨是目前中国粮食安全危机中最突出的问题。国内主要的粮食品种的价格从 2006 年底开始一路飙升，在 2008 年第二季度后相继达到价格最高点，而在 2009 年第一季度粮价又开始再次跌进低谷，至此之后国内粮食价格呈现出波动性上涨（见图 6－2）①。此番粮食价格上涨的原因是多样的。需求上，除了国内自身的刚性需求不断增长外，美国推出政策推动生物能源的发展，使得像玉米等粮食需求大幅增加，这都从需求方面推动粮食价格上涨。供给上，石油价格持续上涨导致粮食运输成本增加和农业生产资料价格上涨，从生产成本上造成粮价上涨。特别注意的是，国内粮食进出口贸易的发展，国际粮食市场价格对国内价格的影响越来越大。

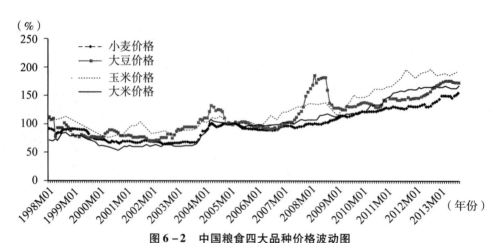

图 6－2　中国粮食四大品种价格波动图

资料来源：中华粮网。

6.2　中国粮食进出口贸易的现状

6.2.1　中国粮食进出口贸易的现状

我国粮食自给率不低于 95% 的目标是在 1996 年《中国的粮食问题白皮书》

---

①　为了剔除通货膨胀因素，图 6－2 和图 6－5～图 6－8 的价格数据采用以 2005 年 1 月为基期，换算成定基比数据，单位为%。

上被首次提出。20 世纪 60 年代，我国属于粮食净出口国，发展至今中国已经是进口大国，进口量远大于出口。进口粮食保障了国内粮食供给，但如果过度依赖进口会对国内粮食安全产生影响。2003 年之前，中国的粮食进出口贸易在大多数年份上为净出口，之后则都是净进口，且净进口量越来越大。2013 年中国粮食进口量达到 8402.1 万吨，是 2000 年 1356.80 万吨的 6 倍多。而粮食出口则大幅缩减，2012 年中国粮食出口 243.1 万吨，相当于 2000 年 1401.3 万吨的 17.35%。单纯从贸易量来说，我们可以认为中国属于粮食进口上的大国，粮食出口上的小国，见图 6 – 3。

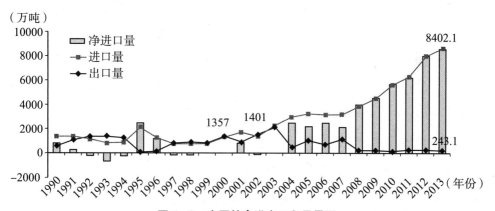

图 6 – 3　中国粮食进出口贸易量图

资料来源：我国历年粮食进出口贸易监测报告。

从具体品种来看，我国是全球第二大玉米生产国。在 2012 年中国玉米产量创新高，达 20812 万吨，约占全球玉米产量的 24% 左右。2012 年玉米进口量为 520.8 万吨，玉米出口量为 25.7 万吨，玉米净进口 499.27 吨。其实以往玉米是我国主要的出口产品，然而随着国内玉米作为饲料消费的需求增加，2004 年中国玉米出口量开始锐减。加之在 2009 ~ 2010 年，我国玉米产区遭遇严重旱情，玉米产量大幅减少。从 2010 年起我国连续三年成为玉米净进口国。

大豆是我国最主要的进口粮食。我国自 1996 年开始便是大豆的净进口国，2012 年中国进口大豆 5838 万吨，大致占世界大豆进口量的 56%。我国大豆对进口依赖程度很高。如在 2012 年我国大豆产量为 1277 万吨，而大豆消费量为 7439 万吨，83% 国内大豆消费需要依靠进口。大豆进口量大幅增长，一方面在于国内大豆消费需求增加。豆油需求增长，从而推动大豆需求进一步增长。同时人们在膳食方面对肉制品和乳制品的需求增加，而大豆加工品豆粕是饲料的主要原料，这使得大豆需求在增长。另一方面是因为国内大豆种植产业发展比较低迷，种植利润低，国内供给量严重不足。国内大豆供需失衡，需要大量进口大豆来满足国内需求。

小麦是全世界分布范围最广、种植面积最大的粮食作物。小麦在 1997 年前是我国主要的进口的粮食品种，而在这之后大豆逐渐取代小麦主要进口粮食品种的地位。在2004～2010年小麦的进口量大幅萎缩，而且从2001～2007年间小麦是保持着一定量的出口，甚至在2001～2003年、2006年、2007年这些年份出现了净出口，但其他年份上小麦还是主要表现为净进口。2011年开始中国的小麦进口量又开始增加，在2012年小麦进口370.1万吨，出口28.6万吨，见图6-4。

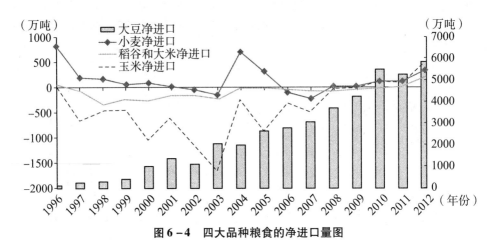

图6-4 四大品种粮食的净进口量图

注：由于数据的绝对量差距较大，图6-4中为双坐标轴图。小麦、稻谷和大米、玉米的净进口数据对照左边坐标轴，大豆的净进口量是参照右边坐标轴，单位都为万吨。

资料来源：中华粮网。

我国稻谷产量占世界稻谷总产量的30%左右，国内的生产与供需基本平衡。目前我国大米较稳定地保持一定量的净出口。这是由于国内稻谷产量相对比较平稳，在满足国内基本需求后略有盈余。但中国稻米的出口目标国主要是非洲和一些不发达国家，一般属于援助性质，我国大米的国际竞争力并不强。

6.2.2 国际国内粮食市场的联动性

现今探讨粮食安全危机，避不过粮食价格上涨问题。全球化发展使得每个国家也不再孤立，随着粮食贸易的深入，国际国内两个市场的整合性不断提高，国际国内粮食市场价格的联动性也不断增强。对于国内粮食价格的研究，也就不能孤立研究国内的影响因素，而避开国际价格的波动影响。

目前，国内大豆的需求主要是通过进口贸易来满足，庞大的贸易量使得大豆的国际国内价格联动性较强。从大豆的国际国内价格的波动（见图6-5）上看，在整个时间区域中都主要的表现为大豆国际价格引导国内价格变化，国内价格变化的滞后期大致1～2个月。国际国内大豆市场的价格在2010年前的联动性非常突出，而在2010年之后二者联动性减弱，但国内价格随着国际价格波动的趋势仍然存在。2010年之后，国际大豆价格波动较大，而国内大豆价格波动则相对平缓。国际大豆价格不稳定，主要在于供给与需求方面。特别是由于美国的"生物能源战略"使得很多农户从生产大豆转战生产玉米，这都使得大豆供给量大幅减少。而国内的粮食最低收购价、临时收储、粮食直补等农业政策，使得国内大豆价格相对稳定，价格波动相对小于国际价格。

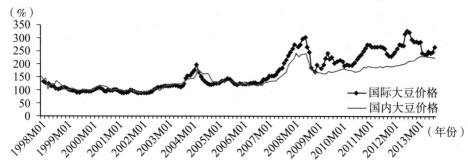

图6－5　大豆国际国内价格波动图

资料来源：大豆国际价格数据来自于世界银行。大豆国内价格数据来自于中华粮网。

中国玉米国际贸易由净出口转变为净进口，其贸易量不同于大豆，由此玉米的国际国内市场的价格的联动性弱于大豆市场，但国内价格随着国际价格波动的趋势仍然存在（图6－6）。在整个时间区域中都主要的表现为国际价格引导国内价格变化，国内价格变化的滞后期为4～5个月。

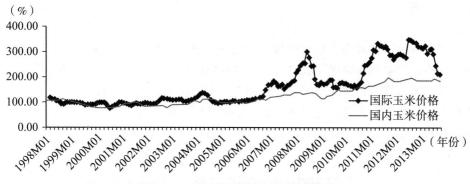

图6－6　玉米国际国内价格波动图

资料来源：玉米国际价格数据来自于国际货币基金组织。玉米国内价格数据来自于中华粮网。

小麦和大米的国际国内两个市场的联动性较差，价格变化的相同趋势并不存在（图6－7、图6－8）。小麦和大米国际市场价格波动起伏很大，但国内市场整体价格虽然也在不断上升，但波动相对较小。

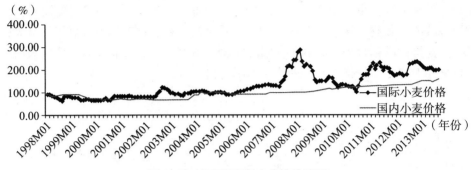

图 6 - 7　小麦国际国内价格波动图

资料来源：小麦国际价格数据来自于国际货币基金组织。小麦国内价格数据来自于中华粮网。

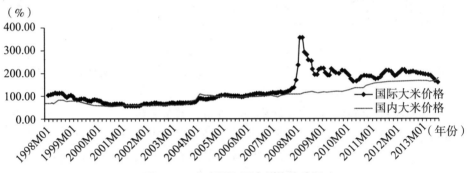

图 6 - 8　大米国际国内价格波动图

资料来源：大米国际价格数据来自于国际货币基金组织。大米国内价格数据来自于中华粮网。

　　国际粮价已经成为影响国内粮食价格一个很重要的因素。因此，为了解国内粮食价格，就必须研究国际粮食价格波动对我国粮食的影响，分析价格国际传导的特性。分析国内粮食价格问题，有利于探索如何稳定国内粮食价格，以应对此番粮食安全危机的方法。为了进一步确定粮食国际国内两个市场的联动性，接下来用协整模型来判定国际国内的粮食价格是否存在长期均衡。

6.3　国际国内粮食价格协整的实证分析

6.3.1　数据来源和处理

6.3.1.1　数据来源

鉴于每个粮食品种拥有自己贸易特性，所以粮食价格数据是分品种进行收集的，分析时也不进行汇总分析。选取大米、小麦、大豆和玉米这四种主要粮食品种进行分析。大豆和小麦数据区间是从 1998 年 1 月 ~ 2013 年 10 月，而玉米和大米数据区间是从 2003 年 1 月 ~ 2013 年 10 月[①]。

（1）国际粮食价格。大米国际价格数据是用泰国 5% 破碎碾白米饭的名义价格表示，小麦国际价格数据用 1 号硬红冬麦墨西哥湾离岸价来表示，玉米国际价格数据是用美国 2 号黄玉米墨西哥湾离岸价格来表示，大豆国际价格价格用美国大豆价格来表示。大豆国际价格来自于世界银行（http：//www.worldbank.org/），大米、小麦、玉米的国际价格数据来自于国际货币基金组织（http：//www.imf.org/external/）。

（2）国内粮食价格。国内粮食价格用中华粮网收集的批发价格表示。国内大米价格数据用早籼米、晚籼米和晚粳米价格的平均值表示，国内小麦价格数据用批发市场收集的白小麦三级价格数据表示，玉米和大豆都用批发市场收集的均价表示。

6.3.1.2　数据处理

本书数据为了剔除通货膨胀因素，采用以 2005 年 1 月为基期，换算成定比数据。在本书的实证分析阶段，进一步将定比数据取对数来减少模型中的异方差性。

6.3.2　协整分析的检验方法

由于序列的非平稳性，时间序列的简单回归很可能出现伪回归。协整分析是用于判断变量之间关系是否出现伪回归，即分析时间序列变量之间是否真的具有长期稳定关系。协整分析需要先判断变量的平稳性和因果关系，在用协整模型刻画出变量间的关系后，进一步分析模型的优劣并且检验模型是否存在序列相关。由此，在本章分析中需要用到以下几个检验方法。

6.3.2.1　单位根检验

单位根检验是用来判断序列是否平稳。时间序列数据随着时间的变化往往会存在一定趋势而使得序列是非平稳的。常用的单位根检验方法有 DF 检验、ADF 检验、PP 检验等，本书采用 ADF 检验，ADF 检验原假设和备择假设为：

原假设：序列至少存在一个单位根；

备择假设：序列不存在单位根。

在进行 ADF 检验前必须用 AIC 准则为回归确定合理的滞后阶数和选择正确的回归形式。ADF 检验根据时间序列是否包含常数项和时间趋势项而有三种不同

---

① 本书收集的部分数据缺失，在分析中确认为缺失值，这不直接影响本书分析结论。

检验回归形式，一是包含常数，也就是序列初始值不为 0；二是包含常数和趋势，三是时间序列具有线性趋势。根据时间序列具体不同形式，要选择不同的检验回归形式。

在结果判断时是利用检验结果的 P 值，如果 P 值小于显著性水平，则可以拒绝原假设，认为序列不存在单位根。反之如果 P 值大于显著性水平，则无法拒绝原假设，认为序列至少存在一个单位根。

6.3.2.2　Granger 因果检验

Granger 因果检验是在时间序列（X，Y）平稳的前提下，看序列 X（序列 Y）是不是引起序列 Y（序列 X）变动的 Granger 原因。Granger 因果检验实质是判断一个变量的滞后变量是否引入到其他变量方程中。Granger 因果检验原假设和备择假设为：

原假设：X 不能 Granger 引起 Y

备择假设：X 能 Granger 引起 Y

利用模型的残差构造的统计量，若在给定的显著性水平下，统计量大于临界值，也就是相应的 P 值小于显著性水平，则拒绝原假设。反之，P 值大于显著性水平则不能拒绝原假设，认为 X 不能 Granger 引起 Y。

6.3.2.3　协整关系检验

变量之间存在相互影响关系是指变量之间存在长期的均衡关系。在短期内，变量可能因为季节因素或者随机干扰而偏离均值。如果这种偏离是暂时，那变量会随着时间变化而回到均衡状态，这样的变量之间是属于协整关系；但如果这种偏离是长久的，这变量之间就不能说存在协整关系。

1987 年恩格尔和格兰杰（Engle and Granger）[41] 提出协整检验理论，认为一些本身非平稳的经济变量的线性组合却可能是平稳，那这些变量之间也是存在长期均衡关系。恩格尔和格兰杰（1987）根据这个思想提出两步检验法来判断变量的协整关系[41]。第一步对变量进行单位根检验，看变量是否平稳或者属于同阶单整，若是如此便可以对变量进行回归。第二步对回归方程的残差进行单位根检验。若残差是平稳的，则认为变量存在协整关系；反之若存在单位根，则变量之间不存在协整关系。

6.3.2.4　LM 检验

回归方程中往往由于模型中遗漏了重要解释变量或者模型函数形式设定有误而导致模型残差存在序列相关。LM 检验就在于检验模型是否存在序列相关，而 LM 检验的原假设和备择假设为：

原假设：p 阶滞后不存在序列相关

备择假设：存在 P 阶自相关

利用模型的残差构造 $T \times R^2$ 统计量，若在给定的显著性水平下，统计量小于临界值，也就是相应的 P 值大于显著性水平，则说明序列不存在序列相关，反之，P 值小于显著性水平则认为序列存在 P 阶序列相关。

6.3.3 国际国内粮食价格协整的实证分析

（1）单位根检验。本书分别对粮食四个品种的国际价格和国内价格进行平稳性检验。文章利用 ADF 单位根检验，检验结果中说明八个时间序列虽然都是非平稳，但都属于一阶单整，故可以进一步进行协整分析[1]。

（2）Granger 因果检验。本书对粮食四个品种的国际价格和国内价格时间序列进行 Granger 因果检验，检验结果概况在表 6-1 中[2]。虽然检验结果不能就此来判断变量的因果关系，但可以为变量之间建立协整模型时确定解释变量和被解释变量做一个初步判断。从 Granger 因果检验结果看，大豆、玉米、小麦三个品种的国际价格是国内价格的 Granger 原因，而大米则国内价格才是国际价格的 Granger 原因。

表 6-1 粮食四个品种的 Granger 因果检验结果表

粮食品种	原假设	P 值	结论
大豆	国内价格不是国际价格的 Granger 原因	0.0785	大豆的国际价格为国内价格的 Granger 原因，而国内价格则不是国际价格的 Granger 原因。
	国际价格不是国内价格的 Granger 原因	0.0000	
玉米	国内价格不是国际价格的 Granger 原因	0.0695	玉米的国际价格为国内价格的 Granger 原因，而国内价格则不是国际价格的 Granger 原因。
	国际价格不是国内价格的 Granger 原因	0.0003	
小麦	国内价格不是国际价格的 Granger 原因	0.5785	小麦的国际价格为国内价格的 Granger 原因，而国内价格则不是国际价格的 Granger 原因。
	国际价格不是国内价格的 Granger 原因	0.0231	
大米	国内价格不是国际价格的 Granger 原因	0.008	大米的国际价格不是国内价格的 Granger 原因，而国内价格是国际价格的 Granger 原因。
	国际价格不是国内价格的 Granger 原因	0.2512	

（3）协整模型。建立简单回归模型来判定粮食四个品种国际国内价格的协整

[1] 检验结果见附录表1。
[2] 显著性水平选择为5%。

关系。结合 Granger 因果检验结果，在协整模型中大豆、玉米和小麦以国内价格为因变量，而大米的协整模型中以大米的国际价格为因变量。考虑到粮食价格传递存在时滞，加入滞后一期的价格数据作为解释变量。在回归模型构建完，要对模型进行自相关检验和协整分析。

四个粮食品种的回归模型结果（见表6-2）和粮食价格波动图（见图6-5~图6-8）结论大致相同。小麦和大米的回归系数不显著，说明小麦和大米的国际国内价格不存在联动性。大豆和玉米两个粮食品种的回归模型都通过系数检验、自相关和协整检验，表明国际国内价格存在长期协整关系。这种协整关系和我国粮食的贸易结构有很大关系，大豆是我国主要的进口品种，进口量很大，所以国际价格的波动会传导到国内。玉米原是我国主要的出口产品，这几年我国成为玉米净进口国，相对来说贸易量还是比较大，国际国内两个市场的玉米价格有协整关系。我国小麦属于产量大、销量大。1997 年前小麦是我国主要进口粮食品种，但现在相对于其他品种，进出口量都较小。小麦在我国属于自给自足型，故小麦的国际国内价格联动性较差。而大米是我国保持一定量的出口品种，但出口量在国际市场上份额不大，由此国内价格无法对国际价格产生一定量的影响。

表 6 - 2　　　　　　　　粮食四个品种国际国内价格协整模型结果表

被解释变量	大豆（国内价格）	玉米（国内价格）	小麦（国内价格）	大米（国际价格）
常数项	2.314851 (0.0000)	5.165642 (0.0000)	4.390251 (0.0000)	5.393052 (0.0005)
国内价格				0.206188 (0.4342)
滞后一期 国内价格				-0.243238 (0.3697)
国际价格	0.231296 (0.0001)	-0.003937 (0.8833)	0.001837 (0.9403)	
滞后一期 国际价格	0.295911 (0.0000)	0.065835 (0.0151)	0.008558 (0.7271)	
AR(1)	0.909266 (0.0000)	1.545865 (0.0000)		0.975572 (0.0000)
AR(2)		-0.794041 (0.0000)		
AR(3)		0.238420 (0.0084)		
LM 检验 P 值	0.7607	0.9295		

被解释变量	大豆（国内价格）	玉米（国内价格）	小麦（国内价格）	大米（国际价格）
可调整系数	0.976642	0.992921	0.99242	
单位根检验 P 值	0.0000	0.0000		
结论	长期协整	长期协整	系数不显著	系数不显著

6.4 本章小结

第一，目前，我国粮食供需总量平衡，但结构不平衡，粮食价格上涨是此番粮食安全危机中最突出的问题。我国是粮食生产大国，也是粮食消费大国。粮食生产上，从 2004 年开始我国已经实现粮食的十年增产，但粮食未来的供给依然存在危机。粮食消费上，我国粮食消费量每年大约以 1% 速度逐年增长。在消费结构上，口粮消费逐渐减少，而饲料用粮、工业用粮却在不断增长。城镇化、工业化的发展，使得粮食供给矛盾会越来越突出。我国粮食价格从 2006 年开始波动式上升，这对于国内的粮食安全有较大的冲击。

第二，我国粮食市场和国际粮食市场的联系越来越紧密，我国更加注重利用国际粮食市场来调节国内粮食供需和稳定粮价。但目前我国的粮食进出口计划不够合理，出现进出口"逆向调节"。粮食贸易中，我国从贸易净出口国变成净进口国。从贸易量来说，中国属于粮食进口上的大国，粮食出口上的小国。在四大粮食品种中，大豆进口依赖性高，83% 国内大豆消费需要依靠进口；玉米贸易中我国由原来净出口国转变成净进口国；我国小麦以进口为主，某些年份出现净出口；我国大米则保持一定量的出口，但在国际市场上竞争力弱。

第三，随着国际国内两个市场的联系增强，粮食的国际价格和国内价格的联动性也会越来越紧密。在国际国内价格的波动图和协整分析中，发现国内大豆价格和玉米价格会受到国际价格的影响；而小麦和大米国际国内两个市场价格传导的联动性较差，不存在长期协整关系。故在后文分析中不再展开对小麦和大米这两个粮食品种价格的非对称传导进行研究，而主要针对玉米和大豆这两个品种进行研究。

第 7 章

价格传导非对称性的理论分析

7.1 价格传导非对称性的定义

目前国内价格传导主要是基于对称性研究。这是因为以往认为价格传递主要是对称，而非对称的价格传导属于特殊情况。但随着研究不断深入，学者们发现价格非对称传导才是主要的经济现象，国外对这方面的研究已经有一定的规模，但目前国内研究还相对较少。

特威腾（Tweeten，1969）最早展开非对称性研究[42]。而后卡尔波夫（Karpoff，1987）在对金融市场中价格变化幅度与交易量关系研究中，发现了"火箭与羽毛"现象，形容价格上升段的速度像火箭而下降段的速度像羽毛[43]。Bacon（1991）对英国汽油零售市场进行实证检验得出确定存在"火箭与羽毛"的现象，首次提出"非对称调整"的概念[44]。格斯坦、加格纳森和朗克尔（Glosten，Jaganathan and Runkle，1993）对 GARCH – M 模型进行修正，提出了 TAR 和 TARCH 模型（Threshold ARCH）来测量"好"消息和"坏"消息对波动所产生的不同影响[45]。这些研究主要是关于价格传导中价格上涨和下降的非对称。恩德斯和格兰杰（Enders and Granger，1998）则进一步研究发现，冲击只有达到一定的临界值时市场才可能产生具有显著意义的反应，也就是价格变化幅度不同，其他环节的响应不同[41]。贝特斯曼（Peltzman，2000）在对 282 种产品（其中包括 120 种农产品）价格传递研究，发现非对称的价格传递是普遍存在的[46]。

梅尔和克鲁姆·陶贝德（Meyer and Cramon – Taubadel，2004）对以往的非对称价格研究进行整理，将非对称价格传导分为三种情况。一个是速度和幅度的非对称，一个是正的非对称和负的非对称，还有一个是研究对象不同，包含产业链上的垂直非对称价格传导和同一产品的价格在不同市场间的空间非对称传导[47]。郑少华、赵少钦（2012）定义了价格传递的四大属性，即速度、幅度、方向和符号[30]。

总结前人研究的结论，笔者认为价格非对称传导是存在于两个框架下所呈现的四种表现，两个框架是梅尔和克鲁姆·陶贝德（2004）划分的第三个方面，即空间和垂直两个框架。在这两个框架下研究价格传导符号、价格传导方向、价格传导速度和价格传导幅度四个非对称表现[47]。价格非对称传导的四个表现一般不是单独存在，往往是以组合的方式出现。

7.2 价格传导非对称的表现

7.2.1 价格传导方向的非对称

价格传导方向的非对称是指价格之间的单向传导。比如某些农产品的国际价格波动能通过期货、贸易途径传导到国内价格，却无法将国内市场价格波动传递出去。以图7-1和图7-2相结合来具体说明价格的单向传导，以 P^g 代表粮食的国际价格，P^d 代表国内粮食价格。假设粮食价格之间的传导只存在国际价格波动向国内价格的单向传导。国际价格 P^g 会影响国内价格，表现在图上就是国际价格 P^g 先上涨或下降时，国内价格 P^d 也跟着变化（见图7-1）。图7-2中，在国内价格 P^d 无论是上涨还是下降，国际价格 P^g 都没有发生变化，即国内价格波动无法传导到国际。在价格传导中并不是所有的都是双向传导，可能存在单向传导。

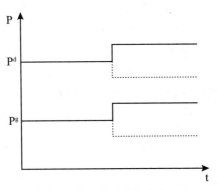

图7-1 价格 P^d 和 P^g 方向非对称传导价格波动变化图（1）

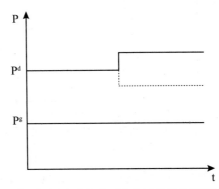

图7-2 价格 P^d 和 P^g 方向非对称传导价格波动的变化图（2）

从垂直角度看，目前大部分农产品价格传导主要表现为从农产品的生产价格向零售价格的单向传导。古德温和霍尔特（Goodwin and Holt，1999）在对美国牛肉市场利用门限 ARCH 模型进行研究，发现只存在从农场到批发商再到零售商的单向价格传导[48]。特蕾·莎塞拉和巴厘·古德温（Teresa Serra and Barry K. Goodwin，2002）用三机制阈值非对称误差模型来分析西班牙乳制品农场价格和零售价格之间的非对称性，结论是生产价格向零售价格的单向传递，且非对称是适度的[49]。刘家富、李秉龙、李孝忠（2010）发现国内大豆产业链上属于需求拉动型[21]。从空间角度看，王锐（2011）研究认为大豆市场上只存在国际大豆价格波动单向传递给国内大豆价格[19]。国内目前文献有研究价格传导的方向问题，但并没有直接点明这属于价格传导的非对称。目前国内外的研究主要是研究自己本国产业链的垂直传递，而对于产品两个市场间的空间传递研究较少。

7.2.2 价格传导幅度的非对称

价格传导幅度非对称是指价格传导链上的某一环节的价格 P^{out} 在面对价格 P^{in} 变动幅度不同时，P^{out} 价格变化反应不同①。价格传导幅度的非对称来自于价格波动传导是不完全的，价格 P^{out} 的变化幅度不是和价格 P^{in} 变动幅度一样。常见的价格传导的幅度非对称是：在价格 P^{in} 变化幅度较小时，价格波动不传导，价格 P^{out} 不产生变化（图 7 - 3）；而在价格 P^{in} 变化幅度较大时，价格 P^{out} 发生了变化，但是变化幅度和 P^{in} 变化幅度是不一样，幅度更小（图 7 - 4）。

恩德斯和格兰杰（1998）认为只有在冲击超过一定的临界值时，市场才会有所反应[41]。特蕾·莎塞拉和巴厘·古德温（2002）用三机制阈值非对称误差模型来分析西班牙乳制品市场，三个机制就是代表了价格变化的三种幅度，证实了

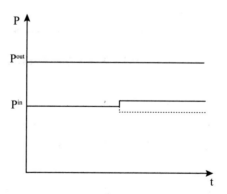

图 7 - 3　价格 P^{out} 和 P^{in} 幅度非对称价格波动的变化图（1）

---

① 在非对称传导图（图 7 - 3、图 7 - 4）中，图中纵轴代表价格，横轴代表时间。假设 P^{in} 和 P^{out} 代表分别代表某价格传导链条上的两个价格，其中 P^{in} 代表自主变化的价格，P^{out} 代表价格传导链上另一价格。价格 P^{out} 的变化取决于价格 P^{in} 在某个特定时点的上升或下降。

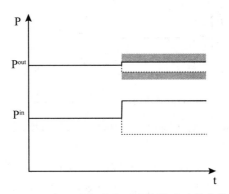

图 7-4　价格 P^{out} 和 P^{in} 幅度非对称价格波动的变化图（2）

乳制品的农场价格和零售价格之间存在传导幅度的非对称性[49]。目前国内对价格传导的幅度研究较为缺乏。

7.2.3　价格传导符号的非对称

价格传导符号的非对称是指价格 P^{out} 对于传导链上的价格 P^{in} 的上升或下降的敏感度不同。也就是在价格传递过程中，一种价格在面对另一价格"正"的价格变化与"负"的价格变化的敏感度不同。梅尔和克鲁姆·陶贝德（2004）在定义价格传导符号非对称性是根据利润空间的大小来划分。"正"的非对称是指：相对于利润扩大的价格传导，利润空间遭到挤压的价格传导要更迅速、更充分传导。而"负"的非对称则是相反[47]。但本书选择简单的方法区分正负非对称，即根据价格 P^{out} 对于价格 P^{in} 的上涨和下降变化的不同反应来定义。

"正"、"负"非对称不同情况下，在价格 P^{in} 上涨和下降一样幅度时，P^{out} 的变化是不一样的。若 P^{out} 对于价格 P^{in} 上涨响应程度大于其价格下降，这是属于"正"的非对称（图 7-5）。即发生价格上涨情况，P^{out} 的变化幅度和价格 P^{in} 一样；而发生价格下降时，P^{out} 的变化幅度小于价格 P^{in} 的。若 P^{out} 对于价格 P^{in} 上涨响应程度小于其价格下降，这是属于"负"的非对称（图 7-6）。即发生价格上涨情况，P^{out} 的变化幅度小于价格 P^{in} 变化幅度；而发生价格下降时，P^{out} 的变化幅度和价格 P^{in} 的一样。

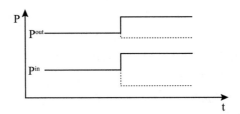

图 7-5　价格 P^{out} 和 P^{in} 价格传导"正"非对称的变化图

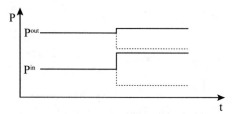

图 7-6 价格 P^{out} 和 P^{in} 价格传导"负"非对称的变化图

价格传导符号的非对称研究是目前国内关于非对称研究的主要方面。目前大部分的实证研究结论和消费者感觉商品"易涨难降"相一致,也就是价格传递呈现"正"的非对称。这方面非对称研究主要集中在三个领域。一则是在原油、能源价格方面,博伦斯坦等人(Borenstein et al.,1997)认为在寡头垄断的环境中,当原油价格上涨会立即传导到零售价,防止利润空间被挤压,而零售汽油价格在下降过程中存在粘性,从而使得原油价格下降不会立即传递到汽油零售市场,从而存在"正"的非对称[50]。杨晓华(2009)利用误差修正模型分析发现,原油价格上升对经济的影响要更大一些[31]。李治国、郭景刚(2013)利用非对称误差修正模型对我国成品油零售价的"易涨难落"现象进行检验[32]。二则是农产品、猪肉价格方面。罗永恒、文先明(2012)认为在面对市场出现"利好消息"的时候,农产品价格的波动会大于市场出现"利空消息"的时候[33]。杨志波(2013)利用非对称误差修正模型也证实了生猪与猪肉价格在价格传递上的非对称,指出这可能与我国猪肉市场受到高度政策干预和猪肉市场垄断场结构有关[34]。王思舒、郑适、周松(2010)对造成这种非对称原因进行探讨[35]。三则是在金融领域方面。李智勇(2011)利用门限 ARCH 来研究股票价格波动的非对称性,也就是利空消息会引起股市更大的波动[36]。罗博、孙林岩(2006)认为出现这样的原因是大多数投资者是属于风险厌恶型,所以对于股价下跌的坏消息会更加敏感,故而是股票价格对信息的非对称调整[37]。

7.2.4 价格传导速度的非对称

价格传导速度非对称是指价格链上价格传递所需的时间在每个环节之间的不尽相同,也就是一般所说价格传导存在的时滞不同。价格 P^{in} 在 t 时刻发生价格变化,由于价格传导存在时滞,价格 P^{out} 在 t + m 或者 t + n 时刻才逐渐发生变化(图 7-7)。

董晓霞、许世卫、李哲敏、李干琼(2011)利用 FDL 模型确定肉鸡养殖业市场上下游价格传递的时滞[25]。李圣军、李素芳、孔祥智(2010)[20]利用脉冲响应函数认为价格波动从农业生产资料到进入最终消费存在 4 个月的时滞。顾国达、方晨靓(2011)发现国内农产品产业链各环节存在 3~5 个月的时滞[26]。

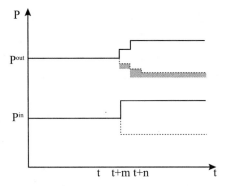

图7－7　价格 P^{out} 和 P^{in} 速度非对称价格波动的变化图

7.3　价格传导非对称的原因

贝利和布诺森（Bailey and Brorsen，1989）指出空间非对称的原因是非对称的调整成本、非对称的信息、市场力量、非对称价格报告[51]。总结前人的研究，笔者认为产生非对称的原因如下。

7.3.1　市场势力

市场势力可以理解为定价权。某产品在不同市场上的企业面临的竞争力度不同，某些市场存在不完全竞争甚至出现垄断，这使得这一环节或市场的企业能自主影响产品价格，拥有一定的定价权利。国际贸易中一般是生产大国或者进出口大国，能够通过影响贸易量从而来控制价格。

诺伊·马克和夏普（Neumark and Sharpe，1992）发现非对称性随着企业数量的减少而增加，而企业数量能代表市场集中度[52]。布诺森等人（Borenstein et al.，1997）认为汽油市场上，零售环节有市场势力而导致正的非对称。当原油价格上涨会立即传导到零售价，而原油价格下降则不会立即传递。因为市场势力，即使企业维持高位价格仍然能够继续保持它在市场的份额，那么企业就不会降价[53]。李治国、郭景刚（2013）认为由于我国石油市场存在垄断，寡头垄断的石油企业为保证自身的利润，会对汽油价格上升或下降进行操纵[32]。操纵的结果使得原油价格上升引起的成品油价格上升的幅度要大于原油下降时造成成品油价格下降的幅度。杨朝英、徐学英（2011）利用门限ARCH研究生猪价格和猪肉价格之间的非对称性。发现猪肉批发商对生猪价格的上涨更敏感，而对生猪价格下跌信息的反应存在滞后，这之间保证了猪肉批发商的利润空间。这现象和生猪生产商与猪肉批发商市场地位不平衡有关[38]。

在农产品这个垂直产业链中，一般是加工企业的中间商拥有市场势力。这样往往使得产业链中的上游成本上涨和零售价格下跌对于传导到中间商都相对地不充分，这是由于中间商在利用市场势力来保证自身的利润空间。也就是在市场力量如此分布的情况下，从产业上游到中游一般产生"负"的非对称，而从中游到下游之间的价格传递一般是"正"的非对称。

7.3.2 调整成本

调整成本指企业在改变产品投入或者产出量所需要付出的成本。从垂直角度来说主要是固定成本，从贸易空间角度来说，运输成本是其主要的调整成本，包含交通费用以及贸易壁垒产生的成本等。只有调整所带来的收益要能够大于调整成本所带来的损失，企业才会作出调整。由于产业链的不同环节或者空间中不同市场的调整成本是不同的，那么在面对相同价格变化时，不同环节或者市场的反应是不同的。这也就是调整成本的不同导致非对称。恩德斯和格兰杰（1998）认为只有价格波动达到一定的临界值，其他环节的价格才会有显著的反应。

贝利和布诺森（1989）指出美国的牛肉市场包装环节的调整成本高于其他环节，从而需要通过大批量生产来降低平均成本，从而包装商面临的是较强的产品来源竞争[51]。包装商通过维持相对高价来保持产品收购，从而导致农场的价格上涨的传导快于下降。沃德（Ward，1982）认为相对于其他商品，易腐商品的零售者因为担心商品腐烂从而不会轻易提价，这导致负的 APT。比如在生鲜市场，生鲜产品会因长期储存而变质，为了避免这样的损失，零售商在批发环节涨价的情况下也可能不会选择提高零售价格[54]。鲍尔和曼昆（Ball and Mankiw，1994）提出将通货膨胀与菜单成本联系的模型，结论发现投入价格上涨的变化对产出价格的影响大于投入价格下降对其的影响。因为通货膨胀的存在，一些投入价格下降的幅度被通货膨胀所掩盖，而使得实际的价格下降幅度没那么大[55]。在空间贸易中，由于历史地理位置的原因往往使得某两个地方的贸易更为频繁，例如欧盟内部成员国之间的贸易远大于欧盟成员国对外贸易，这在于自贸区带来贸易便利，运输方便带来调整成本较低。这样也就会导致欧盟成员国之间的价格传导和对外传导呈现非对称。

7.3.3 信息非对称

信息非对称是指价格传导链上的不同环节或者不同市场对于产品的供给信息以及价格信息无法掌握完全，而且不同环节或者不同市场的企业对于信息掌握的程度不同。不能掌握信息，企业也就不能根据市场价格变化及时作出反应。每个企业在获取完整的信息是需要付出搜索成本的。乔治·施蒂格勒（George Stigler，1961）认为价格在不同市场间价差是普遍存在，但只有搜查成本小于这之间的价差，消费者才会去调查不同市场的信息[56]。强生（Johnson，2002）在对美国 15

个城市的汽油和柴油市场进行分析，发现在柴油市场的信息搜索成本比较低，所以价格响应较快。人们并不是经常大量购买汽油，所以缺乏动机去搜索它的相对成本，而柴油的购买者则经常大量购买，为此他们更愿意去了解它的价格，信息往往也更完全[57]。

信息非对称使得某些环节或者市场的企业可以在一定程度操纵价格变化，会出现价格传导速度和幅度的非对称。伯纳德和威利特（Bernard and Willet，1996）指出出现信息非对称可能是因为，价格传导链某一环节的企业在价格报告做了扭曲。他们在研究美国肉鸡市场时发现零售商对于价格上升进行及时报告，而价格下降则推迟报告[58]。

7.3.4 其他因素

还有很多方面的原因会导致价格传导出现非对称，譬如政府干预、库存管理、消费者对价格变化的不同反应等原因。政府为了保护粮农的利益，一般都有最低保护价，这样往往会使得零售商认为价格下降只是临时，价格过度低将引发政策干预导致价格回升，所以价格上涨是永恒。企业有相应的库存管理时，在面临外生冲击的调整，企业一般做法是在需求偏低时，是调整生产、增加库存而不是降价，而在需求增加时，就采取价格上升的方式，这会导致"正"的非对称。还有比如博伦斯坦等人（1997）发现消费者对于价格上涨和下降的不同反应会导致价格的非对称性[53]。

7.4 本 章 小 结

第一，价格传导非对称的有价格传导符号、方向、速度和幅度四个非对称表现。价格非对称传导的四个表现一般不是单独存在，往往是以组合的方式出现。

第二，造成价格传导出现非对称的原因是多样的。市场势力、调整成本、信息非对称等因素存在，使得价格传导会在某些环节的时滞变长，甚至出现断裂而出现价格传导的非对称。像垄断势力的存在，往往使得价格"易涨难降"。

第 8 章

粮食价格国际传导非对称性
实证分析

目前国内价格传导主要是基于对称性研究，但随着研究深入发现农产品价格非对称传导才是主要的经济现象，国外对这方面的研究已经有一定的规模。皮斯曼（Peltzman，2000）曾对 282 种产品（其中包括 120 种农产品）的价格传递进行研究，发现非对称的价格传递是普遍存在的[46]。

本书接下来利用 TARCH 模型来分析粮食价格传导的符号非对称性以及用阈值非对称误差修正模型对粮食价格传导速度、方向，尤其是对幅度的非对称性，进行实证检验和分析。

8.1 价格非对称传导的实证研究模型

8.1.1 阈值非对称误差修正模型

非对称性的研究计量模型不断地改进。本书采用的阈值非对称误差修正模型来分析价格传导的非对称性，能全面研究价格非对称传导在方向、速度、幅度这几个方面表现。特别需要注意的是，并不能盲目的应用非对称模型来分析粮食价格之间的传导，因为只有变量之间具有非对称性，才应该用非对称模型进行分析，否则就应该用一般的线性模型分析变量关系。故而本书先对变量是否存在阈值协整关系进行检验。只有变量之间存在阈值协整关系，证明变量之间存在非对称关系，进而才应用非对称模型进行分析价格传导的非对称性表现。

8.1.1.1 阈值协整关系存在的检验

巴尔克和冯毕（Balke and Fomby，1997）提出了"两步法"的方法来检验阈值协整关系的存在[60]。第一步是检验协整关系是否存在。传统的 Engle – Granger

的协整检验对阈值协整关系检验也是有效的①。第二步是检验这种协整关系是传统的线性协整还是属于阈值协整。这步需要用到 Hansen 检验（1999）中 SUP – Wald 统计量对模型的非对称特性进行检验，通过 P 值来判断变量间属于哪种协整关系。第一步的粮食国际国内价格的协整关系在前文已经分析过了，这里重点解释 Hansen 检验。

Hansen 检验

（1）原假设：

$$H_0: \rho_1 = \rho_2 = \rho_3 = 0 \quad 属于线性协整$$
$$H_1: \rho_1、\rho_2、\rho_3 \ 不全为 0 \quad 属于阈值协整$$

（2）统计量：

$$W_T(C) = T\left(\frac{\hat{\sigma}_0^2}{\sigma^2(C)} - 1\right) \qquad 公式（8-1）$$

其中，σ_0^2 为在原假设下估计的残差平方和，σ^2 为备选假设下估计的残差平方和，T 为样本大小，$W_T(C)$ 服从卡方分布，SUP – Wald 统计量为所有的 $W_T(C)$ 中的最大值，C 为门限的取值区域。由于 $W_T(C)$ 统计量的取值有待于 C 的取值，而 C 的取值要使备选假设下估计的残差平方和 σ^2 最小为标准，这样就能使得 $W_T(C)$ 取到最大值。这个步骤实现我们利用 R 软件的自助法（Bootstrap）仿真得到统计量在 5% 的显著性水平下的临界值。

（3）结果判定。若结果 P 值大于 0.05，则无法拒绝原假设，认为变量之间属于线性协整关系。反之结果 P 值小于临界值 0.05，则拒绝原假设，判定变量之间存在的是阈值协整关系。

8.1.1.2　阈值非对称误差修正模型

（1）Enders and Siklo's（2001）[61] 检验模型。目前研究的非对称模型都是在 Enders and Siklo's（2001）[61] 检验模型的基础上演化而来。其基础模型如下式：

$$y_t = \alpha + \beta x_t + \mu_t \qquad 公式（8-2）$$

其中 y 和 x 分别代表价格链上某一环节的价格变量，下标 t 代表第 t 期。μ_t 为变量之间的残差项。在研究变量之间协整关系时，首先要检验价格序列是否平稳。如果变量序列本身是不平稳，但变量间存在同阶单位根且协整模型的随机扰动项 μ_t 是平稳的，也可以认定两价格存在长期协整关系。

假设随机扰动项 μ_t 存在一个自回归，

$$\mu_t = \rho u_{t-1} + e_t \qquad 公式（8-3）$$

这也就是进行单位根检验，如果 ρ 越接近于 1，则代表单位根存在，不存在长期协整。所有非对称计量模型研究都是在此基础进行修正。

---

① 后来阈值计量模型研究学者发现，这个协整检验存在检验低势，有人提出相应的改进方法，但目前尚不存在较具说服力的方法，本书目前仍是应用传导的 ADF 检验来判断协整关系的存在。

（2）阈值非对称误差修正协整模型。巴尔克和冯毕（1997）提出了阈值模型来刻画非对称现象。阈值模型可以测定不同价格波动下，其他价格所呈现的不同反应，而这种动态响应在不同阈值划分下就是一种非线性的[60]。

巴尔克和冯毕（1997）认为在一个非对称模型中，是存在多个阈值将残差值划分为多个机制，从而来反映变量之间非对称的调整[60]。假设有 k 个阈值时，就可以包含 k + 1 个机制，这样可以通过一个模型来体现变量在面对不同程度的调整的不同响应。如本书采用两个阈值三个机制模型，也就是通过两个阈值来反映残差偏离程度关系，将模型划分为三个层次。

$$u_t = \begin{cases} \rho_1 u_{t-1} + e_{1t} & \text{if } c_1 < u_{t-1} \\ \rho_2 u_{t-1} + e_{2t} & \text{if } c_2 < u_{t-1} < c_1 \\ \rho_3 u_{t-1} + e_{3t} & \text{if } u_{t-1} < c_2 \end{cases} \qquad \text{公式（8-4）}$$

那么相应的阈值非对称误差修正模型表示式如下：

$$\Delta y_t = \begin{cases} \alpha_1 + \lambda_1 ecm_{t-1} + \sum_{i=1}^{n} \beta_{1i} \Delta x_{t+1-i} + \sum_{i=1}^{n} \theta_{1i} \Delta y_{t-i} + \varepsilon_t & \text{if } u_{t-1} < c_1 \\ \alpha_2 + \lambda_2 ecm_{t-1} + \sum_{i=1}^{n} \beta_{2i} \Delta x_{t+1-i} + \sum_{i=1}^{n} \theta_{2i} \Delta y_{t-i} + \varepsilon_t & \text{if } c_1 < u_{t-1} < c_2 \\ \alpha_3 + \lambda_3 ecm_{t-1} + \sum_{i=1}^{n} \beta_{3i} \Delta x_{t+1-i} + \sum_{i=1}^{n} \theta_{3i} \Delta y_{t-i} + \varepsilon_t & \text{if } u_{t-1} > c_2 \end{cases}$$

$$\text{公式（8-5）}$$

非对称阈值误差修正模型能对三种类型的非对称进行检验，包括幅度、速度和方向的非对称性。

8.1.2 门限自回归条件异方差模型

TARCH 模型是用来研究变量本身或某一变量对其他变量在"好消息"和"坏消息"变化的波动情况。也就是 TARCH 模型能对价格传导的符号非对称性进行分析。TARCH 模型是在简单模型基础上，它的条件方差是：

$$\sigma_t^2 = \omega + \alpha \times u_{t-1}^2 + \gamma \times u_{t-1}^2 d_{t-1} + \beta \sigma_{t-1}^2 \qquad \text{公式（8-6）}$$

其中，d_{t-1} 是一个虚拟变量，当 $u_{t-1} < 0$ 时，$d_{t-1} = 1$；否则 $d_{t-1} = 0$。只要参数 γ 的估计值不是显著为 0，就认为模型存在非对称效应。好消息（$u_{t-1} > 0$）是 α 倍的冲击，而坏消息（$u_{t-1} < 0$）则是 $\alpha + \gamma$ 倍。通过模型可以检验出价格之间的传导是否呈现符号的非对称，如果 $\gamma > 0$，则代表在坏消息也就是在价格传导是价格下降带来的波动更大，存在"负"的非对称。反之则反。

8.2　大豆国际价格传导非对称性实证分析

8.2.1　大豆阈值协整关系检验

根据巴尔克和冯毕（1997）提出的检验阈值协整存在的两步法：第一步是检验协整关系是否存在，前文在大豆国际国内价格协整分析已经证实了二者协整关系的存在[60]，这里不再重复阐述。第二步的检验则用 Hansen 检验（1999）[62]来判断是否存在阈值效应。大豆国际国内价格之间存在传导是对称的还是非对称的呢？需要进一步判断两个价格序列之间是阈值协整关系还是普通的线性协整关系。

Hansen 检验需要确定滞后期，本书通过 R 软件调用 tsDyn 程序包中用 AIC 准则来确定①。根据 AIC 准则确定滞后期为 6，结果见表 8 - 1。

表 8 - 1　　　　　　　　　AIC 准则确定滞后期结果表

thDelay	m	th	AIC
0	6	0. 04259169	- 1252. 338
0	6	0. 04259169	- 1251. 920
0	6	0. 04306442	- 1251. 492
0	5	0. 06007210	- 1251. 442
0	5	0. 04306442	- 1251. 367

接下来，利用 R 软件中 Hansen 检验来检验大豆价格国际传导的非对称性②。Hansen 检验结果显示，存在 2 个阈值也就是模型分为 3 个机制时，P 值为 0. 06，小于显著性水平 10%。所以拒绝原假设，认为大豆国际国内价格之间存在阈值效应，也就是价格传导之间存在非对称性。见表 8 - 2。

---

① R 软件调用 tsDyn 程序包中用 AIC 准则的命令：
selectSETAR（E，m = 20，thDelay = 0，trim = 0. 15，criterion = " AIC"，same. lags = TRUE，nthresh = 2）
其中，E 表示残差序列，m 表示我们设置的最大的滞后阶数，thDelay 是系统默认的阈值滞后值，一般设为 0，表示滞后一期，trim 是指在每个机制中观测值存在的最小比例，criterion 表示选择的标准，nthresh 指阈值的个数。
② R 软件中 Hansen 检验命令如下：
Hansen. Test < - setarTest（E，m = 6，nboot = 1000）
Hansen. Test 其中，nboot 表示自主重复次数，test 表示"1vs2（一机制对应两机制）"或者"2vs3 对应（两机制对应三机制）"。

表 8-2   Hansen 检验结果表

	Test	Pval
1vs2 *	14. 49704	0. 535
1vs3	48. 20192	0. 060

注：* test 表示"1vs2"（一机制对应两机制）或者"2vs3"对应（两机制对应三机制）。

分析发现，大豆的国际国内关系不仅存在简单的联动性，还存在阈值协整关系。也就是大豆国际国内价格传导存在非对称性，从而进一步可以应用阈值非对称误差修正模型对大豆价格传导进行实证分析，探究大豆价格非对称国际传导的具体表现。

8.2.2 大豆价格传导的非对称性实证分析

大豆国际国内价格传导存在阈值效应，用阈值非对称误差修正模型对大豆价格传导三种类型的非对称进行检验：一是从相互传导模型的系数显著性看价格传导是否存在单向传导；二是误差修正项在三个波动幅度下的不同系数，可以判断价格传导速度是否相同；三是阈值效应的存在，反应的是价格传导幅度的不对称。而本书对于大豆价格传导的符号非对称将用 TARCH 模型来进行实证分析。

8.2.2.1 价格传导方向、幅度、速度非对称性的检验

模型是借用 R 软件的 tsDyn 程序包中的 TVECM 函数命令来实现[①]。实证分析结果得到 2 个阈值，分别是 -0.103582 和 0.01753526。两个阈值将模型分为三个机制，-0.103582 < μ_{t-1} < 0.01753526 是模型的中间机制，μ_{t-1} < -0.103582 和 μ_{t-1} > 0.01753526 分别是模型第一机制和第三机制。μ_{t-1} 是模型的残差，也代表大豆国际价格减去国内价格的相对价差。中间机制代表大豆国际国内价格价差较小。第一机制代表国际价格低于国内价格，值低于阈值 -0.103582，可以认为是国际价格相对于国内价格在降价。第三机制代表了大豆国际价格高于国内价格，价差大于阈值 0.01753526。

对大豆的非对称实证分析，得到以下三个结论。

（1）大豆价格国际传导呈现大豆国际价格向国内大豆市场的单向传导。国内

---

① R 软件的 tsDyn 程序包中的 TVECM 函数命令：
        tv < - TVECM（data，nthresh = 2，lag = 3，ngridBeta = 50，
    ngridTh = 50，plot = TRUE，trim = 0.05，common = "All"）
其中，data 是包含大豆国际价格和国内价格的数据对象，而 ngridBeta 是搜索协整值的观测值个数，ngridTh 是搜索阈值的观测值个数，plot 是否画图，common = "All" 是指模型给出了包含误差修正项和滞后期各项的系数。
不同于 Hansen 检验，模型的滞后期是根据模型构建后，再来通过 AIC 准则来确定。通过命令 AIC(tv) 实现。

大豆价格（S）向国际大豆价格（GS）传导的 GS 方程①，除了中间机制外，其他两个机制模型的误差修正项系数都是不显著的。这是因为国内大豆价格对国际大豆价格还不存在长期稳定的影响关系。反之，国际大豆价格向国内大豆价格传导的 S 方程除了中间机制之外都是显著。也就是国际大豆价格波动幅度较大时，会对国内大豆市场产生影响。初步认为大豆价格的国际传导存在国际价格向国内市场的单向传导。

阈值非对称误差修正模型中 6 个方程的滞后项系数中，只有 S 方程的中间机制和第三机制中，方程的系数显著。具体来看，在中间机制中，以国内价格作为被解释变量时，大豆国际价格滞后 2 期、3 期都是显著的。在第三机制中，以国内价格作为被解释变量时，大豆国际价格滞后 1 期、2 期都是显著的。其他 4 个方程系数都不显著。这进一步说明大豆价格传导的方向非对称性，只存在由国际大豆价格向国内大豆价格的单向传导。

（2）大豆价格的国际传导存在幅度非对称。由于大豆价格国际传导存在单向传导的非对称性，故接下来文章只分析大豆国际价格波动向国内传导的 S 方程。Hansen 检验结果表明大豆价格传导中存在阈值效应，即大豆价格的国际传导呈现非对称性。阈值非对称误差修正模型根据波动幅度不同，将大豆国际国内价格传导分为 3 个机制。在国际大豆价格波动幅度不同时，国内大豆价格会有不同幅度的调整，也就是所谓价格传导过程的幅度非对称。

误差修正项（ECT）代表的是在两价格之间发生短期偏离时，会发生向均衡点的调整幅度。这里均衡点应该理解为大豆国内价格与大豆国际价格保持相对稳定的差距水平。S 方程的中间机制误差修正项系数不显著，这代表在中间机制下大豆国际国内价格的协整关系不存在。也就是大豆国际价格波动幅度较小时，在一定范围内是无法传导到国内市场。在第一机制中，模型中 $ecm_{t-1} < 0$，也就是国际价格相对于国内价格在降价。模型回归结果中 $\lambda_1 = 0.2402 > 0$，则 $\lambda_1 ecm_{t-1} < 0$，这样使得大豆国际国内价差在减小。同样在第三机制中，相对于国内大豆价格，原本大豆国际价格相对较高，即 $ecm_{t-1} > 0$。而误差修正项的系数 $\lambda_1 = -0.1024 < 0$，使得 $\lambda_3 ecm_{t-1} < 0$，这同样是缩小大豆国际国内价差，使二者回到均衡状态。所以误差修正项就代表国际国内价格的短期均衡调整，使二者的价差保持相对稳定。

当国际大豆价格波动幅度较大时，会使得国内大豆价格往均衡水平进行短期调整。如在第一机制和第三机制中，国际国内大豆价差较大时，国内大豆价格会发生调整。当价格波动幅度较小时，由于调整成本的存在使得价格一般不进行调整。不进行相应的调整，那么两个价格序列就不会表现为相似的上升或下降的趋势的协同变化。而当价格波动幅度较大时，国内价格会出现调整，导致国际国内

---

① 为了便于说明，S 方程以大豆国内价格为因变量，以大豆国际价格为自变量的，代表的是国际价格波动对国内价格的传导。GS 方程则相反，以大豆国际价格为因变量，以大豆国内价格为自变量的，研究的是国内价格对国际价格的影响。

价格差恢复到长期均衡趋势。因此价格波动幅度没有达到一定幅度时,国际国内价格之间是不存在协整关系。这也就是为什么中间机制误差修正项系数不显著而当价格波动幅度较大时两个时间序列是协整的原因。

(3)大豆国际国内价格传导存在速度非对称。误差修正项的系数(λ)代表在两价格发生偏离时的短期调整力度。在 S 方程中的上下机制中的误差修正项的系数绝对值(λ₁ 和 λ₃)是不同的,这说明当价格波动幅度不同时,短期偏离向长期的调整速度是不同的[1](见表 8 – 3)。

表 8 – 3 阈值非对称误差修正模型结果表

	第一机制		中间机制		第三机制	
	S	GS	S	GS	S	GS
ECT	0. 2402 ***	0. 0609	– 0. 2001	– 0. 5211 *	– 0. 1024 *	– 0. 1044
Const	0. 035 **	– 0. 5806	– 0. 0139	– 0. 0232	0. 0247 **	0. 0128
GS(t – 1)	0. 0519	0. 3984 *	0. 3029 ***	– 0. 1541 *	0. 216 **	0. 1772
S(t – 1)	0. 2186 *	– 0. 0973	0. 1191	0. 1298	– 0. 373 ***	– 0. 0083
GS(t – 2)	– 0. 1271	– 0. 2163	0. 2642 **	0. 0466	0. 1751 *	0. 0988
S(t – 2)	0. 0715	– 0. 0667	– 0. 6596 ***	– 0. 0059	0. 251 *	0. 2435
GS(t – 3)	– 0. 0653	– 0. 0609	– 0. 0979	0. 0262	0. 0337	– 0. 2216
S(t – 3)	0. 0731	– 0. 1568	0. 6958 ***	0. 5604 *	0. 1725	0. 3199

资料来源:大豆国际价格数据来自于世界银行(http://www.worldbank.org/)。国内大豆价格来自于中华粮网。

阈值非对称误差修正模型证明了国际国内大豆价格传导存在速度、方向和幅度的非对称。

8.2.2.2 价格传导符号非对称性实证分析

阈值非对称误差修正模型对大豆价格国际传导的速度、方向和幅度的非对称进行实证分析,却无法对价格传导符号的非对称展开分析。由此,本章进一步利用 TARCH 模型来分析大豆国际价格和国内价格数据传导的符号非对称。结果如下:

均值方程:

$$s = 0.171783 + 0.860893 \times s(-1) + 0.208324 \times g\_s(-1) - 0.105198 \times g\_s(-2)$$
$$\quad (0.0000) \qquad (0.0000) \qquad\qquad (0.0000) \qquad\qquad\qquad (0.0000)$$

公式 (8 – 7)

---

[1] 传导的时滞的具体研究,可以用分布滞后模型进行研究。由于本书分析大豆价格传导的非对称性,而传导的具体时滞不是本书研究重点,故本书没有对此展开研究。

方差方程:

$$\sigma_t^2 = \underset{(0.0009)}{0.00005} + \underset{(0.0009)}{0.297461} \times u_{t-1}^2 - \underset{(0.0000)}{0.335916} \times u_{t-1}^2 d_{t-1} + \underset{(0.0000)}{0.801938} GARCH(-1)$$

$$R^2 = 0.977 \qquad AIC = -4.08 \qquad SC = -3.95$$

公式 (8-8)

在大豆的 TARCH 模型中,非对称效应项的参数 γ 的估计值显著不为 0,大豆的国际价格传导存在符号非对称。由于 γ = -0.33591,小于 0,说明在同国际大豆价格下降相比,价格上涨的情形对国内大豆价格产生更大的波动。国内大豆价格往往会以更快、更大的幅度,来响应国际大豆价格上涨,而国际大豆价格下跌往往不容易传导到国内大豆市场。

8.3　玉米国际价格传导非对称性实证分析

8.3.1　玉米阈值协整关系检验

在对玉米价格国际传导的非对称性研究中,同样先对这两个变量之间是否存在非对称性进行检验。在对玉米价格国际传导的阈值效应检验结果中[①],在 Hansen 检验的 P 值都大于 0.5 (见表 8-4),这代表其不存在阈值效应。即玉米国际国内价格之间传导不存在非对称性。但只要我们进一步分析,就会对这个结论是否正确而产生疑惑。前人学者的多数研究结论认为大部分农产品价格传导是存在非对称性,那么为什么玉米这个品种不存在呢? 进一步探究,发现可能是国内玉米进出口贸易从原来的净出口在近些年转为净进口,数据性质的变化使得检验结果不能准确反映现象本质。由于从 2009 年开始玉米进口量越来越大,到 2010 年已经实现净进口。从而本章接下来取 2009 年 1 月至 2013 年 10 月的数据进行实证分析。

表 8-4　　　　　　　　　　　　Hansen 检验结果表

	Test	Pval
1vs2	4.979395	0.876
1vs3	10.051084	0.966

采用新的数据区间进行阈值效应检验[②],发现无论是将阈值非对称误差修正模型划分为两个机制还是三个机制 (见表 8-5),阈值效应都是显著的。即玉米

① 根据 AIC 准则确定阈值效应检验的滞后期为 2,AIC 检验结果见附录表 2。
② 根据 AIC 准则确定阈值效应检验的滞后期为 4,AIC 检验结果见附录表 3。

国际国内价格传导存在非对称。

表 8 - 5   **Hansen 检验结果表**

	Test	Pval
1vs2	30. 91378	0. 013
1vs3	54. 03084	0. 045

8.3.2 玉米价格传导的非对称性实证分析

玉米价格国际传导是存在阈值效应，但是本章在对玉米价格国际传导进行非对称分析，发现实证结论是不稳定[①]。在用 R 软件命令运行中发出警告，模型的实证结果不稳定，模型中大部分系数的不显著。这可能和目前中国的玉米贸易形势正从净出口转向净进口，或者 2009 ~ 2013 年的数据样本不够。但也可能是因为玉米价格国际传导的时滞长、幅度弱，所以这个阈值模型是不稳定的。但可以肯定的是玉米价格的国际传导是存在阈值效应。

本章用玉米国际价格和国内价格数据建立 TARCH 模型，检验玉米价格传导的符号非对称，结果如下：

均值方程：

$$\mathrm{corn} = \underset{(0.0000)}{0.45347} + \underset{(0.0000)}{0.881028} \times \mathrm{corn}(-1) + \underset{(0.0332)}{0.03416} \times \mathrm{g\_c}(-1)$$

公式（8 - 9）

方差方程：

$$\sigma_t^2 = \underset{(0.3177)}{0.0000184} + \underset{(0.0000)}{0.097343} \times u_{t-1}^2 - \underset{(0.0026)}{0.33342} \times u_{t-1}^2 d_{t-1} + \underset{(0.0000)}{0.985608} \times \mathrm{garch}(-1)$$

$$R^2 = 0.983 \qquad AIC = -5.19 \qquad SC = -4.94$$

公式（8 - 10）

在玉米的 TARCH 模型中，非对称效应项的参数 γ 的估计值显著不为 0，玉米的国际价格传导非对称效应。由于 $\gamma = -0.3334$ 小于 0，说明国际玉米价格上涨会比价格下降对国内玉米价格产生更大的波动。国内玉米价格往往会更快、更大幅度的响应国际玉米价格上涨，而国际玉米价格下跌往往不容易传导到国内玉米市场。

8.4 本章小结

第一，价格传导的非对称性研究，需要先对变量之间是否存在阈值协整关系

[①] 由于玉米价格传导的阈值模型不稳定，故此不再详细说明，具体结果见附录表 4。

检验。在证实变量之间存在阈值协整关系，才应该采用非对称模型进行分析。本章采用阈值非对称误差修正模型和门限自回归条件异方差模型来分析粮食主要品种的非对称性。其中阈值非对称误差修正模型的应用，能够较好的弥补我国在非对称性研究对价格传导方向、速度和幅度三个方面的相对不足。

第二，粮食四个品种中，小麦和大米国际国内价格不存在长期协整关系，玉米和大豆都存在国际价格波动向国内价格传导的影响且都存在非对称性。小麦和大米两个粮食品种，我国的进出口贸易量相对较小，从而国际国内价格还不存在联动性。大豆和玉米两个粮食品种的进出口贸易量较多，国际国内价格存在长期协整关系，而且传导之间呈现非对称性。

第三，大豆价格的国际传导在方向、速度、幅度和符号四个方面都呈现了非对称，而玉米则只在方向和符号两个方向比较明显地表现出价格传导的非对称性。

大豆和玉米都属于国际价格向国内价格单向传导，那么即使我国粮食进口量大，但仍然只是贸易的上小国。用 TARCH 模型对大豆和玉米国际国内价格的检验，发现在传导符号方面都存在正的非对称。也就是国际价格上涨更容易传导到国内，大豆和玉米两个品种的国际价格上涨比下降传导的幅度大。在用阈值非对称误差修正模型分析价格非对称传导的其他表现时，玉米的传导模型由于国内进出口贸易形势变化导致模型不稳定，没有进一步研究。而大豆的传导模型是比较稳定，传导的速度和幅度也存在非对称。

第四，结合第 3 章中对价格传导出现非对称的原因分析，出现粮食价格传导的非对称性，很重要的原因在于国内粮食市场信息不完善和国际市场上垄断势力的存在。国内缺乏较好的粮食信息平台，也使得国内市场无法较快和完全的知悉国际粮食市场上价格变化，使得粮食价格传递存在黏性，也会造成价格正的非对称性。国际垄断粮商的势力和我国粮食在国际市场缺乏竞争力，从而导致国际向国内的价格单向传导。

第 9 章

我国粮食价格国际传导非对称性的影响

9.1 非对称性对进出口贸易调节效果的影响

9.1.1 我国粮食进出口贸易的"逆向调节"问题

粮食进出口贸易经常被政府用来调节国内粮食供需，平抑国内粮价的波动。粮食进出口调节作用的发挥，是背靠国际这个大粮食储备来实现。当国内供给出现缺口或价格上涨过快，进口粮食；反之，国内粮食相对丰腴时则少进口或者出口。同国内粮食储备的作用很相似，除去政治方面的因素考虑，借用世界这个粮食"蓄水池"能够减轻财政压力，减少粮食储存费用。

然而目前的粮食进出口在一些年份里面却出现了"逆向调节"。粮食进出口并没有发挥应有的调节作用，反而加剧了粮食市场的供求矛盾。表现为常在国内生产量上涨或国内价格下跌时，大幅进口。而在国内价格上涨时，却减少进口量。这样的粮食进口，无法达到稳定物价的作用，反而使得价格波动进一步扩大。

李修彪（2012）比较粮食进出口与粮食价格、粮食生产量的关系，分析粮食进出口逆向调节问题[39]。本章采用相同方法分析（表 9 – 1），发现在 1990 ~ 2013 年间，大部分年份粮食净进口量的增减方向与当年的粮食产量以及粮食市场价格的变动方向都是相冲突的，只有 6 年是相协调。如 1992 ~ 1994 年和 1999 年，粮食价格是持续大幅度上涨的，而中国的粮食贸易却表现为净出口；1996 年，我国的粮食产量较上年增长了 3792 万吨，而当年我国却大量的进口粮食；2003 年以来，我国粮食生产出现了"十年增"，我国却在这一阶段大量进口粮食。肖芝娥、张占仓（2011）研究也发现粮食进出口逆向调节问题[40]。多数年份的净进口表现为与粮食供需缺口反方向变动，而进口几乎与国外粮食市场价格是同方向波动。这样的粮食进出口不仅不能调节国内粮食供给，反而会加剧供给的矛盾和增大波动的幅度。

表 9 - 1　　　　　　　我国粮食进出口量、生产量和粮食价格指数

年份	进口量 （万吨）	出口量 （万吨）	生产量 （万吨）	粮食价格 指数（%）	净进口量 （万吨）	生产量增量 （万吨）
1990	1372	583	44624	95.2	789	
1991	1345	1086	43529	108.6	259	- 1095
1992	1175	1364	44266	124.3	- 189	737
1993	743	1365	45649	127.7	- 622	1383
1994	925	1188	44510	148.7	- 263	- 1139
1995	2070	103	46662	134.4	1967	2152
1996	1196	144	50454	107.5	1052	3792
1997	706	854	49417	92.1	- 148	- 1037
1998	709	907	51230	96.9	- 198	1813
1999	772	759	50839	96.4	13	- 391
2000	1357	1401	46218	90.1	- 44	- 4621
2001	1738	903	45264	101.5	835	- 954
2002	1417	1514	45706	98.6	- 97	442
2003	2283	2230	43070	102.2	53	- 2636
2004	2998	514	46947	126.5	2484	3877
2005	3286	1059	48402	101.4	2227	1455
2006	3187	723	49804	102.5	2464	1402
2007	3238	1118	50160	106.4	2120	356
2008	3898	235	52871	107	3663	2711
2009	4570	173	53082	105.7	4397	211
2010	5642	167	54648	111.7	5475	1566
2011	6309.3	287.5	57121	112.3	6021.8	2473
2012	8025	277	58958	103.8	7748	1837
2013	8645.2	243.1	60194	104.6	8402.1	1236

资料来源：中华粮网。

9.1.2　价格非对称国际传导对“逆向调节”的影响

粮食进出口贸易的“逆向调节”，有一个很重要的原因在于我国粮食的进出口计划中主要依赖于历史数据，没有考虑到粮食价格的国际传导其实是呈现一种非对称性。在制定进出口计划，应充分考虑到价格传导是否存在符号、时滞、幅

度和方向的非对称性。在价格波动幅度不同时，改变的粮食进出口量应该是不同，只有这样才能发挥进出口贸易的调节作用。如在国际价格波动幅度较小时，进出口量可以不进行相应的调整。而在国际粮食价格上涨时，价格变化会更及时传导到国内消费者手中，同时消费者为了避免以后会购入价格更高的粮食，会在粮食市场上大量的购入粮食。那么政府应该进口比缺口量更多的粮食，这才能够足够调节市场的供给。而在价格下降时候则相反，一是国内价格下降得慢，二是消费者会选择未来价格更低时候购买粮食，这时候进口的粮食应该比缺口少些。但是，如果粮食进出口计划，没有考虑到价格非对称传导这些因素，容易产生"逆向调节"问题。在对称传导的理论指导下，国际价格波动幅度较小时以为国内价格会随着变化，而作出相应的调整。而实际上国内价格不会受影响，这样的调整反而会加剧国内价格的变化。

另外，要进出口计划能真正发挥进口的调节作用，还需要考虑价格传导速度非对称，也就是时滞问题。没有考虑这个因素，往往导致进出口调节计划无法发挥效用。如在国内价格上涨时，计划向国际粮食市场多进口粮食来平抑粮价。然而由于价格传导时滞问题以及国际国内粮食运输时间，等到进口粮食发挥作用时，可能国内粮食市场价格已经转变方向，变成价格偏低，此时进口的粮食反而增加粮食价格的下跌。这样也就使得价格波动更大。所以只有确定粮食价格传递之间的非对称，才能够知道在对的时间调整进口量，真正做到稳定物价。

本书分析粮食国际国内传导的非对称性，研究粮食价格传导的非对称性表现，从而帮助指导粮食进口计划。分析价格传导的非对称性，对于合理制定粮食进出口计划，预防粮食进出口的逆向调节，这具有重要的现实意义。

9.2　非对称性对国内福利的影响

福利经济学是从分析生产者和消费者参与市场中所得到的利益开始研究。最早的社会福利研究是马歇尔从边际效用价值论推出"消费者剩余"的概念。消费者剩余也就代表了消费者福利。消费者剩余是指在消费一定数量的某种商品时，消费者愿意支付的最高价格与实际市场价格之间的差额。生产者剩余是生产者在提供一定量的商品所获得收益与自己期望得到收益的差额，是代表了生产者福利。

粮食价格国际传导的非对称性会对国内福利产生影响。粮食价格国际传导的非对称性，首先会影响到国内价格的形成，进而影响到粮食生产者和消费者的福利。

9.2.1　非对称性对国内粮食价格的影响

进出口贸易会影响到国内价格，而国内价格的变化会因为贸易大国或是贸易小国而不同。由此分析国际粮价对国内粮食价格传导作用，需要先分析我国粮食贸易的市场势力。

9.2.1.1　我国粮食贸易的市场势力

保罗·克鲁格曼对贸易大国和贸易小国作出定义，认为贸易小国是指贸易量较小而在国际贸易中不能对某种商品的贸易条件产生影响的国家；而贸易大国是指在国际贸易中可以影响到该种商品国际价格的国家。对于粮食进口国，贸易大国是由于该国对粮食需求量大而具有粮食的买方垄断力量，从而会影响国际粮价。若贸易大国进口粮食，则整个国际市场的需求增加，这将导致国际价格上涨。国际价格上涨的幅度也就取决于买方垄断势力的强弱。另外，进口贸易会导致国内粮食价格下降，最终会变成和上涨后的国际价格一样。那么，对于贸易进口大国而言，进口也会使得新的国内粮食价格会介于原来的国内价格和原来的国际价格之间。反之，对于贸易小国，该国的贸易并不会影响到国际价格，国际价格不变。但是贸易效果的进口仍然会影响到国内价格，国内价格会下降到国际价格。粮食出口国的价格变化类似。

总之，无论是进口贸易还是出口贸易，贸易大国发生国际贸易会使得国际价格发生变化，而国内的粮食价格要变成和变化后的国际价格一样，也就是会使得新的国际价格和国内价格介于原来的国际价格和国内价格之间。但如果是贸易小国的情形下，国际价格不会变化，只有国内价格变成和国际价格一样。

根据粮食贸易量我们可以认为中国属于粮食进口上的大国，粮食出口上的小国。但我国粮食价格国际传导的单向性和传导非对称性的其他表现表明，国内价格无法影响到国际价格，代表国内粮食在国际市场没有定价权，所以中国在粮食贸易中只能是属于进出口小国。

9.2.1.2　非对称价格传导对我国粮食价格的影响

由于我国粮食贸易主要表现为进口，而且出口和进口贸易的情形类似，所以此部分的分析以进口贸易为例。假设没有进出口贸易，国内在均衡点 E 达到均衡状态。此时，国内粮食价格为 F，国际粮食价格为 G。在发生进出口贸易的国家中，中国属于粮食贸易小国，进出口使得国内价格会变成同国际价格一样，都是 G。但由于国际粮食价格传导是非对称，存在时滞且价格传递不完全①。那么在进口贸易中，国内价格便不可能下降到 G 点，国内价格均衡点应该是略微高于国际价格的 I 点（见图 9-1）。

---

① 假设只有在国际价格低于国内价格，才发生粮食的进口。

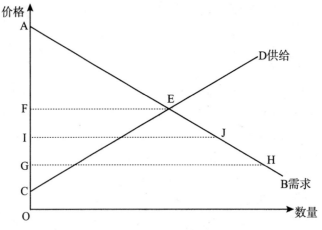

图9-1 非对称传导对本国粮食价格的影响

同样在出口贸易中，非对称传导会使得国内价格也不会上涨到和国际价格一样，而是略微低于国际价格。

我们进一步考虑粮食价格传递存在符号非对称，国际价格发生变化时，国内价格的变化。

假设国际价格上涨 X，由 G 变成 G′。若是对称传导，国际价格波动传导到国内，那么国内价格应该是 G′。而在非对称传导，国内价格上涨 Y，由 I 上涨到 I′（见图9-2）。非对称传导情形的价格 I′大于国内价格对称价格传导 G′。

假设国际价格下降 X，由 G 变成 G″。若是对称传导，国际价格波动传导到国内，那么国内价格应该是 G″。而在非对称价格传导，由于传导的不完全，国内价格下降 Z，由 I 上涨到 I″（见图9-3）。非对称传导情形的价格 I″大于国内价格对称价格传导 G″。

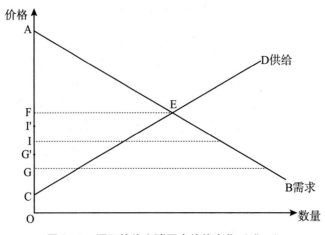

图9-2 国际粮价上涨国内价格变化（进口）

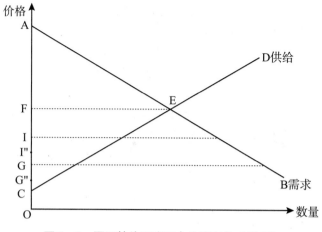

图 9 – 3 国际粮价下降国内价格变化（进口）

首先，无论国际价格是下降还是上升，相对于对称传导的情形，价格非对称传导都会使得国内价格处于更高位。其次，我国粮食价格国际传导存在"正"的非对称，即价格上升比价格下降传导的更完全，这使得 Y 大于 Z，这进一步证明价格传导的非对称，会使得国内粮食价格相对处于高位。

同样的在出口贸易中，国际粮食波动，也会使得国内粮食价格相对处于高位。

9.2.2 非对称性对社会福利的影响

局部均衡分析在假定其他市场条件不变的情况下，孤立地考察单个市场或部分市场的供求与价格之间的关系或均衡状态的一种经济分析方法。在这里用来分析中国粮食市场在发生进出口贸易时，国内粮食价格的变化以及对国内生产者剩余、消费者剩余和社会总福利的影响。

在没有进出口贸易，国内在均衡点 E 达到均衡状态，国内价格为 F，国际价格是 G。在均衡状态中，AEF 是消费者剩余，而 CEF 是生产者剩余。从前文分析可知，中国属于粮食进出口小国。

9.2.2.1 进口贸易福利的变化

假设贸易前国内粮食价格为 F，国际粮食价格为 G。当国际粮食价格低于国内粮食价格时，国内进口粮食。若此时国内生产商仍然按国内价格销售，但是国内需求量并没有增加而供给量却增加了，这样进口而来的粮食是无法销售出去，所以国内粮食价格会下降。但对于贸易大国和贸易小国，国内粮食价格的下降程度不同。

在价格对称传导的情形中若发生进口贸易后，国际粮食价格和国内粮食价格则都变成 G。在贸易前，国内消费者剩余为 AEF，生产者剩余为 CEF。在发生进口贸易后，国内的生产者剩余为CGM，消费者剩余变成AGH。也就是在进口贸易的影响下，消费者剩余增加了a+b+c+d，生产者剩余减少了a+c，从社会总福利上来说，国家通过进口粮食获得更多福利b+d。总之，发生粮食进口贸易将导致国内粮价下降，消费者福利有所增加而生产者福利减少，但对社会总福利而言是增加的。

然而价格传导存在非对称，国内价格只能在高于国际价格的I点。那么在I点，这样消费者剩余为AIJ，生产者剩余为INC。相较于价格传导对称，价格传导非对称时消费者剩余减少了c、d，但生产者剩余增加了c，但社会福利减少了d（见图9-4）。

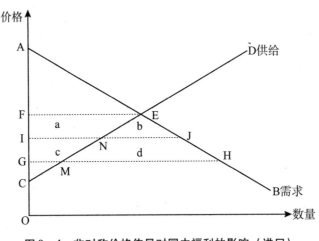

图9-4 非对称价格传导对国内福利的影响（进口）

价格传导非对称，对于生产者是有利的，对消费者是不利的，对于总的社会福利也是不利的。

9.2.2.2 出口贸易情形

假设贸易前国内粮食价格为F，国际粮食价格为G。当国际粮食价格高于国内粮食价格时，国内粮食生产者会愿意出口粮食，发生粮食出口贸易。粮食出口的结果是使得原来供求平衡的国内粮食市场出现短缺，从而造成国内粮食价格上涨。同样国内粮食价格的上涨程度取决于粮食出口量对国际粮食市场的影响，也就是是贸易小国还是贸易大国。我国出口贸易不具有定价权，属于贸易小国。

价格对称传导的情形中发生出口贸易后，假设国际粮食价格和国内粮食价格都是G。出口贸易发生前，国内消费者剩余未AEF，生产者剩余为CEF。出口贸易发生后，国内的消费者剩余为AGH，生产者剩余为CGJ。在出口贸易的影响下，生产者增加了e+f+h+g，消费者剩余减少了e+h，从社会总福利上来说，国家通过出口粮食纯收益 f + g。见图 9 - 5。

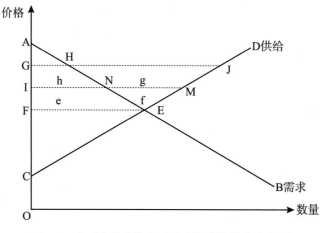

图 9 - 5　非对称价格传导对国内福利的影响（出口）

　　然而价格传导存在非对称，国内价格只能到 I 点。那么在 I 点，消费者剩余减少了 e，而生产者剩余增加了 e、f，总的社会福利增加了 f。相较于价格传导对称，价格传导非对称消费者剩余增加了 h，但生产者剩余减少了 h、g，但社会福利减少了 g。

　　价格传导非对称的出口贸易同对称传导的一般情形相比，对于消费者是有利的，但对生产者是不利的，对于总的社会福利也是不利的。

9.3　本　章　小　结

　　第一，目前粮食进出口贸易已经出现了"逆向调节"问题，我国在粮食的进口计划中没有考虑到粮食国际国内价格的传导其实是呈现一种非对称性，长此以往还容易加剧粮食进口的"逆向调节"问题。在制定粮食进出口计划中，应该要充分考虑国际国内各个粮食价格在传递时表现的方向、幅度、速度、符号的非对称性，只有这样才能够合理调整进出口量，真正实现利用国际市场来调节供需、稳定粮价。

　　第二，国际国内粮食价格存在从国际价格向国内价格的单向传导的非对称，从而在进出口贸易中，中国粮食市场只能算是贸易小国。价格传递的幅度、速度非对称，会使得在进出口贸易中国内价格变化幅度较小，而不是同对称传导一样，国内价格变成同国际价格一样。而价格传导符号的非对称，会使得在应对国际价格上涨或下降，国内价格都处于相对高位。

　　第三，国际国内价格传导呈现非对称性传导同呈现对称性传导这二者情形下，对于国内福利的影响是不同的。和对称价格传导的情形相比较下，非对称价格传导导致国内粮食价格变化幅度是比较小的。从而导致在进口贸易时，消费者福利减少而生产者福利增加，在出口贸易中则相反，即消费者福利增加而生产者福利减少。但无论是进口还是出口都导致社会总福利水平是低于对称价格传导。

注　释

［1］刘亮、章元、高汉．劳动力转移与粮食安全．统计研究．2014.36（9）：58－64.

［2］刘凌．基于 AHP 的粮食安全评价指标体系研究．生产力研究．2007.（15）：58－60.

［3］肖国安、王文涛．粮食产量主要影响因素实证分析及政策选择．湖南科技大学学报（社会科学版）.2007.（3）：87－94.

［4］张凤．中国粮食安全挑战与出路．管理视窗．2014.（19）：40－41.

［5］谭华．我国粮食安全现状探析及对策研究.2014,37（2）：70－74.

［6］高帆．粮食安全的真问题是什么？调研世界,2006,（3）：36－39.

［7］陈纪平．粮食安全的价格理论框架及其应用．经济学研究,2012,35（02）：87－91.

［8］王锐．我国粮食进出口与粮食价格关系的实证研究——基于粮食安全的角度．广东商学院学报,2012,（01）：66－71.

［9］姚建华、张锐．中国粮价上涨与粮食安全的宏观分析．农业现代化研究,2008,29（04）：385－389.

［10］程国强．对实施全球农业战略的思考．中国产业经济动态,2013,（19）：10－14.

［11］程国强、朱满德．中国农业实施全球战略的路径选择与政策框架．改革,2014,（1）：109－123.

［12］杨军、黄季焜、仇焕广、尚强．国外农产品价格变化对国内价格的影响．中国金融,2011,（22）：62－63.

［13］顾国达、方晨靓．中国农产品价格波动特征分析——基于国际市场因素影响下的局面转移模型．中国农村经济,2010,（06）：67－76.

［14］王丽娜、陆迁．国内外玉米市场价格的动态关系及传导效应．国际贸易问题,2011,（12）：19－28.

［15］潘苏、熊启泉．国际粮价对国内粮价传递效应研究——以大米——小麦和玉米为例．国际贸易问题,2011,（10）：3－13.

［16］罗锋、牛宝俊．国际农产品价格波动对国内农产品价格的传递效应——基于 VAR 模型的实证研究．国际贸易问题,2009,（06）：16－22.

［17］孙超、孟军．中国粮食价格的影响因素分析与预测比较——基于支持向量机的实证研究．农业经济,2011,（01）：29－31.

［18］王立清、杨宝臣、苏云鹏．国际大宗商品价格波动对我国影响的研究：以石油、小麦和大豆为例．价格理论与实践,2010,（07）：46－47.

［19］王锐．我国粮食进出口与粮食价格关系的实证研究——基于粮食安全的角度．广东商学院学报,2012,（07）：66－71.

［20］李圣军、李素芳、孔祥智．农业产业链条价格传递机制的实证分析．技术经济,2010,29（1）：108－112.

[21] 刘家富、李秉龙、李孝忠. 基于 VAR 模型的国产大豆和豆油市场价格传导研究. 农业技术经济. 2010. (8): 33 - 38.

[22] 张慧. 我国小麦市场价格传递实证研究. 安徽农业科学. 2008. 36 (26): 11568 - 11570.

[23] 刘芳、王琛、何忠伟. 果蔬产品产销间价格传导机制研究. 农业技术经济. 2012. (1): 99 - 108.

[24] 张艳平、赵安平. 生鲜农产品产销地批发价格波动的传导研究. 安徽农业科学. 2013. (3): 1384 - 1388.

[25] 董晓霞、许世卫、李哲敏、李干琼. 中国肉鸡养殖业的价格传导机制研究——基于 FDL 模型的实证分析. 农业技术经济. 2011. (3): 21 - 30.

[26] 顾国达、方晨靓. 农产品价格波动的国内传导路径及其非对称性研究. 农业技术经济. 2011. (3): 12 - 20.

[27] 赵荣、乔娟. 中美棉花期货与现货价格传导关系比较分析. 中国农业大学学报. 2008. 13 (2): 87 - 93.

[28] 赵革、黄国华. 国际市场到国内市场的价格传导链分析. 统计研究. 2005, (07): 28 - 30.

[29] 苗齐, 钟甫宁. 我国粮食储备规模的变动及其对供应和价格的影响. 农业经济问题. 2006 (11): 9 - 14.

[30] 郑少华、赵少钦. 农产品价格垂直传递的非对称问题研究. 价格理论与实践. 2012, (03): 56 - 57.

[31] 杨晓华. 国际原油价格波动对我国经济增长的非对称影响研究. 价格理论与实践. 2009, (07): 54 - 55.

[32] 李治国、郭景刚. 中国原油和成品油价格的非对称实证研究——基于 2006 ~ 2011 年数据的非对称误差修正模型分析. 资源科学. 2013, 35 (1): 66 - 73.

[33] 罗永恒、文先明. 农产品价格波动的非对称效应. 系统工程, 2012, (7): 55 - 61.

[34] 杨志波. 我国猪肉市场非对称价格传导机制研究. 商业研究, 2013, (2): 121 - 128.

[35] 王思舒、郑适、周松. 我国猪肉价格传导机制的非对称性问题研究——以北京市为例. 经济纵横. 2010. (6): 84 - 87.

[36] 李智勇. 中国股票市场波动非对称性研究. 太原城市职业技术学院学报. 2011, (7): 161 - 165.

[37] 罗博、孙林岩. 股票价格对信息的非对称调整实证研究. 商业研究, 2006, (5): 1 - 3.

[38] 杨朝英、徐学英. 中国生猪与猪肉价格的非对称传递研究. 农业技术经济, 2011, (9): 58 - 64.

[39] 李修彪. 粮食价格形成机制与粮价调控政策研究. 硕士学位论文. 河南工业大学. 2012.

[40] 肖芝娥, 张占仓. 我国粮食进出口"逆调节"状况分析. 河南科学. 2011 (9): 1520 - 1523.

[41] Enders, W. And C. W. J. Granger. Unit-root Tests and Asymmetric Adjustment with an Example Using the Term Structure of Interest Rates. Journal of Business and Economic Statistics. 1998,

(16)：304 – 312.

［42］ Tweeten, L. G. and C. L. Quance. Positivistic Measures of Aggregate Supply Elasticities. Some New Approahces. , 1969, (51)：342 – 352.

［43］ Karpoff, J. M. The Relation Between Price Changes and Trading Volume：A Survey. The Journal of Financial and Quantitative Analysis, 1987, 22 (1)：109 – 126.

［44］ Bacon, R. W. Rockets and Feathers：The Asymmetric Speed of Adjustment of UK Retail Gasoline Prices to Cost Changes. Energy Economics, 1991, (13)：211 – 218.

［45］ Glosten, L. R. Jaganathan and D. Runkle. On the Relation between the Expected Value and the Volatility of the Normal Excess Return on Stocks. Journal of Finance, 1993, (48)：1779 – 1801.

［46］ Peltzman, S. Prices rise faster than they fall. Journal of Political Economy. 2000, (108).

［47］ Meyer, J. and S. V. Cramon Taubadel. Asymmetric Price Transmissio：A Survey. Journal of Agricultural Economics, 2004, (55)：581 – 611.

［48］ Goodwin, B. K. and Holt, M. T. Asymmetric Adjustment and Price Transmission in the U. S. Beef Sector. American Journal of Agricultural Economics, 1999, (81)：630 – 637.

［49］ Teresa Serra and Barry K. Goodwin. Price transmission and asymmetric adjustment in the Spanish dairy sector. Annual Meeting. 2002.

［50］ Borenstein, Severin, Andrea Shepard, A. Colin Cameron, and Richard Gilbert. Do Gasoline Prices Respond Asymmetrically to Crude Oil Price Changes ［J］. Quarterly Journal of Economics, 1997, (112)：305 – 339.

［51］ Bailey, D. and B. W. Brorsen. Price Asymmetry In Spatial Fed Cattle Markets. Western Journal of Agricultural Economics, 1989, 14 (2)：246 – 252.

［52］ Neumark D. end S. A. Sharpe. Market Structure and the Nature of Price Rigidity：Evidence hum the Market for Consumer Deposits. The Quarterly Journal of Economics, 1992, 107 (2)：657 – 680.

［53］ Borenstein et al. Do gasoline prices respond asymmetrically to crude oil price changes？ The Quarterly Journal of Economics, 1997, 112：305 – 339.

［54］ Ward, R. W. Asymmetry in Retail, Wholesale, and Shipping Point Prices for Fresh Fruits and Vegetables. American Journal of Agricultural Economics, 1982, 62：205 – 212.

［55］ Laurence Ball, N and Gregory Mankiw. Asymmetric Price Adjustment and Economic Fluctuations. The Journal of the Royal Economic Society, 1994, 104：247 – 261.

［56］ George Stigler. The economics of information. The Journal of Political Economy, 1961, 69 (03)：213 – 225.

［57］ Johnson, R. N. Search Costs, lags and Prices at the Pump. Review of Industrial Organization , 2002, (20)：33 – 50.

［58］ Bernard, J. C. and L. S. Willett. Asymmetric Price Relationships in the U. S. Broiler Industry. Journal of Agricultural and Appiled Economics , 1996, 28 (2)：279 – 289.

［59］ Robert F. Engle and C. W. J. Granger. Co – Integration and Error Correction：Representation, Estimation, and Testing. Journal of Econometric Society, 1987, 55 (2)：251 – 276.

［60］ Balke, N. S. and T. B. Fomby. Threshold Cointegration. The Journal of International Economic Review, 1997, 38 (3)：627 – 645.

［61］ Enders, W. and P. L. Siklos. Cointegration and Threshold Adjustment. Journal of Business and Economic Statistics, 2001, 19（2）: 166 – 176.

［62］ Bruce. E. Hansen. Threshold Effects in Non – Dynamic Panels: Estimation, Teting, and Inference. Journal of Business and Econometrics, 1999, 93: 345 – 368.

附　　录

表1　　　　　　　　　　　粮食价格序列 ADF 检验结果表

序列名称	原序列检验 P 值	序列一阶差分后检验 P 值	结论
国际大米价格	0.7035	0.0000	序列属于一阶单整
国内大米价格	0.9636	0.0000	序列属于一阶单整
国际玉米价格	0.6902	0.0000	序列属于一阶单整
国内玉米价格	0.9252	0.0000	序列属于一阶单整
国际大豆价格	0.7329	0.0000	序列属于一阶单整
国内大豆价格	0.8520	0.0000	序列属于一阶单整
国际小麦价格	0.6802	0.0000	序列属于一阶单整
国内小麦价格	0.9711	0.0000	序列属于一阶单整

表2　　　　　　　　　　　AIC 准则确定滞后期结果表

thDelay	m	th	AIC
0	2	− 0.15918573	− 1170.683
0	2	− 0.15313344	− 1170.623
0	2	0.02392138	− 1170.491
0	2	− 0.03206368	− 1170.374
0	2	0.02874865	− 1170.358

表3　　　　　　　　　　　AIC 准则确定滞后期结果表

thDelay	m	th	AIC
0	4	0.05447831	− 418.9868
0	4	0.03928374	− 418.1025
0	4	0.02232743	− 418.0351
0	8	0.05447831	− 417.7423
0	4	0.05287863	− 417.4511

表 4   玉米阈值非对称误差修正模型结果表

	第一机制		第二机制		第三机制	
	C	GC	C	GC	C	GC
ECT	-0.3970	-0.6594	-0.0090	-0.0999	0.0233	-0.1078
Const	-0.0991	-0.1655	-0.0091	0.0474*	-0.0002	0.00008
GC(t-1)	0.0083	-0.0431	-0.0395	2.7653***	0.0858	0.0231
C(t-1)	1.0407**	-1.0051	1.2390	4.1073*	0.5750*	0.8371
GC(t-2)	-0.1356	0.4439*	0.2727	-6.0813***	0.0420	0.0113
C(t-2)	-1.2270*	-0.4802	0.9287	-6.4572	-0.1688	-0.9176
GC(t-3)	0.3177**	0.0003	-0.7278**	0.9554	-0.0940	0.1455
C(t-3)	-0.1932	1.4570	-0.3923	-1.1369	0.0037	0.0976
GC(t-4)	0.2050	0.5876	-0.1832	0.8716**	0.0671	0.4028**
C(t-4)	0.3341	1.6454*	0.2714	5.1843**	-0.1295	-0.7121

第三篇 农产品贸易开放与农户食品消费

随着我国农产品贸易程度的不断加深，国内外农产品价格的关联度也日益增强。自2006年以来，我国农村食品价格指数与国际食品价格指数呈现出同步上涨的走势，且波动幅度也具有高度的一致性。在这样的背景下，很有必要研究农产品贸易开放度与我国农民食品消费之间的关系，有助于充实农产品贸易开放与农民经济福利关系的研究。

我们的研究重点主要有三个：一是农产品贸易开放度的测度；二是农产品贸易开放与我国农村食品价格的关系；三是我国农村居民食品需求自价格弹性的估计。关于第一个问题，我们建立了一个由农产品贸易依存度与我国占世界农产品贸易份额两者构成的新指标来测度我国农产品贸易开放度。对于第二个问题，我们利用1995~2011年，我国26个省份的面板数据实证分析了农产品贸易开放对我国农村食品价格的影响。而关于第三个问题，则运用LA/AIDS两阶段模型对我国农村居民食品需求的自价格弹性进行估计。最后，分别计算并分析由农产品贸易开放度变化引致的食品价格变动对我国农村居民食品消费支出与消费量的影响。

根据实证结果，主要得出以下几点结论：第一，农产品贸易开放度的提升使得我国农村整体食品价格上涨，但数值很小，约为0.1%。第二，农产品贸易开放度的提升促使我国农村粮食、油脂类、肉类、禽蛋和水产品的消费价格上涨，但降低了我国农村蔬菜的消费价格，其中对禽蛋、蔬菜的消费价格影响最大。第三，我国农村居民的粮食自价格弹性最小，几乎为0；水产品的自价格弹性最大，为富有弹性；油脂、肉类、禽蛋和蔬菜的自价格弹性介于0.6和1.0之间。第四，由于粮食的自价格弹性几乎为0，因而农产品贸易开放度的提升对我国农村居民粮食的需求量影响最小，从而对粮食的消费支出影响最大。第五，农产品贸易开放度的提高虽然减少了我国农村居民肉类、禽蛋、油脂和水产品的消费量，但对这几类食品的消费支出并没有减少。第六，农产品贸易开放度的增加有助于降低农村蔬菜的消费价格，使得农村居民对蔬菜的消费量增加。

第 10 章

引　言

10.1　研究背景及意义

10.1.1　研究背景

随着全球化的广度与深度不断扩大与加深，世界各国都被紧密地联系在一起，国内与国际市场之间的整合程度也在不断加深。因此，一国的经济发展就易受到他国的影响。回顾我国对外贸易 30 多年的发展历程，我国经历了从闭关自守到改革开放，而后加入世界贸易组织的变化过程，并先后与多个国家建立自贸区。目前我国已建立了 12 个自贸区，如中国—东盟自贸区。而这不仅仅表现在工业上的对外开放，我国在农业方面也逐步对外开放。2012 年，我国农产品进出口总额 2373.48 亿美元，占世界农产品进出口总额的 6.98%，是世界上第三大农产品贸易大国。其中，我国出口总额 768.41 亿美元，进口总额 1605.07 亿美元。与此同时，我国农产品与国际市场的关联度日益增强。2001 年我国农产品外贸依存度只有 10%，2012 年这个数值上升到 16%。虽然与 2001 年（10%）相比，我国农产品出口依存度略有下降，为 9%；但我国农产品进口依存度则由 2001 年的 11% 提高到 2012 年的 19%。而关联度的提高必然带来农产品国际与国内价格之间的关系更加紧密。

2006 年以来，国际食品价格指数与我国农村食品价格指数呈现出了同步上涨的态势，且二者之间的波动幅度也具有高度的一致性（见图 10 – 1）。2006 ～ 2012 年国际食品价格指数与我国农村食品价格指数分别上涨了 59.7% 和 62.8%。同时，二者均呈现出先上升，在 2009 年下降后再上升的变化趋势。这似乎说明了国际农产品价格波动会对我国农村食品价格产生影响。已有部分学者对国际农产品与我国农产品价格之间的关系进行了研究，均表明国际农产品价格波动会对国内农产品价格产生影响，但这种大小因农产品的种类而并受农产品贸易开放度的影响。而农民不仅仅是农产品的生产者，还是农产品的消费者。因而国际农产品价格波动可能会对我国农村食品价格产生不可忽视的影响，从而对我国农村居民的食品消费产生影响。那么，农产品贸易开放度的提升是否对我国农村居民食品价格具有显著影响？如果显著，影响机制是怎样的，影响程度有多大？这些问题亟待深入研究。

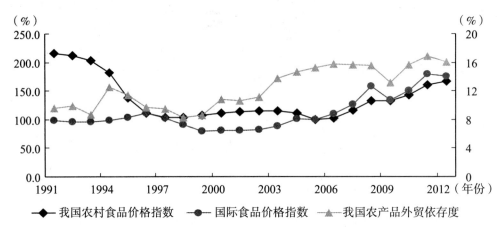

图 10-1 我国农村和国际食品价格以及农产品贸易依存度走势（2005 = 100）

资料来源：国际食品价格指数来源于 IMF 主要商品数据库，我国农村食品价格指数来源于历年的《中国统计年鉴》，农产品贸易外贸依存度数据来源见本书第 11 章。

10.1.2 研究意义

10.1.2.1 现实意义

首先，按照 H-O 理论，我国出口具有比较优势的劳动密集型农产品，使得劳动密集型农产品相对价格上升；进口不具有比较优势的土地密集型农产品，使得土地密集型农产品相对价格下降。但现今我国农产品贸易方式多为产业内贸易，即就同一种农产品而言，我国不仅出口该农产品，而且还进口该农产品。此时，农产品贸易对国内农产品价格的综合作用是怎样的？此外，当农产品的进口平均价格高于出口平均价格时，农产品进口贸易是否仍有助于降低国内农产品价格有待商榷。

其次，解决上述问题的关键之一是农产品贸易开放度的测算。国内学者通常采用外贸依存度法测度农产品贸易开放度。但是，外贸依存度仅仅反映贸易流的变化，并没有反映贸易政策的变化，从而并不能真实反映一国对外贸易开放的程度。杰伊·斯库里和肯尼斯·威尔森（Jay Squalli and Kenneth Wilson, 2006）指出以外贸依存度测度货物贸易开放度，美国、日本、德国等较大经济体则属于贸易不开放国家，这显然与现实不符[1]。由此计算的贸易开放度可能会使得估计结果有失偏颇，从而可能对贸易开放带来的经济效应过于乐观。

因此，通过对农产品贸易开放度的重新测算，并基于此结果分析农产品贸易开放与我国农民食品消费的关系，对政府在进一步农产品贸易开放过程中制定相关利益分配政策以实现全体利益最大化具有现实指导意义。

10.1.2.2　理论意义

从支出角度研究农产品贸易开放对我国农民经济福利影响的文献并不多，而与农民生活最紧密相关的农产品支出就是食品支出；且关于这方面的研究，农产品贸易开放度多采用农产品贸易依存度指标。因此本研究具有重要的理论意义，有助于充实农产品贸易自由化对农民经济福利影响的研究。

10.2　文献综述

我国是世界上人口最多的国家，约占世界总人口的20%。其中农村人口约6.4亿人，占总人口的47.43%（2012年），但我国人均占有土地面积还不到世界水平的1/3。因此，在农产品贸易自由化逐步推进的过程中，贸易开放与农民福利的关系就成为各界人士关心的热点问题。对该问题的讨论主要包括以下两个方面：一是农产品贸易开放与农民贫困化的关系；二是农产品贸易开放与农民经济福利的关系，该讨论主要致力于农产品贸易开放是否能够促进农民收入的增加，而对农产品贸易开放与农民消费支出关系的探讨比较少。

10.2.1　农产品贸易开放对农民贫困化影响的研究综述

贸易开放与贫困的关系在学术界一直存在争论，至今仍未能形成统一观点。无论基于静态效应还是动态效应，关于贸易开放与贫困关系的结论主要有三种。一是认为贸易开放有利于减少贫困，对穷人有利。凯姆·安德森、黄季焜等（Kym Anderson，Jikun Huang et al.，2004）使用GTAP模型模拟中国加入WTO对我国经济的影响，分析结果表明，加入WTO后，由于对非熟练劳动力需求的增加，农民的非农收入将增加，从而减少贫困[2]。郭熙保、罗知（2008）从经济增长的角度构造一个联立方程组模型，分析贸易开放对我国农村贫困化的影响，实证结果表明贸易自由度越高，通过经济增长的减贫作用就越明显[3]。

二是认为贸易开放将拉大贫富差距，并不能减少贫困。约翰·科克本（John Cockburn，2001）运用CGE模型考察贸易自由化与减贫的关系，得出结论认为贸易自由化将降低尼泊尔城市贫困人口数，但使得农村贫困人口数上升，尤其是中度贫困人口[4]。赫尔特、伊万尼奇等（Hertel，Ivanic et al.，2003）对14个发展中国家进行了研究，其结果表明贸易自由化对不同国家减贫效应不一样。泰国、委内瑞拉的农业专业户贫困人口将下降，但全国的贫困人口数仍然上升，墨西哥、维也纳的农业专业贫困人口上升，全国的贫困人口数下降[5]。毛学峰、刘晓昀（2005）从要素市场的角度分析贸易自由化对农村贫困的影响，其研究结果表明由于贫困人口在劳动力市场面临较大的就业压力，因此贫困人口很难从贸易自由化中获益[6]。

还有一种结论认为贸易开放对贫困的影响是不确定的。李石新等（2005）用联立方程的似不相关回归对中国的贸易—贫困联系进行估计，他们发现贸易开放度与贫困呈倒 J 形关系。即在 20 世纪 90 年代中期之前，贸易自由度的提高会恶化农村贫困问题，之后则有利于改善农村贫困化问题[7]。胡海军、张卫东、向锦（2007）通过对贸易开放 - 贫困联系的描述性实证分析和面板数据的计量分析也证明我国贸易开放与贫困呈倒 J 形[8]。陈怡、王洪亮（2008）对贸易开放作用于贫困机理的理论与实证研究进行了梳理，并总结出，贸易开放对发展中国家贫困的影响是不确定和复杂的。但是，相比其他措施，贸易改革可能是减贫最有效的方式[9]。

10.2.2　农产品贸易开放对农民经济福利影响的研究综述

10.2.2.1　基于绝对收入角度

根据 H-O 定理，农产品贸易开放，我国劳动密集型农产品生产者获利，土地密集型农产品生产者受损。那么实际情况是否如理论所预期？对此，学者纷纷进行了大量的实证分析，主要分为两类，一是"入世"前评估。黄季焜、李宁辉等（1999）使用 CAPSIM 模型模拟贸易开放对农民福利的影响，结果表明贸易开放对我国大部分的农民消费者利多弊少，但对种植业农户的中低收入阶层产生巨大的冲击[10]。李汝平、任高岩（2000）认为农产品贸易自由化能够促进我国劳动密集型农产品的出口和土地密集型农产品的进口，从而有利于我国农业生产结构的调整。但是短期，农产品贸易自由化会直接对我国小麦、玉米等传统种植业的生产造成冲击，这些产区的农民收入也会受到影响。但总体上农产品贸易开放带来的机遇大于挑战[11]。周曙东（2001）指出中国"入世"后，一方面，农产品的进口将导致国内农产品价格降低，进而农民收入减少；另一方面，还可以解决国内部分农产品的短缺[12]。

二是"入世"后评估。李德阳（2005）认为农产品出口贸易对农民收入增长的影响主要依赖于其出口的结构，其中加工农产品出口将创造农民的非农就业机会。但是实证结果表明无论是农产品总出口还是加工农产品出口对农民收入的影响都不大[13]。张蕙杰（2006）对我国粮食主产区加入 WTO 及粮食价格走势进行模拟，结果表明，加入 WTO 后，由于国际粮食价格趋于下降，整体上对我国粮食主产区农民收入的影响产生不利影响，尤其是麦农[14]。白描、田维明（2011）认为贸易开放度的提高对农作物与谷物的生产产生冲击，但是生产者收入并没有减少。作者认为是政府的支农、惠农政策在起作用[15]。郑云（2006）对不同农产品出口贸易对农业经济的影响进行分析，发现农产品出口是农业经济增长的主要原因。其中，劳动密集型农产品出口对我国农业经济具有明显的促进作用[16]。持有同样观点的还包括王燕飞、曾国平（2006）[17]、龚雅弦（2007）[18]、陈光春等（2012）[19]。

10.2.2.2 基于收入分配角度

托马斯·赫尔特、范翟等（Thomas Hertel，Fan Zhai et al.，2002）基于我国广东、辽宁和四川三个省的数据，对我国加入 WTO 的可能影响进行分析。得出结论认为入世将使所有人获益，城市中等技术与高级技术工人获益最大，只有一小部分的利益流向农村专业户。因此将加剧收入不平等，使农村穷人更穷[20]。凯姆·安德森、黄季焜等（2003）使用 GTAP 模型，对中国加入 WTO 对农民福利的影响进行分析，结果表明贸易自由化将产生农民与非农民的收入差距，拉大东西部的收入差距[21]。

国内学者关于这方面的研究均表明贸易自由化会带来户种和地域方面的收入差异。胡海军、张卫东、向锦（2007）的研究结果表明贸易开放促进了经济增长，从而提高农民福利。这种大小因种植种类、地区差异而异，其中劳动密集型产品生产者和沿海地区农民受益最大[8]。刘宇、黄季焜等（2009）将一般均衡模型 GTAP 与局部均衡模型 CSPSIM 对接，测算新一轮多哈贸易自由化对我国农业的影响，结果表明贸易自由化对粮食作物、果蔬等产品等有正面影响，而对畜产品和食糖有负面影响；高收入组农民要比低收入组农民受益多，但总体影响很小[22]。陆恭军、田维明（2012）[23]和王军英、朱晶（2012）[24]分别构造了一个含贸易开放、国内农业政策改革及宏观经济变动等诸多因素的计量模型与贸易开放—价格传导机制模型进行实证分析，他们均得出了农业贸易开放对我国农村居民收入的影响存在区域差异。其中低收入组农户收入增幅要大于高收入组农户，东部地区农户收入增幅要高于西部地区农户的结论。

10.2.2.3 基于支出角度

（1）农民食品消费影响因素的研究综述。一般而言，农民食品消费水平主要受收入水平和价格的影响。收入与价格水平不仅会影响农民食品消费支出水平，还会影响农民的食品结构。李国祥、李学术（2000）指出农民食品消费支出低迷的根本原因是农民收入，而且农产品价格波动的实质是食品消费需求不足。因此增加农民收入，尤其是低收入阶层农户收入，可以有效促进农民食品消费支出的增加，从而扩大内需[25]。贺晓丽（2001）通过城乡居民食品消费差异的对比，指出收入差异是制约农民食品消费支出的最主要因素[26]。朱晶、钟甫宁（2005）在实证中加入了粮食播种面积占总播种面积的比例，结果同样表明农民食品消费水平在很大程度上取决于其收入和购买力水平[27]。但是，收入对农民食品消费的影响是有条件的，只有当人均年消费支出达到 3500 元时，收入的增长才会导致主食消费量的下降（黄季焜，1995）[28]。由于粮食、食用油和蛋类的消费支出弹性和自价格弹性均较小，而肉类、水产品和蔬菜的消费支出弹性和自价格弹性为富有弹性（张玉梅、喻闻等，2012）[29]。因此，通过提高农民收入水平和调整食品价格可以改变农民的饮食结构。此外，随着城市化水平的提高，农民食品消费支出将增加。同时受城市居民饮食文化的影响，农村居民也开始注重饮食的质量。因此，城市化不但会影响农民食品支出水平，且有助于改善农民食品消费结构（武拉平、张瑞娟，2011）[30]。

（2）农产品贸易开放对农民食品消费影响的文献综述。关于农产品贸易开放对农民食品消费影响的文献并不多，而研究农产品贸易开放对农产品价格的文献比较多。杨军、黄季焜等（2011）使用误差修正模型和协整分析对小麦、大米、玉米、大豆和棉花的国内外价格进行长短期分析，他们得出以下四点结论：第一，国际大米和小麦价格对国内价格不显著；第二，国内外玉米价格存在协整关系，且协整系数较高，但短期效应很小；第三，国家大豆价格对国内大豆价格传导效应显著而且速度快；第四，国内外棉花价格存在协整关系，且互为因果关系[31]。而这种整合关系是通过农产品贸易建立的（王孝松、谢申祥，2012）[32]。李敏、李谷成等（2012）也表明大豆的国际价格是国内价格变化的格兰杰原因，反之不成立[33]。此外，农产品的国际期货价格也会影响国内农产品的价格，对此，谭晶荣、邓强等（2012）使用 Johansen 检验和格兰杰因果关系检验分析国际大宗商品期货价格与我国农产品批发市场价格的关系，结果指出前者对后者具有显著的影响，而且随滞后期的加大，效果越显著[34]。而国内农产品价格的波动必然会影响到农民的福利，为此，洪伟（2009）基于工农产品相对价格变化分析贸易开放对我国农民福利的影响。其研究结果表明，贸易全面开放有利于农村居民消费结构的升级，从而提高农民福利[35]。罗知、郭熙保（2010）的计量分析结果表明，进口品价格对食品消费价格支出传递效应最显著[36]。

第 11 章

我国农产品贸易开放现状分析

11.1 我国农产品贸易现状分析

11.1.1 农产品范围的界定

目前，国际上划分贸易产品范围的依据主要有两种：一是由联合国统计委员会制定的《联合国国际贸易标准》（简称 SITC）；二是由海关合作理事会制定的《商品名称及编码协调制度国际公约》（简称 HS）。它们的主要区别在于划分的角度不同，SITC 主要从生产口径对贸易产品进行划分，HS 编码制度则从加工口径对贸易产品进行划分，故按照这两种方法统计出来的农产品数据存在一定的差异性。因而，基于对这两种口径统计出来的农产品数据的分析与实证结果存在差异性。故此，学者们在做研究时通常先对农产品进行界定。赵涤非、陈宴真等（2012）采用 SITC 分类对农产品进行了划分，具体包括 SITC 分类的第 0、1、2、4 章中的全部商品减去第 2 章中的第 27、28 类商品[37]。程国强（2012）则依据世界贸易组织的定义划分农产品，并在此基础上加上水产品贸易额[38]。因为根据世界贸易组织的定义，农产品包括 HS 编码制度的前 24 章，但不包括鱼及鱼制品。鉴于研究的需要与数据的可得性问题，我们采用 WTO 统计口径，即按照 HS 编码制度对农产品进行划分。同时，为了全面分析农产品贸易情况，我们在 WTO 的定义上加上了鱼类及其制品的贸易额。其中，鱼类及其制品主要包括表 11 - 1 中的内容。

表 11 -1 鱼类及其制品

农产品类别	HS 编码及名称
鱼类产品	03.01 活鱼 03.02 鲜、冷鱼，但税号与 03.04 的鱼片及其他鱼肉除外 03.03 冻鱼，但税号与 03.04 的鱼片及其他鱼肉除外 03.04 鲜、冷、冻鱼片及其他鱼肉（不论是否绞碎） 03.05 干、盐腌或盐渍的鱼。熏鱼，不论在熏制前或熏制过程中是否烹煮，适合供人食用的鱼的细粉、粗粉及团粒
鱼类制品	16.04 制作或保藏的鱼，鲟鱼子酱及鱼卵制的鲟鱼子酱代用品

资料来源：UNdata.

11.1.2 我国农产品贸易现状

1981～2000 年，我国农产品对外贸易发展较缓慢。1981 年，我国农产品进出口总额只有 121.78 亿美元，约占世界农产品进出口总额的 2%。其中，出口总额 44.57 亿美元，占世界农产品出口总额的 1.52%；进口总额 77.21 亿美元，占世界农产品进口总额的 2.44%。到了 2000 年，我国农产品贸易规模也只达到 390.98 亿美元，占世界农产品贸易总额的比重为 3.41%。其中，出口总额与进口总额分别为 187.38 亿美元和 203.6 亿美元，分别占世界同类产品贸易额的 3.40% 和 3.42%。自 2001 年开始，我国农产品贸易总额进入了快速增长阶段。2007 年我国农产品进出口总额首次超过了 1000 亿美元。2012 年这个数值上升到 2373.48 亿美元，约占世界农产品贸易总额的 6.98%，年平均增长率 16.89%。其中，出口总额 768.41 亿美元，进口总额 1605.07 亿美元，分别占世界农产品出口总额和进口总额的 4.64% 和 9.2%。

由于我国在很长一段时间内实行出口导向型战略，对农产品进口实行严格的管控，所以我国农产品贸易长期保持着顺差。直到 2000 年，我国农产品贸易由贸易顺差转变为贸易逆差，而且贸易逆差规模逐年扩大。2000 年我国农产品贸易逆差额只有 16.22 亿美元，2012 年贸易逆差额扩大到 836.66 亿美元。而同年，我国农产品出口额也只有 768.41 亿美元，表明 2012 年我国农产品出口额约为农产品进口额的一半。这也从侧面说明，自 "入世" 以来我国农产品出口贸易受到较大的外部冲击，尤其是土地密集型农产品。与进口品相比较，我国土地密集型农产品生产成本高，不具有国际竞争力，很难与进口农产品相抗衡，见表 11 -2。

表 11 - 2 我国农产品进出口贸易额 单位：亿美元

年份	出口总额	进口总额	贸易顺差	进出口总额	年份	出口总额	进口总额	贸易顺差	进出口总额
1981	44.57	77.21	-32.64	121.78	1997	176.96	150.33	26.63	327.30
1982	43.01	70.38	-27.37	113.39	1998	161.23	131.29	29.94	292.52
1983	45.61	53.38	-7.77	98.99	1999	161.86	145.14	16.72	307.00
1984	52.18	43.85	8.33	96.03	2000	187.38	203.60	-16.22	390.98
1985	62.44	44.87	17.57	107.31	2001	192.09	210.73	-18.64	402.81
1986	70.76	44.27	26.49	115.03	2002	215.30	229.51	-14.20	444.81
1987	80.91	59.99	20.93	140.90	2003	251.59	318.01	-66.42	569.61
1988	96.34	90.31	6.03	186.64	2004	280.17	439.79	-159.62	719.96
1989	99.54	96.65	2.89	196.19	2005	332.70	475.22	-142.52	807.92
1990	100.60	78.55	22.05	179.15	2006	380.51	541.93	-161.42	922.44
1991	108.95	78.34	30.61	187.28	2007	447.59	681.46	-233.87	1129.04
1992	121.70	81.14	40.56	202.85	2008	487.31	897.02	-409.71	1384.32
1993	125.82	64.74	61.08	190.56	2009	472.93	795.01	-322.08	1267.94
1994	160.28	105.78	54.51	266.06	2010	597.45	1116.18	-518.72	1713.63
1995	166.86	165.20	1.66	332.05	2011	748.13	1487.65	-739.52	2235.78
1996	168.41	157.16	11.24	325.57	2012	768.41	1605.07	-836.66	2373.48

资料来源：农产品贸易数据来源于 WTO 和 UNdata。

自 1996 年始，我国便是大豆的净进口国。2012 年我国大豆进口量达到了 5838 万吨，约占当年世界大豆进口总量的 60%。从 2010 年开始，我国就由玉米净出口国转变为玉米净进口国。此外，从 2003 年开始，我国就一直是粮食的净进口国。由于资源禀赋、技术、资本等的因素，我国粮食出口已经难以与国际抗衡，这可能会引发粮食安全问题。我国已逐步对外开放国内农产品贸易市场，其他国家的农产品市场却并未完全对我国开放。我国主要出口的食品包括水产品、蛋类制品以及蔬菜，这些产品的出口市场又主要集中在日本、美国。而这些国家或地区对我国农产品都制定了较严格的检疫标准。日本的"肯定"列表制度就是一个典型的例子。日本"肯定"列表制度设定的 5 万多项药物残留标准中，只有 1 万多项是通过科学实验得到验证的正式标准，剩余的 4 万多项还需要通过评估后才能转化为正式标准。此外，日本"肯定"列表制度还设定了"一律标准"，即对没有设定具体标准的药物残留，一律执行 0.01ppm 的标准。这对我国农产品的出口无疑是巨大的挑战。

11.2 我国农产品贸易开放度现状分析

11.2.1 农产品贸易开放度的界定

贸易开放度的界定一直是有争议的话题。迄今为止，国内外关于贸易开放度测度方法仍然不能达成一致意见。对该问题的看法大致可以分为以下两类：一是外贸依存度法；二是指标法。

11.2.1.1 外贸依存度法

小岛清先生最早提出用外贸依存度来测度一国贸易开放，在数值上等于一国进出口额与该国国内生产总值的比例。该方法计算简便、直观，成为 20 世纪六七十年代国际上测度贸易开放度的主要方法，也是当前我国学者测度贸易开放度普遍采用的方法。但是，外贸依存度的计算公式忽略了其他影响贸易开放的重要因素，如经济规模、人口规模、汇率政策、贸易政策等。因此，传统的外贸依存度并不能真实反映一国贸易开放的程度。基于这些问题，学者们对传统的外贸依存度进行修正，修正方法主要包括：

其一，根据经济规模、贸易形式和汇率等进行修正，主要包括两个方面：一是根据经济规模差异对传统外贸依存度进行修正（Frankel，2000[39]；Li et al.，2004[40]）；二是提出使用经购买力平价换算的 GDP，以消除汇率变动的影响（Alcala'and Ciccone，2004[41]）。

其二，对传统外贸依存度计算公式固有缺陷的修正。由于国内生产总值中不包括进口，而外贸依存度等于一国进出口额与一国国内生产总值的比例，从而分子不完全被包括在分母中，由此计算出的外贸依存度有偏差。对此，沈利生（2005）从投入产出的角度，提出用经济活动总量（总产出与进口之和）而不是 GDP 作为分母，以解决分子与分母值不一样的问题[42]。付强（2007）则认为沈利生经济活动总量的方法仍然无法摆脱外贸依存度大于 1 的可能，从而不能作为合理而完善的外贸依存度计算公式。在此基础上，借鉴凯恩斯主义的宏观经济分析方法，提出用一般贸易出口与进口增加值之和与 GDP 之比计算外贸依存度[43]。裴长洪、彭磊（2006）则认为一国对国际市场的依赖，不仅要考虑需求因素，还要考虑供给因素。因此，外贸依存度 =（出口增加值 + 进口原材料、中间产品额）/（GDP + 进口原材料、中间产品额）[44]。无论哪种方法，主要数据均依赖于投入产出表，而我国投入产出表每 5 年编一次，数据不容易获得，因而，该方法在经验研究中尚未得到普遍应用。

其三，综合修正。包群、许和连、赖明勇（2003）分别运用贸易依存度、实际关税率、外汇黑市交易费用、道拉斯指数、修正的贸易依存度（Patrick，1998）度量我国贸易开放度，在方程中加入了劳动力、资本投入、人力资本作为控制变量以考察贸易开放与经济增长之间的关系，回归结果显示只有贸易依存度能够较好反映贸易开放与我国经济增长的关系[45]。胡立法（2004）对道拉斯指数和传统的对外贸易依存度进行修正，然后分别对固定议价费用、外汇黑市交易费用、实际关税率回归，其中外贸依存度方程中还加入 GDP 和人口数，基于回归结果得到道拉斯指数和外贸依存度的理论值并与实际值进行对比[46]。刘似臣（2005）则综合了许统生对外贸依存度进行修正的方法和胡立法的回归分析法计算贸易开放度[47]。张素芳、房剑（2006）除了借鉴沈利生的总量活动法，还采用黄彦的对外贸易依存度的修正方法，不仅考虑货物贸易还考虑服务贸易，从而得出外贸依存度新的计算方法[48]。

11. 2. 1. 2　指标法

指标法分为单一指标法和综合指标法。单一指标法代表人物道拉斯（Dollars，1992），认为在自由贸易条件下，各国商品价格应该趋同，如果有差异，则是贸易保护的作用，因此商品价格偏差能够反映一国贸易扭曲现象[49]。综合指标法主要以萨克斯和华纳（Sachs and Warner）、塞巴斯蒂安·爱德华（Sebastian Edwards）为代表。萨克斯和华纳（1995）采用"二进制"法，将贸易开放值设为 0 或 1。如果一国满足 SW 判别条件中的任何一条，则为 0，否则为 1。该方法的优点是综合了几种可能影响贸易开放的因素，但是该指数的判别标准在一定程度上具有主观性，如非关税壁垒贸易占比与平均关税税率的确定。而且该指数只能在贸易开放国家与不开放国家之间进行对比，不能用于贸易开放国家之间或贸易不开放国家之间的对比分析以及不能反映一国贸易开放度的变化趋势[50]。塞巴斯蒂安·爱德华（1998）则综合了道拉斯和萨克斯 – 瓦诺方法的特点，将 9 种度量贸易开放度的指标综合成一个指标[51]。严格意义上说，爱德华法并没有创新，他只是对别人的研究成果进行总结与归纳。

11. 2. 2　新的农产品贸易开放度测度模型

11. 2. 2. 1　外贸依存度和指标法的局限性

由于指标法数据的可获得性差，而且在计算公式上很复杂，故指标法没有被普遍应用于经验研究。而外贸依存度虽然可以衡量一国对外贸易对本国经济增长的贡献，且计算简便以及数据容易获得。但由于外贸依存度更关注的是对外贸易与一国经济增长的关系，因而这就有可能造成一个大国拥有较小的外贸依存度的现象，从而低估了该国的贸易开放度。

2006 年，杰伊·斯库里和肯尼思·威尔逊（Jay Squalli，Kenneth Wilson）在

文章中（A New Approach to Measuring Trade Openness）中对世界 117 个国家或地区 2004 年的货物贸易依存度进行计算并排名，他们发现日本、美国、阿根廷、印度、巴西属于最不开放国家，德国、俄罗斯、英国、中国属于较不开放国家，这显然与现实不相符合。他们认为外贸依存度只能捕捉到贸易开放一方面的信息，忽略了一国对外贸易在世界贸易中的地位。而这一点恰恰是影响贸易开放度的另一个重要因素。因为一国对外贸易额占世界贸易额的比重越大，说明该国在国际市场上越活跃，对世界贸易的贡献越大，具体表现为越开放。杰伊·斯库里和肯尼思·威尔逊同时对这 117 个国家或地区的货物贸易占世界货物贸易比重进行测算并排名，美国、德国、英国、中国、俄罗斯和日本则分别排名第 1、第 2、第 5、第 3、第 17 和第 4 名。在货物贸易依存度与货物贸易份额两者共同作用下，这 6 个国家分别排名第 7、第 3、第 9、第 4、第 26 和第 18 名，均属于开放国家之列。而转口贸易发达的中国香港、新加坡无论是货物贸易依存度、货物贸易份额还是这两者的综合排名均排名前列。因此，货物贸易依存度和货物贸易份额可以涵盖货物贸易开放度的大部分信息。对此，他们从二维角度对贸易开放度进行了界定，由外贸依存度和一国贸易总额占世界贸易总额的比例构成。具体计算公式如下：

$$CTI_i = (1 + Dr) \times TI_i = \frac{n(X + M)_i^2}{GDP_i \sum_{j=1}^{n} (X + M)_j} \qquad 公式（11-1）$$

其中，CTI_i 表示贸易开放度，$TI_i = (X + M)/GDP$，n 代表国家数。

11.2.2.2 农产品贸易开放度测度新方法

我们认为杰伊·斯库里、肯尼思·威尔逊的方法包括了影响贸易开放度的主要因素，基本可以衡量一国的贸易开放度。既可以克服指标法数据可获得性差与操作复杂的缺点，又可以克服一个大国拥有较小外贸依存度的局限。但是杰伊·斯库里、肯尼思·威尔逊的方法也有不足，即没有考虑进出口贸易的构成。农产品进口贸易开放度体现的是本国或地区农业对外开放的程度，即允许外国农产品进入本国市场的程度。农产品出口贸易开放度则反映了本国或地区农产品出口创汇能力以及在国际农产品市场上遭遇的贸易壁垒情况。此外，农产品进口与出口贸易对扩大农产品贸易规模的贡献也不一。因而，在测度农产品贸易开放度时，必须考虑农产品进出口贸易的构成。

到目前为止，国内尚未有学者采用杰伊·斯库里、肯尼思·威尔逊的方法测度我国农产品贸易开放度。因而，我们采用他们的方法并予以修正，对我国农产品贸易开放度重新测算。修正后的计算公式具体如下：

$$AG_{open,t} = \frac{X_{i,t}}{X_{i,t} + M_{i,t}} AGX_{open,t} + \frac{M_{i,t}}{X_{i,t} + M_{i,t}} AGM_{open,t} \qquad 公式（11-2）$$

$$AGX_{open,t} = \frac{nX_{i,t}^2}{AGGDP_{i,t} \sum_{j=1}^{n} X_{j,t}} \qquad 公式（11-3）$$

$$AGM_{open,t} = \frac{nM_{i,t}^2}{AGGDP_{i,t} \sum_{j=1}^{n} M_{j,t}} \qquad 公式（11-4）$$

其中，$AGX_{open,t}$ 表示农产品出口贸易开放度，$AGM_{open,t}$ 表示农产品进口贸易开放度，$AG_{open,t}$ 表示农产品贸易开放度；$X_{i,t}$，$M_{i,t}$ 分别表示 i 国在 t 期的农产品出口额和进口额；$AGGDP_{i,t}$ 表示 i 国的农业增加值，n 代表国家数。

11.2.2.3　新方法的特点

（1）体现了农产品贸易开放度的多维性。新的农产品贸易开放度指标体系包括了农产品的出口与进口贸易开放度，可以直观地反映出农产品出口与进口贸易开放度对农产品贸易开放度的贡献。新的计算公式以 t 期农产品进出口贸易的比重作为权重。如果农产品进口额等于农产品出口额，则农产品进口与出口的权重相等，农产品出口世界比等于农产品进口世界比；如果农产品进口额不等于农产品出口额，则有顺差时农产品出口比重与出口世界比加大，逆差时农产品进口比重与进口世界比加大。这样的变化可以反映出农产品贸易失衡与农产品贸易开放度的关系。此外，新的计算公式不仅包含一国或地区有关的农业经济指标，还包含相应的世界总量指标。这样的一种设计，不仅体现本国或地区与外部世界经济交换的绝对规模对本国或地区农业经济的影响，也反映出本国或地区在世界农产品贸易中的地位与作用。

（2）更加注重客观性。一国或地区农产品贸易对外开放的程度主要体现在两个方面：一是本国或地区的农产品贸易依存度。农产品贸易依存度越大，说明本国或地区的农业经济越依赖国际市场；二是本国或地区农产品贸易占世界贸易的比例，该比例越大，说明本国或地区在国际农产品贸易市场上越活跃，对扩大世界农产品贸易规模的影响越大。而新的农产品贸易开放度测度公式包括这两方面的内容，从而能更准确、真实地反映本国或地区农产品贸易开放度的实际情况。

（3）克服了外贸依存度法和指标法的局限性。新的农产品贸易开放度由农产品贸易依存度与一国或地区农产品贸易占世界农产品贸易的比例构成，克服了外贸依存度过于片面性的缺点。而且相关数据容易获得，操作简便以及可比性较强。

11.2.3　农产品贸易开放度的重新测算

11.2.3.1　数据来源及说明

首先，在本书定稿时，测度我国农产品贸易开放度的相关数据只更新到2012年，因而本章分析采用的时间区间是 1981～2012 年。其次，我们选取了美国、日本、英国、德国、法国、意大利、加拿大、瑞士、比利时、荷兰、芬兰、挪威、丹麦、瑞典、希腊、葡萄牙、西班牙、奥地利、澳大利亚、新西兰、爱尔兰、韩国、新加坡、马来西亚、印度尼西亚、泰国、印度、越南、墨西哥、菲律

宾、巴西、阿尔及利亚、埃及、土耳其、阿根廷、哥伦比亚、智利、中国、中国
香港、伊朗、摩洛哥、沙特阿拉伯、乌克兰、阿拉伯联合酋长国、南非、俄罗
斯、波兰、捷克、卢森堡、尼日利亚、委内瑞拉、孟加拉国、以色列、哈萨克斯
坦、巴基斯坦、斯里兰卡共 56 个国家或地区作为样本。这 56 个国家或地区的农
产品贸易总额平均占世界农产品贸易总额的 91.6% (1981~2012 年)，可以代表
世界农产品贸易额。最后，农产品贸易数据均来源于世界贸易组织，水产品数据
来源于 UNdata。中国农业增加值以第一产业增加值代替，并用当年汇率换算成美
元，原始数据均来源于《中国统计年鉴 (2013)》。

11.2.3.2 农产品贸易开放度测度结果分析

（1）基于新方法与外贸依存度法测度结果的对比分析。对比按照外贸依存度
法和新方法测算的我国农产品贸易开放度的结果可知，按照外贸依存法测算的我
国农产品贸易开放度很小，始终在 20% 以下，变化趋势比较平缓。而基于新方
法测算的我国农产品贸易开放度在 2000 年后呈现出快速上升的态势，2012 年增
加到了 83.26%，远远高于按照外贸依存度法测算的 16.08%。进一步佐证了我
国农产品贸易占世界农产品贸易的份额是影响我国农产品贸易开放度的一个重要
因素。见表 11-3、图 11-1。

表 11-3　　　我国 1981~2012 年外贸依存度法与新方法的 $AG_{open,t}$ 对比　　　单位：%

年份	外贸依存度法	新方法	年份	外贸依存度法	新方法
1981	7.14	9.93	1997	9.46	15.21
1982	6.39	8.84	1998	8.26	12.48
1983	4.97	5.60	1999	8.63	13.70
1984	4.86	5.11	2000	10.85	21.44
1985	6.31	8.11	2001	10.59	21.57
1986	7.50	9.75	2002	11.14	23.82
1987	8.29	10.65	2003	13.75	33.02
1988	9.00	12.47	2004	14.60	40.76
1989	8.66	11.95	2005	15.22	43.12
1990	8.59	10.40	2006	15.76	46.29
1991	9.58	12.06	2007	15.64	48.32
1992	9.92	13.07	2008	15.51	53.45
1993	8.69	12.67	2009	13.09	45.93
1994	12.48	19.94	2010	15.62	67.46
1995	11.43	17.74	2011	16.87	80.28
1996	9.67	14.71	2012	16.08	83.26

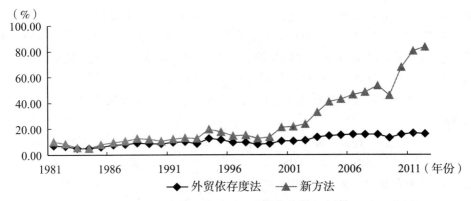

图 11-1 我国 1981～2012 年外贸依存度法与新方法的 $AG_{open,t}$ 对比

2000 年之前，我国农产品贸易额占世界农产品贸易额的平均比例只有 2% 左右，对世界农产品贸易的贡献较小。因而在 2000 年之前基于两种方法测算的我国农产品贸易开放度在数值上都很小，而且很接近。但"入世"后，我国农产品贸易呈现出快速增长的势头。经过 12 年的发展，我国已成为仅次于美国、欧盟的第三大农产品贸易大国。因此在 2000 年之后，基于新方法测算的我国农产品贸易开放度变动比较大，反映了我国农产品贸易规模以及在世界农产品贸易中的地位变化情况。只有当本国农产品贸易额占世界农产品贸易份额的比重很小时，按照外贸依存度法测算的农产品贸易开放度才具有合理性。但自"入世"后，我国在世界农产品贸易中发挥着越来越重要的作用。在这样的背景下，外贸依存度法就不适用于测度我国农产品贸易开放度。

（2）基于新方法测算的我国农产品贸易开放度。对基于新方法测算的我国农产品的进出口贸易开放度进行对比分析，发现我国农产品进口贸易开放度变化速度要大于我国农产品出口贸易开放度，并与我国农产品整体贸易开放度变动趋势一致（见图 11-2）。我国农产品出口与进口贸易开放度变化趋势开始不一致的

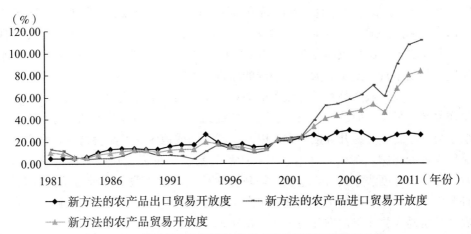

图 11-2 基于新方法测算的我国农产品进出口贸易开放度

时间点是 2001 年。2001 年之前，我国农产品进出口贸易开放度变化趋势基本一致，始终在 20% 以下。"入世"之后，我国农产品出口贸易开放度只有小幅度的增加，农产品进口贸易开放度则呈快速增长的势头。2012 年我国农产品出口与进口贸易开放度分别为 25.62% 和 110.86%，说明我国农产品贸易开放度的提高主要由我国农产品进口贸易开放度贡献。这与我国当前农产品出口与进口贸易情况相吻合。

在农产品出口方面，除了玉米和棉花以外，我国对主要出口农产品的国内生产多是负保护（黄季焜等，2005）[52]。此外，我国农产品出口遇到了诸多阻碍。虽然基于《农业协定》，各国都相应削减农产品关税。但是关税壁垒早已升级，各种非关税壁垒层出不穷，例如日本的肯定列表制度、欧盟共同体政策以及美国新农业法等。这些制度和法规都对我国农产品出口贸易的发展产生不利影响，严重阻碍了我国农产品出口贸易规模的扩大。

在农产品进口方面，目前我国农产品进口平均关税税率只有 15%，大约只有世界农产品平均关税税率的 1/4，基本履行了我国加入 WTO 不断削减关税的承诺。而我国农产品对外的进一步开放，又对我国土地密集型农产品造成了巨大的冲击。因而，无论是基于新方法测算的我国农产品贸易开放度，还是农产品进出口贸易开放度，均符合我国的实际情况。

11.3 本章小结

第一，就农产品贸易整体发展趋势而言，我国农产品贸易规模呈不断扩大趋势，尤其是"入世"后，我国农产品贸易呈现快速增长的势头。我国农产品贸易占世界农产品贸易比重已经由 1981 年的 2% 增加到 2012 年的 6.98%。但是在这一过程中，我国农产品进口贸易平均增速要快于农产品出口贸易的平均增速。自"入世"以来，我国就一直是农产品贸易逆差国，且逆差规模逐年扩大。甚至在 2012 年，我国农产品贸易逆差金额要大于我国农产品出口额。可见，加入 WTO 后，我国农产品出口贸易受到了严重的冲击，尤其是土地密集型农产品。目前，我国已经是粮食、玉米、大豆、小麦的净进口国。

第二，关于农产品贸易开放度的测算。一方面，指标法数据可获得性差，且操作复杂。另一方面，外贸依存度法只捕捉到农产品贸易开放度的部分信息，忽略了另一个影响贸易开放度的重要因素，即一国或地区农产品贸易额占世界农产品贸易额的比例。而且只有当本国农产品贸易额对世界农产品贸易的贡献较小时，外贸依存度法才具有合理性。而新方法可以同时克服这两种方法的局限性，且鉴于当前我国农产品贸易在世界农产品贸易中的地位，基于新方法测算的我国农产品贸易开放度更加准确与更具合理性。

第三，通过对基于新方法与外贸依存度法测算的我国农产品贸易开放度进行对比分析，可知前者更能体现我国农产品对外贸易发展以及政策的变化情况。同时，对基于新方法测算的农产品出口与进口贸易开放度进行对比，发现我国农产品出口贸易开放度在"入世"之后只有小幅度的增加，我国农产品进口贸易开放度则呈高速增长势头。这与农产品出口与进口贸易发展状况、现状以及贸易政策非常吻合。

第 12 章

农民食品消费现状以及国内外主要食品价格趋同性分析

12.1 我国农民食品消费现状分析

12.1.1 农民食品消费支出分析

12.1.1.1 农民食品消费支出水平分析

改革开放以来,我国农民食品消费水平不断提高,食品支出比重也呈不断下降趋势。全国农民人均名义食品消费支出从 1985 年的 183.33 元增加到 2012 年的 2323.89 元,年实际增长率 4.13%。我国东部地区农民人均名义食品消费支出年均增长率最快,为 10.77%。1985 年我国东部地区农民人均名义食品消费支出只有 222.43 元,2012 年增加到 3230.92 元。我国西部地区农民人均年名义食品消费支出增长最慢,为 9.68%。1985 年我国西部地区农民人均名义食品消费支出 173.8 元,2012 年增加到 1927.51 元。我国中部地区农民人均名义食品消费支出从 1985 年的 180.87 元增加到 2012 年的 2142.24 元,年平均名义增长率 9.98%。见图 12 - 1。

12.1.1.2 我国农村食品消费支出比重分析

(1)总体水平分析。1985 年,全国农民食品消费支出占总消费支出的比例为 57.76%,2012 年这个比例减少到 39.33%。联合国根据恩格尔系数的大小,对各国的生活水平进行了划分。恩格尔系数大于 60% 为贫穷;50% ~ 60% 为温饱;40% ~ 50% 为小康;30% ~ 40% 属于相对富裕;20% ~ 30% 为富足;20% 以下为极其富裕。按照这个划分,目前,我国农村居民生活水平已进入了相对富裕阶段。由图 12 - 1 可知,我国东部地区农民食品消费支出份额始终低于全国平均水平,中部地区接近全国平均水平,而西部地区农民人均食品消费支出比重始终

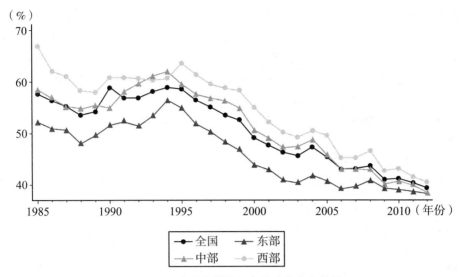

图 12 – 1　我国农村居民食品消费支出份额

注：由于重庆、海南的数据不全，在数据的选择时剔除了重庆和海南。根据《国家统计年鉴》的划分，将我国分为东、中、西部地区。东部地区包括北京、天津、河北、辽宁、上海、江苏、浙江、福建、山东和广东；中部地区包括吉林、黑龙江、山西、安徽、江西、河南、湖北和湖南；西部地区包括内蒙古、广西、四川、贵州、云南、陕西、甘肃、青海、宁夏、新疆和西藏。数据根据历年的《中国统计年鉴》计算而得。

高于全国平均水平。1985 年，我国东中西部地区农民人均食品消费支出比重分别为 51.92%、58.04% 和 66.86%。说明改革开放初期，受收入水平的制约，我国农村居民基本处于温饱水平，尤其是西部地区。到了 2012 年，这个比重分别减少到 38.19%、38.25% 和 40.51%，说明我国中东部地区农民生活水平均处于相对富裕水平，而我国西部地区农民仍处在小康水平。

（2）基于阶段性的农村食品消费支出比重分析。1985～1999 年我国农民食品支出仍占据农民消费支出的大部分，食品支出比重始终高于 50%。在此期间，农民食品支出比重经历了先降，而后呈小幅上升，之后又下降的变化过程，并在1990 年达到最大值。具体分析可知，1985～1987 年食品支出比重呈不断下降趋势，之后回升，1990 年高达 58.8%，1995 年之后开始回落。进入 2000 年后，农民食品支出份额开始小于 50%，虽然个别年份有所回升，但总体呈不断下降趋势。总体而言，我国东中西部地区的农民食品消费支出比重变化趋势基本与全国农民食品支出比重的变化趋势一致，即呈不断下降的趋势。在 1996 年之后，我国东中西部地区的农民食品消费支出比重呈现出快速下降的态势。并自 2005 年开始，这三大地区的农民食品消费支出比重开始低于 50%。但在 2009 年之后，我国东中西部地区农民食品支出比重变化趋势就比较平缓。

（3）基于具体省份的农村食品消费支出比重分析。到了 2012 年，我国大部分省份的消费支出份额均在 50% 以下，除了西藏。2012 年，我国东部地区农民食品消费支比重都小于40%，除了上海、福建和广东。其中，食品消费支出比重最大的广东要比相应比重最小的北京高出约16个百分点。同年，北京市农民人均纯收入要比广东省农民人均纯收入多5932.9元。说明，食品支出比重可能与收入水平有关。随着收入水平的增加，农民花费在食品上的支出会越来越少，相反会增加其他消费品的支出。中部各地区之间的差异最小，2012年食品支出比重最大的湖南省要比食品支出比重最小的山西省高出约10个百分点。而西部地区以陕西、青海、宁夏、新疆、内蒙古的食品支出比重最小，都低于40%。其中，陕西省农民的食品支出占总支出的比重只有29.72%，只有食品支出比重最大的西藏的55.4%，比东部地区北京市的农民食品支出比重还要低3.49个百分点。但是，同期陕西省的农民人均纯收入只有北京市农民人均纯收入的34.98%。这可能和消费观念的转变有关，2012年陕西省与北京市农民用于居住支出的比例分别为24.6%和18.52%。可见，随着生活水平的不断提高，农民倾向将更多的支出用于房屋、娱乐、休闲等其他消费品，尤其是在居住方面。具体见表12-1、表12-2、表12-3。

表12-1 　　　　　　　　　　　东部地区农民食品消费支出份额　　　　　　　　单位：%

地区	1985年	1990年	1995年	2000年	2005年	2010年	2012年
北京	47.04	49.42	50.67	38.09	32.66	32.36	33.21
天津	47.40	53.63	58.86	40.09	38.58	41.74	36.22
河北	50.03	49.05	56.82	39.50	41.02	35.15	33.87
辽宁	51.59	50.35	60.27	46.52	40.17	38.18	38.34
上海	43.86	46.45	44.03	44.05	36.88	37.28	40.49
江苏	52.10	51.59	54.77	43.53	43.99	38.08	33.37
浙江	52.15	49.91	50.37	43.53	37.94	34.22	37.05
福建	62.41	60.00	60.96	48.65	46.09	46.14	45.98
山东	52.24	50.60	55.94	44.16	39.76	37.54	34.26
广东	60.36	53.48	54.46	49.79	48.26	47.68	49.05

资料来源：历年《中国统计年鉴》。

表12-2 　　　　　　　　　　　中部地区农民食品消费支出份额　　　　　　　　单位：%

地区	1985年	1990年	1995年	2000年	2005年	2010年	2012年
吉林	54.73	56.73	56.33	45.41	43.51	36.73	36.67
黑龙江	57.65	52.02	54.97	44.33	36.30	33.79	37.86
山西	54.31	49.17	63.15	48.64	44.23	37.46	33.42
安徽	58.46	56.55	58.42	52.45	45.52	40.69	39.25

续表

地区	1985 年	1990 年	1995 年	2000 年	2005 年	2010 年	2012 年
江西	61.07	58.31	61.67	54.45	49.14	46.34	43.53
河南	55.97	49.98	58.56	49.71	45.41	37.24	33.82
湖北	59.13	57.21	60.55	53.18	49.06	43.10	37.61
湖南	62.97	57.14	60.26	54.21	51.99	48.44	43.86

资料来源：历年《中国统计年鉴》。

表 12-3　　　　　　　　西部地区农民食品消费支出份额　　　　　单位：%

地区	1985 年	1990 年	1995 年	2000 年	2005 年	2010 年	2012 年
内蒙古	63.00	79.49	59.70	44.79	43.10	37.55	37.29
广西	62.19	56.64	63.20	55.44	50.51	48.49	42.27
四川	62.93	61.76	65.72	54.62	54.72	48.27	46.85
贵州	69.85	69.31	71.12	62.68	52.81	46.26	44.61
云南	66.63	60.64	61.45	58.96	54.54	47.21	45.61
陕西	57.39	51.30	59.32	43.47	42.86	34.25	29.72
甘肃	104.35	57.35	70.94	48.45	47.20	44.71	39.76
青海	64.11	55.65	64.99	57.89	45.21	38.23	34.81
宁夏	58.83	53.34	58.10	48.78	44.05	38.42	35.34
新疆	57.87	49.78	50.08	50.00	41.77	40.32	35.67
西藏	68.35	73.36	74.38	79.31	68.76	49.71	53.65

资料来源：历年《中国统计年鉴》。

12.1.2　我国农民食品消费量及结构分析

12.1.2.1　全国总体情况分析

图 12-2 表明，从全国来看，我国农民食品消费结构渐趋于合理，主食消费量不断减少，副食品消费量逐渐增加，已经基本实现了由"吃饱"向"吃好"转变。全国农民人均主食消费量从 1985 年的 257.45kg 下降到了 2012 年 164.27kg，下降幅度约为 36.19%。蛋白质食品消费有所增加，1985 年猪牛羊肉、蛋类及制品和水产品人均消费量分别只有 10.97kg、2.05kg 和 1.64kg。到了 2012 年，这个数值分别上升到 16.36kg、5.87kg 和 5.36kg，分别增长了 49.14%、186.24% 和 226.77%。表明我国农村居民饮食结构发生了较大变化，正向营养、合理、科学的方向转变，这主要得益于农民收入的提高。我国农民人

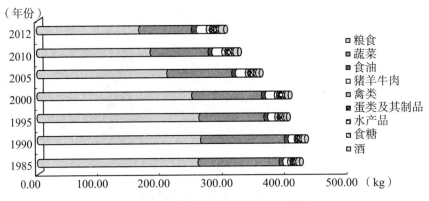

图 12 - 2　中国农民各类食品消费量

资料来源:《中国统计年鉴》。

均纯收入从 1985 年的 397. 6 元增加到 2012 年 7916. 58 元,年平均名义增长率为 11. 97% 。而我国农民人均消费支出的年平均名义增长率为 10. 22% ,说明食品消费支出的增长趋势基本与农民人均纯收入的变动趋势一致。

12. 1. 2. 2　基于阶段性的我国农民食品消费量分析

首先,我国农民人均粮食消费量经历了先上升后下降的变化过程。1985 ~ 1993 年,我国农民人均粮食消费量持续增加,从 1985 年的 257. 45kg 增加到 1993 年的 266. 02kg。1993 年之后呈缓慢下降趋势直至 2003 年,而后下降速度增快。其次,农民对肉类的人均消费量呈不断波动状态,在 1997 年之前呈先出升—降—升—降的变化趋势。1997 年之后,农民人均肉类消费量呈持续增加的态势。在 2004 年有所下降,之后又上升,并在 2005 年达到最大值 17. 09kg。2007 年和 2008 年我国农民人均肉类消费量有所下降,这主要是因为 2007 年和 2008 年上半年我国猪肉价格的上涨(武拉平、张瑞娟,2011)[30]。

再其次,我国农民对蛋类和水产品的消费量也呈持续增加的趋势。1993 年之前增加的幅度较小,之后幅度有所增加。此外,在 1993 年之前,农民对蔬菜的消费量比较稳定。在 1993 年急剧下降为 107. 43kg 后呈小幅上升趋势,直至 2003 年,而后对蔬菜的消费量持续减少。2012 年我国农民对蔬菜的人均消费量只有 84. 72kg。

最后,整体而言,农民对食用植物油的消费量保持逐年增加的趋势。我国农民人均食用植物油消费量从 1985 年的 4. 04kg 增加到 2002 年的最大值 7. 53kg 后开始下降,自 2007 年之后又开始上升。我国农民对食糖的消费量比较稳定,但略有下降。综上所述,进入 2003 年之后,我国农民对粮食、蔬菜的消费量逐渐减少,对肉类、蛋类和水产品的消费量均有不同程度的增加。这主要得益于农民收入的持续增加、基础设施的建设及城市化等因素,这些都促进了农民对其饮食结构的调整,使得我国农村居民更加关注饮食的质量、营养及多元化等。

12.1.2.3　区域性分析

从区域来看，我国中部农民人均主食消费量下降幅度最大，为 42.28%，其次依次为东部地区（40.87%）、西部地区（28.2%）。整体而言，东部地区食品结构最合理，农民人均粮食和蔬菜消费量不断下降。2012 年东部地区农民人均粮食消费量大约只有食品消费量的一半，对副食品的消费量则逐年增加，其中对肉类、蛋类、水产品消费量明显增加。说明东部地区农民膳食结构较为合理，对富有营养的食品消费量所有增加，更加注重食品的"质"量。见图 12 - 3。

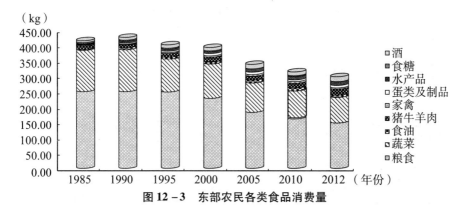

图 12 - 3　东部农民各类食品消费量

资料来源：《中国统计年鉴》。

粮食消费仍是我国西部地区农民食品消费的主要食品，副食品只有小幅度的增加，除了肉类食品。图 12 - 4 表明，在 1985 ~ 2012 年，西部地区农民的肉类食品消费量明显增加，从 1985 年的 11.83kg 增加到 2012 年的 18.88kg，这可能和西部地区盛产羊肉、牛肉有关。而蛋类及其制品消费量很少，年平均值约 1.86kg。说明，我国西部地区农民仍然在"吃饱"阶段，饮食结构比较单一，以粮食、蔬菜和食糖为主，对蛋白质食物的摄入较少。见图 12 - 4。

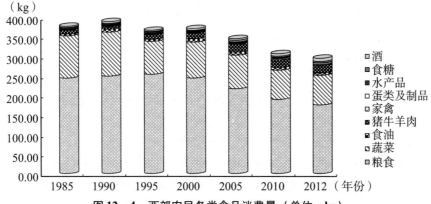

图 12 - 4　西部农民各类食品消费量（单位：kg）

资料来源：《中国统计年鉴》。

中部地区农民对粮食和蔬菜的消费量逐渐减少，对蛋类、肉类和水产品的消费量逐年增加，但增势比较缓慢。东中西部地区之间的这种差异主要与我国东中西部地区的经济状况有关，东部地区农民收入要高于中部地区，而中部地区农民收入又高于西部地区。2012 年，我国东中西部地区农民平均纯收入分别为 12248.05 元、7670.67 元和 5883.34 元，东部地区农民平均纯收入大约是西部地区农民平均纯收入的两倍。另外，农村基础设施的建设也会影响农民的食品消费结构。由于地理位置原因，我国西部地区基础设施不完善，交通不便利，农民消费意识比较落后。因此，西部地区农民还很难转变传统的饮食观念，以致饮食结构的不合理，这亟待政府给予更多的关注与支持。见图 12－5。

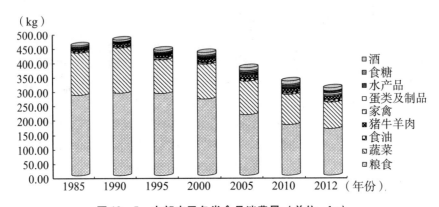

图 12－5　中部农民各类食品消费量（单位：kg）

资料来源：《中国统计年鉴》。

12.2　农产品贸易开放对农民食品消费影响的作用机制

农产品贸易开放可能通过两个机制对农民食品消费产生影响：一是收入机制；二是价格机制。其中，农产品贸易开放对农民食品消费影响的价格机制主要体现在以下三个方面：一是农产品进出口贸易；二是农产品国内外市场整合程度；三是"大国效应"。

12.2.1　农产品贸易开放通过收入机制影响农民食品消费

农民食品消费水平主要受到其收入水平的制约，收入水平不仅会影响农民的食品消费量，还会影响其食品消费结构。随着农民收入水平的不断提高，我国农民食品消费结构已经从以粗粮为主转变为以细粮为主，不断增加对副食品的消费量。当农民人均纯收入增加 1％时，农村居民对粮食和蔬菜的消费量将分别增加 0.07％和 0.2％，而对肉、蛋及食用油的消费量将分别增加 0.25％、0.38％和

0.19%（张明宏、方晓军等，2004）[53]。张喻梅、喻闻等（2012）运用二次型几乎理想需求系统 QUAIDS 方法对农村食物的消费支出弹性与需求价格弹性进行了估计，他们发现粮食、食用油和蛋类的消费支出弹性很小，受收入水平的影响很小；但是肉类、水产品和蔬菜的消费支出弹性为富有弹性，受收入水平的影响很大；从而农民的收入水平会直接影响到农民的饮食结构[29]。

而大量的研究表明农产品贸易开放会对农民的收入水平产生影响。在出口方面，郑云（2006）对不同农产品出口贸易对农业经济的影响进行分析，发现农产品出口是农业经济增长的主要原因，其中，劳动密集型农产品出口对我国农业经济具有明显的促进作用[16]。张凤芹（2009）[54]、肖黎（2012）[55]基于灰色关联度法，同样得出农产品出口贸易对农民收入增长贡献最大的结论。但是进口贸易对农民收入的影响则具有时段性（汪艳涛、王记志，2010）。[56]余新平、俞佳佳（2010）发现农产品贸易进口依存度与农民收入呈正相关，出口依存度与农民收入呈负相关[57]。此外，也有学者认为农产品贸易开放对促进农民增收的作用很有限，无论是农产品总出口还是加工农产品出口对农民收入的影响都不大（李德阳，2005）[13]。因此我们可以得出结论，农产品贸易开放会影响农民收入，进而影响农民食品消费水平。

12.2.2　农产品贸易开放通过价格机制影响农民食品消费

12.2.2.1　贸易开放通过农产品进出口贸易影响农民食品消费

根据贸易理论，通过进出口贸易将提高出口产品的国内价格，降低进口品的国内价格，从而农产品贸易会影响农产品的国内消费价格。凯尔·安德森、黄季焜等（Kym Anderson, Jikun Huang et al., 2004）的研究表明农产品贸易将使得我国土地密集型农产品的价格下降，使得劳动密集型农产品价格上升，符合比较优势理论[2]。而农产品价格的波动会影响国内食品的消费价格，这种大小因农产品的种类而不同。其中，粮食和肉类农产品的价格对食品价格的影响最大（谢卫卫，罗光强，2012[58]）。因而，农产品贸易开放会对食品的消费价格产生影响。黄季焜、宁胡李和斯格特·罗泽尔（Jikun Huang, NinhuiLi, and Scott Rozelle, 2003）使用 CAPSIM 模型模拟了中国加入 WTO 对农民福利的影响，结果表明加入 WTO 使中国农业生产者总价格指数下降1%，进而使得农民消费支出有所下降[59]。王军英、朱晶（2011）通过面板数据的计量分析表明，农产品贸易开放度的提升有助于降低农户的食品类消费支出，且低收入组食品类消费支出下降幅度要大于高收入组农户[60]。罗知、郭熙保（2010）对主要进口品的价格传递效应进行计量分析，得出结论认为进口食品价格对国内食品消费价格支出传递效应最显著，在滞后第 3 期显著为负。主要原因是在长期内，消费者会调整自身消费结构，用国内较便宜的商品替代进口品，从而导致国内食品消费价格指数的下降[36]。

12.2.2.2　农产品贸易开放通过国内外市场整合程度影响农民食品消费

根据加入 WTO 的承诺，我国已逐步对外开放农产品市场。目前，我国农产品进口平均关税税率只有 15%，还不到世界农产品平均关税税率的 25%。而这必然将农产品的国际与国内市场更加紧密地联系起来，从而农产品的国际价格变动会对本国农产品的价格产生影响。李敏、李谷成等（2012）基于 VAR 模型对国内外大豆价格整合进行研究，其结果表明大豆国际价格是国内价格变化的格兰杰原因，反之不成立[33]。谭晶荣、邓强等（2012）使用 Johansen 检验和格兰杰因果关系检验，分析国际大宗商品期货价格与我国农产品批发市场价格的关系，他们发现前者对后者具有显著的影响，而且随滞后期的加大，效果越显著[34]。可是，国际农产品价格对国内农产品价格影响的幅度究竟有多大？对此，王孝松、谢申祥（2012）对这一问题进行了考察与计量分析，他们得出结论认为食品价格指数的国际价格弹性约为 0.4，玉米、大米和大豆价格的国际弹性介于 0.2和 0.36 之间，而小麦的国际价格弹性大约只有 0.05[32]。国内外农产品市场的整合程度取决农产品贸易的开放程度，农产品贸易开放度越大，国内外农产品彼此之间的依赖关系越紧密，从而国内农产品的价格越易受到国际农产品价格波动的冲击，进而影响农民食品消费。

12.2.2.3　农产品贸易开放通过"大国效应"影响农民食品消费

"大国效应"，是一种将价格维持在边际成本之上的能力。在农产品方面的运用，可以追溯到 1994 年，莱斯特·布朗在《谁来养活中国人》一文中提出，随着我国对粮食进口量的攀升，我国必然在粮食进口方面具有"大国效应"。如果一国在进出口贸易方面具有大国效应，那么本国可以控制进出口产品的价格与进出口量，从而国际价格对本国国内价格的传导作用就很小。虽然我国是粮食净进口国，但是我国尚未显现出"大国效应"（李晓钟、张小蒂，2004）[61]。由于我国大豆的国内生产成本要高于大豆的进口价格，因而自 1996 年起，我国便是大豆的净进口国。2011 年，我国大豆进口量约占世界大豆进口量的 63%，但我国在大豆的价格制定上仍然没有话语权，是价格的接受者（马述忠、王军，2012）[62]。因而国内大豆价格易受到国际大豆价格波动的影响。所以，有无"大国效应"，会影响农产品的进出口价格，从而影响农民食品消费水平。

12.3　主要食品的国内农村与国际价格走势分析

从上一节的分析可知，农产品贸易开放可能会通过收入机制与价格机制影响我国农民食品消费。而后者是研究重点，即主要考察农产品贸易开放是否会对我国农村食品价格产生影响，进而对我国农村居民食品消费产生影响。而这首先需要考察在农产品贸易开放度不提高的大背景下，我国农村食品价格与国际食品价格的变动趋势是否呈现出一致性，从而得到初步的判断。

根据研究目的，本节选取了粮食、食用植物油、肉类、蛋类、蔬菜和水产品共六大类食品。农产品贸易开放度将采用第 11 章基于新方法测算的数据，上述六大类食品的农村消费价格指数数据来源于历年的《中国统计年鉴》。前五大类食品的国际价格根据 FAO 官方网站数据计算而得，国际水产品价格数据根据历年的《中国渔业年鉴》计算而得。由于 FAO 官方网站提供的相关数据只更新到 2011 年，同时鉴于我国农产品贸易开放度的变化情况，本节选取 1994～2011 年为分析区间。

粮食。自"入世"后，我国粮食国际贸易水平不断提高，尤其是粮食进口贸易水平。自 2003 年以来，我国便一直是粮食的净进口国。2011 年我国粮食进口占世界粮食进口贸易的 22.5%。但我国主要粮食产量基本能满足国内需求，进出口量波动不大，例如大米和小麦。因而粮食国际贸易水平的提高对我国粮价的影响有限，这也可以由图 12－6 可知。国际粮价在 1994～2010 年呈不断波动状态，尤其是 2006 年以后，国际粮价发生了剧烈的波动。但我国农村粮食消费价格并没有呈现出太大的波动，变动趋势较平缓。

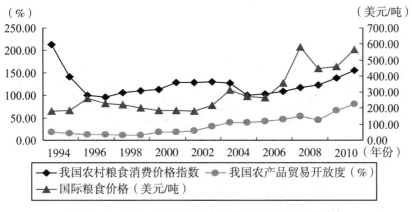

图 12－6　1994～2010 年粮食国内农村与国际价格走势

食用植物油。我国食用植物油消费量居世界第一，所以在现实生活中，我国食用植物油的进口要显著大于出口。2011 年，我国进口食用植物油 656.8 万吨，进口额 77.1 亿美元；而出口量和出口额分别只有 12.2 万吨和 2.1 亿美元。所以食用植物油贸易可能会对我国农村食用植物油的价格产生影响。图 12－7 表明"入世"后，随着我国农产品贸易开放度的不断扩大，我国农村食用植物油消费价格与国际食用植物油价格的变化步调呈现出高度的一致性。

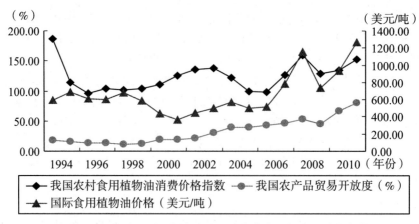

图 12 - 7　1994～2010 年食用植物油国内农村与国际价格走势

肉类。我国虽然是肉类生产大国，但并不是肉类贸易大国。2011 年我国肉类进出口贸易额只有 68.9 亿美元，占我国农产品进出口额的 4.63%。在此背景下，肉类的国内外价格之间的关系应该不紧密。但图 12 - 8 表明，我国农村肉类消费价格与国际肉类价格呈现出了高度的一致性。考虑到肉类价格可能会受到饲料粮价格的影响，所以农产品贸易开放是否对我国农村肉类价格有影响，有待进一步验证。

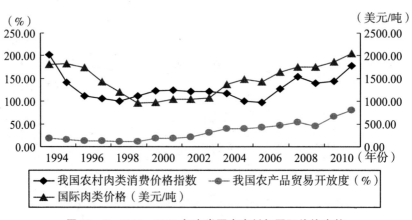

图 12 - 8　1994～2010 年肉类国内农村与国际价格走势

禽蛋。我国是禽蛋的净出口国，但我国农村与国际禽蛋价格并没有呈现出趋同性，只有在 2007 年之后，二者的变化趋势才基本一致。但二者在 1994～2011 年均呈不断波动的状态，而且波动幅度相似，它们之间是否存在关系有待我们进一步验证。见图 3 - 9。

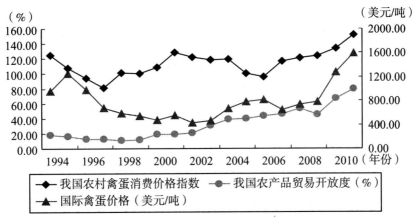

图 12 - 9　1994 ~ 2010 年禽蛋国内与国际农产品价格走势

蔬菜。我国是世界上蔬菜的生产和消费大国，而且蔬菜是平衡我国农产品贸易逆差的重要产品，是我国劳动密集型主要出口的农产品。在高度开放的背景下，蔬菜的国内外价格之间的联系应该是很紧密的。图 12 - 10 也表明，自 2004年开始，我国农村蔬菜消费价格指数与国际蔬菜价格的变动趋势基本一致，但国际蔬菜的价格波动幅度要大于我国农村蔬菜消费价格。

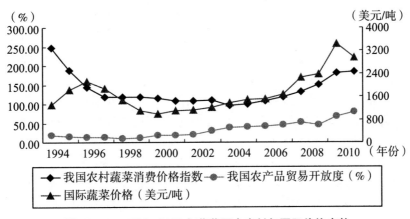

图 12 - 10　1994 ~ 2010 年蔬菜国内农村与国际价格走势

水产品。我国是世界上水产品生产第一大国，同时也是水产品出口第一大国。据农业部报道，2011 年我国水产品产量连续 23 年位居世界第一，水产品出口额连续 12 年占据我国农产品出口榜首位置，连续 10 年保持世界水产品出口第一大国的位置。说明自 2000 年开始，我国水产品贸易得到了飞速的发展，水产品国内外市场整合程度不断提高。与此同时，我国农村水产品消费价格与国际水产品价格无论是变化趋势还是变动幅度都呈现出高度的一致性。见图 12 - 11。

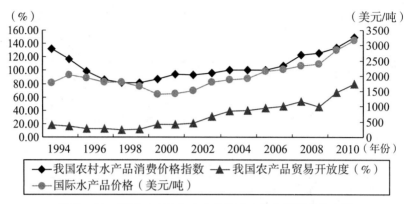

图 12 – 11　1994 ~ 2010 年水产品国内农村与国际价格走势

12.4　本 章 小 结

本章通过对我国农村居民食品消费、农产品贸易开放对我国农村食品消费影响的作用机制以及主要食品国内农村与国际价格的走势进行分析，得出以下几点结论：

12.4.1　我国农民食品消费现状

整体而言，我国农村居民食品支出水平不断提高，且占消费支出的比重呈不断下降趋势。主食消费量不断下降，副食品消费量逐渐增加。饮食结构趋于多元化，更加注重食品的质量、营养和健康。

从食品消费支出看，虽然我国农民食品消费支出不断增加，但占总支出的比重逐年下降。根据联合国的划分，目前我国农村居民已经进入了小康时代。我国东、中、西部地区农民食品支出比重也都呈现出不同程度的下降，2012 年我国东、中、西部地区农民食品支出比重分别降到 38.19%、39.25% 和 40.51%。

从食品消费量看，我国农村居民已经逐渐减少对粮食、蔬菜的消费量，增加对肉类、蛋类和水产品的消费，逐渐向吃好转变。但受经济发展水平的制约，我国西部地区农民仍以粮食为主，副食品消费量较少，饮食结构比较单一。而东部地区农民饮食质量较好，蛋白类食物消费量明显增加，主食消费量明显减少。

12.4.2　农产品贸易开放与农村食品消费的关系

第一，基于理论分析可知，农产品贸易开放可能会通过收入机制与价格机制对我国农村食品消费价格产生影响，从而影响我国农村居民的食品消费支出与消费结构。

第二，对主要食品的国内农村与国际价格走势进行分析，发现大部分食品的国内农村与国际价格都呈现出一种较为同步的走势。

第 13 章

农产品贸易开放对农民食品价格影响的实证分析

通过上一章的分析，发现大部分食品在我国农村与国际消费价格上都呈现出了一种较为同步的走势。这似乎暗示着农产品贸易开放度可能会对我国农村食品消费价格产生影响。因此，本章将基于面板数据对这二者之间的关系进行计量分析，以考察农产品贸易开放是否显著影响我国农村食品价格，以及具体的作用机制。

13.1　变量的选取和说明

13.1.1　食品价格（P，i=0，1，2，…，6）

食品价格采用农村居民食品消费价格指数，农村居民食品消费价格指数包括粮食、油脂、肉类、禽蛋、水产品、蔬菜、调味品、糖、茶及饮料、干鲜瓜果、糕点饼干、奶及奶制品等。本章主要选取粮食、油脂、肉类、禽蛋、水产品和蔬菜共6大类食品，用P_i表示，其中，i=0，1，2，…，6，分别表示食品价格总指数、粮食、油脂、肉类、禽蛋、水产品和蔬菜的价格指数。所有价格指数均换算成以1995年为基期的定基指数，分省的数据来源于历年的《中国农业年鉴》和《中国农村统计年鉴》。

13.1.2　农产品贸易开放度（open）

如第11章所述，外贸依存度法只包括农产品贸易开放度的部分信息，从而基于该方法测算的农产品贸易开放度并不能真实而准确地反映我国农产品贸易开放的程度。因此，本章将采用第11章基于新方法测算的我国农产品贸易开放度数据。

13.1.3 农产品生产成本

农产品的价格取决于农产品的生产成本，生产成本越高，农产品价格就越高。由于各大类农产品的生产成本数据很难直接获得，因此本章用农业生产资料价格指数和农业受灾面积来反映农业生产成本。

13.1.3.1 农业生产资料价格指数 (pc)

农业生产资料价格指数反映了一定时期内农业生产资料价格变动的趋势和程度，可以反映农产品生产成本的变动，是影响食品价格的重要因素。预期农业生产资料价格指数与食品价格指数呈正相关。将农业生产资料价格指数换算成以1995年为基期的定基指数，各省的农业生产资料价格指数来源于历年的《中国统计年鉴》。

13.1.3.2 农业受灾面积 (dis)

农业受灾面积是指遭受自然灾害袭击的农作物的亩数，包括水灾、火灾等。一种农作物的受灾面积越大，该种农作物将减产，进而影响其供给。当需求不变，供给下降，此种农作物的价格将上升，尤其对种植业的农产品影响较大。分省的农业受灾面积数据来源于历年的《中国统计年鉴》。

13.1.4 经济发展变量 (rgdp)

由于经济增长促进消费结构的升级，从而导致肉类等富含蛋白质的食品消费的增长（王孝松、谢申祥，2012）[32]。所以经济发展程度会影响人们对各类食品的需求，从而影响其价格。我们用人均 GDP 表示经济发展程度，并用各省的居民消费价格定基指数（以1995年基期）对人均 GDP 进行平减，以剔除价格因素的影响。原始数据包括各省的 GDP、人口数和居民消费价格指数，均来源于历年的《中国统计年鉴》。

13.1.5 货币供给 (M2)

王孝松、谢申祥（2012）指出货币的超量供给改变了货币与农产品的比例关系，产生了通货膨胀效应，因此货币供给是影响食品价格的另一个重要因素[32]。我们使用 M2 表示货币供给，其中 M2 = 流通中现金 + 单位活期存款 + 单位定期存款 + 个人存款和其他存款。数据来源于《中国统计年鉴》，用全国居民消费价格定基指数（以1995年基期）进行平减。

13.2 农产品贸易开放对农村居民食品价格的实证分析

由于面板数据可以克服时间序列和截面数据所不能克服的问题，还可以解决遗漏变量问题，能够提供更多的信息和更高的估计效率。因此，采用面板数据分析方法对农产品贸易开放与我国农村食品价格之间的关系进行实证分析。在收集数据的过程中，发现北京、天津、上海、西藏、重庆和海南的部分数据缺失，因而选取中国大陆除了北京、天津、上海、西藏、重庆和海南以外的 25 个城市，以 1995～2011 年为分析区间的面板数据。同时，为了消除时间序列的伪回归与减少截面数据的异方差，对所有的变量均取对数，基本模型构建如下：

$$Lnp_i = \alpha_0 + \beta_1 Lnpc_{it} + \beta_2 Lnopen_t + \beta_3 Lnrgdp_{it} + \beta_4 Lnm2_t + \beta_5 Lndis_{it} + \mu_{it}$$

公式（13-1）

其中，$i = 1, 2, \cdots, 25$；$t = 1995, 1996, \cdots, 2011$。

13.2.1 平稳性及协整检验

如果面板数据的时间跨度比较大，那么要对各变量的平稳性进行检验。由于时间长度为 17 年，因此在对模型估计前要检验各变量的平稳性及其协整关系，分析软件为 Eviews6.0。

13.2.1.1 面板单位根检验

面板数据单位根检验方法主要包括两类：同质面板单位根和异质面板单位根检验。同质面板单位检验方法包括 LLC 检验、Breitung 检验、hadri 检验；异质面板单位根检验方法包括 IPS、ADF - Fisher 和 PP - Fisher 检验方法，每种检验方法均有其优点与缺点。经验研究表明应使用多种方法对面板数据单位根进行检验，只要有一种方法没通过检验，说明原序列存在单位根，是非平稳序列。鉴于篇幅，主要报告 LLC、IPS、ADF - Fisher 和 PP - Fisher 单位根的检验结果，具体见表 13-1。

表 13-1 面板单位根检验

变量	LLC	IPS	ADF - Fisher	PP - Fisher	结论
Lnp	-11.4296 （0.0000）	-1.55565 （0.00599）	68.6728 （0.0409）	0.22018 （1.0000）	非平稳
D. Lnp	-15.7852 （0.0000）	-10.3357 （0.0000）	190.990 （0.0000）	390.899 （0.0000）	平稳

续表

变量	LLC	IPS	ADF – Fisher	PP – Fisher	结论
Lnp1	0. 89865 (0. 8156)	6. 81504 (1. 0000)	4. 68706 (1. 0000)	2. 41838 (1. 0000)	非平稳
d. Lnp1	– 17. 4263 (0. 0000)	– 10. 983 (0. 0000)	189. 968 (0. 0000)	239. 718 (0. 0000)	平稳
Lnp2	– 5. 82321 (0. 0000)	2. 02588 (0. 9786)	19. 13 (1. 0000)	17. 3789 (1. 0000)	非平稳
d. Lnp2	– 15. 8207 (0. 0000)	– 9. 52042 (0. 0000)	177. 544 (0. 0000)	268. 571 (0. 0000)	平稳
Lnp3	– 9. 64533 (0. 0000)	– 0. 63451 (0. 2629)	47. 4919 (0. 5746)	1. 24693 (1. 0000)	非平稳
d. Lnp3	– 26. 1458 (0. 0000)	– 18. 4848 (0. 0000)	324. 425 (0. 0000)	253. 22 (0. 0000)	平稳
Lnp4	– 21. 8026 (0. 0000)	– 7. 95677 (0. 0000)	170. 005 (0. 0000)	1. 83119 (1. 0000)	非平稳
d. Lnp4	– 15. 2207 (0. 0000)	– 11. 3310 (0. 0000)	210. 222 (0. 0000)	422. 945 (0. 0000)	平稳
Lnp5	– 1. 57338 (0. 0578)	4. 87821 (1. 0000)	13. 756 (1. 0000)	0. 84987 (0. 0000)	非平稳
d. Lnp5	– 19. 2988 (0. 0000)	– 13. 8317 (0. 0000)	230. 169 (0. 0000)	362. 964 (0. 0000)	平稳
Lnp6	6. 27968 (1. 0000)	7. 45734 (1. 0000)	11. 9727 (1. 0000)	19. 7389 (1. 0000)	非平稳
d. Lnp6	– 14. 6096 (0. 0000)	– 15. 3346 (0. 0000)	262. 971 (0. 0000)	418. 593 (0. 0000)	平稳
Lnpc	– 8. 72378 (0. 0000)	– 1. 13436 (0. 1283)	56. 7764 (0. 2372)	2. 94084 (1. 0000)	非平稳
d. Lnpc	– 13. 5686 (0. 0000)	– 9. 36768 (0. 0000)	173. 03 (0. 0000)	349. 234 (0. 0000)	平稳
Lnopen	5. 80409 (1. 0000)	9. 54144 (1. 0000)	1. 49926 (1. 0000)	1. 54845 (1. 0000)	非平稳
d. Lnopen	– 7. 95501 (0. 0000)	– 5. 69807 (0. 0000)	113. 707 (0. 0000)	347. 652 (0. 0000)	平稳

续表

变量	LLC	IPS	ADF – Fisher	PP – Fisher	结论
Lndis	– 7. 14349 (0. 0000)	– 7. 01308 (0. 0000)	154. 054 (0. 0000)	222. 414 (0. 0000)	平稳
Lnrgdp	– 4. 62497 (0. 0000)	– 1. 21079 (0. 113)	71. 6897 (0. 0238)	56. 9588 (0. 2321)	非平稳
d. Lnrgdp	– 8. 09029 (0. 0000)	– 5. 16546 (0. 0000)	108. 15 (0. 0000)	125. 455 (0. 0000)	平稳
Lnm2	– 1. 0335 (0. 1507)	– 6. 84692 (1. 0000)	4. 22655 (1. 0000)	5. 7845 (1. 0000)	非平稳
d. Lnm2	– 17. 1221 (0. 0000)	– 12. 2093 (0. 0000)	231. 087 (0. 0000)	503. 558 (0. 0000)	平稳

注：括号内数值表示 p 值，原假设 H0：存在单位根。

表 13 – 1 报告了各变量单位根的检验结果，结果表明除了 lndis 原序列是平稳的，其他变量的对数数列均为一阶单整。经验研究表明，当存在多个变量时，有些变量是平稳的，有些变量是非平稳的，或其单整阶数不同。此时仍可以对它们进行协整检验。如果通过检验，说明这些变量之间是可协整的，它们之间存在长期稳定的关系。因此，接下来对这些变量进行协整检验。

13. 2. 1. 2　面板协整检验

Eviews6. 0 提供的面板数据协整检验方法有两种，一是由 EG（Engle – Granger）两步法推广而成的面板数据协整检验方法，包括 Pedroni 协整检验法和 Kao 协整检验法；二是由 Johansen 迹统计量推广而成的 Fisher 协整检验方法。由于的变量较多，样本不满足 Fisher 协整检验方法所要求的观测。因此，采用 Pedroni 和 Kao 协整检验方法，其中，Pedroni 协整检验方法共提供 7 个统计量。据 Pedroni 分析，当 N < 30 时，Group rho 的拒绝度在所有统计量中最低，而 Group ADF 的拒绝度在所有统计量中最高。即在这 7 个统计量中，这两个统计量会比其他 5 个统计量表现得更加稳定。所以，只要 Group rho 和 Group ADF 这两个统计量都通过了检验，就可以认为这些时间序列之间存在协整关系。由于 N 等于 17，小于 30，因此对于 Pedroni 协整检验结果，我们只报告 Group rho 和 Group ADF 这两个统计量的检验结果。

表 13 – 2 表明所有方程均通过 Kao 和 Pedroni 协整检验，这两个统计量的 p 值均远远小于 0. 05，即都拒绝原假设。表明每个方程中的各个变量之间存在可协整的关系，它们之间存在长期的稳定关系，因此可以直接对原方程进行回归。

表 13 - 2   面板协整检验

	模型（1）食品	模型（2）粮食	模型（3）油脂类	模型（4）肉类	模型（5）禽蛋	模型（6）水产品	模型（7）蔬菜
Kao 检验	-5.477 (0.0000)	-7.9587 (0.0000)	-2.9845 (0.0014)	-4.3574 (0.0000)	-3.2428 (0.0000)	-3.7972 (0.0001)	-2.406 (0.0081)
Pedroni* - group rho	8.4358 (0.0000)	7.0009 (0.0000)	7.9124 (0.0000)	7.5283 (0.0000)	4.7546 (0.0000)	7.5309 (0.0000)	6.2321 (0.0000)
Pedroni* - group ADF	7.6140 (0.0000)	-7.7072 (0.0000)	-15.4327 (0.0000)	-5.9250 (0.0000)	-14.3803 (0.0000)	-6.8296 (0.0000)	-9.6261 (0.0000)

注：括号内的数值为 p 值，原假设 H0：不存在协整关系。

13.2.2 面板模型的选择

在对模型估计前，首先需要选择合适的面板模型。面板数据模型通常分为三种形式：一是混合回归；二是个体固定效应模型；三是个体随机效应模型。判断究竟应使用哪种模型，通常分为三个步骤。首先，判断应该建立混合模型还是个体固定效应模型。该步骤可以通过 F 检验来识别，其原假设与备则假设分别为 H0：模型中不同个体的截距相同；H1：模型中不同个体的截距不同。如果拒绝原假设，说明不应使用混合回归，固定效应模型要优于混合回归。如表 13 - 3 所示，F 检验表明所有方程的 p 值均为 0.0000，强烈拒绝原假设，即拒绝应建立混合回归的假设。所以，这 7 个方程都应选择固定效应模型。

表 13 - 3   固定效应模型 VS 混合回归

	F 值	P 值	结论
食品价格方程（1）	24.94	0.0000	固定效应模型
粮食价格方程（2）	12.42	0.0000	固定效应模型
油脂价格方程（3）	18.38	0.0000	固定效应模型
肉类价格方程（4）	27.26	0.0000	固定效应模型
禽蛋价格方程（5）	28.23	0.0000	固定效应模型
水产品价格方程（6）	28.26	0.0000	固定效应模型
蔬菜价格方程（7）	22.79	0.0000	固定效应模型

其次，判断究竟应选择混合回归还是随机效应模型。布雷瓦尔和蒲甘（Breusch and Pagan，1980）提供了一个检验个体随机效应的 LM 检验，其原假设为 H0：$\sigma_{it}^2 = 0$，备则假设为 H1：$\sigma_{it}^2 \neq 0$。如果拒绝 H0，说明不应该使用混合回

归，随机效应模型优于混合回归；反之混合回归模型由于随机效应模型。LM 检验结果表明所有方程都拒绝原假设，即随机效应模型要优于混合回归，具体见表 13 - 4。

表 13 - 4　　　　　　　　　　随机效应模型 VS 混合回归

	Chibar2（01）	P 值	结论
食品价格方程（1）	793.63	0.0000	随机效应模型
粮食价格方程（2）	426.11	0.0000	随机效应模型
油脂价格方程（3）	548.24	0.0000	随机效应模型
肉类价格方程（4）	817.99	0.0000	随机效应模型
禽蛋价格方程（5）	779.83	0.0000	随机效应模型
水产品价格方程（6）	1009.72	0.0000	随机效应模型
蔬菜价格方程（7）	905.72	0.0000	随机效应模型

　　最后，我们应判别固定效应和随机效应哪种模型更优，该检验可以通过 Hausman 检验完成。Hausman 检验的原假设 H0：u_i 与 x_{it}，Z_i 不相关，即随机效应；备则假设 H1：固定效应。如果拒绝原假设，则应建立个体固定效应模型。Hausman 检验结果（见表 13 - 5）显示，除了方程（7）以外，所有方程的 p 值均为 0.0000，强烈拒绝原假设，即应选择固定效应模型。由于 Hausman 检验假定，在 H0 成立的情况下，随机效应是最有效率的，即 u_i 与 ε_{it} 都必须是独立同分布的。但是这个条件在现实生活中往往不能被满足，而且放宽条件，方程（7）在 10% 的显著性水平下通过检验，即在 10% 的水平下拒绝选择随机效应模型的假设。因而对于方程（7），仍然选择使用固定效应模型。

表 13 - 5　　　　　　　　　　固定效应 VS 随机效应

	chi2	P 值	结论
食品价格方程（1）	42.87	0.0000	固定效应模型
粮食价格方程（2）	217.41	0.0000	固定效应模型
油脂价格方程（3）	61.75	0.0000	固定效应模型
肉类价格方程（4）	50.24	0.0000	固定效应模型
禽蛋价格方程（5）	77.86	0.0000	固定效应模型
水产品价格方程（6）	14.22	0.0000	固定效应模型
蔬菜价格方程（7）	8.85	0.0649	随机效应模型

13.2.3　面板模型估计结果及分析

13.2.3.1　面板数据内生性问题

在回归方程中，农业生产资料价格指数 LNPC、农产品贸易开放度 Lnopen、经济发展程度 Lnrgdp、货币供给 Lnm2 与自然灾害 Lndis 与被解释变量之间很可能存在双向因果关系，从而出现内生性问题。此时 OLS 估计结果是有偏的、非一致的。因此，需要对方程中存在的内生性问题进行处理。通常，解决内生性问题最好的方法是工具变量法。将解释变量的滞后项作为工具变量。但我们对所有方程均进行过度识别检验，发现所有的 Sargan – Hansen 统计量均拒绝原假设，即工具变量不都是外生的，因此不得不放弃使用工具变量法。鉴于农业生产资料价格指数 LNPC、农产品贸易开放度 Lnopen、经济发展程度 Lnrgdp、货币供给 Lnm2 与自然灾害 Lndis 对国内农村食品消费价格的影响可能存在一定的滞后性，因此我们参考罗知、郭熙保（2010）处理内生性问题的方法。即将所有解释变量的滞后一期项而不是当期项作为回归变量，这样可以有效地减少模型中因双向因果关系引起的内生性问题。回归方程则变为：

$$Lnp_i = \alpha_0 + \beta_1 Lnpc_{it-1} + \beta_2 Lnopen_{t-1} + \beta_3 Lnrgdp_{it-1} + \beta_4 Lnm2_{t-1} + \beta_5 Lndis_{it-1} + \mu_{it}$$

公式（13 – 2）

13.2.3.2　面板数据回归结果

通过对食品、粮食、油脂、肉类、禽蛋、水产品和蔬菜消费价格面板数据回归结果的比较分析，我们可以得出以下三点结论：首先，所有回归方程的大部分参数都通过检验，说明各方程的估计效果很好。其次，我国农产品贸易开放度对各类食品消费价格的影响都很显著。其中，农产品贸易开放度对国内农村禽蛋的消费价格影响最大，对国内农村粮食的消费价格影响最小。最后，我国农产品贸易开放度的提升，使得农村总体食品、粮食、油脂、肉类、禽蛋和水产品的消费价格上升，但有助于降低农村蔬菜的消费价格。

食品价格总指数回归结果表明，我国农产品贸易开放度滞后一期每提升1%，国内农村食品当期价格总指数大约提高 0.1%。大约自 2000 年开始，我国农村食品价格指数与国际食品价格指数变化趋势及变动幅度出现了一致性。尤其是自 2006 年开始，我国农村食品价格指数与国际食品价格指数呈现出了高度的一致性，且二者之间的差距越来越小。在 2006 ~ 2011 年，国际食品价格呈现出剧烈波动且迅速上涨的态势。与此同时，我国农产品贸易开放度也不断扩大，从2006 年的 46.29% 增加到 2011 年的 80.28%。由此可以说明，国际食品价格波动可能通过我国农产品贸易开放度对国内农村食品价格产生影响。此外，回归结果还表明我国农村食品价格总指数主要受农业生产资料价格和人均 GDP 的影响。农业生产资料价格滞后一期每提高1%，我国农村食品当期价格将上升0.7689%；人均GDP滞后一期每增加1%，我国农村食品消费当期价格将上升0.1332%。接下来我们将对各大类主要食品的回归结果进行具体分析（见表13-6、图13-1）：

表13-6　　　　　　　　　　　　模型估计结果

	模型（1）食品	模型（2）粮食	模型（3）油脂	模型（4）肉类	模型（5）禽蛋	模型（6）水产品	模型（7）蔬菜
L1. Lnpc	0.7689* (0.0425)	0.1917* (0.0569)	0.8523* (0.0715)	0.3682* (0.0839)	0.8855* (0.0605)	0.2962* (0.0598)	0.3232* (0.061)
L1. Lnopen	0.0987* (0.0094)	0.0364*** (0.0211)	0.1742* (0.0169)	0.0774** (0.0359)	0.3077* (0.0177)	0.0495** (0.0224)	-0.2146* (0.0231)
L1. Lnrgdp	0.1332* (0.0466)	0.0266 (0.0644)	0.1142 (0.08560)	0.368* (0.0894)	0.1341 (0.090)	0.0749 (0.0673)	0.1271*** (0.0685)
L1. Lnm2	-0.0748* (0.0262)	0.4034* (0.0501)	-0.1847* (0.0472)	0.0079 (0.0684)	-0.347* (0.0618)	0.1558* (0.0521)	0.5257* (0.0529)
L1. Lndis1	0.0072 (0.0072)	0.0104 (0.0063)	0.0366* (0.011)	0.0217** (0.0111)	-0.0121 (0.0128)	0.0116*** (0.0067)	-0.0228 (0.0069)
常数	0.447* (0.1254)	-1.7095* (0.0905)	0.8571* (0.225)	-0.8219* (0.2012)	2.4296* (0.2026)	0.38* (0.0985)	-3.1967* (0.103)
R^2	0.9078	0.7327	0.6632	0.7373	0.7147	0.5776	0.7670
观测值个数	400	375	400	375	400	375	375

注：括号内为稳健标准差，*，**，***分别表示在1%，5%，10%水平上显著。

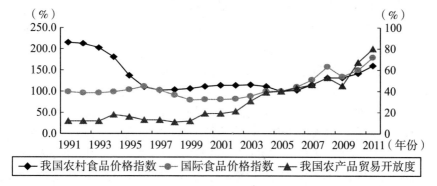

图13-1　中国农村和国际食品价格以及中国农产品贸易开放度走势

首先，观察粮食价格效应模型。农产品贸易开放度（L1. Lnopen）的估计系数为 0.0364，表明农产品贸易开放度滞后一期每提升 1%，国内农村粮食当期价格将上涨 0.0364%。从 2003 年开始，我国一直是粮食的净进口国。目前除了大米，我国玉米、小麦和大豆均为贸易逆差。由于我国大豆平均生产成本大于大豆进口价格（马述忠、王军，2012）[62]，加之我国是大豆的净进口大国。因此，大豆大量的进口有助于降低国内大豆的消费价格。虽然自 2010 年开始，我国由玉米净出口国转变为玉米净进口国。但是我国玉米的平均贸易条件只有 0.75，说明我国玉米进口平均价格要高于我国玉米出口平均价格。一方面，出口玉米导致国内同种玉米消费价格的上涨；另一方面，进口玉米价格要高于国内普通玉米价格。因而玉米的进出口贸易推动了国内玉米价格的上涨。由表 13 - 7 可知，我国大米的平均贸易条件只有 0.83，因而大米国际贸易只会推动国内大米消费价格的上涨。我国虽然是小麦净进口国，但是小麦的平均贸易条件为 0.88，即我国小麦的进口并没有起到降低国内小麦价格的作用。

综上所述，虽然通过进口大量的大豆有助于降低国内大豆的消费价格，但大米、玉米、小麦的国际贸易将使得国内同类产品消费价格的上涨。而粮食仍是我国农村居民消费的主要食品，所以农产品贸易开放度的提高可能会使得我国农村粮食价格上涨。此外回归结果还表明，农业生产资料价格波动和货币政策对我国农村粮食价格的影响较大，而且显著为正。

其次，观察肉类、禽蛋、水产品的价格效应方程。农产品贸易开放度滞后一期（L1. Lnopen）的估计系数分别为 0.0774%、0.3077% 和 0.0495%，表明我国农产品贸易开放度滞后一期每提高 1%，农村肉类、禽蛋和水产品的当期消费价格将分别上涨 0.0744%、0.3077% 和 0.0495%。由此可知，农产品贸易开放度对禽蛋价格的影响最大，对水产品价格的影响最小。第一，我国禽蛋的平均贸易条件只有 0.21，意味着我国禽蛋的进口平均价格是我国禽蛋出口平均价格的 5 倍。这可能是因为我们出口的多为普通的禽蛋，而进口的是优质禽蛋，因此进口价格比较贵。由于我国进口的禽蛋比较贵，那么农村居民将倾向于消费国内较便宜的禽蛋，对国内禽蛋的需求增加，导致国内禽蛋价格的上涨。第二，我国是水产品出口第一大国，且贸易条件均大于 2。在这样的背景下，农产品贸易开放度的提高就很有可能会促进我国农村水产品价格的上涨。但我国农村居民对水产品的消费量仍比较少，所以这个数值相对比较小。第三，我国肉类平均贸易条件大于 1，加之受玉米价格的影响。我国农产品贸易开放度的提升也有可能会提高我国农村肉类的消费价格。同时，我国农业生产资料价格对我国农村肉类、禽蛋和水产品的影响最大，其次为人均 GDP。

再次，观察油脂类价格效应方程。回归结果表明农产品贸易开放度滞后一期每提高 1%，国内农村油脂类当期价格将上涨 0.1742%。我国油脂类产品的平均贸易条件大于 2（见表 13 - 7），即油脂类产品的出口平均价格约是油脂类产品进口平均价格的 2.2 倍。但整体而言，农产品贸易开放度的提升会提高我国农村油脂类食品的价格。

表 13-7　　　　　　　　　我国食品的贸易条件（P_x/P_y）

年份	大米	玉米	小麦	大豆	蔬菜	油脂	禽蛋	肉类	水产品
2001	0.48	0.79	0.59	1.54	0.70	2.30	0.27	1.31	2.64
2002	0.57	0.39	0.60	1.27	0.97	2.04	0.25	1.23	2.47
2003	0.51	0.34	0.66	1.25	0.83	2.28	0.25	1.21	2.45
2004	0.79	0.40	0.63	1.26	0.80	2.30	0.00	1.28	2.65
2005	0.90	0.37	0.65	1.46	0.75	2.29	0.29	1.24	2.73
2006	0.84	0.73	0.78	1.45	0.93	1.96	0.14	1.27	2.40
2007	0.79	0.93	0.83	1.16	0.81	1.97	0.22	1.21	2.33
2008	0.81	1.15	1.05	1.30	0.90	1.74	0.12	1.23	2.57
2009	1.13	1.00	1.18	1.55	1.39	2.54	0.11	1.22	2.59
2010	1.00	1.12	0.66	1.58	2.71	2.56	0.21	1.09	2.42
2011	1.30	1.04	1.31	1.37	3.27	2.24	0.39	1.04	2.41
平均值	0.83	0.75	0.81	1.38	1.28	2.20	0.21	1.21	2.52

资料来源：除了水产品是根据历年《渔业统计年鉴》计算而得，其他数据均根据 FAO 官方网站计算而得。

最后，观察蔬菜价格效应方程。农产品贸易开放度滞后一期的估计系数为 -0.2146%，表明农产品贸易开放度滞后一期每提高 1%，国内农村蔬菜当期价格将下降 0.2146%。蔬菜是我国主要出口的劳动密集型农产品，2011 年我国蔬菜农产品出口与进口额分别为 93.22 亿美元和 3.56 亿美元，净出口额达到 89.66 亿美元。虽然我国蔬菜平均贸易条件为 1.28，但大多数年份的贸易条件均小于 1。这些似乎都与估计结果相矛盾。这可能是因为我国农村蔬菜的产量基本能满足自身需求。2011 年，我国农村居民平均每人在满足自身需求时，仍可对外提供 174.52kg 的蔬菜。此外，回归结果还表明货币对农村居民的蔬菜消费价格影响最大，其次是农业生产资料价格与人均 GDP 的规模。

13.3　本章小结

本章通过建立面板数据模型，实证检验了农产品贸易开放度对国内农村食品、粮食、油脂、肉类、禽蛋、水产品和蔬菜消费价格的影响。实证结果表明，农产品贸易开放度的提升会提高国内农村整体食品的价格，但效应很小，约为 0.1%。具体分类看，农产品贸易开放度滞后一期每提升 1%，农村粮食、油脂类、肉类、禽蛋和水产品的当期消费价格将分别上涨 0.0364%、0.1742%、0.0774%、0.3077% 和 0.0495%，而农村蔬菜消费价格将下降 0.2146%。

第 14 章

食品价格变化对我国农村居民
食品消费影响的分析

第13章实证检验了农产品贸易开放度对我国农村食品价格的影响，本章则具体计算因农产品贸易开放度变化带来的食品价格变化对农民食品消费支出和消费量的影响。

14.1　食品价格变化对农户食品消费支出的影响

根据我们的研究目的，首先假定农村居民食品消费结构不变。由于食品消费支出 $C_i = P_i \times Q_i$，其中，C_i 表示第 i 种食品的消费支出，P_i 表示价格，Q_i 表示第 i 种食品消费的数量。则当消费结构不变时，消费价格变化引起消费支出的变化率就等于：

$$\frac{\Delta C_i}{C_i} = \frac{Q_i}{\sum\limits_{i=1}^{6} Q_i} \times \frac{\Delta cpi_i}{cpi_i} \qquad 公式（14-1）$$

由于没有食品的总消费量数据，而农民消费的主要食品包括粮食、油脂类、肉类、禽蛋、水产品和蔬菜，因此我们用这几类食品的消费量近似替代食品消费量。根据前文的估计结果，我们可以计算出农产品贸易开放度的提升对我国农村居民食品消费支出的影响，计算结果见表14-1。

表 14-1　　"入世"前后农产品贸易开放度提升对农户消费支出的影响　　单位：%

年份	2001	2003	2006	2008	2010	2011
粮食	1.3414	0.2377	0.0560	0.1521	-0.3207	1.0372
油脂类	0.1816	0.0362	0.0077	0.0217	-0.0507	0.1726
肉类	0.1999	0.0380	0.0118	0.0304	-0.0706	0.2431
禽蛋	0.2257	0.0396	0.0107	0.0304	-0.0762	0.2474
水产品	0.0286	0.0060	0.0018	0.0056	-0.0121	0.0400

续表

年份	2001	2003	2006	2008	2010	2011
蔬菜	-3.5496	-0.6550	-0.1617	-0.4449	0.9835	-3.1438
农产品贸易开放度变化率	58.33	10.53	2.56	6.98%	-15.09	48.89

注：我们仅报告 2001 年、2003 年、2006 年、2008 年、2010 年和 2011 年的农民食品消费支出情况，计算过程则分别采用 2000 年、2002 年、2005 年、2007 年、2009 年和 2010 年的消费结构为初始结构。

由表 14-1 可知，由于 2000 年我国农产品贸易开放度提高了 58.33%，使得 2001 年我国农村居民各大类的食品消费支出上升，但降低了对蔬菜的消费支出。具体分析，2000 年农产品贸易开放度的提升使得 2001 年农村粮食、油脂类、肉类、禽蛋和水产品的消费价格分别上涨 2.12%、10.16%、4.51%、17.95% 和 2.89%，蔬菜消费价格下降 12.52%。在维持 2000 年的消费结构不变时，我国农村居民对粮食、油脂类、肉类、禽蛋和水产品的消费支出将分别上涨约 1.34%、0.18%、0.2%、0.23% 和 0.03%，蔬菜的消费支出则下降约 3.55%。由于 2000 年我国农村居民对粮食和蔬菜的消费量分别占食品总消费量的 63.18% 和 28.36%，所以我国农产品贸易开放度的提升对农村居民粮食和蔬菜的消费支出影响最大，其次为禽蛋、肉类、油脂类和水产品。

通过对 2001 年和 2011 年的计算结果对比分析可知，虽然 2010 年我国农产品贸易开放度上升的幅度小于 2000 年，但由于 2010 年我国农村居民对粮食的消费比例从 2000 年的 63.18% 下降到 58.28%，对肉类、禽蛋和水产品的消费比例则分别从 2000 年的 4.43%、1.26% 和 0.99% 增加到 6.97%、1.8% 和 1.79%。因此，相较于 2001 年，2011 年农村居民增加了对肉类、禽蛋和水产品的消费支出，减少了对粮食的消费支出。此外，2009 年农产品贸易开放度下降 15.09%，降低了 2010 年农村居民对粮食、油脂类、肉类、禽蛋和水产品的消费支出，增加了对蔬菜的消费支出。

总体而言，在维持消费结构不变的大前提下，贸易开放度的提升使得农村居民增加对粮食、油脂类、肉类、禽蛋和水产品的消费支出，降低对蔬菜的消费支出。这种大小由基准的消费结构和农产品贸易开放度的价格效应值共同决定。

14.2　食品价格变化对农民食品消费结构的影响

14.2.1　主要食品需求价格弹性的估计

要计算食品价格变化对农民食品消费结构的影响，首先要估计出食品的需求价格弹性。食物需求价格弹性表示在一定时期内食物的需求量变动对于自身价格变动的反映程度，即 $\eta_i = -\Delta Q_i \times P_i / \Delta P_i \times Q_i$。一般的，估计食物需求价格弹性的方法可以分为两类：一是单方程方法，例如 Working - Leaser 模型；二是系统方程估计方法，包括扩展性线性支出系统模型（张明宏、方晓军等，2004）[53] 和几乎理想需求系统模型（徐洪水，2011）[63] 以及由此发展而来的二次型几乎理想需求系统模型（张玉梅、喻闻，2012）[29]。由于各食品价格之间可能存在相互影响，因而系统方程方法被广泛应用于实证研究中。但 AIDS 模型中价格指数的估计是非线性的，因而在实际研究中常用 LA/AIDS （AIDS Liner Approximation）模型来进行实证分析，而且有研究显示 LA/AIDS 模型和 AIDS 模型具有较好的一致性（刘华、钟甫宁，2009）[64]。鉴于数据可得性等问题，我们将采用刘华、钟甫宁的两阶段模型（LA/AIDS）方法，并基于 1995 ~ 2011 年，我国共 25 个城市的面板数据模型对我国农村居民主要食品需求的价格弹性进行估计。

LA/AIDS 系统第一阶段的模型设定如下：

$$\ln x = \alpha_0 + \alpha_1 \ln X + \beta \ln P + \varepsilon \qquad \text{公式（14 - 2）}$$

其中，x 表示食品消费总支出，X 表示收入水平，P 表示食物类的 Laspeyres 价格指数，具体表达式为 $LN(P^L) = \sum \omega_i \ln p_i$，$\omega_i$ 表示 i 类食品的消费支出占食品总支出的比重，p_i 表示食品 i 的价格。该步骤主要用于计算食品需求的收入弹性，因此我们将不报告该步骤的回归结果。

第二阶段，运用 LA/AIDS 模型对各类食品作系统回归，具体模型设定如下：

$$\omega_i = \alpha_{i0} + \beta_i \left[\ln(x) - \sum_j \overline{\omega}_j \ln(p_j) \right] + \sum_j \gamma_{ij} \ln(p_j) + \mu_i$$

$$\text{公式（14 - 3）}$$

其中，$\overline{\omega}$ 表示各类食品比重的平均值，p_j 表示 i 类食品的消费价格，其他的同第一阶段。对此，非补偿性需求价格弹性的计算公式为：

$$e_{ij} = -\delta_{ij} + (\gamma_{ij}/\overline{\omega}_i) - (\beta_i/\overline{\omega}_i)\overline{\omega}_j，当 i = j 时，\delta_{ij} = 1；当 i \neq j 时，\delta_{ij} = 0。$$

$$\text{公式（14 - 4）}$$

农村居民食品需求回归结果见表 14 - 2。

表 14 - 2　　　　　　　　　　农村居民食品需求回归结果

	α_{i0}	β_i	γ_{i1}	γ_{i2}	γ_{i3}	γ_{i4}	γ_{i5}	γ_{i6}
粮食	0.57* (0.14)	-0.11* (0.008)	0.16* (0.03)					
油脂	-0.01 (0.014)	0.0022* (0.0008)	-0.016* (0.003)	0.019* (0.003)				
肉类	-0.15* (0.045)	0.025* (0.0025)	-0.044* (0.011)	-0.006 (0.011)	0.061* (0.013)			

续表

	α_{i0}	β_i	γ_{i1}	γ_{i2}	γ_{i3}	γ_{i4}	γ_{i5}	γ_{i6}
禽蛋	-0.025 (0.018)	0.005* (0.001)	-0.0118** (0.005)	0.0013 (0.004)	0 (0.005)	0.011* (0.004)		
水产品	-0.039 (0.024)	0.023* (0.0011)	-0.002 (0.006)	0.0057 (0.005)	-0.006 (0.007)	-0.0045 (0.0053)	-0.012*** (0.008)	
蔬菜	0.56* (0.15)	0.059* (0.008)	-0.12* (0.03)	-0.012 (0.013)	-0.059* (0.018)	-0.006 (0.013)	0.022 (0.02)	0.038* (0.009)

注：括号内为标准差，＊、＊＊、＊＊＊分别表示在1%、5%、10%水平上显著。

　　根据我们的研究目的，我们主要关注食品需求的自价格弹性，暂不考虑交叉价格弹性，计算结果见表14-3。由表14-3可知，农村居民对粮食的需求自价格弹性最小。当粮食价格上涨1%时，农村居民对粮食的需求量仅减少0.09%，即农村居民对粮食的消费几乎不受其价格波动的影响。说明粮食仍是农民生活中的必需品，为缺乏弹性。农村居民对水产品的需求自价格弹性最大，当水产品价格上涨1%时，农村居民对水产品的需求量将减少1.1%，即富有弹性。农村居民对油脂类、肉类、禽蛋和蔬菜的需求自价格弹性分别为-0.89、-0.66、-0.94和-0.83。当油脂类、肉类、禽蛋和蔬菜的价格上涨1%时，农村居民对它们的消费量则分别减少0.89%、0.66%、0.94%和0.83%。

表14-3　　　　"入世"前后农产品贸易开放度对农民食品消费量的影响　　　　单位：%

	粮食	油脂类	肉类	禽蛋	水产品	蔬菜	农产品贸易开放度变化率
自价格弹性	-0.09	-0.89	-0.66	-0.94	-1.1	-0.83	—
2001年	-0.19	-9.04	-2.98	-16.87	-3.18	10.39	58.33
2003年	-0.03	-1.63	-0.54	-3.05	-0.57	1.88	10.53
2006年	-0.01	-0.40	-0.13	-0.74	-0.14	0.46	2.56
2008年	-0.02	-1.08	-0.36	-2.02	-0.38	1.24	6.98
2010年	0.05	2.34	0.77	4.36	0.82	-2.69	-15.09
2011年	-0.16	-7.58	-2.50	-14.14	-2.66	8.71	48.89

14.2.2　食品价格变化对农民食品消费量的影响

　　根据第4章与上一节的估计结果，我们可以计算出农产品贸易开放度的提升对各类食品消费量的影响。总体而言，农产品贸易开放度的提升使得农村居民减少对粮食、油脂类、肉类、禽蛋和水产品的消费量，增加对蔬菜的消费量（见表14-3）。同样以2001年为例，2000年我国农产品贸易开放度提升了58.33%，使得2001年农村粮食、油脂类、肉类、禽蛋和水产品的消费价格分别上涨2.12%、10.16%、4.51%、17.95%和2.89%，蔬菜消费价格下降12.52%。由于自价格弹性的作用，我国农村居民对粮食、油脂、肉类、禽蛋和水产品的消费量将分别减少0.19%、9.04%、2.98%、16.87%和3.18%，对蔬菜的消费量将增加10.39%。说明，农产品贸易开放度的提升对农村居民禽蛋、油脂类和蔬菜的消费需求影响最大，均超过9%；对粮食、肉类和水产品的消费量影响较小，尤其是粮食。农产品贸易开放度对农村居民粮食消费量的影响很小，主要是因为农村居民的粮食需求自价格弹性很小（-0.09），即农村居民对粮食的需求几乎不受其价格变动的影响。而农产品贸易开放度对后两者的效应小，主要原因是农产品贸易开放度对它们二者的价格的系数相对较小，分别为0.0774%和0.0495%。因而，当农产品贸易开放度提升58.33%时，我国农村肉类和水产品的消费价格也只变动了4.51%和2.89%，远远小于禽蛋（17.95%）、油脂类（10.16%）和蔬菜（12.52%）。

通过对2001年、2003年、2006年、2008年和2011年的计算结果进行对比分析，发现我国农产品贸易开放度增长越缓慢，农产品贸易开放度对我国农村居民的各类食品消费量的影响就越小。此外，降低我国农产品贸易开放度，可以增加农村居民对粮食、油脂类、肉类、禽蛋和水产品的消费量，减少对蔬菜的消费量。因此，可以通过控制我国农产品贸易的开放度来影响农村居民的消费结构，促使农村居民的饮食结构趋于合理化。

14.3 本章小结

本章根据第13章的实证结果，分别测算了农产品贸易开放度对我国农村居民食品消费支出和食品消费量的影响，并得出了以下几点结论：

第一，整体而言，我国农产品贸易开放度的提升使得农村居民对粮食、油脂、肉类、禽蛋和水产品的消费支出上升，但降低了农村居民对蔬菜的消费支出。其中，农产品贸易开放度对水产品消费支出的影响最小；农产品贸易开放度对农村居民的粮食消费支出影响最大，其次为肉类、禽蛋、蔬菜和油脂类。

第二，运用两阶段模型（LA/AIDS）方法对农村居民食品需求的价格弹性进行估计，发现粮食需求的自价格弹性最小（-0.09）；水产品的需求自价格弹性最大，为-1.1。我国农村居民对禽蛋、蔬菜、油脂类和肉类需求的自价格弹性则介于0.6~1.0。

第三，受食品需求自价格弹性与农产品贸易开放度对食品价格效应大小的影响，农产品贸易开放度对农村居民禽蛋、蔬菜和油脂类消费需求影响最大。而农村居民对粮食的需求基本不受农产品贸易开放度变化的影响。当农产品贸易开放度提升 58. 33% 时，农村居民对粮食、油脂、肉类、禽蛋、水产品和蔬菜的消费量将分别减少 0. 19% 、9. 04% 、2. 98% 、16. 87% 、3. 18% 和 − 10. 39% 。整体而言，农产品贸易开放度对农民食品消费量的影响很有限。

注　释

［1］ Jay Squalli, Kenneth Wilson. A New Approach to Measuring Trade Openness. Economic Policy Research unit working paper No. 06 – 07, 2006.

［2］ Kym Anderson, JiKun Huang, Elena Ianchovichina. Will China's WTO accession worsen farm household incomes? . China Economic Rivew, 2004（15）：443 – 456.

［3］ 郭熙保, 罗知. 贸易自由化、经济增长与减轻贫困——基于中国省际数据的经验研究. 管理世界, 2008（2）.

［4］ John Cockburn, Trade Liberalisation and Poverty in Nepal：A Computable General Equilibrium Micro Simulation Analysis, 2001.

［5］ Hertel, Ivanic et al. Trade Liberalization and the Structure of Poverty in Developing Countries. GTAP working paper No. 25, 2003.

［6］ 毛学峰, 刘晓昀. 贸易自由化对贫困农户劳动力非农就业的影响. 中国农村观察, 2005（2）.

［7］ 李石新, 邹新月, 郭新华. 贸易自由化与中国农村贫困的减少. 中国软科学, 2005（10）.

［8］ 胡海军, 张卫东, 向锦. 贸易开放度与我国农村贫困的联系的实证研究. 国际贸易问题, 2007（8）.

［9］ 陈怡, 王洪亮. 关于贸易自由化影响发展中国家贫困的研究——理论与实证. 经济问题探索, 2008（12）.

［10］ 黄季焜, 李宁辉, 陈春来. 贸易自由化与中国农业：是挑战还是机遇. 农业经济问题, 1999（8）.

［11］ 李汝平, 任高岩. 我国农产品贸易自由化的利弊与应对. 国际经贸探索, 2000（3）.

［12］ 周曙东. 农产品进口所带来的社会经济及环境影响——以江苏省为例. 南京农业大学学报, 2001, 24（4）.

［13］ 李德阳. 我国农产品出口的效益目标：增加农民收入. 湘潭大学学报, 2005（4）.

［14］ 张蕙杰. 加入 WTO 对我国粮食主产区农民收入的影响. 农业经济问题, 2006（7）.

［15］ 白描, 田维明. 加入 WTO 对中国粮食安全的影响. 中国农村观察, 2011（4）.

［16］ 郑云. 中国农产品出口贸易与农业经济增长——基于协整分析和 Granger 因果检验. 国际贸易问题, 2006（7）.

［17］ 王燕飞, 曾国平. 我国农产品出口对农民收入影响的实证分析. 国际商务, 2006（4）.

［18］ 龚雅弦. 农产品贸易与人均收入的实证分析——以江浙沪三地为例. 江西农业学报, 2007, 19（6）：133 – 136.

［19］ 陈光春, 马小龙, 周柯. 广西农产品外贸与农民收入关系的实证研究. 江西农业科学, 2012, 40（8）：382 – 384.

［20］Thomas Hertel, Fan Zhai, Zhi Wang. Implications of WTO Accession for Poverty in China, a Paper prepared for presentation at the DRC/World Bank Workshop on China's WTO Accession and Poverty, Beijing, China, June 2002.

［21］Kym, Anderson, Jikun Huang, Elena Ianchovichina, Long – Run Impacts of China's WTO Accession on Farm – Nonfarm Income Inequality and Rural Poverty, World Bank Policy Research Working Paper 3052, 2003.

［22］刘宇, 黄季焜, 杨军. 新一轮多哈贸易自由化对中国农业的影响. 农业经济问题, 2009（9）.

［23］陆恭军, 田维明. 扩大贸易开放对我国农民收入的影响研究. 农业技术经济, 2012（11）.

［24］王军英, 朱晶. 加入 WTO 对农户收入的影响研究——基于价格传导视角. 国际贸易问题, 2012（9）.

［25］李国祥, 李学术. 我国城乡居民收入与食品消费. 中国农村经济, 2000（7）.

［26］贺晓丽. 我国城乡居民食品消费差异现状分析. 农业经济问题, 2001（5）.

［27］朱晶, 钟甫宁. 我国农村居民食品消费的地区差距及政策选择. 中国农村经, 2005（2）.

［28］黄季焜. 食品消费的经济计量分析. 数量经济技术经济研究, 1995（2）.

［29］张玉梅, 喻闻, 李志强. 中国农村居民食物消费需求弹性研究. 江西农业大学学报（社会科学版）2012, 11（2）.

［30］武拉平, 张瑞娟. 中国农村居民食品消费结构变化及趋势展望. 农业消费展, 2011（4）.

［31］杨军, 黄季焜, 仇焕广等. 国外农产品价格变化对国内价格的影响. 中国金融, 2011（22）.

［32］王孝松, 谢申祥. 国际农产品价格如何影响了中国农产品价格？. 经济研究, 2012（3）.

［33］李敏, 李谷成, 冯中朝. 基于 VAR 模型的国内外大豆价格整合研究. 世界农业, 2012（4）.

［34］谭晶荣, 邓强, 王瑞. 国际大宗商品期货价格与中国农产品批发市场价格关系研究. 财贸经济, 2012（6）.

［35］洪伟. 贸易开放、价格传导与农民福利——基于相对价格角度的分析, 南京农业大学博士学位论文, 2009.

［36］罗知, 郭熙保. 进口商品价格波动对城镇居民消费支出的影响. 经济研究, 2010（12）.

［37］赵涤非, 陈晏真, 郭红琼. 我国农产品贸易开放对农民收入增长影响的实证研究. 东南学术, 2012（3）.

［38］程国强. 中国农业对外开放：影响、启示与战略选择. 中国农村经济, 2012（3）.

［39］Frankel, Jeffrey. Assessing the Efficiency Gain from Further Liberaliza – Tion. IMF working paper, 2000.

［40］Kan Li, Randall Morck, Fan Yang and Bernard Yeung Source. Firm-specific Variation and Openness in Emerging Markets. The Review of Economics and Statistics, 2004, 86（3）: 658 – 669.

［41］Alcala', F. and A. Ciccone. Trade and Productivity. Quarterly Journal of Economics, 2004, 119（2）: 613 – 646.

[42] 沈利生．论外贸依存度——兼论计算外贸依存度的新公式．数量经济技术经济研究，2005，（7）．

[43] 付强．我国外贸依存度问题新探．世界经济研究，2007（3）．

[44] 裴长洪，彭磊．对外贸易依存度与现阶段我国贸易战略调整．财贸经济，2006（4）．

[45] 包群，许和连，赖明勇．贸易开放度与经济增长：理论及中国的经验研究．世界经济，2003（2）．

[46] 胡立法．中国贸易开放度的重新估计．世界经济研究，2004（5）．

[47] 刘似臣．中国贸易开放度的比较分析．统计研究，2005（6）．

[48] 张素芳，房剑．外贸依存度测算方法的改进及对中国外贸依存度的重新估计．数量经济技术经济研究，2006（6）．

[49] David Dollar. Outward-oriented Developing Economies Really Do Grow More Rapidly：Evidence from 95 LDCs，1976 – 1985. Economic Development and Cultural Change，1992（40）：523 – 544.

[50] Jeefrey D. sachs，Andrew warner. Economic Reform and the Process of Global Integration. Brooking papers on economic activity，1995（1）：1 – 118.

[51] Sebastian Edwards. Openness，Productivty And growth：What Do We Really Know？．Journal of Development Economics，1998，108（447）：383 – 398.

[52] 黄季焜，徐志刚，李宁辉等．贸易自由化与中国的农业、贫困和公平．农业经济问题，2005（7）．

[53] 张明宏，方晓军，顾保国．我国农村居民主要食品消费结构实证研究．经济问题探索，2004（2）．

[54] 张凤芹．江苏农民收入与农产品出口贸易关系的实证研究．当代经济，2009（21）．

[55] 肖黎．基于灰色关联分析的我国农产品贸易逆差与农民收入增长的关系研究．学术论坛，2012（8）．

[56] 汪艳涛，王记志．我国农产品贸易对农民收入增长的动态效应分析．广西财经学院学报，2010，23（3）．

[57] 余新平，俞佳佳．中国农产品对外贸易与农民收入增长——基于时间序列和动态面板数据的实证检验．国际商务——对外经济贸易大学学报，2010（6）．

[58] 谢卫卫，罗光强．中国农产品价格与食品价格波动的相关性：基于 SVAR 模型的实证分析．湖南农业大学学报（社会科学版），2012（6）．

[59] Jikun Huang，NinhuiLi，Scott Rozelle. American Agricultural Economics，2003（5）：1292 – 1298.

[60] 王军英，朱晶．贸易开放、价格传导与农户消费．农业技术经济，2011（1）．

[61] 李晓钟，张小蒂．粮食进口贸易中"大国效应"的实证分析．中国农村经济，2004（10）．

[62] 马述忠，王军．我国粮食进口贸易是否存在"大国效应"——基于大豆进口市场势力的分析．农业经济问题，2012（9）．

[63] 徐洪水．食品消费结构与需求弹性分析——基于浙江省城镇居民微观数据的实证研究．金融发展评论，2011（10）．

[64] 刘华，钟甫宁．食物需求与需求弹性——基于城镇居民微观数据的实证研究．南京农业大学学报（社会科学版），2009，9（3）．

第四篇 | 农业投资与农产品贸易

　　近年来，我国农产品贸易一直以逆差为常态，并且逆差不断扩大，农产品对外贸易的规模和结构也发生了变化，未来的形势不容乐观。中央实施农业补贴已有10年，现阶段的农业投资已形成了一定的结构。然而当前的农业投资和现有的投资结构是否足以有效支撑农产品出口贸易的发展有待进一步探讨和研究。我们从农业投资视角出发，将投资按主体分类，分别研究国内几个主要农产品贸易地区的投资对农产品出口的影响，通过面板数据进行实证研究，并提出相应政策建议。

　　实证结果表明，在全国范围内，财政农业投资、农户生产性经营现金支出、农户生产性固定资产投资和农业利用外商投资对于农产品出口的影响都是显著的，农业投资是农产品出口的显著影响因素。其中前三类国内投资对农产品出口的影响为正向，农业利用FDI的影响为负向。在分区域的实证研究中，结果表明，东部地区农户自身的投资行为对出口的影响很大，中部地区外商直接投资对其贸易影响显著，而财政农业投资对于西部地区农产品出口作出了显著贡献。

第 15 章

引　言

15. 1　研究背景与研究意义

对外贸易发展水平体现了一个国家或地区的经济活力，体现了该国家（或地区）协调国内要素、参与国际分工的能力。长期以来，农产品对外贸易是我国对外贸易的重要组成部分，为我国经济建设作出了突出贡献。随着市场的开放和农业生产力的发展，我国农产品对外贸易迅速增长，农产品贸易进出品总额由 2002年的 306.0 亿美元，发展到 2013 年的 1866.92 亿美元。农产品对外贸易在充分利用国内、国际市场两个平台，优化农产品结构，促进农业产业升级，提高农村居民收入等方面发挥着重要的作用。

与此同时，我国农产品对外贸易的规模和进出口比例也发生了变化，未来的形势不容乐观。我国现阶段的农产品出口贸易存在不少困难。一方面是我国出口农产品的竞争力不强，由于国内农业投资不到位，农民的根本利益没有得到充分的保护，对于农业的投资不足导致农产品的价格高，在国际市场没有竞争力。另一方面是由于技术水平的限制，使我国出口农产品质量难以通过各国的高检测标准，因而我国出口农产品面临着极大的技术性贸易壁垒的阻碍，这也最终归因于现阶段农产品的科学技术投入和相关资金投入不足。可见，农业投资对农产品的出口额和国际竞争力都有至关重要的影响。

若能从农业投资的角度分析农产品对外贸易出现的问题，进而分析农业发展过程中出现的问题，将对我国农业的发展有长远意义。一国对国内市场的投资对其经济发展的作用是毋庸置疑的，投资作为刺激经济的重要因素之一，在各个产业领域发挥着不可替代的作用，带动了国民经济的繁荣，也促进了各行各业的发展，对外贸易就是其中重要的一环。投资和贸易作为拉动我国经济的两大马车，两者间不可分割的关系早已体现在经济生活之中。首先，农业科研投资带来农业技术进步，可以推动农产品的质量升级，提高农产品的国际竞争力；其次，农业公共投资改善农业生产环境，通过构建大型固定资产和购置科技含量高、生产效率高的生产设备和培育良种等方式组织生产，把生产力的提高落实在日常生产中；第三，农民是农业生产的主体，是农业投资主体中重要的组成部分，来自农户自身的对农业生产的投资，总体上促进了农业的发展，提高了自身的生产力，进而带动整个农业发展从下至上有活力、有动力、有后劲，农业生产力的提高进一步增强农产品的国际竞争力，为提高我国农产品对外贸易实力提供扎实的基础；最后，外商直接投资是一种既可以带来充裕资本，又能够带来高效生产技术，并且能够引领产业结构升级的投资方式，投资所带来的资本、技术、信息等生产要素的注入和组合，可以改善原有企业生产结构的资源配置状况，从而提高产业内生产结构的发展水平，保证合理有效的投资，达到促进农产品对外贸易发展的作用。

由此可以看出，对农业的投资影响着农业生产的各个方面，影响着我国农产品的出口贸易和国际竞争力。中央实施农业补贴已有 10 年，现阶段的农业投资已形成了一定的结构，然而我国农产品贸易逆差从 2004 年不到 50 亿美元逐年扩大到 2013 年的 500 亿美元，10 年内近 10 倍的逆差增长说明我国在农产品竞争力上存在着不足。作为一个农产品净进口大国，大量的农产品进口不仅形成了贸易逆差，对我国的国际收支平衡产生影响，更重要的是会增加农产业领域的自主性危险，高度的进口依赖性将会削弱。这就要正确把脉当前的贸易格局和形势，深入分析影响我国现阶段农产品对外贸易的因素，改善农产品对外贸易环境，为缩小农产品的高额逆差、保护国内产业安全、让我国农业发展融入国际市场提供理论依据。为了改善我国农产品日益扩大的贸易逆差，势必要对我国农业投资结构进行调整，那么，如何改进目前的投资结构、促进我国农产品对外贸易的发展，将是我们农产品贸易的一个研究重点。

我们将从这样一个思路出发，研究农业投资与农产品贸易之间的联系，最终目的是探讨如何改善我国农业投资结构，提高我国农产品竞争力。在实证研究中，我们将投资按主体进行分类，先从全国范围内研究各投资主体的投资对于农产品出口贸易的影响，再将全国分成三个主要经济区域，分别研究国内几个主要农产品贸易地区的投资对该地区农产品出口的作用，从而较详细地分析了农业投资对我国农产品出口贸易的影响，最后提出调整投资方向和结构的政策建议。

15.2　研究内容与研究方法

15.2.1　研究内容

我们就我国农业投资对农产品对外贸易的影响进行研究，主要包括以下几方面内容：

第一，我国农业投资与农产品贸易的现状分析，透过现象看到农业投资和农产品贸易的特点和问题。首先，从总体上分析我国加入世贸组织以后的十几年，农业投资和农产品贸易同步增长的现状，农业投资主体和贸易主体多元化发展的特点，农业投资不足、投资结构不合理的问题。然后，将我国分为三个经济区域，深入探讨我国现阶段个区域农业投资的投资规模和结构与农产品贸易国内进出口市场集中的问题，以区域为研究对象，更符合区域特点和实际情况，结论更具有说服力，政策建议更具参考性。

第二，农业投资对农产品出口贸易影响的实证研究。以全国 31 个省的近 11 年数据为依托，通过面板数据，先在全国范围内验证了农业投资是否是农产品出口贸易的影响因素，哪些类农业投资是影响我国农产品对外贸易的因素，而后定量的衡量了东、中、西三个地区各投资主体的投资对我国农产品出口贸易的影响情况，根据地域特点做出分析，并对三大地区的实证结果作出比较。

第 16 章

国内外研究进展与文献综述

16.1 农业投资影响农产品出口贸易的作用机制

一国对国内市场的投资对其经济发展的作用是毋庸置疑的。投资作为刺激经济的重要因素之一，在各个产业领域发挥着不可替代的作用，带动了国民经济的繁荣，也促进了各行各业的发展，对外贸易就是其中重要的一环。投资和贸易作为拉动我国经济的两大马车，虽然直接关于这两者关系的理论并不多见，但是两者间不可分割的关系早已体现在经济生活之中。

凯恩斯的国民收入理论认为，投资 I 和净出口 ΔEX 共同作用于国民收入，并且相互影响。凯恩斯认为投资会通过投资乘数（$K_I = \Delta Y / \Delta I = 1/(1-b) > 1$）的作用使国民收入成倍的增长。在开放经济中，$K_I = 1/(1-b+m)$，这里的 m 是边际进口倾向，$m = \Delta M / \Delta Y (0 < m < 1)$。凯恩斯认为，一方面，一国的进口额 M 会随国民收入 Y 的增加而增加，因为国民收入的提高会刺激国民更高的消费意愿，而这种意愿体现在政府购买、国民消费、企业投资等社会各个方面，消费的增加会促进进口贸易。另一方面，企业投资的增加带来产出的增长，各行各业的经济繁荣也必将带来出口贸易的增长[1]。

农业投资作为投资的一个重要方向，一直是理论界关注的热点问题。我们将分别以农业投资的三大主体作为出发点，从三个角度探讨农业投资与农产品对外贸易的影响。

16.1.1 财政农业公共投资提高产品科技含量，改善生产环境，促进农产品出口

新要素贸易理论认为，技术进步可以改变一国的贸易地位。波斯纳（Posner）把国家间的贸易与技术差距的存在联系起来，认为技术的变动是贸易的一个决定性因素。那些技术发展中处领先地位的国家可以取得比较优势，进而促进对外贸易的发展[2]。2001 年加入世贸组织虽然使中国经济整体上获益，但是对

农产品贸易的冲击是不可小视的，主要原因是中国在大多数的粮食作物上没有比较优势。技术进步可以推进农业的现代化发展，影响农产品的对外贸易结构。但是技术进步的发展对资金的依赖性非常大，只有有效的资金投入才能促进技术进步[3]。

财政农业投资在宏观上，通过大型固定资产投资方式，如农田、水利等基本设施建设，改善生产环境来提高生产力；在微观上，通过购置科技含量高、生产效率高的生产设备和培育良种等方式组织生产，把生产力的提高落实在日常生产中。农业作为一个弱质部门，投资是农业规模经营的关键。只有有效的农业投资，使农业形成规模经营，进而产生规模经济，才能有效地保证农产品的国际竞争力。只有长期稳定的农业投资，才能保持农产品的国际竞争优势，使农产品对外贸易得到长足的发展。由此可见，农业投资的力度大小、效率的高低无论从宏观还是微观，在各个层面影响着农业生产环境，决定着农业技术创新，进而影响农产品对外贸易的比较优势，并进一步影响农产品对外贸易的发展。

16.1.2　农户私人投资夯实农业基础，保障生产力提高，带动农产品出口

农民是农业投资主体中重要的组成部分，尤其是发展中国家，农民投资已经占据首要地位。农户投资作为发展中国家最大的农业投资来源，已经远远超过政府公共投资及外国直接或间接投资。因此，现阶段致力于改善贸易现状，调整农业投资的战略都应当以农民为中心，把农民及其投资放到绝对重要的位置上（FAO，2012）。良好的投资环境会激励私营农户理性投资，而因此导致的生产效益更是倍增。

农户是农业生产的主体，农户私人对于农业生产的投资，总体上促进了农业的发展，提高了自身的生产力，进而带动整个农业发展从下至上，有活力，有动力，有后劲，农业生产力的提高进一步增强农产品的国际竞争力，为扩大出口提供扎实的基础。

16.1.3　利用外商直接投资促进农业产业结构升级，推动农产品出口

根据新古典贸易理论，每个国家可以生产具有比较优势的产品出口，而进口那些具有比较劣势的产品，这样进出口贸易通过发挥比较优势，弥补比较劣势，优化资源配置。通过调整国内的农产品结构，从而优化进出口产品结构，进而对外贸易得到健康快速的发展。所以，可以通过完善农业的产业结构（农业生产结构），使产业结构逐步趋于合理，不断升级，来优化农产品的进出口产品结构，从而使农产品对外贸易得到进一步的发展。不管我们通过哪种方式使农业的产业结构得到升级，也必须以有充裕的资本为前提。

外商直接投资是一种既可以带来充裕资本，又能够带来高效生产技术，并且能够引领产业结构升级的投资方式。投资所带来的资本、技术、信息等生产要素的注入和组合，可以改善原有企业生产结构的资源配置状况，从而提高产业内生产结构的发展水平。

外商直接投资对东道国贸易的影响，主要表现在以下几个方面：第一，一国可以通过对外国投资者实施本地成分要求来达到使其在当地生产的目的，这就为本国公司成为外国公司的供应商提供了机会，从而有助于减少本国进口。另外，由于外商投资的引入，跨国公司的生产活动带来出口，也可以对改善东道国的收支平衡起到很好的作用（John J. Wild，2009）[4]。第二，外商投资的初衷是在全球内进行最合理的资源配置，所以，即使 FDI 可能带来最终产成品的贸易量下降，但是从要素国际流动的角度，原材料和中间产品的贸易量却增加了（OECD，2002）[5]。第三，由于跨国公司因东道国的需求改善了产品的营销，从而最终增加了东道国对最终产品的需求和贸易。大多数情况下，跨国公司只在一国生产公司系列产品中的一部分，其他的产品仍需向母公司和其他子公司进口，由于其在东道国市场上更好的营销活动，而增加了东道国对跨国公司在其他国家子公司生产的其他产品的进口（Thomas A. Pugel，2007）[6]。第四，根据 UNCTAD 的统计，利用外商投资对东道国的贸易有促进作用，主要体现在两个方面：一是少数接受FDI 较多的发展中国家和地区对外贸易发展极为迅速。通过研究 1980～1985 年，1990～1995 年，2003～2004 年，中国、新加坡、墨西哥的年均出口增长速度远远超过发达国家和发展中国家整体水平。二是上述国家和地区对外贸易商品结构发生重大变化，特别是出口商品结构不断升级。中国高技术产品出口中，外国分支结构所占的比重，1996 年为 59%，1998 年为 74%，2000 年提高到 81%[7]。

16.2　农业投资相关文献综述

我国学者在农业投资主体的分类方法上观点基本统一，大多分为政府财政农业投资、农户私人投资和外商直接投资三个方面。对于国民主导产业的支持，政府的作用是带动性的、引导性的。自 2004 年以来，政府对中央一号文件的发布，也是对政府重视农业发展态度的发布。中国农业科学院"农户生产行为研究"课题组认为在政府政策倾斜和财政支出的支持下，农户私人投资已经成为农业投资的主要部分。随着近些年引进外资的兴起，利用外国直接投资也成为我国农业投资的一个不可忽视的主体。本章节对于农业投资相关文献的梳理，也是以这三大类投资主体作为出发点展开的。

16.2.1　政府农业投资的相关文献综述

鉴于政府对农业的投资的重要性，对于政府公共投资对农业影响的研究引起了国内外学者的普遍重视，既有文献主要是从政府农业投资的规模、效果，对于农业投资的支持态度和支持方向，投资的区域结构和引导其他社会部门投资几个角度展开的。

第一，进入 21 世纪后，政府农业投资效果逐渐显著。2001 年以前的政府公共投资政府投资滞后期长、见效慢。进入 21 世纪，随着经济的繁荣，政府农业投资的效应开始逐渐展露，国内对于农产业的支持范围和支持力度都有了调整，这样对国内农业投资和农村居民福利都产生了很大影响。马·马赞克斯（E. C. Mamatzakis，2003）通过对希腊 1960~1995 年这 30 余年的农业投资进行研究发现，这一时期的农业发展低迷很有可能是和当时的农业公共基础设施建设投入不足有很大的关系[8]。李锐（1996）通过实证研究得出公共投资的滞后期较长，投资初期可能见效小，但是在长期的农业生产中优势就会显现出来[9]。隋斌（2004）认为，农业基础建设投资的非政府行为是在 20 世纪 90 年代才开始出现的，所以，在此之前的基础建设都是由政府来完成了。而当时政府投资的目的只是短期收益，并没有考虑长期回报[10]。大卫·海曼（David W. Hyman）认为当前政府刚刚涉入投资农业，投资领域过广，难以形成规模效应[11]。2001 年以后政府农业投资的效果有了明显的改变。于长革（2006）采用 Aschauer 方法，针对政府农业支出建立了农业生产函数，实证研究结论表明农产品的产出和政府的投资之间有明显的正相关关系[12]。孙继琼（2009）也认为公共投资对农业产出有显著的积极效应，并且呈上升的趋势。由此提出政府应当进一步积极考虑农业投资的规模和重点，改革投资方式以拓宽投资渠道[13]。

第二，政府对于农业的投资应注重公益性、引导性，加大投资力度和优化投资结构相结合。在探讨政府对于农业的支持态度和支持方向上，不少学者认为，财政对农业的支持只是一种引导性的投资，农业的投资更多的应该由社会资产承担。如李·大卫（Lee. David，2005）提出，政府应当从投资主体这个角色中渐渐淡出，充分发挥自由市场机制在农业发展中的作用，让市场机制使社会资本达到最优的配置[14]。李锐（2003）、苏明（2003）等探讨了政府投资的职能转变及领域界定，认为当前的政府投资组织不明晰，范围不确定，应调整好政府对农业的支持态度和投资方向[15][16]。黄家顺（2003）强调，政府投资应该充分发挥其基本职能，从盈利性投资中撤出，转向公共性非排他性的基础设施建设，成为其他投资方式的有力补充[17]。李兰芝（2006）通过实证研究还指出，要提高农业产量，仅仅靠加大政府投资规模不是效益最大的，因为农产品的边际产量还与投入的要素结构密切相关，所以改善农业投资应当加大投资力度、优化投资结构双管齐下[18]。

第三，我国西部地区的政府农业投资收益最大，财政扶持力度应向西部倾斜。在政府投资农业的区域结构方面，薛薇（2011）利用 2000~2009 年的数据测算了我国农业资本配置效率，测算显示农业投资的资本配置效率因地区不同差异较大，西部地区资本配置效率最高、中部效率次之、东部最低[19]。韩巍

(2010）根据中国的农业区位情况进行分析，提出重点投资农业人口较大地区，加强扶持西部偏远贫困地区，开始主抓农业创新试点地区几个方面的建议[20]。

第四，政府应提供良好投资环境，积极引导社会资本流入农产业。隋斌认为政府投资应该对私人等其他部门的投资起到支持和鼓励作用[10]。张迎春（2008）认为，政府投资确实是有效的，但是由于财政方面的限制也是远远不够的，应当引导政府投资带动集体和私人投资，使全社会都参与到农业生产中来[21]。FAO（2012）报告也提出，政府机构及其合作伙伴在扶持私营投资方面应将克服私营经济在投资储蓄中遇到的社会阻碍，提供良好的投资环境作为一个重点项目[22]。

16.2.2 农户私人投资的相关文献综述

农户投资作为发展中国家最大的农业投资来源，已经远远超过政府公共投资及外国直接或间接投资。FAO（2012）指出，农业投资的最大来源是国内私营投资，其次是国内公共投资，最小来源是国外公共投资和国外私营投资。农民是农业投资主体中重要的组成部分，尤其是在发展中国家，农民投资已经占据首要地位。由此 FAO 认为现阶段致力于改善农业投资的战略都应当以农民为中心，把农民及其投资放到绝对重要的位置上。韩东林（2007）对中国农业在转型期投资的研究，将农业投资主体划分为政府、农村集体组织、企业和农户几个方面，指出现阶段我国以政府和企业为主体的农业投资占比较低，效益不佳，范围不明。提出今后中国的投资主体将会以企业和农户为主要组成部分，政府和集体投资将作为其有力后盾和补充[23]。

在农户私人投资的资本来源方面，社会转移支付和农村金融业的发展是弥补农民私人农业投资不足的有效途径。霍丁诺特（Hoddinott，2008）认为社会转移支付可以改进投资决策，增加资本的灵活性，避免小农家庭资产在受到经济冲击时消耗殆尽，为农业生产提供保障，重组社会资本，优化资源配置[24]。博涵（Berhane，2011）从社会资产转移的角度解释了农业投资计划，发现"生产安全网"计划在提高粮食安全方面，作用效果因不同参加年限而显著不同，连续五年参加计划的收益比一年的大很多[25]。周静（2006）认为，加大我国目前的农业投入迫在眉睫，应该扩大信贷对于私人农户的支持，国家应给予政策性的项目支持，引导农户提高自身的积累能力和发展潜力[26]。许传红、王元璋（2007年）提出，农业投资结构不合理，农户收入增长缓慢都是农民自身投资乏力的重要原因。因此，需要完善农村金融体制，加大农村信贷用于农业生产的力度；完善农村土地制度使农民理性投资[27]。

16.2.3 外商直接投资的相关文献综述

发展中国家农业每年需要大量投资投入农业生产，FDI 是帮助发展中国家弥补这个资金缺口的有效方式，进一步帮助提高农业生产力，促进农产业整体发展。但是学者们关于引进 FDI 对于东道国的农业经济以及其他社会经济的影响，观点却大不相同，主要分为农业 FDI 能够促进东道国农业经济正向积极发展和对东道国农业有负面影响两大方面。

16.2.3.1　农业 FDI 对我国农业经济增长具有正面作用

在理论研究方面，侯仕军（2010）认为农业引入 FDI 可以通过示范作用和扩散作用提高农业生产作业水平、增强农业发展的后劲[28]。杨永华（2002）认为中国农业利用 FDI 虽然依旧规模很小，但农业开始向吸收外商直接投资转变是农业投资发展乃至农业发展的重要一步[29]。

吕立才和熊启泉（2008）利用 1999～2003 年浙江农产品加工业的数据进行了实证分析。结果显示，外商直接投资对浙江省农产品加工业的国内投资没有明显的挤出效应，但可能挤出部分国内农业加工业的就业。外商直接投资促进了浙江省农产品加工业的技术转移，对浙江农业生产率提高起到积极作用[30]。尼尔锐、诺特（Neary，Peter J.，2002）也认为农业 FDI 对农民收入增长具有长期正效应，并由此认为加大吸引农业 FDI 力度并长期实施引资策略是促进农户增收的有效方法[31]。

16.2.3.2　农业 FDI 对我国农业经济增长具有负面影响

虽然许多学者肯定外商直接投资对我国农业发展的积极作用，但也有一些学者考虑农业外商直接投资带来的负面影响，可能会带来一系列社会经济问题。在外国技术投资的技术溢出方面，吕立才（2006）通过研究 FDI 对国内农业产业的影响，技术外溢需要东道国内有和投资企业相匹配的技术水平，如果国内的技术和引进方差距过大，则不利于外商投资企业的技术溢出[32]。

在引进外资对国内产业安全的影响方面，张敏（2004）提出，面对我国目前国内市场加快开放但是对外资管理立法不完善的现状，外资的不合理涌入会导致国内产业危机，应当尽快完善国内对利用外资的法制系统，给国内产业以安全保障[33]。杨巍（2009）也同样指出，FDI 在带来国内农业产量增长的同时，也会带来对国内农业产业投资的基础效应和国内农业产业就业的挤出效应[34]。尹成杰（2010）分析了农业跨国投资所产生的负面影响，包括以垄断竞争方式扰乱农产品贸易市场、跨国转嫁企业经营风险等[33]。李建平（2006）强调对跨国公司并购国内企业的现象应予以重视，尤其是国内农业产业的龙头企业，务必要处理好地方经济发展和农业产业安全的问题，政府应出面通过政策引导提升龙头企业的抗风险能力，进而保障产业安全[35]。

跨国公司在资本、技术、人力等方面都处于优势，本身就处于竞争的优势端，对国内企业的控制会阻碍国内企业的技术创新步伐。吕立才等（2010）认为当前对于农业利用 FDI 的研究还不够全面，需要继续研究跨国公司是否存在破坏国内农业生产环境，土地大规模被跨国公司占用使用权是否合适，跨国公司大规模投资于个别农业子产业是否会导致产业结构不均衡发展的问题[36]。

16.3 农业投资与农产品贸易关系的相关文献综述

16.3.1 财政农业支出与农产品贸易的相关文献综述

2001 年加入世贸组织对农产品贸易的冲击是不可小视的，主要原因是中国在大多数的粮食作物上没有比较优势。我国的农产品在国际竞争中处于劣势很大一部分原因是国内生产成本上升，究其根本原因是我国的农业基础设施薄弱，尤其是对农业研发的科技投入不足、农业补贴不到位[37]。叶善文（2005）通过实证分析证明农业科技投入、对农业生产的补贴对优势农产品贸易有明显的促进作用，而这些投入都是"绿箱"政策中允许的[38]。

第一，针对农业科学技术的研究，学者们普遍认为农业投资的发展是农业技术得到发展的重要保障和渠道，农业的技术进步是通过改善和提升农业投入品的自身效率和组合效率来实现的，它使农产品的标准得以改进，进而提升产品的质量，最终提高产品的竞争力，但是就我国目前的农业科研情况却不容乐观。朱晶（2003）将我国分为 6 个农区，利用单生产函数建立了农产品产量与公共投入要素的关系，实证结果表明，提高农业科研投入等一系列公共投资对增加农产品产量和提高农产品国际竞争力有着积极的作用[39]。姜涛（2012）运用 1994～2009 年各地区的数据和各种农村基础设施的边际回报率计算得出，边际回报率最高的农业科研公共投资，农村教育边际回报率虽然没有很高，但考虑其在其他行业的溢出收益，投资回报会更大[40]。相比较 WTO 敏感度极高、强烈反对的可能扭曲国际贸易的农业补贴，农业科研投入是 WTO "绿箱"政策中允许的，有其得天独厚的优势（叶善文，2005）[38]，虽然农业科技投入在农业发展中的作用是不可忽视的，然而目前科技投入并不能和收益相匹配（Will Martin，2008），并且存在缺乏长期投入机制，立项重复率高，项目与生产实际脱节等问题（黄季焜，2011）[3][41]。金松奇、黄季焜（Jin Songqing，Jikun Huan）对 12 种粮食和经济作物以及 4 种主要畜产品从 1985～2004 年的全要素生产率（产出指数减去所有投入品指数）的分析表明，除个别农产品外，几乎所有农产品生产的全要素生产率增长都来自技术进步[42][43]。许多研究表明，农业科研既有商业性也有公益性[44]。被确定为公益性的一些研究所，受市场利益的诱惑，反而强化了其商业性的研究活动，从而与企业在农业科研领域形成竞争，阻碍了企业参与农业科技创新的积极性[45]。

第二，在农业补贴和减免税方面，有学者对我国近年来的税费改革做了调查，证明在短期内农业补贴和减免税会降低农产品成本，提高出口竞争力，但是在长期作用相反。有学者针对补贴对象和补贴力度做了研究，找出当前农业支持的问题，提出调整农业支持方向的力度的建议。如侯石安（2001）指出，财政农业投资和补贴有限，应该用在最能够提高农业生产力的地方，然而目前在农产品流通阶段投入了大量资金，从而导致了出口补贴的不足[46]。农产品出口补贴不足直接的后果是出口成本不能得以有效的控制，在各国都大力推进农业补贴的大形势下，我国的农产品必然竞争力不强。我国从 2000 年开始农村税费改革试点，朱晶（2005）就 2000～2004 年的改革成效对试点做了调查分析，结果表明农业生产成本的降低与农村税费改革的力度呈正相关关系。农业税减免、粮食直接补贴政策会提高农产品的生产成本，降低其国际竞争力[47]。在短期内，这两项政策的实施会降低农业生产的成本，暂时性的提高农产品出口竞争力[48]，但是长期作用恰好相反。其对我国主要农产品国际竞争力会产生不利的影响是因为补贴会通过土地市场转化为土地租金，成为农业生产的固定成本。程成（2009）研究了农业补贴与农产品国际竞争力，提出要改变对农业和农民的支持方式和重点，将补贴更多地投向农业四项（粮农种机），落实到从事农业生产的农民手中，降低生产成本，提高农民收入[49]。

16.3.2　农户私人投资与农产品贸易的相关文献综述

在国内既有文献中，把农户私人投资与农产品贸易联系起来的研究较少。徐佳蕾（2010）将我国的农业投资按照投资主体分类，利用 1983～2008 年的数据研究了农户作为投资主体对农产品贸易的定性关系。结果显示，农户投资的投入对农产品出口不但没有起到良好的推动作用，反而抑制了农产品的出口，相反农户投资对农产品的进口有促进作用[50]。然而这篇研究仅仅度量了农产品进出口的依存度，并且解释变量只有政府、农户、外商三个投资主体，即其他一些对农产品进出口起到重要作用的影响因素都没有考虑，这将会导致很大的遗漏变量误差，模型的拟合效果也不理想。但是此研究将农产品贸易与农户投资紧密结合，具有较强的指导意义。

16.3.3　外国直接投资与农产品贸易的相关文献综述

对于外商直接投资对农产品贸易的影响，部分学者认为外商投资在短期内可能会对出口有替代效应，但是在长期与出口存在均衡。外商资本的注入不仅解决了对农业投资需求的大量资金，更重要的是能够通过技术外溢的方式带动上下游企业的发展，提高人力资源水平，提高生产力，储备农业发展后劲。如福斯特（Foster，2000）研究了农业利用 FDI 对东道国上下游部门企业的影响，认为 FDI 对于东道国农业生产者的溢出效应主要表现在为东道国农业企业提供资金支持；

通过人力资本的技能转移增强东道国地区农业从业人员的技术水平；获得提高农产品存储和处理方法的培训。发展中国家农业每年需要大量投资投入农业生产，FDI 是帮助发展中国家弥补这个资金缺口的有效方式，进一步帮助提高农业生产力、竞争力，促进农业产业发展[51]。侯仕军（2010）认为农业引入 FDI 可以通过示范作用和扩散作用提高农业生产作业水平、增强农业发展的后劲[28]。泽若夏迪斯和曼尼迪斯（G. Zarotiadis and N. Mylonidis，2005）研究了英国的外国直接投资和国际贸易，发现英国的对外进口和出口贸易都受到了外国直接投资的影响，尤其是法国和日本的直接投资对于进口推动作用较为明显[52]。福特安和霍兹曼（Furtan and Holzman，2005）在假设农产品贸易由直接投资内生决定的前提下，利用面板数据，对 1987～2001 年的美国对加拿大农产品和食品行业的直接投资进行了研究，发现加拿大作为 FDI 接受国，其农产品和食品行业的出口额和进口额都有增加[53]。朱玉杰、于懂（2004）运用协整检验和误差修正模型等研究方法，证明 FDI 在短期内对一国的对外贸易有促进作用[54]。与之结论不同的是，费平、徐立青（2009）运用协整分析和 VAR 模型对 1984～2006 年农业 FDI 与农产品国际贸易额变量之间的动态关系进行实证分析，结果表明，FDI 在短期内会对进口有替代效应，但保持长期与进出口贸易存在均衡关系[55]。外商投资带来的投资水平的提高同样会加大各行业和产业内的竞争，这种良性的竞争机制对产业内技术进步和生产率提高有促进作用，从而完善产业内部结构。农业投资通过农产品生产结构这个纽带，来影响农产品对外贸易的进出口结构。只有合理有效的农业投资，才能有效地促进农产品对外贸易的发展。

在外商直接投资的贸易方式方面，学者们主要是针对农产品加工贸易和一般贸易进行研究的，认为利用外商投资和农产品加工贸易存在长期均衡，对工业制成品的促进作用更大，在长期有利于优化农产品贸易结构。高峰、高越（2006）研究了在不同贸易方式下，我国吸收的外国直接投资对对外贸易产生的不同影响。结果表明，在加工贸易中，FDI 与我国进出口之间存在的长期均衡关系，但并不能说明一般贸易中也存在此种均衡关系。这种稳定的长期关系存在于外国直接投资和加工贸易进出口之间，而外国直接投资和一般贸易进出口之间则不存在这种稳定的长期关系[56]。刘杏子（2007）利用协整检验对我国 1985～2004 年的外商直接投资和进出口贸易数据进行了研究，发现在出口贸易中，外商直接投资对工业制成品的促进作用又远高于对初级产品出口的促进作用[57]。张彩霞（2010）认为，在短期内，外商直接投资对农产品加工出口贸易促进作用比较有限，但从长期来看外商直接投资有利于优化中国农产品出口贸易的结构[35]。

对国内外农业投资和农产品贸易既有文献的研究，发现在针对农业投资和农产品贸易间关系的研究中，大多是单独研究政府部门对农业公共基础建设的投资，或者单独研究农业科研投资，抑或者单独研究农业利用外商直接投资对于农产品出口贸易的影响，关于农户私人投资对出口的研究较少，也很少有人把几类投资同时拿来比较研究。

　　我们在以往研究的基础上，加入农户私人投资这一重要农业投资主体，对农户自身投资行为与农产品出口的关系给予研究，使对农业投资主体的研究更加完整。一方面，把农业投资和农产品贸易的规模、特点、主体变化趋势进行比较；另一方面，将农业投资的区域特点和农产品国内进出口市场区域特点相结合。最后，将几类农业投资主体同时作为解释变量，研究其与农产品出口间的定量关系，探讨哪些类投资对我国农产品的出口促进作用更加有力。

第 17 章

我国农业投资与农产品贸易现状分析

17.1 农业投资额与贸易额双增长

1993～2013 年，我国的农业投资和农产品进出口贸易呈现出相似的走势。以 2001 年为分界点，2001 年前农产品进出口贸易额以及各类投资的增长都很缓慢；2001 年后都保持高速增长的势头。

17.1.1 农业投资与农产品贸易额快速增长

17.1.1.1 农产品进出口贸易快速增长，贸易逆差呈常态

从 1993 年到"入世"，我国农产品进出口总额总体上是上升的。从增长幅度角度，如图 17－1 所示，贸易总额由 1993 年的 151 亿美元增长到 2001 年的 279.1 亿美元，增长了 84.8%；出口额从 111.6 亿美元增长到 160.7 亿美元，增长了 44.1%；进口额从 39.5 亿美元增长到 118.4 亿美元，增长了 200%，增长幅度最大。9 年间，我国农产品贸易进出口额没有清晰的变化方向，如图 17－2 所示，除 1995 年和 2000 年有明显的贸易额增长和 1997 年的出口有小幅上升外，其他年份的农产品进出口增长率都是负值，即 1996～1999 年，每一年的农产品进出口贸易额都是下降的。

这是因为这段时间，中国开始利用国际市场调节国内的供求关系，逐步减少了国内供大于求的农产品种类的进口，如小麦和玉米；增加了国内需求旺盛的农产品种类的出口，如大豆和大麦。

"入世"之后，2002～2013 年，我国的农产品进出口贸易总额总体呈现平稳上升的势态。农产品进出口总额从 2002 年的 306.0 亿美元上升到 2013 年的 1866.9 亿美元。2009 年因为全球经济危机的影响，世界贸易整体大幅下降，在这种背景下，我国的农产品进出口总额也下滑了 70 亿美元，同比下降 7.1%。除此之外，历年的进出口额都大幅增长。其中有 8 个年份的进出口增速超过 10%，

显示出强有力的上升趋势。2010 年和 2003 年分别以 32.2% 和 31.9% 的高增长率高居连续 11 年增长率榜首（见图 17 - 2）。2004 年和 2008 年的贸易总额增幅也在 25% 以上。

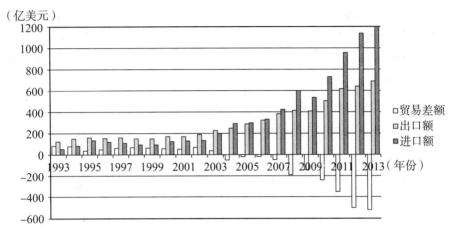

图 17 - 1 1993 ~ 2013 年我国农产品进出口额

资料来源：由中国农业信息网相关数据整理得到。

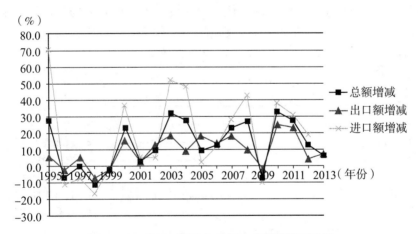

图 17 - 2 1995 ~ 2013 年我国农产品进出口增幅

资料来源：由中国农业信息网相关数据整理得到。

　　我国农产品对外贸易能有如此高速的增长，从国际市场角度看是源自于主要农产品价格普遍上涨的拉动效应；从国内角度看是因为长期以来，劳动密集型产业的低成本优势为我国农产品的对外贸易带来更有国际竞争力的出口价格，在国际农产品市场价格普遍大幅抬头的大环境下，我国的农产品势必会更多地受到国际市场的青睐。进口方面的大幅激增是我国农产品市场开放程度大幅提高的必然结果。

17.1.1.2 农业投资额增幅加大，趋势与农产品贸易额相近

与农产品贸易额的增长趋势相同，如图 17-3 所示，农业投资也是以 2001 年作为拐点，1994～2001 年，各类投资的增长缓慢，农户投资作为这个阶段最大的投资主体，在 1996 年后出现了负增长。农业贷款额在这个时期增长速度最快，由 1554.1 亿元增长到 5711.5 亿元，增长了 2.68 倍。财政农业投资紧随其后，由 1994 年的 533 亿元增长到 2001 年的 1231.5 亿元，增长了 1.73 倍。农村集体投资由 1988.6 亿元增长到 4235.7 亿元，增长了 1.13 倍。外商投资是从 1997 年开始有统计数据的，除 2001 年有明显的增长 33% 外，其余年份没有明显的变化趋势。财政农业投资的数据来源于《中国农村统计年鉴》财政支出项目中的支援农业生产支出和各项农业事业费、基本建设支出、科技三项费用和其他农业支出加总得到。农户农业投资包括生产用固定资产投资、流动资金投资和建造固定资产雇佣劳动三大类。农户农业流动资金投资指的是农户农业经营费用支出，由农户农业人均经营费用和全国乡村人口数乘积得到。

2001 年"入世"之后，农业投资也和农产品贸易一样有了新的突破，几类投资主体的投资规模都有了明显的扩大。到 2012 年，农村集体投资增长了 8.12 倍，已经成为最大的投资主体；财政农业投资增长了 7.50 倍，但是由于其基数小，到 2012 年投资额也只有 12387 亿元，在各类投资中是辅助的作用；农业贷款和农户投资和也有明显的增加，分别增长 3.72 倍和 2.45 倍；只有外商投资基础薄弱且增长缓慢，12 年的时间里仅增长了 74%。

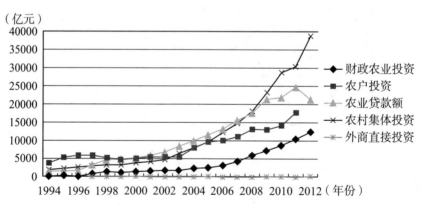

图 17-3 各类投资主体投资额

资料来源：财政支农的数据来源于历年《中国农村统计年鉴》，财政支出项目中的支援农业生产支出和各项农业事业费、基本建设支出、科技三项费用和其他农业支出加总得到。农户农业投资数据来源于历年《中国农村统计年鉴》，包括生产用固定资产投资、流动资金投资和建造固定资产雇佣劳动三大类。农户农业流动资金投资指的是农户农业经营费用支出，由农户农业人均经营费用和全国乡村人口数乘积得到。集体投资数据来源于《中国固定资产投资统计年鉴》中农村集体经济按国民经济行业分（农林牧渔业）的固定资产投资。农业贷款数据《新中国农业 60 年》金融机构人民币信贷短期贷款中的农业贷款额。外商直接投资数据来源于历年《中国统计年鉴》按行业分实际利用外商投资中的"农林牧渔业"项。

17.1.2　农产品国际经济活动更加活跃

2002 年是中国加入世贸组织后的第一年，至 2013 年，中国的对外贸易在各个产业都取得了显著的发展，农产品对外贸易更是由 2002 年的 306 亿美元的总进出口额发展到 2013 年的 1866.92 亿美元。国内、国外二元市场的同时开放为我国农产业的发展尤其是农产品对外贸易的发展提供了有利的条件，也为世界农产品流入我国降低了门槛。2004 年以来，我国的农产品贸易一直表现为逆差，近 10 年来逆差在不断扩大，从 2004 年的不到 50 亿美元的一路扩大到 2013 年超过 500 亿美元。10 年间，我国农产品贸易在贸易政策、贸易方式、贸易额上都发生了巨大的变化。

17.1.2.1　进出口关税大幅降低

从 20 世纪 90 年代开始，我国就加快了加入世界贸易组织的步伐。1995 年 5 月，我国宣布将积极推进贸易自由化，建立能与世界通行贸易制度相接轨的中国特色自由贸易制度，在此期间，我国系统地、大幅地降低了关税和非贸易壁垒[58]。我国进口关税税率在 1992~1997 年 5 年间连续 4 次被大幅度调低，农产品平均税率在这一过程中被降至 21.2%。与此同时，我国对一些农产品实行出口配额招标，逐步取消部分非关税壁垒[59]。2002 年后，我国农产品政策主要是依据世贸组织协定，履行成员国义务，大幅降低农产品法定关税。2001 年前，我国农产品进口的平均关税为 54%，加入世贸组织后，我国承诺 3 年内农产品进口平均关税降到 15.8%，5 年内实行单一关税政策，农产品平均关税降至 15.2%。在进口方面，我国实行农产品进口配额政策，配额内优惠管理，配额外高关税处理。在出口方面，保证不使用造成贸易扭曲的国内贸易补贴政策，但是积极利用世贸组织承认的"绿箱"政策、"黄箱"政策等，在不影响国际贸易市场公平性的前提下，对国内出口农产品给予一定的政策支持。

17.1.2.2　积极利用自贸区拓展国际市场

近年来，我国积极推动与他国的贸易合作发展，建立自贸组织。从 2001 年成为曼谷协定成员开始，中国正式开启了其区域贸易合作发展之路。对外，与智利、巴基斯坦和苏丹分别签署了《货物贸易协定》、《中国—巴基斯坦自由贸易区服务贸易协定》和建立农产品贸易区的谅解备忘录。对内，也不乏和港澳地区互通互联的 CEPA。

中国签署的自贸区合作协定中，影响面最大的当属中国与东盟地区国家建立的自由贸易协定——《中国—东盟全面经济合作框架协议》。协议中有很大的比重是关于农产品贸易的条款，其中包括中国与 6 个东盟地区老成员国要在 600 余种农产品的关税上做出大幅改变：自 2004 年开始，1 年后农产品平均关税由

10%降为5%，两年后实现农产品自由贸易即零关税。自贸区的建立，是实现农产品国际贸易一体化的有效方法。一方面，我国的农产品可以以低关税进入更多的市场，从另一个角度上讲也是扩大了我国农产品贸易市场的开放度。另一方面，低关税给贸易带来的便利使各国可以不再使用非关税手段保护自己的农产品市场，也从很大程度上解决了国际贸易纠纷，对我国的农产品贸易市场走向高层次的国际化提供了有利条件[60]。

17.2 农业投资主体与贸易主体多元化

17.2.1 私营企业成为农产品贸易最大主体

从贸易主体看，多元化趋势增强，外资企业和私营企业逐步成为农产品对外贸易的主力军。根据图 17-4、图 17-5 所示，依据 2013 年的数据，出口方面，私营企业农产品的出口额达到 3652737.4 万美元，在所有的出口企业中占比高达 54.44%，已经取代国有企业成为新兴农产品出口最大主体；外商投资企业以 2135920.9 万美元稳居出口第二大主体，国有企业所占比重逐渐下降，仅占当年农产品出口额的 10.39%。

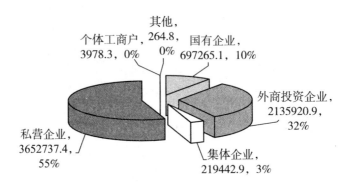

图 17-4 2013 年分企业性质农产品出口情况（单位：万美元）

资料来源：由商务部对外贸易司 2013 年《中国进出口月度统计报告》整理得到。

进口方面，2013 年，私营企业更是以 5066997.4 万美元高居进口企业之首，进口额达所有进口企业的 42.97%；外商投资企业次之，进口额占 31.78%；国有企业随后，占比 22.25%。现阶段，我国农产品贸易已形成了以私营企业、外商投资企业和国有企业为主，集体企业和个体工商户为辅的多元化进出口贸易主体格局。

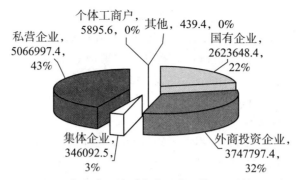

图 17 - 5　2013 年分企业性质农产品进口情况（单位：万美元）

资料来源：由商务部对外贸易司 2013 年《中国进出口月度统计报告》整理得到。

17.2.2　农业投资主体多元化，多种主体均衡发展

改革开放后，我国形成了以公有制为主，多种所有制并存的经济体制，在国有经济的带领下，多种经济体繁荣发展。农业投资的发展也结合了大的宏观形势，与经济体制相适应，形成了以政府财政农业投资为主，重视农户私人投资，鼓励农村金融、农村集体经济共同扶持农业发展的格局。本章结合 20 世纪 90 年代以来的数据，对多种农业投资主体的投资现状整理分析。

如图 17 - 6 所示，1994～2012 年，我国农业投资主体经历了从高低分配不均衡到多元投资主体共同发展，均衡增长的过程。1994 年到加入世贸组织，农户投资和农业贷款二者几乎呈现负相关的发展趋势，变化幅度较大。在 1994 年，农户投资达到该时期的最大值，同时农业贷款达到最小值，直到 1999 年，二者几乎持平，在各类投资中占比最高。农村集体投资 1994～2001 年总体趋势平稳，在各类投资中占比居中。财政农业投资呈现出先略有下降再略有上升的较稳定趋势。外商直接投资由于数额小，占比可以忽略。

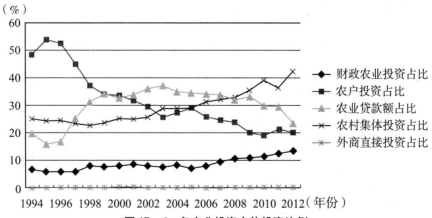

图 17 - 6　各农业投资主体投资比例

资料来源：历年《中国农村统计年鉴》。

"入世"后 5 年的调整期内，各类投资主体的投资占比相对稳定，没有"入世"前波动幅度那么大。这一时期，农业贷款占比跃居首位，农户投资和农业集体投资约呈负相关变化趋势，占比大致相当。财政农业投资一直保持在略低于 10% 的水平。

2007 年至今，农业贷款和农户投资占比有所下降，农业集体投资和财政投资比例明显上升。财政农业投资在这一时期突破了 10% 的占比，达到最高。到 2012 年，农业集体投资已占约 40%，居各类投资首位，其后，农业贷款、农户投资、财政农业投资和外商直接投资也明显拉开档次，形成以农业集体投资和农业贷款为主，农户投资和财政农业投资为辅的层次分明的投资格局。

从我国各农业投资主体投资比例的演变可以看出，农业投资的主体的发展变化是与中央的农业政策相符的。加入世贸组织以前，相关法律不完善，国家对农业的支持力度不够，不能够给社会经济足够的导向使其投资于收益率低的农产业。从 2004 年至今，连续 11 年中央一号文件把国家对农业的高度重视展现给众多资本主体，使更多的社会资本流向农业投资，这样改变了财政支农资金单一拨款模式，大力吸引银行、企业等社会资金投入农业农村，推动资源配置向农业倾斜，做到让国有资本、集体资本、私营资本有机结合，国内资本、国外资本有机结合。

17.3 农业投资不足，投资结构不合理

17.3.1 政府农业投资不足，科研投资不足最为严重

尽管财政对农业的支出逐年在增加，但是相比同样大幅增加的财政支出，仍显不足。财政对农产业的农资在财政总投资中的比重 2001 年仅占 7.71%，除 2004 年稍有增加，2006 年以前一直仅有 7% 左右，2007 年以后比例略有上升，2011 年也仅仅上升到 9.61%，与农业对于全国产出的贡献是不相匹配的。

表 17 - 1   财政农业支出占财政支出的比重   单位：亿元

年份	财政农业投资	财政支出	财政农业投资占财政投资比重（%）
2001	1456.7	18902.6	7.71
2002	1580.8	22053.2	7.17
2003	1754.5	24650.0	7.12
2004	2337.6	28486.9	8.21

续表

年份	财政农业投资	财政支出	财政农业投资占 财政投资比重（%）
2005	2450.3	33930.3	7.22
2006	3173.0	40422.7	7.85
2007	4318.3	49781.4	8.67
2008	5955.5	62592.7	9.51
2009	7253.1	76299.9	9.51
2010	8579.7	89874.2	9.55
2011	10497.7	109247.7	9.61

资料来源：2012 年《中国农村统计年鉴》、历年《中国统计年鉴》。

　　同时，政府农业投资的结构也不尽合理。2006 年以前，国家财政农业支出包括支援农业生产支出和各项农业事业费、基本建设支出、科技三项费用及其他农业支出。2007 年以后，国家财政农业支出包括支援农村生产支出和各项农业事业费、粮农种机四项补贴、农业社会事业发展支出和其他支出，如图 17-7 所示。财政支农资金中有大量投资用于大中型水利建设和农村社会事业等方面，大量财政支农资金用于部门事业费用开支等，真正落实到农业发展上的投资比较有限。目前，我国农业科技投入占农业国内生产总值的比重远低于 1% 的国际平均水平，农业科研投资占财政农业支出的比重仅有 0.67，占农业国内生产总值的比重只有 0.09%。同其他国家相比，我国目前的农业科研投资也仅相当于本世纪初发达国家政府平均农业科研投资强度 2.36% 的近 1/3[61]。

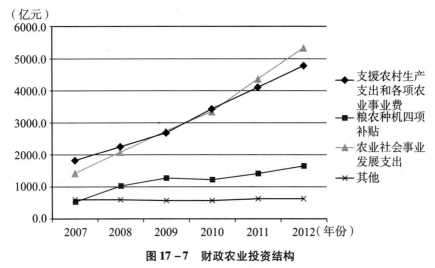

图 17-7　财政农业投资结构

资料来源：2008~2013 年《中国农村统计年鉴》。

17.3.2　农民收入剩余低，难以投资农业再生产

据统计，2012 年我国农村居民纯收入的平均值只有 7916.6 元/人。在食品上就要支出日常消费的 2323.9 元，居住支出大概 1086.4 元，再加上用于家庭设备、交通通信、文教娱乐、医疗保健等的其他支出，农村居民除去消费支出后仅剩 2000 元/人，如表 17 - 2 所示。再加之中国人一向的保守主义思想，会预留其中的一部分用于预防性储备，防止大病、灾害等风险，并预留一部分作为个人储蓄，最终剩下的可供农业投资的资金已经非常有限。严重地阻碍了农村家庭再生产的扩大，影响了生产规模的提高，自然对农产品对外贸易也很难产生较大的作用。

表 17 - 2	2012 年农民纯收入及消费情况	单位：元/人
	2011 年	2012 年
农村居民纯收入	6977.3	7916.6
农村居民消费支出	5221.1	5908
食品	2107.3	2323.9
衣着	341.3	396.4
居住	961.4	1086.4
家庭设备及用品	308.9	341.7
交通通信	547	652.8
文教娱乐	396.4	445.5
医疗保健	436.7	513.8
其他	122	147.6
结余	1756.2	2008.6

资料来源：2013 年《中国农村统计年鉴》。

17.3.3　农村金融发展滞后，无法满足农业融资需要

金融是对外贸易的窗口，金融业的开放、繁荣程度直接影响对外贸易的进程。与我国的金融行业整体取得突飞猛进的现状相比，农村金融却发展缓慢。国家的金融政策不够到位是很重要的原因，虽然一直在鼓励农村金融机构加大扶持农业的力度，但是毕竟金融业是高逐利性行业，收益率低的行业难以引起其投资兴趣。即便是响应国家政策号召，对农产业进行投资，也大多投资在利润率高的"非农"产业中，如农业加工业，广大的农村居民并没有从众获取更多的利益和便利，农业也没有因此得到实质性的发展。农业贷款占全社会贷款的比重和占农业投资的比重趋势大体相同，如图 17 - 8 所示。总体呈现变化幅度较大的特点。

1993 年前平稳下降，1995 年骤降到最低，随后回升，1998 年后趋于平稳，2001 年以后基本保持在 4%~6%，占比仍低。同时，农村金融业务和产品发展也较为滞后，许多农村地区金融机构网点只能提供简单的存款、贷款和汇款等传统业务，金融服务供给与需求脱节，难以满足农村日益增长的多元化、多层次的金融服务需求。

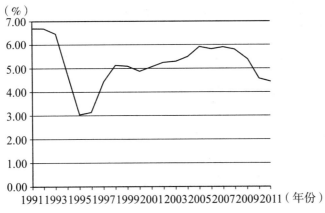

图 17-8　农业贷款占全社会贷款比重

资料来源：历年《中国统计年鉴》、《新中国农业 60 年》。

17.3.4　农村集体经济逐渐衰弱，不足以承担农业开销

农村集体经济组织是以土地等生产资料集体所有制为基础的经济。在固定资产投资方面，1992 年，集体投资和农户自身投资几乎持平，2003 年以后，集体投资几乎呈逐年下降的趋势。随后的时间里，集体投资占比相对较平稳，且一直略高于农村居民个人投资，如图 17-9 所示。

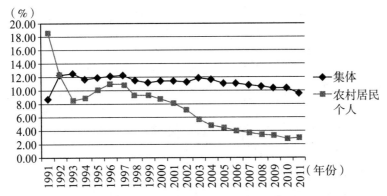

图 17-9　农村集体与个人固定资产投资占全社会固定资产投资比例

资料来源：历年《中国农村统计年鉴》。

集体经济作为农业投资主体的发展已经很有限。农村集体经济的产生有它的经济背景，当家庭联产承包制之后，农民自主经营，自负盈亏，集体经济的意义早已不像改革开放初期那样显著。在所有制共同发展下的今天，集体经济大锅饭的经营模式，很多方面已经不在适合当今社会经济发展的要求。农村集体经济这类实体，其本身实力已经下降，很多甚至债务重重其他必然要寻找高利益的操作对象，追求资本的高回报率，以求发展，这就形成了和农村金融相一致的局面。受到农业比较效益低的影响，其对于农业投资的重视程度也在下降。

17.3.5 农业利用外资空间有限

尽管我国的对外开放已经迈出了很大的步伐，外资对我国改革开放以来的经济发展发挥了至关重要的作用，但在农业领域，由于我国农业生产的分散性特点以及种种原因，外资的影响极其有限。在农业利用外资总量上，2012 年外商实际直接农业投资仅占我国农业投资总额的 0.14%，农业利用外资额仅占全国利用外资额的不到 2%，如图 17－10 所示，可谓微乎其微。

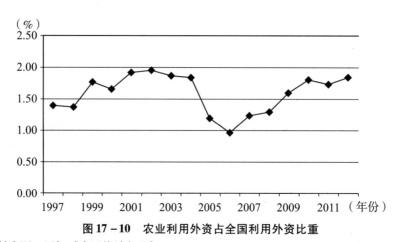

图 17－10　农业利用外资占全国利用外资比重
资料来源：历年《中国统计年鉴》。

我国作为人口大国，农业大国，其农业在国际上的地位是不言而喻的。然而，面对巨大的市场，让投资商们难以决定是否投资的是我国的具体农业国情。我国农业人口众多，农业市场巨大，同样不能掩盖我国农业人口分散、生产区域分散和小农经济作为主体的客观现状。然而，如果能够控制我国的巨大的国内市场，将会给投资商足够的吸引力。所以，我国农产品加工业以及巨大的农产品市场更加受到外资企业的关注。例如，外资企业通过对我国油料加工企业的投资，对国内大豆产业造成了巨大的冲击，我国的大豆产业已经逐步丧失了国际竞争力[20]。

受到统计资料的限制，考虑到数据的可得性，我们研究的外商直接投资都是从 1997 年开始的，并且由于本身外商对农业的投资就很少，从 1997 年至今一样可以看出投资的变化。外商直接农业投资规模小、数额小，在农业投资中占比较低。然而，从投资结构上，外商直接农业投资的方向，更倾向于附加值和利润相对高的农副产品加工业、旅游观光农业等产业。外商农业投资具有非常强的逐利性，在弥补国内资金不足的同时，也存在"挤出"效应和经济主权风险，应高度重视，防止外资通过对我国农业下游产业的渗透，垄断控制我国农产品市场及农业生产。

17.4　区域间农业投资不均衡

在农业领域，人们常常根据农业的自然条件、生产特征、经济水平等划分出不同的农业区域，在农业政策学中，农业区域被看作是经济区域的一个子系统[62]。由于不同区域的农业农村经济发展水平、资源环境条件、农业发展的重点等各不相同，农业投资在各经济区域、行政区域的分布也就会存在差异。在区域上，农业投资也存在着东多西少的不均衡性。由于各省（区、市）的经济发展水平差距较大，农业人口数量、农业资源环境条件等也不一样，各省（区、市）的农业投资差距也较大。

从农业投资总量来看，各农业大省（区、市）的农业投资多、农业弱省（区、市）少；直辖市和人口较少的地区人均农业投资较多，人口大省人均投资较少。从各省（区、市）2012 年的地方财政农业投资具体数据看，如表17－3 所示，主要情况如下：江苏、山东、四川这三个农业大省的财政农业投资水平最高，分别达到 781.7 亿元、709.6 亿元和 693.1 亿元。河南、广东、云南、内蒙古、黑龙江、湖南、河北等农业大省也保持了较高的农业投资总体规模水平。

表 17－3　　　　　　　　2012 年财政农业投资额前 10 位的省份

排名	省份	财政农业支出（亿元）	排序	省份	人均财政农业支出（元/人）
1	江苏	781.7	1	上海	9236.1
2	山东	709.6	2	北京	8199.8
3	四川	693.1	3	西藏	6169.3
4	河南	593.2	4	内蒙古	4891.0
5	广东	566.3	5	青海	4598.0
6	云南	528.4	6	宁夏	4449.1
7	内蒙古	526.6	7	天津	4015.1

续表

排名	省份	财政农业支出 亿元	排序	省份	人均财政农业支出 元/人
8	黑龙江	496.2	8	新疆	3071.7
9	湖南	477.5	9	黑龙江	2975.2
10	河北	470.4	10	海南	2912.6

资料来源：历年《中国统计年鉴》，各地财政支出中的农林水事物、粮油物资储备管理加总得到。

各直辖市由于农村人口总量少、整体农业经济规模小，北京、上海、天津等地尽管经济实力很强，但是农业投资总量并不高。其他一些沿海经济发达省份，包括浙江、福建等省，相对于其他省（区、市），其农业投资总量处于中等的位置。西部地区尤其是西北地区，经济发展落后，农民人均收入水平低，农业投资总体偏少，如宁夏、海南、贵州、青海、西藏。其中，海南农业投资总量为126.5亿元，青海的农业投资总量为140.2亿元。

就人均财政农业投资而言，北京、上海、天津三个直辖市，经济发达，二、三产业投资额所占比重较大。相比而言，农业投资额的占比较小，且人口规模较小，人均投资额较大。黑龙江是传统农业大省，有丰富的农业资源，且人口适中，人均财政农业投资额较大。除上述四个城市外，西藏、内蒙古、青海、宁夏、新疆均为欠发达地区，对农业的投资额度较小，人口规模也较小。

表17-4、表17-5、表17-6反映了近3年东、中、西三个区域农户私人农业投资的情况。从表中数据可以看出，中部地区的农户生产性经营现金支出和农户生产性固定资产投资额都是最大的。

表17-4　　　东部地区农户私人农业投资情况　　　单位：元/人

省份	农户生产性经营现金支出			农户生产性固定资产投资		
	2010年	2011年	2012年	2010年	2011年	2012年
北京	1562.0	2182.3	2117.2	104.0	85.0	134.0
天津	2799.0	2914.9	3242.4	118.0	164.8	159.9
河北	1991.0	2472.2	2504.6	119.0	307.1	201.9
辽宁	3348.0	4834.0	4601.8	403.0	609.3	500.7
上海	563.0	930.4	809.1	2.7	5.3	10.9
江苏	1558.0	2517.6	2108.7	164.0	156.6	167.0
浙江	3429.0	3499.6	3839.1	205.0	181.2	220.5
福建	1279.0	1636.9	1590.7	106.0	87.0	121.1

续表

省份	农户生产性经营现金支出			农户生产性固定资产投资		
	2010 年	2011 年	2012 年	2010 年	2011 年	2012 年
广东	1292.0	1517.4	1519.8	46.0	105.3	74.2
海南	1367.0	1953.9	1767.2	50.0	90.5	74.6
山东	2411.0	3270.3	3037.5	192.0	294.7	256.5
平均	1963.5	2520.9	2467.1	137.2	189.7	174.7

资料来源：2011 年、2012 年、2013 年《中国农村统计年鉴》。

中部地区包括东三省、内蒙古等部分传统农业大省，这些省份以农民自主投资的经营模式为主，基础设施相对落后，相比东部省份而言，农业基础设施相对比较落后，尤其是欠发达地区，这严重制约了农业经济的发展。我国农业基础设施的需求较大，相对中央政府和地方政府的供给，基础设施还存在很大的漏洞，虽然在基础设施方面的投入在不断地增加，但是依然无法满足农业发展的需求，所以这些地方农户投资的规模较大。

表 17-5　　　　　　　中部地区农户私人农业投资情况　　　　　单位：元/人

省份	2010 年	2011 年	2012 年	2010 年	2011 年	2012 年
山西	1354.0	1522.3	1501.0	134.0	156.9	177.5
安徽	1297.0	1829.5	1732.0	148.0	174.8	182.2
吉林	3237.0	5170.7	4454.2	458.0	889.7	723.4
黑龙江	4660.0	6363.2	5895.5	626.0	716.6	730.9
江西	1443.0	1837.7	1819.1	133.0	164.4	167.0
河南	1512.0	1838.0	1855.6	184.0	138.7	168.3
湖北	1562.0	2199.1	2050.3	142.0	228.1	195.8
湖南	1289.0	1967.6	1736.9	103.0	160.9	145.0
平均	2044.3	2841.0	2630.6	241.0	328.8	311.3

资料来源：2011 年、2012 年、2013 年《中国农村统计年鉴》。

西部地区的农户私人农业投资额最小，西部地区地广人稀，可供耕作的土地分散，人口结构中有一部分游牧民，其生活生产地点灵活，不在固定区域长期生活，自然就不追求对固定区域的长期投资。另外，西部农村居民的收入低，除去消费支出后的剩余更低。2012 年数据显示，贵州、云南、陕西、甘肃四省的农民剩余性收入不足 1000 元/人，甘肃地区只有 300 余元/人。这些剩余除用于下一年购买良种等固定支出，用于其他私人农业投资非常困难。

表 17 - 6 西部地区农户私人农业投资情况 单位：元/人

省市（自治区）	农户生产性经营现金支出			农户生产性固定资产投资		
	2010 年	2011 年	2012 年	2010 年	2011 年	2012 年
广西	1354.0	2000.1	1821.0	152.0	215.5	210.0
内蒙古	2926.0	4677.5	4043.0	438.0	700.7	551.4
重庆	823.0	1571.9	1225.6	73.0	74.8	91.0
四川	1269.0	2109.6	1786.9	114.0	128.9	152.4
贵州	559.0	1218.0	929.4	102.0	210.0	189.3
云南	1267.0	2308.0	1911.3	166.0	272.2	248.6
西藏	283.0	616.8	465.3	204.0	443.7	330.7
陕西	1341.0	1725.3	1627.0	273.0	215.5	277.2
甘肃	1012.0	1625.9	1412.3	176.0	215.4	207.9
青海	726.0	1490.0	1173.1	145.0	306.6	237.4
宁夏	1751.0	2584.5	2412.7	346.0	409.1	444.8
新疆	3643.0	5621.0	4857.4	563.0	769.8	688.9
平均	1412.8	2295.7	1972.1	229.3	330.2	302.5

资料来源：2011 年、2012 年、2013 年《中国农村统计年鉴》。

17.5 农产品主要进出口省份集中度高

从省际的角度上看，农产品主要进出口省份有很高的集中度。

从出口方面看，山东、广东、福建、浙江和辽宁一向是我国农产品的出口大省。2013 年的数据显示，就农产品出口额而言，该五省的出口额依次分别为 160.71 亿美元、86.97 亿美元、78.59 亿美元、52.12 亿美元和 47.60 亿美元，占我国农产品进出口总额的比重分别为 2.69%、12.82%、11.59%、7.68% 和 7.02%，合计占全国农产品出口额度的 62.8%。其中广东省的出口增长近 10 亿美元，增幅超过 15%，呈现出较有利的出口势头。而一向大幅增长的山东省，2013 年的出口仅增长 1.53 亿美元，增幅不到 1%。山东历年的出口额均列全国第一，大多数年份占比超过了总出口额的 20%；广东次之，基本保持在 10% 以上的水平。浙江、福建和辽宁三省的出口占比相差不大，但 2008 年以后福建呈现出快速增长的趋势，出口占比从 2008 年的 7.5% 上升到 2013 年的 11.59%。从全国来看，有 10 个省份的出口增速超过 10%，其中湖北、青海、湖南、安徽、河南 5 个省份达到 20%。湖北和青海分别以 57.53% 和 50.62% 高居榜首，领跑全国。江苏、吉林、内蒙古、海南、宁夏 5 个省份地区的出口额比上年略有下降。四川、北京、甘肃、贵州 4 个省市的出口出现明显下滑，下降幅度分别为

22. 23% 、11. 39% 、16. 21% 、9. 26% 。

从进口方面看，广东、山东、江苏、上海和天津是我国农产品进口最多的几个省份，2013 年这五省的农产品进口额也非常可观。广东省的农产品进口额占全国农产品进口额的比重高达 17. 18% ，其次是山东 16. 61% 、江苏 15. 53% 、上海 8. 42% 和天津 7. 63% 。2002 ~ 2013 年，广东、山东和江苏进口占比大部分年份都超过 10% ；北京进口所占比重从 2001 年的 21. 4% 下降到 2013 年的 3. 6% ；上海进口所占比重先上升后下降，从 2001 年的 8. 2% 上升到 2007 年的 12. 4% ，2013 年又降回 8. 42% 。14 个省市地区的进口增幅都在 10% 以上，其中宁夏、内蒙古、山西 3 个地区的增幅都超过了上年度的 2 倍，增幅分别为 105. 33% 、102. 65% 、100. 55% 。湖北、重庆、海南、甘肃、贵州、西藏等地区的农产品进口额有明显降低，减少幅度均超过 10% ，西藏地区更是达到了 60. 51% 。

17.6 农产品竞争力不断下降，贸易逆差不断扩大

17. 6. 1 农产品贸易逆差呈常态，贸易逆差不断扩大

在农产品贸易总额不断攀升的同时，一个现实也逐渐显现出来，进口增速大于出口增速。从 2004 年起出现逆差后，逆差成为常态并呈逐步扩大趋势，我国已然成为了农产品进口大国。截至 2013 年，我国农产品出口额从刚"入世"的 181. 5 亿美元增长到 678. 25 亿美元，增加 2. 74 倍；进口额则从 124. 5 亿美元增长到 1188. 7 亿美元，增加 8. 55 倍。2009 年我国的农产品进出口总额下滑了 70 亿美元，其中出口没有受到很大影响，只下滑了 10 亿美元，同比下降 2. 3% ；进口则下滑了 60 亿美元，同比下降 10. 4% 。2011 年和 2012 年，农产品价格大幅上涨，致使农产品进出口金额都有大幅度的上升。我国的农产品贸易也受到了国际市场的强烈影响，2011 年，我国农产品逆差为 341. 2 亿美元，比上年度提高了 47. 62% 。次年，逆差达到 491. 9 亿美元，又同比增长了 44. 2% 。2013 年逆差达到 510. 42 亿美元，贸易逆差的增速放缓至 3. 7% ，这也说明即便以高逆差额的 2012 年为基期，2013 年农产品贸易仍旧保持了逆差的增长。

17. 6. 2 农产品竞争力不断下降

显示性比较优势（Revealed Comparative Advantage，RCA）指数是指一个国家（或地区）某种产品出口额占其出口总值的份额与该类产品占世界出口总值的份额的比例。

用公式表示为：

$$RCA_{ij} = (X_{ij}/X_i)/(X_{wj}/X_w) \qquad 公式（17-1）$$

其中，RCA_{ij}为 i 国（地区）j 类产品的显示性比较优势指数；X_{ij}为 i 国（地区）j 类产品的出口总额；X_i为 i 国（地区）所有产品的出口总额，X_{wj}为世界 j 类产品的总出口额；X_w为世界所有产品的出口总额。若 RCA > 2.5，表明该产品具有极强的出口竞争力；若 1.25 < RCA ≤ 2.5，则说明该产品具有较强的出口竞争力；若 0.8 < RCA ≤ 1.25，说明该产品具有中等的出口竞争力；若 RCA < 0.8，则说明该产品具有较弱的出口竞争力。该式是以世界农产品出口占世界出口总额的比重作为参照，表示区域农产品出口在区域总出口中的相对位置，反映区域农产品出口相对于该区域总出口的比较优势。RCA 指数剔除了国家总量波动和世界总量波动的影响。

由于我国西部地区的出口量小，出口品种单一，结构不完善，测算结果代表性差，我们在此不做计算。经计算，得到我国东部和中部省份农产品 RCA 指数如表 11-7、表 11-8 所示：

表 17-7　　　　　　　　　　东部地区农产品 RCA 指数

省份	2003 年	2004 年	2005 年	2006 年	2007 年
北京	0.636642	0.472808	0.468143	0.433939	0.510813
天津	0.338488	0.228212	0.233924	0.258051	0.241136
河北	0.985279	0.784707	0.880005	0.839142	0.682264
辽宁	0.642564	0.51036	1.138603	1.093022	1.075745
上海	0.138322	0.108495	0.120916	0.119381	0.108293
江苏	0.130411	0.10453	0.104453	0.110476	0.099439
浙江	0.273775	0.253355	0.393492	0.341391	0.282227
福建	0.391845	0.374603	0.694068	0.749261	0.679906
山东	1.230609	1.127933	1.84383	1.770993	1.521214
广东	0.140091	0.139327	0.185098	0.163512	0.138608
海南	0.319945	0.2831	1.77977	2.399836	2.962854
省份	2008 年	2009 年	2010 年	2011 年	2012 年
北京	0.275213	0.233576	0.214164	0.245542	0.251264
天津	0.245694	0.290828	0.275612	0.262924	0.224514
河北	0.500588	0.688986	0.612579	0.580392	0.560613
辽宁	0.956862	0.975239	0.936169	0.956101	0.915346
上海	0.092533	0.090695	0.092613	0.089507	0.094736
江苏	0.099787	0.104913	0.104755	0.099297	0.103697
浙江	0.260885	0.240043	0.228337	0.231877	0.233388

省份	2008 年	2009 年	2010 年	2011 年	2012 年
福建	0.639279	0.681787	0.779377	0.818788	0.857018
山东	1.285482	1.304872	1.369939	1.349648	1.29656
广东	0.136981	0.144499	0.140644	0.144638	0.145282
海南	3.388825	3.283555	2.252192	2.473739	2.130858

资料来源：国内数据来源于 2004～2013 年东部各省统计年鉴，国际数据来源于 WTO 官网。

从数据看出，2003～2012 年，无论是东部地区还是西部地区，农产品显示性比较优势指数普遍下降，东部地区的指数略高于西部地区。

东部各省在 2003 年和 2004 年指数均有下降。2005 年东部各省份的指数有明显变化：海南、山东、辽宁、福建的显示性比较优势指数有明显上升；浙江、河北的指数略有上升。2006 年以后，东部省份整体呈现显示性比较优势下降的现象。2006 年以后，除海南省有明显变化外，其他省份的显示性比较优势指数都没有明显的变化：海南的显示性比较优势指数最高，高于 2.5，拥有极强的出口优势；山东省的指数大于 1.25，有较强的出口竞争力；辽宁、福建的指数在 0.8 和 1.25 之间，有中等的竞争力；其他地区不具有比较优势。

中部地区在 10 年间农产品的显示性比较优势指数也是整体下降的，与东部地区不同的是，即使在 2005 年也没有较大的上升变动。总体来说，自 2003 年开始各省的农产品显示性比较优势指数一直下降。2006 年以前，西部地区有部分省份的农产品具有极强的出口竞争力，如吉林、黑龙江；河南、安徽、湖南、湖北具有中等的出口竞争力，其余省份不具有比较优势。2006 年以后，只有吉林仍保持极强的出口竞争力；湖北、湖南保持中等的出口竞争力；其余省份都不具有比较优势。

表 17-8　　　　　　　　　中部地区农产品 RCA 指数

省份	2003 年	2004 年	2005 年	2006 年	2007 年
吉林	6.657781	3.186582	4.287961	3.430937	2.832792
黑龙江	2.547298	1.400779	1.255069	0.993071	0.69628
山西	0.566187	0.132617	0.131919	0.193101	0.160321
江西	0.575396	0.488065	0.661188	0.516834	0.358274
河南	1.184919	1.01051	0.993385	0.906899	0.722004
湖北	0.897492	0.884223	0.856271	0.833212	0.706994
湖南	0.958285	0.871749	0.915094	0.784926	0.664359
安徽	1.030768	0.792419	0.792327	0.704761	0.605566

续表

省份	2008 年	2009 年	2010 年	2011 年	2012 年
吉林	2.666116	3.187996	2.598079	2.62406	2.234866
黑龙江	0.624672	0.656833	0.480564	0.498674	0.616491
山西	0.123241	0.214572	0.199464	0.196827	0.17269
江西	0.365093	0.36802	0.216196	0.147006	0.169131
河南	0.507806	0.729734	0.84556	0.616534	0.377991
湖北	0.648112	0.767351	0.844414	0.80982	0.659636
湖南	0.601953	0.803853	0.764741	0.698562	0.627444
安徽	0.542128	0.606877	0.623973	0.551314	0.395511

资料来源：国内数据来源于 2004～2013 年中部各省统计年鉴，国际数据来源于 WTO 官网。

农产品的出口竞争力是指某个国家或者某个企业所生产的农产品，能够在国际市场上取得高于其竞争对手的市场份额，成功实现出口盈利的能力。农产品的出口竞争力是农业的国家竞争力、农业的产业竞争力和农业企业竞争力三者的具体体现。农产品国际竞争力不仅体现了一个国家农业产业的国际竞争力水平，也体现了这个国家关于农产品生产企业的国际竞争力水平。出口竞争力的下降直接导致了出口的困难、进出口贸易的逆差。贸易逆差的不断扩大、出口竞争力的不断下降不利于国内市场农产品供需平衡，弱化了我国对农产品市场价格的影响力。我国农产品出口面临巨大挑战。

第 18 章

农业投资对农产品出口影响的实证研究

农业投资对农产品贸易的影响主要体现为对出口的影响。我们第 16 章分析了农业投资对农产品出口的理论基础和传导机制，第 17 章分析了近 20 年我国农业投资的基本情况和农产品对外贸易的现状，但是农业投资究竟是如何影响农产品出口的？农业投资对农产品出口的影响是否存在区域差异？针对这些问题，本章将利用 2002～2012 年我国 31 个省（自治区、直辖市）的省际面板数据就农业投资对农产品出口的影响建立计量模型进行实证检验和分析。

18.1　数据选取与模型设定

为研究我国各地区财政农业投资、农户生产经营现金性投资、农户固定资产投资、农业利用外商投资、农民收入、农业产值、农业生产支持等因素对农产品贸易额的影响，我们选取以下变量进行研究，指标的意义、单位及数据来源详见表 18 - 1。

表 18 - 1　　　　　　　　　　　　实证变量说明

回归变量	意义	单位	数据来源
主要解释变量			
EXP_{it}	i 地区 t 年份的农产品出口额	万元	历年《中国农村统计年鉴》
CZ_{it}	i 地区 t 年份的地方政府财政农业投资额	万元	历年《中国统计年鉴》和《新中国农业 60 年》，地区财政农业投资额为当年当地政府财政支出中的农林水事物和粮油物资储备管理费用加总得到
NJY_{it}	i 地区 t 年份的农户个人生产性经营费用现金支出，用以描述农户私人短期农业投资	元/人	历年《中国农村统计年鉴》

续表

回归变量	意义	单位	数据来源
NGC_{it}	i 地区 t 年份的农户个人生产性固定资产投资，用以描述农户私人长期农业投资	元/人	历年《中国农村统计年鉴》
FDI_{it}	i 地区 t 年份的农业利用外商投资额	万元	各省（直辖市、自治区）2003 ~ 2013 年统计年鉴，按行业分实际利用外商投资额中的农林牧渔业项
控制变量			
SR_{it}	i 地区 t 年份的农民人均纯收入	元/人	历年《中国农村统计年鉴》，由农民人均纯收入根据农民收入价格指数平减得到
GDP_{it}	i 地区 t 年份的农业 GDP	万元	历年《中国统计年鉴》，用该地区当年农林牧渔总产值表示
NJ	i 地区 t 年份的农用机械总动力，反映该地区的农业生产资源供给情况	万千瓦	历年《中国农村统计年鉴》
GG	i 地区 t 年份的有效灌溉面积，反映该地区农业自然资源禀赋	千公顷	历年《中国农村统计年鉴》，2002 年的数据没有统计，由每个省份 2012 ~ 2003 年的数据应用趋势函数推得

第 17 章分析农业投资主体时提到的农村集体农业投资和金融机构的农业投资，在有些方面和政府财政农业投资与农户私人投资有重复：如政府财政农业支出中，将部分资金划拨给农村集体经济，这样该部分资金就同时作为财政农业投资和农村集体投资被重复计算了；又如，农业金融机构贷款给农民的过程中，该部分资金也同时作为金融机构投资和农户私人投资被重复计算。为了避免多重共线性对实证造成的干扰，我们不再将农村集体农业投资和金融机构农业投资作为回归变量加入到实证中。

为减少数据的异方差性，现将变量取对数形式，对数模型中回归系数还有其特有的优势，即可以用来衡量有关解释变量对被解释变量的弹性。建立如下计量模型：

$$LnEXP_{it} = \alpha_{it} + \beta_1 LnCZ_{it} + \beta_2 LnNJY_{it} + \beta_3 LnNGC_{it} + \beta_4 LnFDI_{it}$$
$$+ \beta_5 LnSR_{it} + \beta_6 LnGDP_{it} + \beta_7 LnNG_{it} + \beta_8 LnGG_{it} + \mu_{it} \quad 公式（18 - 1）$$

18.2　全国范围农业投资对农产品出口影响的实证分析

为研究哪些农业投资是影响我国农产品出口的因素，这些农业投资是如何影响农产品出口的，本节利用 2002～2012 年我国 31 个省（区、直辖市）的省际面板数据就农业投资对农产品出口的影响建立一个涵盖全国范围的计量模型进行实证检验和分析，给出在全国范围内的整体结果。

18.2.1　实证检验

在建立回归方程过程中，面板数据有其独特的优势，可通过不同的模型设定达到更加拟合实际情况的结果。在面板数据中，有固定效应模型、随机效应模型和混合回归模型三种面板数据模型可供选择，通常运用 F 检验、LM 检验和豪斯曼检验进行验证，并综合判断选定最终模型。我们先分别建立了混合回归模型、固定效应模型和随机效应模型并进行回归估计，得到相关的回归变量估计系数、模型的拟合优度及其他相关统计量的值。

本章要讨论的是农业投资于农产品出口之间的关系，选择的解释变量有四类农业投资额，即地方政府财政农业投资、农户生产性经营现金支出、农户生产性固定资产支出和农业外商直接投资。但是，影响农产品出口的因素不仅仅是农业投资，许多潜在的因素共同影响了农产品出口，在回归中遗漏这些变量会导致遗漏变量偏差。这里考虑控制可能影响农产品出口的另外四个因素，分别是农民人均纯收入、农业 GDP、农用机械总动力（用来反映该地区的农业生产资源供给情况）以及有效灌溉面积（反映该地区的农业自然资源禀赋）。虽然理论上表明农民收入情况，农业产值，农业生产资源的国内供给情况都可能是很重要的影响因素，但是究竟哪个或哪几个变量是农产品出口的显著影响因素尚不得知。这就需要分析不同回归子集的多个多元回归的结果，最终选择最佳的回归模型。

通常，回归方程是一个常见的表示回归结果的方式。当只有少数几个回归变量的时候，这种表示方法很好。但是当回归变量和回归方程个数增多时，这种表述方法就容易引起混淆。我们选择列表的方式，利用表格列出多个回归的结果，可以清晰地比较不同回归子集的统计量的值，便于选择最佳的回归形式。

首先，做一个基础回归，只包含四个主要解释变量，没有考虑控制变量，目的是直接简明的反映四类农业投资对农产品出口影响的方向。基础回归的结果如表 18 - 2 所示。

表 18-2   回归结果

被解释变量农产品出口额 lnEXP				
解释变量	固定效应模型		随机效应模型	
	Coef.	Robust Std. Err.	Coef.	Robust Std. Err.
地方政府农业投资 LnCZ	0.1825 ***	0.0491	0.1794 ***	0.0524
农户生产性经营现金支出 LnNJY	0.3845 ***	0.1020	0.4278 ***	0.1093
农户生产性固定资产投资 LnNGC	0.0953 **	0.0465	0.0439	0.0509
农业利用外商直接投资 LnFDI	-0.0268 *	0.1551	-0.0168	0.0171
常数项 cons	7.3977	0.2533	7.2437	0.3203
R^2	0.6553		0.6530	

在比较混合最小二乘法与固定效应模型的 F 检验中，Prob > F = 0.000，通过了 1% 的显著性检验，选择固定效应模型。在比较混合最小二乘法与随机效应模型的 LM 检验中，Prob > chibar2 = 0.000，通过了 1% 的显著性检验，选择随机效应模型。进一步通过 hauxman 检验来判断选择随机效应模型还是固定效应模型，检验结果 Prob > chibar2 = 0.0610，在 10% 的水平下拒绝原假设，认为应使用固定效应模型。模型检验结果如表 18-3 所示。

表 18-3   回归模型检验

	检验结果	选择模型
F 检验	Prob > F = 0.000	固定效应
LM 检验	Prob > chibar2 = 0.000	随机效应
豪斯曼检验	Prob > chi2 = 0.0610	固定效应

于是得到该回归的方程形式为：

$$LnEXP_{it} = 7.3977 + 0.1825LnCZ_{it} + 0.3845LnNJY_{it} + 0.0953LnNGC_{it} - 0.0268LnFDI_{it}$$
$$(0.2553) \quad (0.0491) \quad (0.1020) \quad (0.0465) \quad (0.1551)$$
$$R^2 = 0.6553 \qquad\qquad 公式（18-2）$$

回归结果显示，四类农业投资对农产品贸易的影响都是显著的，且三类国内投资的系数估计值符号都为正：地方政府财政农业投资额提高 1%，农产品出口额提高 0.1825%；农户生产性经营现金支出提高 1%，农产品出口额提高 0.3845%；农户生产性固定资产投资额提高 1%，农产品出口额提高 0.0953%。而农业实际利用外商直接投资对农产品的出口贸易的影响为负向，即农业实际利用外商投资额每增加 1%，农产品的出口额下降 0.0268%。

现加入控制变量，应用 stata12.0 软件处理得到回归结果见表 18-4。其中回归变量财政农业支出、农户生产性经营现金支出、农户生产性固定资产投资和农业实际利用外商投资的系数估计值为第一行的数值，稳健标准误为系数估计值下方括号里内的数值，其他回归变量处的空白表示本列回归中不包含这些回归变量。刚刚所做的基础回归即为列表中的回归（1）。由于篇幅有限，不将各组回归的模型检验过程一一体现。

表 18 - 4　　　　　　　　　　全国农业投资—出口回归

回归变量	被解释变量 lnEXP			
	（1）	（2）	（3）	（4）
LnCZ	0.1825 *** (0.0491)	0.0801 (0.0728)	0.0961 * (0.0566)	0.1648 *** (0.0501)
LnNJY	0.3845 *** (0.1020)	0.3141 *** (0.1080)	0.2021 * (0.1182)	0.3599 *** (0.1027)
LnNGC	0.0953 ** (0.0465)	0.0912 * (0.0464)	0.0777 * (0.0463)	0.0897 * (0.0465)
LnFDI	-0.0268 * (0.1551)	-0.0253 (0.1545)	-0.0249 (0.0152)	-0.0295 * (0.0155)
LnSR		0.3998 * (0.2107)		
LnGDP			0.4429 *** (0.1510)	
LnNJ				0.1771 * (0.1071)
LnGG				
cons	7.3977 *** (0.2533)	6.0191 *** (0.7690)	2.7321 * (1.6099)	6.5485 *** (0.5725)
R²	0.6553	0.6601	0.6666	0.6590
回归变量	被解释变量 lnEXP			
	（5）	（6）	（7）	（8）
LnCZ	0.1841 *** (0.0486)	0.0971 * (0.0568)	0.0707 (0.0729)	0.0439 (0.0736)
LnNJY	0.4216 *** (0.1020)	0.2082 * (0.1191)	0.2963 *** (0.1084)	0.1866 (0.1205)

续表

被解释变量 lnEXP				
回归变量	（5）	（6）	（7）	（8）
LnNGC	0. 1112 ** （0. 0465）	0. 0773 * （0. 0464）	0. 0863 * （0. 0464）	0. 0768 * （0. 0463）
LnFDI	− 0. 0214 （0. 0155）	− 0. 0259 * （0. 0155）	− 0. 0278 * （0. 0155）	− 0. 0253 （0. 0154）
LnSR			0. 3734 * （0. 2109）	0. 2480 （0. 2185）
LnGDP		0. 4097 ** （0. 1671）		0. 3540 ** （0. 1741）
LnNJ		0. 0547 （0. 1172）	0. 1612 （0. 1070）	0. 0609 * （0. 1173）
LnGG	− 0. 4361 ** （0. 1742）			
cons	10. 138 *** （1. 1231）	2. 8193 * （1. 6231）	5. 3367 *** （0. 8909）	2. 5217 （1. 6433）
R^2	0. 6515	0. 6668	0. 6631	0. 6685

回归（2）、回归（3）、回归（4）、回归（5）分别加入了农民人均纯收入、农业 DGP、农用机械总动力和有效灌溉面积作为控制变量，研究在控制一部分可能影响农产品出口贸易的因素时，四类农业投资对农产品对外贸易的影响。回归（2）、回归（3）和回归（5）表明，分别新加入的控制变量农民纯收入、农业 GDP 和有效灌溉面积对农产品出口贸易的影响是显著的，然而加入新的控制变量后，财政农业投资、农户生产性固定资产支出及外商直接投资的显著情况明显下降。这说明解释变量间可能存在多重共线性，导致加入新的回归变量后，影响了其他变量的解释程度。回归（4）加入控制变量农用机械总动力后，经检验得选择固定效应模型更优，回归结果显示，新加入的变量对农产品的对外贸易额的影响是正向的，显著的，并且没有影响已有解释变量的显著性。从回归系数上看，财政农业投资、农户生产经营性现金支出，农户生产性固定资产投资的系数估计值都更加接近于 0，说明农用机械总动力是重要的控制变量，该变量应该在保留在回归方程中。

回归（6）和回归（7）是建立在回归（4）的基础上的，在保留农用机械总动力这一控制变量的前提下，分别加入农民人均纯收入、农业 GDP 作为控制变量。回归（6）是将农业 GDP 和农用机械总动力同时作为控制变量处理，经检验选择固定效应模型更优。回归结果较好，从显著程度上看，除控制变量农业机械总动力不显著外，其他回归变量都是显著的，满足了定量研究对农业投资对农产品出口影响程度的要求；从回归系数估计值上看，农业利用外商投资的系数估计值无明显变化，而财政农业投资、农户生产经营性现金支出，农户生产性固定资产投资的系数估计值都更加接近于0，所以该回归优于回归（4）。回归（7）是将农民纯收入和农用机械总动力同时作为控制变量处理，经检验选择固定效应模型更优。回归结果较好，从显著程度上看，除解释变量财政农业投资和控制变量农业机械总动力不显著外，其他回归变量都是显著的，基本能解释农业投资对农产品出口的影响，但效果没有回归（6）好；从回归系数估计值上看，财政农业投资、农户生产经营性现金支出，农户生产性固定资产投资的系数估计值都更加接近于0，农业利用外商投资的系数估计值无明显变化。所以该回归与回归（6）相比，没有回归（6）效果好。

回归（8）是建立在回归（6）的基础上的，在保留农用机械总动力和农业GDP这两个控制变量的前提下，再加入农民纯收入作为控制变量处理，经检验选择固定效应模型更优。回归结果如下，从显著程度上看，大部分的回归变量的显著程度都明显下降，除农户生产性固定资产投资和农业GDP外，其他回归变量的系数估计值都是不显著的，不能很好地解释农业投资对农产品出口贸易的影响；从回归系数估计值上看，各系数估计值变化方向不定。综上所述，回归（8）的效果不如回归（6），回归（6）的效果是8组回归中最优的。

最终得到该回归的方程形式为：

$$LnEXP_{it} = 2.8193 + 0.0971 LnCZ_{it} + 0.2082 LnNJY_{it} + 0.0773 LnNGC_{it}$$
$$\quad\quad (1.6231) \quad\quad (0.0568) \quad\quad\quad (0.1191) \quad\quad\quad\quad (0.0464)$$
$$\quad\quad - 0.0259 LnFDI + 0.4097 LnGDP_{it} + 0.0547 LnNJ_{it}$$
$$\quad\quad\quad (0.0155) \quad\quad\quad (0.1671) \quad\quad\quad\quad (0.1172)$$
$$\quad R^2 = 0.6668 \quad\quad\quad\quad\quad\quad\quad\quad\quad\quad\quad 公式（18-3）$$

18.2.2　实证结果分析

由公式（18-3）的回归结果可知，农产品对外贸易额显著的受到地方政府财政农业投资、农户生产性经营现金支出、农户生产性固定资产支出和农业外商直接投资四个方面农业投资的影响。其中，三类国内投资的系数估计值符号都为正：地方政府财政农业投资额提高1%，农产品出口额提高0.0971%；农户生产性经营现金支出提高1%，农产品出口额提高0.2082%；农户生产性固定资产投资额提高1%，农产品出口额提高0.0773%。而农业实际利用外商直接投资对农产品的出口贸易的影响为负向，即农业实际利用外商投资额每增加1%，农产品的出口额下降0.0259%。

18.2.2.1　从财政农业投资角度分析

从全国的实证结果分析，地方政府财政农业投资额提高1%，农产品出口额提高 0.0971%，说明政府财政农业支出对农产品出口的影响为正，和财政支出的本质出发点是相符合的。从作用机理上讲，根据凯恩斯的国民收入决定模型，投资会通过投资乘数，成倍地作用于收入。也就是说，一个国家对其国内经济的投资会带来该国整体经济实力的提高和经济的繁荣程度的上升。经济的繁荣和生产能力的提高又会相应的促进一国的贸易。

由于政府农业投资侧重于社会效益，一般投资于社会公益性、公共服务领域和基础性投资领域，会对国内农产业整体实力的提高打好基础，农业产业生产力的提高和农产品的增收进而导致了农产品对外贸易量的增加，政府对于农产业的投资主要体现在以下几个方面：

第一，农业保护意识增强。加入 WTO 以来，为了适合国际贸易的新要求，充分利用 WTO 允许的"绿箱政策"，政府一直在不断加大对农业的支持力度，提高我国农产品的国际竞争力，特别增加国家在农业教育、科研和技术推广、农业机械化、农业基础设施建设、农村生活设施改善、农业结构调整以及生态环境保护等方面的投入。

第二，基础设施建设不断完善。从 2004 年以来，中央一直高度关注"三农"问题的解决，重视农业的发展，并加强了在农业上的投资力度，引导性的将社会投资热点向农产业倾斜。政府财政规划内的农业投资，很大一部分用于加强农业基础设施建设，包括搞好灌区的改造和小型农田水利建设，大力发展节水灌溉[63]。

第三，高度重视粮食安全。近年来，中央加大了对粮食主产区和种粮农民的扶持力度，加快建立粮食核心产区，实施粮食战略工程，全面提高粮食综合生产能力和供给保障能力。农业生产既追求总量的增加，同时又追求结构的优化。积极发展畜牧业和水产养殖业，促进各类重要农产品稳定增长，推进农业生产标准化，确保粮食安全。

18.2.2.2 从农户自身投资角度分析

从全国实证结果分析，农户生产性经营现金支出每提高 1%，农产品出口额提高 0.2082%；农户生产性固定资产投资额提高 1%，农产品出口额提高 0.0773%，说明农户生产性经营现金支出和农户生产性固定资产投资都对农产品的出口贸易有正向的促进作用，并且系数估计值的显著性良好。这说明农户自身对于农业生产的短期性投资和长期性投资是农产品出口贸易的重要影响因素，应当予以重视。

政府增加粮食直补，农资综合补贴，扩大良种补贴规模和范围，增加农机具购置补贴种类，提高补贴标准，把实惠和利益给到农民手中，同时也向农民传递了国家重视农业生产的信号。收到转移的现金的农民受到激发，自身也加大日常生产生活中对于农业的经营性现金支出和生产性固定资产的投资，有更高的意愿用更高成本的工具生产更高价值的农产品。这样总体上促进了农业的发展，提高了自身的生产力，进而带动整个农业发展从下至上，有活力，有动力，有后劲，农业生产力的提高进一步增强农产品的国际竞争力，为扩大出口提供有利的条件。

18.2.2.3　从农业利用外商直接投资角度分析

实证结果表明，农业实际利用外商直接投资对农产品的出口贸易的影响为负向，即农业实际利用外商投资额每增加1%，农产品的出口额下降0.0259%。关于农业利用FDI方面，虽然许多学者肯定FDI对我国农业发展的积极作用，但也有一些学者担心农业FDI带来的负面影响，可能会带来一系列社会经济问题。改革开放以来，一直倡导引进来的方式，已经不一定适合现阶段的农业发展。第一，农业FDI流入国内一些地区时，可能通过技术负面溢出影响国内农业的发展，在外国技术投资的技术溢出方面，吕立才（2006）通过研究FDI对国内农业产业的影响，提出在技术水平上我国国内农产品加工业企业与国际跨国公司存在很大的差距以至于不利于外国直接投资企业的技术溢出。第二，外国直接投资企业，可以利用货币政策、外资优惠政策、生产要素价格提升，挤出这些地区原来的企业，以垄断竞争方式扰乱农产品贸易市场、跨国转嫁企业经营风险。第三，虽然农业利用外商直接投资短期内能够促进我国农业的增长及贸易量的增加，但同时也在一定程度上挤出了国内投资和就业。第四，由于资本存在逐利性，外商资本的涌入将追求在我国农业市场上的垄断地位，当国内农业对外商直接投资有高度的依赖性，国内便失去了产业链的控制力和农产品的定价权。第五，由于外商企业大多带来先进的技术，并通过兼并及上下游产业链的方式将非核心技术教给我国本土企业，本土企业短时期内因为应用先进技术而使农业产量和质量大幅度提高。进而，对外商投资企业的技术具有绝对的依赖性，会导致我国自身农业技术发展的停滞，长远的削弱了我国农业发展的潜力和后劲。

18.2.2.4　从非农业投资角度分析

农业GDP会对农产品的出口造成影响是毋庸置疑的。一个国家或地区产品的对外贸易体现了该国家或地区的经济活力，体现了该国家或地区协调国内要素、参与国际分工的能力。农业GDP是体现一国农产业经济实力的最重要的指标之一，其对农产品出口的影响也是非常显著的。林吉双运用协整和误差修正模型对广东省出口贸易的影响因素进行实证分析，研究结果显示，GDP在短期内会对一国的出口形成影响[64]。

农用机械总动力和有效灌溉面积描述的是我国国内对于农产业发展提供的要素支持。目前，我国农业资源不足，生产能力有限。耕地和水资源不足是我国农业发展的重大障碍。但是，中国正处在工业化、城市化快速建设时期，城市化用地和工业化用地不可避免，每年净减少耕地数十万公顷。此外，人为破坏、不合理使用、自然灾害等也使现有耕地质量不断下降，在一定程度上制约了我国粮食生产的发展。中国现有的农业生产潜能没有得到充分发挥是导致农业减产的重要原因[65]。

18.3 分区域农业投资对农产品出口影响的实证分析

18.3.1 实证检验

由于我们要研究农业投资对农产品贸易的影响，为了实证结果更具代表性，我们按照农产品贸易的地区差异，将我国分为东、中、西三部分。为了剔除控制变量与主要解释变量间由于相关性对结果造成的影响，先将四个主要解释变量进行回归。表 18-5 是对四个主要解释变量回归的结果。

表 18-5 分区域农业投资—出口回归

被解释变量 lnEXP				
回归变量	全国	东部	中部	西部
LnCZ	0. 1825 *** (0. 0491)	0. 0635 (0. 0725)	0. 0724 0. 0950	0. 3717 *** (0. 0925)
LnNJY	0. 3845 *** (0. 1020)	0. 7190 *** (0. 1461)	0. 1375 (0. 2195)	0. 1869 (0. 2011)
LnNGC	0. 0953 ** (0. 0465)	0. 1006 ** (0. 0497)	0. 2030 (0. 1582)	- 0. 0200 (0. 1418)
LnFDI	- 0. 0268 * (0. 1551)	0. 0166 (0. 0360)	0. 0795 * (0. 0454)	- 0. 0417 * (0. 0227)
cons	7. 3977 *** (0. 2533)	7. 4168 *** (0. 4533)	8. 5878 *** (0. 5213)	5. 8436 *** (0. 5177)
R^2	0. 6553	0. 7365	0. 4473	0. 8599

此处对东、中、西三区域的划分和国家发改委的解释一致，东部地区是指最早实行沿海开放政策并且经济发展水平较高的省市，农产品贸易往来密切，包括11 个省级行政区，分别是北京、天津、河北、辽宁、上海、江苏、浙江、福建、山东、广东、海南；中部是指经济次发达地区，对外贸易状况要弱一些，包括8个省级行政区，分别是黑龙江、吉林、山西、安徽、江西、河南、湖北、湖南；西部则是指经济欠发达的地区，农产品贸易发展也相对落后，包括12 个省级行政区，分别是四川、重庆、贵州、云南、西藏、陕西、甘肃、青海、宁夏、新疆、广西、内蒙古。

18.3.2　实证结果分析

全国区域范围内，各地政府财政农业投资、农户生产性经营现金支出、农户生产性固定资产投资以及农业利用外商直接投资对全国农产品对外贸易的影响都是显著的。按区域分类后，东部地区农户生产性经营现金支出、农户生产性固定资产投资对农产品出口的影响是显著的，其他两类投资是不显著的，即在东部地区，农户自身农业投资对农产品贸易的影响较显著。中部地区只有农业利用外商直接投资对农产品出口的影响是显著的。西部地区，财政农业投资和利用外商直接投资两项对农产品出口的影响是显著的。

18.3.2.1　从财政农业投资角度分析

财政农业投资对东、中、西部地区的影响都是正向的，财政农业支出提高1%，东、中、西部的农产品对外贸易额分别提高 0.0635%、0.0724% 和0.3717%。说明政府财政对于农业发展的规划起到了正向的积极的作用，从贸易的正向发展可以看到背后整体农业基础建设和农产业的发展。

但是，财政农业投资对于中部和东部地区的出口影响系数是很小的。其中一个很大的原因，就是我国一直以来，在农业上的科研投入低。我国农业投资中用于科技三项的投资情况如表 18-6 所示。农业科研投入占农业 GDP 比重国际上的平均水平为1%，而我国却远远达不到这个平均水平，导致了生产效率低、高投入低产出的现象。

表 18-6　　　　　　　　农业科研投资情况表

年份	科技三项费用（亿元）	财政农业投资（亿元）	科技三项费用/财政农业投资（%）	农业 GDP（亿元）	科技三项费用/农业 GDP（%）
2002	9.9	1580.8	0.63	16537.0	0.06
2003	12.4	1754.5	0.71	17381.7	0.07
2004	15.6	2337.6	0.67	21412.7	0.07
2005	19.9	2450.3	0.81	22420.0	0.09
2006	21.4	3173	0.67	24040.0	0.09

资料来源：2007 年《中国农村统计年鉴》、历年《中国统计年鉴》，2007 年以后，统计口径发生改变，不再将科技三项作为一项支出单独列出，所以我们应用的是 2007 年以前的数据。

政府财政农业支出对西部地区的对外贸易的影响是显著的，同时西部地区的影响系数也最大。这说明，近十年来，财政对西部地区的农业补助和农业投资取得了较为明显的效果。这可能是因为，西部地区本身由于历史原因和地理原因的存在，农业经济基础较弱，尤其体现在农业基础设施薄弱，农业科研投入长期不足，农业发展缺乏人才的跟进，农业生产缺乏后劲。而政府对于农业的投资，大多用在支援农村生产支出和各项农业事业费，农业基本设施建设支出和科技三项费用上，从 2007 年到 2013 年，政府又加大了对粮、农、种、机的四项补贴，以及农业社会事业发展支出。正好有力地弥补了西部地区在该这些方面的不足。

18.3.2.2 从农户私人农业投资角度分析

农户自身农业投资在东部对贸易作用明显，并且在 1% 的显著水平上显著，说明东部地区农户自身的生产经营对农产品的对外贸易起到了正向的积极的作用。西部地区农户生产经营性支出对农产品出口贸易影响不大，与该区域农民收入低有不可分割的关系。农民收入的增加使农民加快改善生活质量，同时也更有意愿加大农业生产上的投资，收入提高得越快，农民对未来的心理预期越好，越敢在下一期的生产中扩大投入。对于西部和中部地区来说，由于本身的自然条件不像东部地区具有优势，土壤的条件致使有效灌溉面积不足，降雨量也没有东部地区充足，农业产出往往受到影响。

据统计，2012 年我国中部地区农村居民纯收入的平均值只有 7670 元/人，西部地区为 6055 元/人，如表 18-7、表 18-8 所示。在食品上就要支出日常消费的 40%，衣着、居住支出大概 25%，再加上用于家庭设备、交通通信、文教娱乐、医疗保健等的其他支出，中部地区的农村居民除去消费支出后仅剩 2000 元/人，西部地区不到 1300 元/人。再加之中国人一向的保守主义思想，会预留其中的一部分用于预防性储备，防止大病、灾害等风险，并预留一部分作为个人储蓄，最终剩下的可供农业投资的资金已经非常有限。严重的阻碍了农村家庭再生产的扩大，影响了生产规模的提高，自然对农产品出口也很难产生较大的作用。

表 18-7　　　　　　　　　　中部地区农民纯收入及消费情况

省份	纯收入	消费支出	食品支出	居住支出	家庭设备及用品支出	交通通信支出	文教娱乐支出	医疗保健支出
山西	6356.6	5566.2	1860.0	1142.1	298.3	626.0	498.0	490.2
吉林	8598.2	6186.2	2268.8	836.8	251.9	699.0	606.3	840.5
黑龙江	8603.8	5718.0	2164.9	754.7	229.7	611.3	518.0	727.0
安徽	7160.5	5556.0	2180.8	1139.8	346.9	516.6	385.9	510.1
江西	7829.4	5129.5	2232.8	1030.2	278.3	494.5	342.7	380.4
河南	7524.9	5032.1	1701.7	1060.7	361.6	525.1	343.8	468.8
湖北	7851.7	5726.7	2154.0	1206.2	397.9	496.1	394.6	591.9
湖南	7440.2	5870.1	2574.8	1088.2	373.5	481.6	400.2	497.2
平均	7670.7	5598.1	2142.2	1032.3	317.3	556.3	436.2	563.3

资料来源：历年《中国农村统计年鉴》。

　　东、中、西部的农户生产性固定资产投资每提高 1%，相应的农产品出口额分别上升 0.1006%、0.2030% 和降低 0.0200%。受地区农业产业结构的影响，中部地区位于平原地带，主产大豆、小麦、玉米等大宗农产品，家用的耕作农机、农具也较多，家用生产性固定资产对农业生产量和对外贸易额的影响较大。东部地区由于更多的发展水产养殖业和果蔬种植业，家用生产性固定资产对农产量和贸易的影响次之。西部地区地广人稀，可供耕作的土地分散，地形的不利也影响了农机的应用。加之西部农村居民的收入低，除去消费支出后的剩余更低。

　　2012 年数据显示（见表 18-8），贵州、云南、陕西、甘肃四省的农民剩余性收入不足 1000 元/人，甘肃地区只有 300 余元/人。这些剩余用于下一年的良种购买等生产性经营性尚且紧张，用于固定资产的添置更是非常困难。甚至添置新的固定资产会影响到下一期正常的农业生产，对农业产出和农产品对外贸易都是无益的。

表 18-8　　　　　　　　　　西部地区农民纯收入及消费情况

省份	纯收入	消费支出	食品支出	居住支出	家庭设备及用品支出	交通通信支出	文教娱乐支出	医疗保健支出
内蒙古	7611.3	6382.0	2379.8	1079.0	269.0	912.2	514.0	588.9
广西	6007.5	4933.6	2085.6	1200.8	274.6	453.0	270.2	382.9
重庆	7383.3	5018.6	2216.1	557.0	413.5	489.3	394.2	482.2
四川	7001.4	5366.7	2514.2	787.4	333.2	463.9	329.3	498.3
贵州	4753.0	3901.7	1740.6	758.4	211.4	371.3	226.4	282.5
云南	5416.5	4561.3	2080.6	804.8	247.0	470.2	289.2	362.6
西藏	5719.4	2967.6	1592.0	251.6	173.3	364.0	40.9	82.7
陕西	5762.5	5114.7	1520.1	1258.1	298.7	503.3	445.5	619.9
甘肃	4506.7	4146.2	1648.6	682.3	250.4	436.0	327.3	398.0
新疆	6393.7	5301.3	1891.1	1298.5	219.1	646.4	261.7	444.2
平均	6055.5	4769.4	1966.9	867.8	269.0	511.0	309.9	414.2

　　资料来源：历年《中国农村统计年鉴》。

　　西部地区省份，农民纯收入低，而农民的生产生活范围也不仅仅局限于农业生产。在新中国成立后社会主义大生产阶段，农民的生活收入来源基本局限于农业生产，国家可以通过组织农民参与到集体经济中来，通过农民集资等方式增加农民对自身农业生产的投入。然而，随着改革开放的深入，社会经济的发展已经不再局限于社会大生产，农村居民开始寻找其他的途径扩展收入来源。除了购买种子、化肥、农用机械外，也将投资的手慢慢伸向高收益的其他领域。同时，农村居民外出打工已经成为一种社会常态，年轻力壮的劳动力大多选择进城务工以获取更高的收入，农业生产自然就交给了留守在田里的老人、孩子和妇女，想依靠这些农业劳动力提高技术水平，扩大农业生产规模，促进农产品出口越来越困难。

18.3.2.3 从农业利用外商投资的角度分析

对于按区域分析国内利用 FDI 方面，一些学者已经做了相关研究。廖力平（2005）对全国和东、中、西三大经济带 FDI 与进出口额的面板数据进行了回归分析，验证了 FDI 与贸易的关系会因地域的不同而表现出不同的特点，相比中部和西部地区，东部各省市中外商直接投资与进出口关系比较密切[66]。李嘉凯（2012）得出结论外商直接投资对农产品贸易的辐射作用不强，原因是国内吸引外国投资的环境限制了农业引资，该限制尤其体现在中、西部地区[67]。

关于农业利用 FDI 方面，根据我们得出的实证结果，农业利用外商投资对农产品出口贸易的影响比较小。这是由于农产业利用外商投资的金额本身就少决定的。近 5 年来，农产业利用外商直接投资的项目不超过项目数的 4%，利用外商投资金额不到全国利用外商投资金额的 2%，如表 18 - 9 所示，与发展中国家 20% 的平均水平相差甚远，并且外商投资的实际使用率也只有 40%[68]。

表 18 - 9　　　　　　　　　农业外商直接投资份额

年份	行业	合同项目（个）	实际使用金额（万美元）	各行业利用外资比重（%）
2012	总计	24925	11171614	100.00
2012	农、林、牧、渔业	862	206220	1.85
2011	总计	27712	11601100	100.00
2011	农、林、牧、渔业	865	200888	1.73
2010	总计	27406	10573524	100.00
2010	农、林、牧、渔业	929	191195	1.81
2009	总计	27514	9239544	100.00
2009	农、林、牧、渔业	917	119102	1.29
2008	总计	37871	7476789	100.00
2008	农、林、牧、渔业	1048	92407	1.24

资料来源：历年《中国统计年鉴》。

外商投资逐利性高，倾向于投资高收益性产业，农业作为基础产业由于其固有的特点，一向不受到外商直接投资的青睐，投资额小自然对农产品出口的影响也小。西部地区作为经济欠发达地区，很多农业相关基础设施建设尚不完善，影响了外商投资的积极性和投资的效益，对出口的负向影响也是可以理解的。

18.3.3　东部农产品贸易大省重点分析

将东部地区单独分析主要原因有三点：第一，东部地区农业投资对农产品出口的影响显著性优于中、西部地区；第二，东部地区同时作为农业大省和进出口贸易大省，研究的现实意义较大；第三，东部地区对农产品出口影响显著的因素是农户私人投资，鉴于前人对该部分内容研究的不充分，我们将进一步研究。

从前面表 18-5 的回归结果中可以看出，在东部地区，农户生产性经营现金支出和生产性固定资产支出农产品出口的影响效应都是正的，显著的，而财政农业支出和利用外商直接投资都是不显著的。用同样的方法得到适合东部地区的回归方程，见方程（18-4）、表 18-10。

东部地区的回归方程如下：

$$LnEXP_{it} = 1.6561 + 0.0127LnCZ_{it} + 0.3096 LnNJY_{it} + 0.0838 LnNGC_{it} + 0.0201LnFDI_{it}$$
$$\quad (2.2206) \quad\quad (0.1107) \quad\quad\quad (0.1415) \quad\quad\quad (0.0448) \quad\quad\quad (0.0319)$$
$$- 0.3042 LnSR_{it} + 1.0865 LnGDP_{it} + 0.1759 LnNJ_{it} - 0.9970 LnGG_{it}$$
$$\quad (0.3169) \quad\quad\quad (0.2339) \quad\quad\quad (0.2135) \quad\quad\quad (0.2154)$$

公式（18-4）

表 18-10　　　　　　　　　　东部地区投资—出口回归

	Coef.	Robust Std. Err.
地方政府农业投资 LnCZ	0.0127	0.1107
农户生产性经营现金支出 LnNJY	0.3096 **	0.1415
农户生产性固定资产投资 LnNGC	0.0838 *	0.0448
农业利用外商直接投资 LnFDI	-0.0201	0.0319
农民人均纯收入 LnSR	-0.3042	0.3169
农业总产值 LnGDP	1.0865 ***	0.2339
农用机械总动力 LnNJ	0.1759	0.2135
有效灌溉面积 LnGG	-0.9970 ***	0.2154

由于方程中部分回归变量没有通过显著性检验，将进一步对方程各回归变量的系数估计值做整体性的联合显著性检验。检验结果如表 18-11。结果表明，Prob > chi2 = 0.0000，回归方程通过了联合显著性检验，检验结果高度显著，说明方程的整体显著性良好，并且 R^2 值较高，说明方程的拟合性也较高。

表 18 - 11   回归方程联合显著性检验

统计量	统计值
R^2	0.8002
联合检验 chi2（8）	373.07
Prob > chi2	0.0000

东部地区，财政农业投资对农产品贸易的影响系数小，财政农业投资每提高1%，农产品出口贸易额增长 0.0127%，影响不明显。东部地区固有的农业基础建设相对西部较好，但依旧薄弱，农业科研投入长期不足，农业投资的问题依然突出，当前财政支农水平与发展现代农业、建设社会主义新农村的需要相比仍有较大差距。尽管政府对农业部门的投资总量在逐步增加，但是对于农业的投资占政府对社会投资的比重却一直在降低。首先，前些年，我国的政府官员考核实行唯 GDP 论，这就导致了拨给农业的投资，有很大一部分流向了和农业相关的附加值较高的非基础农业建设中，基础农业的发展并没有真正在政府投资中得到实惠。

其次，大量的政府财政农业投资用在了部门事业费和流通领域，没有真正落实到农业生产中。加上我国农业科研投入平均水平低，东部地区农业发展和农产品对外贸易发展受财政农业投资的影响小是多方面原因共同作用的结果。

农户私人农业投资方面，农户生产性经营现金支出和生产性固定资产投资每提高1%，东部地区的农产品贸易额分别提高 0.3096% 和 0.0838%，并且分别在5% 和 10% 的显著水平上显著，说明东部地区农户自身的生产经营对农产品的对外贸易起到了正向的积极的作用。东部地区相比中、西部地区而言，更多地倾向于水产养殖业的发展，蔬菜、水果的种植率较高，这些产业需要的农户私人生产性固定资产较少，针对该部分的投资对于农产品贸易的影响也较小。这样，东部地区的农村居民就可以把更多的投资用于生产性流动现金支出，加上东部地区基础设施较完善，雨水量足，农民对收成抱有良好的预期，更倾向于把资金投入流动性生产要素中。

农业外商直接投资对东部农产品贸易影响是正向的。这是由于东部地区的经济相对繁荣，配套基础设施也相对完善，投资环境较好。加之外商投资的大多是附加值高的农业加工业，收益也是可观的。外商直接投资企业的出口作为农产品出口的重要部分，也带来了农产品出口的发展和扩大。但是外商直接投资对农产品出口的影响很小，每增加投资1%，农产品出口额只提高 0.0201%，而且并不显著。这是因为在全国各行业利用 FDI 的统计中，本身农业利用 FDI 的量就非常小。近三年来，农产业利用外商直接投资的金额只占全国利用外商投资金额的1.8%。而且很多外资企业的进驻看重的是国内巨大的市场，并不是以出口作为目的，所以该类企业对农产品出口的影响较小。

18.4　本章小结

本章为研究财政农业投资、农户生产性经营现金支出、农户生产性固定资产投资和农业利用 FDI 投资四类农业投资对农产品出口贸易的影响，加入农村居民纯收入、农业 GDP、农用机械总动力和有效灌溉面积四个控制变量，利用 2002～2012 年我国 31 个省（区、直辖市）的省际面板数据就农业投资对农产品出口贸易的影响建立计量模型进行实证研究，实证结果如下：

第一，就全国范围内研究，财政农业投资、农户生产性经营现金支出、农户生产性固定资产投资和农业利用 FDI 投资四类农业投资对农产品出口的影响都是显著的：前三类国内投资对农产品出口的影响方向为正，利用外商投资对农产品对外贸易的影响方向为负。

第二，将全国按经济贸易发展程度分为东、中、西部进行分别讨论：东部地区，农户自身农业投资行为对农产品出口的影响显著，影响方向为正向；中部地区，农业利用外商直接投资对于农产品出口的影响显著，影响方向为正向；西部地区，财政农业投资和农业利用外商直接投资对于农产品出口的影响显著，财政农业投资的影响方向为正向，外商直接投资的影响为负向。

第三，将东、中、西三个区域的回归结果比较分析：财政农业投资对西部地区的出口影响系数非常大，而且很显著，对于中、东部地区的影响系数较小，这是由西部地区政府财政投资可以弥补该区域基础设施落后、投资环境差这些不足带动的；农户生产性经营现金支出对东部地区的出口影响系数很大，而且显著，对于中、西部地区的影响系数较小，这是因为中、西部地区农村居民的收入低，积累少，可供投资与农业生产的资金也少；农户生产性固定资产投资对东部的出口影响系数是显著的，但是对于每个区域出口贸易的影响系数都不大，西部甚至为负，这是由于不同地域的生产作物不同、耕作方式不同造成的；外商直接投资对农产品出口的影响在每个区域都不大，这是由于农业利用外商投资额本身很小决定的。

本章的研究，不仅是对前文理论基础的验证，更是对后文因地制宜提出可行性政策建议提供了实证基础。

注　　释

［1］John Maynard Keynes. The General Theory of Employment, Interest, and Money ［M］. 1936.

［2］Michael V. Ponsner. 国际贸易与技术变化 ［M］. 1961.

［3］黄季焜, 胡瑞法. 中国农业科研体系发展与改革: 政策评估与建议 ［J］. 科学与社会, 2011 (3): 34 – 40.

［4］John J. Wild, Kenneth L. Wild. International Business. Pretice Hall. Copyright, Pearson Education, Inc, 2009.

［5］Intra-Industry and Intra – Firm Trade and the International of Production. OCED Economic Outlook 71, 2002.

［6］Thomas A. Pugel. International Economics 13E. Copyright by The McGraw – Hall Companies, Inc. 2007.

［7］UNCTAD, Handbook of Statistics.

［8］E. c. Mamatzakis. Public infrastructure and productivity growth in Greek agriculture ［J］. Agricultural Economics, 2003 (2).

［9］李锐. 中国农业投资研究 ［J］. 农业技术经济, 1996 (4): 33 – 37.

［10］隋斌. 我国农业基本建设投资结构分析及政策研究 ［D］. 北京: 中国农业大学, 2004.

［11］David W. Hyman. . Public Finance (Fourth Edition): a Contemporary Application Theory to Policy. The Dryden Press Harcourt Brace College Publisher, 1993.

［12］于长革. 政府公共投资的经济效应分析 ［J］. 财经研究, 2006 (2): 30 – 40.

［13］孙继琼. 中国农业公共投资绩效的空间差异 ［J］. 中南财经政法大学学报, 2009 (2): 57 – 61.

［14］Lee, David. Agriculture Sustainability and Technology Agricultural Adoption: Issues and for Developing Countries, Artierican Journal of Agriculture Economies, 2005, (1): 87 – 93.

［15］李锐. 中国农业投资研究 ［J］. 农业技术经济, 2003 (2): 27 – 32.

［16］苏明. 政府财政投资的定位及其投资方向和重点 ［J］. 湖北财税, 2003 (3): 2 – 7.

［17］黄家顺. 论政府投资的方向性调整 ［J］. 湖北金融, 2003 (1): 18 – 20.

［18］李兰芝. 转型期中国政府农业投资的规模与结构分析 ［J］. 三农问题, 2006 (3): 43 – 46.

［19］薛薇, 谢家智. 我国农业资本配置效率的比较研究 ［J］. 农业技术经济, 2011 (7): 66 – 74.

［20］韩巍. 新时期我国农业投资规模与结构研究 ［D］. 中国农业科学院, 2010.

［21］张迎春. 我国政府农业投资对其他农业投资的带动效应分析 ［J］. 农村经济, 2008 (10): 73 – 76.

［22］FAO 粮食及农业状况——投资农业创造美好未来．FAO，罗马，2012.

［23］韩东林．中国农业投资主题结构：演化趋势、存在问题及对策［J］．世界调研，2007（3）：79－82.

［24］John Hoddinott. Renegotiating the Food Aid Convention：Background，Context，and Issues，2008，（3）.

［25］Berhane. Does Microfinance Reduce Rural Poverty? Evidence Based on Household Panel Data from Northern Ethiopia［J］. Am. J. Agr. Econ，2011（1）.

［26］周静．对我国农业投入方式的思考［J］．山西高等学校社会科学学报，2006（11）：63－65.

［27］许传红，王元璋．我国新农村建设中的农业投资现状及对策［J］．郑州航空工业管理学院学报，2007（3）：105－109.

［28］侯仕军．发展中国家农业外商投资研究［J］．国际经济合作，2010（1）：20－26.

［29］FAO. Foreign Investment in Developing，2009.

［30］吕立才，熊启泉．外商直接投资对浙江加工业影响研究［J］．亚太经济，2008（4）：46－50.

［31］Neary，Peter J. Foreign competition and wage inequality. Review of International Economics，2002（10）：680－693.

［32］吕立才，黄祖辉．外商直接投资与我国农产品和食品贸易关系的研究［J］．国际贸易问题，2006（1）：25－32.

［33］Patrick E. McNelli. Foreign Investment in Developing Country Agriculture－The Emerging Role of Private Sector Finance，2009（6）.

［34］John Hoddinott. Social safety nets and productivity enhancing investments in agriculture. International Food Policy Research Institute，2008（1）.

［35］Joachim von Braun，Ruth Meinzen Dick. "Land Grabbing" by Foreign Investors in Developing Countries Risks and Opportunities，IFPRI Policy Brief，2009（4）.

［36］吕立才．我国农业利用 FDI 30 年：实践及理论研究进展［J］．国际贸易问题，2010（2）：83－90.

［37］程国强．中国农产品贸易：格局与策略［J］．管理世界，1999（3）：176－183.

［38］叶善文．"绿箱"政策对我国农产品贸易影响的相关分析［J］．宁波大学学报，2005（6）：125－130.

［39］朱晶．农业公共投资、竞争力与粮食安全［J］．经济研究，2003（1）：13－20.

［40］姜涛．农村基础设施公共投资的优先序研究［J］．农业经济与管理，2012（4）：66－72.

［41］Will Martin，Jikun Huang，Scott Rozelle. Agriculture Trade Reform and Rural Prosperity：Lessons from China［J］. Working Paper，National Bureau of Economic Research，2008（4）.

［42］Jin Songqing，Jikun Huang，Ruifa Hu. Productivity，efficiency and technical change：measuring the performance of China's transforming agriculture. Journal of Productivity Analysis. 2010（33）：191－207.

［43］Jin Songqing，Jikun Huang，Ruifa Hu. The Creation and Spread of Technology and Total Factor Productivity in China's Agriculture. American Journal of Agricultural Economics，84（4）（November 2002）：916－930.

[44] Alston, J. M. and P. G. . Pardey, 1996. Making Science Par: Economics of Agri2 cultural R&D Policy. The American Enterprise Institute Press, Washington D. C. .

[45] Hu Ruifa, Carl Pray, Jikun Huang. Privatization, Public R&D Policy, and Private R&D Investment in China's Agriculture. Journal of Agricultural and Resource Economics, 2011 (36): 416 – 432.

[46] 侯石安. 我国财政对农业补贴的目标选择与政策取向 [J]. 农业经济问题, 2001 (4): 42 – 44.

[47] 顾和军. 农业税减免、粮食直接补贴政策对我国主要农产品国际竞争力的影响 [J]. 中国农村经济, 2008 (8): 42 – 48.

[48] 朱晶, 陈建琼. 税费改革对我国主要粮食产品竞争力的影响分析 [J]. 中国农村经济, 2005 (10): 63 – 69.

[49] 程成. 中国农业补贴及农产品贸易竞争力现状 [J]. 大众商务, 2009 (10): 78 – 79.

[50] 徐佳蕾, 汲伟伟, 熊德平. 中国农业投资与农产品对外贸易 [J]. 世界农业, 2010 (11): 29 – 32.

[51] Foster C. The Impact of FDI in the Upstream and Downstream Sectors on Investment in Agriculture in the NIS [Z]. Moscow: OECD, 1999: 198 – 202.

[52] G. Zarotiadis, N. Mylonidis. FDI and Trade in the UK, 2005.

[53] W. H. Furtan, J. J. Holzman. The effect of FDI on agriculture and food trade: An empirical analysis by 1987 – 2001 [J]. Agriculture Division, 2005 (68): 134 – 165.

[54] 朱玉杰, 于懂. 外商直接投资对中国对外贸易影响的实证研究 [J]. 财经问题研究, 2004 (10): 13 – 18.

[55] 费平, 徐立青. 我国农业 FDI 与农产品国际贸易的动态关系研究 [J]. 安徽农业科学, 2009, 37 (20): 9709 – 9712.

[56] 高峰, 高越. 外商直接投资与我国进出口贸易的关系 [J]. 国际贸易问题, 2006 (4): 10 – 14.

[57] 刘杏子. 外商直接投资对我国进出口贸易影响的实证分析 [J]. 黑龙江对外经贸, 2007 (12): 46 – 47.

[58] 罗知. 贸易自由化与贫困: 来自中国的数据 [M]. 北京: 人民出版社, 2011.

[59] 田国强, 蒋俊朋, 王莉. 入世以来中国农产品贸易的发展状况及趋势展望 [J]. 世界农业, 2012 (2): 1 – 4.

[60] 赵江红. CAFTA 对中国农产品贸易的影响及对策分析 [J]. 中国商贸, 2010 (01): 221 – 222.

[61] Beintema, N. M. and G. – J. Stads. "Public Agricultural R &D Investment s and Capacities in Developing Countries: Recent Evidence for 2000 and Beyond". Astibackground note, International Food Policy Research Institute, Washington, D. C. , 2010.

[62] 钟甫宁. 农业政策学 [M]. 北京: 中国农业出版社, 2000.

[63] 温家宝. 十一届人大一次会议《政府工作报告》.

[64] 林吉双. 广东省出口贸易影响因素的实证分析 [J]. 国际经贸探索, 2008 (9): 20 – 24.

[65] 杨丽莎, 王钊, 刘晗. 中国农产品出口动态效应的约束条件研究 [J]. 农业技术经济, 2013 (7): 78 – 84.

［66］廖力平．外商直接投资与中国进贸易额互动关系［J］．工业经济，2005（8）：48 - 50.

［67］李嘉凯．论农业外商直接投资与农产品进出口贸易［J］．攀登，2012（5）：60 - 66.

［68］徐佳蕾．中国农业投资与农产品对外贸易——基于1983 ~ 2008 年数据的分析与检验［D］．宁波大学，2010.

［69］黄季焜．粮食直补和农资综合补贴对农业生产的影响［J］．农业技术经济，2011（1）：4 - 12.

［70］林自葵等．肉制品销售物流安全管理对策研究［J］．中国安全科学学报，2004，14（4）：57 - 60.

［71］周静．对我国农业投入方式的思考［J］．山西高等学校社会科学学报，2006（11）：63 - 65.

［72］许传红，王元璋．我国新农村建设中的农业投资现状及对策［J］．郑州航空工业管理学院学报，2007（3）.

［73］方伶俐．中外农业补贴政策的比较分析及启示．华中农业大学学报，2005（2）：7 - 10.

［74］Jim Schriner, Be Prepared for Surprise, Industry Week, December2, 1996.

［75］Raymond Vernon and Louis T. Wells, Jr. Economic Environment of International Business, Upper Saddle River, NJ: prentice Hallm, 1991.

［76］John J. Wild, Kenneth L. Wild. International Business. Pretice Hall, Copyright, Pearson Education, Inc, 2009.

［77］李建平．外资并购对我国农业企业发展的影响及对策［J］．农业经济问题，2006（11）：69 - 71.

第五篇 中国—东盟自由贸易区(CAFTA)对福建省农产品贸易的影响

自2002年中国—东盟自由贸易区签订以来，福建与东盟之间的农产品贸易发展迅猛。现今，东盟已成为福建省农产品的最大出口市场和第三大进口市场。由于地缘和亲缘的双重紧密关系，福建与东盟在农产品领域的合作潜力巨大。福建若能借助中国—东盟自贸区的契机，充分利用国内和东盟的两个市场和两种资源，实现优势互补，必将开启福建农业经济发展的新篇章，同时也有助于从农产品贸易的途径来增加福建农民的收入。

首先，我们从理论发展和经验研究的两个角度梳理了区域经济一体化的效应和研究方法。理论上，区域经济一体化的效应主要包括静态效应（贸易创造和贸易转移效应）、动态效应（规模经济效应、竞争力效应和投资效应）以及产业内贸易效应。我们的实证部分也主要是围绕这三大效应展开研究。

其次，从总体对外贸易和双边贸易的两个层次，分贸易流量和贸易结构描述了福建与东盟的农产品贸易现状。

再次，分别利用贸易竞争力指数、出口相似性指数、产业内贸易指数研究福建与东盟在农产品贸易方面的竞争与互补性，以及双方农产品贸易模式的演变。

接着，通过建立扩展的进出口引力模型和进口引力模型，并进行面板数据回归，分别研究了CAFTA对福建省农产品贸易的贸易创造效应和贸易转移效应。

然后，我们主要实证分析了CAFTA对福建农产品贸易的动态效应。其中，应用恒定市场份额模型（CMS）分两个时期考察了CAFTA对福建省农产品贸易的规模经济效应和竞争力效应；再设定投资效应模型，利用1985～2010年的时间序列数据研究CAFTA对福建省农产品贸易的投资效应。

实证结果发现：福建与东盟间存在竞争性的农产品较少而互补性的农产品较多；福建与东盟农产品出口的产品结构相似性趋异而主要农产品出口的市场相似性趋同；产业内贸易在福建与东盟农产品贸易中的比重在增大；CAFTA对福建农产品贸易的贸易创造效应大于贸易转移效应，即净贸易效应为正；CAFTA促进了福建农产品贸易的规模经济效应和结构优化效应，但却使竞争力效应出现了下滑；由于集聚效应的存在，使CAFTA对福建农业FDI的投资转移效应大于投资创造效应，因此净投资效应为负。

第 19 章

导　论

19.1　研究的背景与意义

19.1.1　研究的背景

2010 年 1 月 1 日，经过 10 年努力，涵盖 19 亿人口、1400 万平方公里土地的中国—东盟自由贸易区（CAFTA）正式建成，中国与东盟各成员国间的经济合作掀开崭新的一页。CAFTA 是目前世界人口最多的自贸区，也是发展中国家间最大的自贸区。建成后，双方 90% 的商品将享受零关税待遇，中国 13 亿多人口与东盟地区的近 6 亿人口也因此被联系在同一个市场中。而农产品贸易作为双方最为关注的合作项目之一，中国更是提前与东盟的部分国家实现了农产品的贸易自由化。如早在 2002 年的《中国—东盟全面经济合作框架协议》中，中国与东盟各国就规定了"早期收获"方案：从 2004 年 1 月 1 日起对 500 多种产品（主要是农产品）实行降税，到 2006 年这些产品的关税将降到 0，这为全面启动 CAF-TA 打下了良好基础。同时，从 2005 年 7 月 1 日起，全面启动降低关税进程，对 7000 种产品逐步削减和取消关税；2010 年中国和原东盟 6 国（新加坡、马来西亚、印度尼西亚、菲律宾、文莱和泰国）建立自由贸易区，而与东盟新成员国建成自由贸易区的时间是 2015 年。

而福建的农产品贸易在中国农产品贸易中的地位日趋重要，特别是 2010 年福建的农产品出口还跃居中国农产品出口排名的第三名，仅次于山东与广东。随着 CAFTA 的签订及 2004 年"早期收获"计划的开始实施，中国与东盟的农产品贸易开始蓬勃发展起来，而福建由于其特殊的地缘和亲缘关系，使得其相较其他省份在与东盟的农产品贸易中具有独特的优势。

CAFTA 逐步实施之后，福建与东盟的农产品贸易具有以下几个特点：其一，双方的农产品贸易规模迅速扩大，尤其是福建对东盟的农产品出口规模；其二，双方的农产品贸易既存在水产品、水果和蔬菜等农产品类别的竞争性，又存在粮油类农产品的互补性；其三，福建与东盟各国在农业领域的合作潜力巨大，由于东盟成员国经济发展水平的差异，福建针对这一特点对不同发展水平的东盟国家开展不同层次的农业合作项目，可以进一步借助东盟的优势资源（农业技术优势、资本和市场优势、农业资源优势）来提升福建农产品的竞争力与产业结构的调整优化；其四，福建与东盟在同类农产品的进出口方面存在大进大出的产业内贸易现象。

19.1.2　研究的意义

19.1.2.1　现实意义

2010 年以来，随着 CAFTA 的建立，福建对东盟国家农产品出口规模大、增势猛，其中烤鳗、水产品、蔬菜、茶叶、罐头等大宗产品出口全面增长。如今，东盟已成为福建省农产品的最大出口市场和第三大进口市场。由于福建与东盟各国的地理位置相对靠近，同为发展中国家，农业发展水平和农业产业结构也较相近，因此在农产品贸易方面既有很强的竞争性，也有一些互补性。所以，立足于 CAFTA 的大背景，研究 CAFTA 的建成对福建省农产品贸易的影响进而提出相关的政策建议，对于促进福建省与东盟的农产品贸易、调整福建省农业产业结构、实现农民增收等"三农"问题的解决是具有现实指导意义的。

19.1.2.2　理论意义

关于区域经济一体化的研究最早始于"二战"之后，随后学者基于不同的理论视角对区域经济一体化理论进行拓展。由于 WTO 多哈回合多边谈判的停滞不前，基于双边谈判的区域经济一体化日渐成为国际政治经济合作的主旋律。进入21 世纪，由于多边谈判的困难，许多国家都将目光转向了区域经济一体化的合作。

中国虽然从 2001 年才开始进行区域经济一体化的谈判，但是近年来中国与其他国家的双边合作发展迅猛。作为中国第一个展开双边合作的对象——东盟，很多学者已经就 CAFTA 的问题进行了深入的研究与分析。而农产品贸易——作为 CAFTA 谈判的五大核心问题之一，也有很多学者就这个问题进行了理论与实证的研究。如赵雨霖、林光华（2008）[1] 和庄丽娟等（2007）[2] 已经分别就 CAF-TA 对中国、广东农产品贸易流量与贸易潜力进行了实证分析，并得出优惠的制度安排对中国、广东的农产品贸易存在正的效应。纵观前人对于 CAFTA 的农产品贸易问题的研究大都基于国家层面，而对于区域经济一体化对中国省域经济中某特定产业的贸易影响的研究还相对较少。同时，随着世界经济全球化的深入发展，探讨贸易自由化对农产品贸易的影响对各国也愈显重要。因此，研究福建省在 CAFTA 建成前后与东盟的农产品贸易变化也有助于充实区域一体化对于中国省域经济农产品贸易的影响的研究，具有重要的理论意义。

19.2 文 献 回 顾

关于区域一体化的经济效应问题，目前尚未有完善的分析方法，理论界一般把经济一体化的经济效应区分为静态效应和动态效应。而随着产业内贸易理论的兴起，区域经济一体化所带来的产业内贸易效应也逐渐引起学者的关注。

19.2.1 区域经济一体化的静态效应

静态效应是指区域经济一体化对成员国之间、成员国与非成员国之间的贸易规模的影响，主要包括贸易创造和贸易转移效应。其中，贸易创造效应是指关税同盟内部取消关税、实行自由贸易之后，同盟内某成员国成本低的产品将替代其他成员国原本自己国内生产的高成本产品，从而创造了成员国间过去不发生的那部分新的贸易。而贸易转移效应是指关税同盟对内取消关税、对外实行统一的保护关税之后，成员国原来进口非成员国低成本生产的产品转为进口同盟内成员国较高成本生产的产品，从而使贸易方向发生了转变。国内外学者主要应用引力模型来研究区域经济一体化对贸易流量和贸易潜力的影响；而从所使用的数据构成来看，主要有两种类型：横截面数据和面板数据。

19.2.1.1 基于横截面数据的"引力模型"分析

卢锡安·切尔纳特（Lucian Cernat，2001）[3]在引力模型的出口方程中加入区域内部成员（INTRA_RTA）和区域外部成员（EXTRA_RTA）两个虚变量，分析了 1994 年、1996 年和 1998 年发展中国家之间的区域性贸易协定对区域性贸易所产生的贸易创造和贸易转移效应。穆思拉（Musila，2005）[4]使用引力模型和 1991～1998 年的数据估计了东南方共同市场（COMESA）、中非国家经济共同体（ECCAS）和西非国家经济共同体（ECOWAS）的贸易创造和贸易转移的强度。陈雯（2009）[5]应用出口和进口两个引力模型对 2002～2006 年中国和 133 个贸易伙伴各年的贸易流量进行研究，发现 CAFTA 对中国与东盟间的贸易存在贸易创造效应。孙林等（2010）[6]从 2001～2006 年各年的汇总数据和分类产品数据两个层面实证分析了区域自由贸易安排对世界农产品出口的促进作用；并且从汇总数据来看，南南型区域自由贸易安排对农产品出口的促进作用比南北型和北北型区域自由贸易安排的作用更大。前两个学者对贸易创造与贸易转移效应都进行了考察，而后两个学者则只关注于贸易扩大效应的研究。

19.2.1.2 基于面板数据的"引力模型"分析

李和申（Lee and Shin，2006）[7]、郎永峰和尹翔硕（2009）[8]、高越和李荣

林（2010）[9]、利蒂希娅·吉尔霍特（Laetitia Guilhot，2010）[10]等学者通过在进出口或出口引力模型中加入衡量贸易创造与贸易转移效应的两个虚拟变量分别考察了东亚国家间的区域经济一体化对贸易的影响、CAFTA 的贸易效应、APEC 成员间的 FTA 的贸易创造和贸易转移效应、东亚 3 个 FTA（ASEAN、CAFTA 和 ASEAN – South Korea）对 12 个经济体（东盟 10 国、中国和韩国）与它们 22 个主要贸易伙伴的出口贸易流量的影响。其中，前 3 个学者的研究证实区域经济一体化对区内贸易具有显著扩大效应的同时也显著地促进了与非成员之间的贸易，而最后一个学者发现 ASEAN 无论对区域贸易还是多边贸易的贸易创造效应都大于贸易转移效应，而 CAFTA 和 ASEAN – South Korea 对东亚贸易流量的影响还不显著。

还有一些学者通过分别建立衡量贸易创造和贸易转移效应的引力模型来对贸易创造与贸易转移效应展开研究。陈汉林、涂艳（2007）[11]通过分别建立衡量贸易创造效应的进出口引力模型和衡量贸易转移效应的进口引力模型，对中国与 22 个主要贸易国和地区的贸易情况进行研究，发现 CAFTA 对中国的贸易转移效应远远大于贸易创造效应，而且二者之间的差额逐年增长。袁朗天（Langtian Yuan，2010）[12]通过分别构建测算贸易创造效应的出口引力模型和衡量贸易转移效应的进口引力模型，对 1990 ~ 2008 年中国与东盟 10 国及另外 8 个亚洲国家的面板数据进行回归，发现 CAFTA 的贸易创造效应在两个方程中都不显著。

另有一些学者仅对 FTA 的贸易扩大效应进行了研究。赵雨霖和林光华（2008）、拉赫曼（Rahman，2010）[13]通过建立进出口的引力模型分别对 2000 ~ 2006 年中国与东盟 10 国农产品贸易流量、1972 ~ 2006 年澳大利亚与其 57 个主要贸易伙伴的货物和服务贸易流量进行了研究，前者发现 CAFTA 的建立对双边的农产品贸易具有促进作用但效果还并不显著，后者发现 FTA 对澳大利亚与其贸易伙伴间的贸易流量具有扩大效应。

在早期学者的相关研究中，基于截面数据的回归分析较多，但 FTA 变量的外生性处理使引力模型受到计量研究的批判。因此，学者针对 FTA 变量的内生性处理进行了研究（Scott L. Baier and Jeffrey H. Bergstrand，2007）[14]，发现相较截面数据的回归面板数据不仅可以反映出变量的变化趋势，还能很好地解决内生性问题。

19.2.2 区域经济一体化的动态效应

动态效应是指区域经济一体化对成员国就业、产出、国民收入、国际收支和物价水平的影响。建立 FTA 的动态效应主要包括以下三个方面：首先，由于区域内各种关税、非关税等贸易壁垒的削减或取消，打破了各成员国市场准入的门槛，从而实现扩大市场规模、增加贸易量的规模经济效应。其次，市场的扩张同时还意味着国内企业将遭遇来自区内同类企业的激烈竞争，而优胜劣汰的市场生存法则进一步活跃了国内市场的竞争促进效应。最后，一方面由于 FTA 便利了区域内商品流、物流、资本流和人员的流动，区内原有的跨国公司将重新整合区内的投资布局，从而产生投资转移效应；另一方面因为 FTA 所构筑的贸易转移壁垒，非成员国为了享有与成员国一样的待遇，以到区内成员国直接投资的方式取代传统的商品出口，进而促进了区内投资，即产生了投资创造效应（Kindleberger，1966）[15]。国内外学者主要是运用可计算一般均衡模型（CGE）对 FTA 的动态效应进行研究，同时也有很多学者选用计量模型来研究 FTA 的投资效应。

19.2.2.1 基于 CGE 模型的动态效应研究

一些学者应用静态 CGE 模型对 FTA 的短期动态效应进行了研究。李众敏、唐忠（2006）[16]针对东亚地区可能形成的各种不同区域合作方案，分析其对中国农产品贸易的影响。仇焕广等（2007）[17]利用全球贸易分析模型（GTAP）和中国农业决策支持系统（CHINAGRO）分析了建立 CAFTA 对我国总体农产品贸易和区域农业发展的影响。赖明勇、李镜池（2007）[18]在 Chingem 模型（中国静态 CGE 模型）的基础上，按照中国与东盟达成的"早期收获"方案，模拟 2006 年减免东盟原六国农产品进口关税对中国宏观经济和产业的短期影响。戴维·凡赛堤（David Vanzetti，2011）[19]对 CAFTA 对印度尼西亚和越南农业部门的不同影响做了专门研究，发现虽然敏感产品豁免对每一个国家而言代表不同程度的机会损失从而导致两国一些农业部门的产出将会有所下降，但双方的贸易和福利仍会改善。

还有一些学者利用动态 CGE 模型对 FTA 的长期动态效应进行了研究。周曙东等（2006）[20]、杨欣等（2010）[21]、李丽等（2011）[22]基于 GTAP 模型，采用递推动态方法分别分析了 CAFTA、美韩自由贸易协定、中—智 FTA 生效后区内农产品关税削减对区内农产品贸易量、进出口价格和产业结构的长期影响以及给中国对韩国农产品出口量和中国农业产业结构带来的长期影响。李弘等（Hiro Lee et al.，2009）[23]、李弘（Hiro Lee，2010）[24]利用 LINKAGE 模型并采用递推动态方法，分别定量评估了"东盟 + 3"和"东盟 + 6"自贸区、欧盟—韩国自贸区对区内和区外福利、贸易和产出的影响。何好俊等（2009）[25]通过扩展 MCHUG 模型（中国动态 CGE 模型）得出的定量模拟结果显示：中澳自贸区建立关税削减之后，由于从澳农产品进口的替代效应，中国大部分农产品产业的产出将会下降，同时中国对澳农产品贸易逆差将进一步扩大。刘宇、张亚雄（2011）[26]基于最新的动态 GTAP 模型研究了欧韩自贸区完全实现对中国宏观经济和各产业部门的影响，其中发现对于我国农产品及其加工品的进口需求有从欧盟转移到韩国的趋势。

另一些学者结合了 CGE 模型的静态和动态分析，以期能够同时分析政策冲击的短期和长期影响。林海（2007）[27]、刘宇等（2009）[28]采用中国农产品政策分析与预测部门均衡模型（CAPSIM）和全球贸易分析的一般均衡模型（GTAP）相结合的方法，模拟多哈回合方案对我国不同地区、不同农民的农业收入和贫困的影响。

19.2.2.2　基于计量模型的投资效应研究

区域经济一体化对 FDI 影响的经验研究基本上都是建立在引力模型的基础之上。莱维等（Levy et al.，2003）[29]以引力模型为工具，最全面研究了区域经济一体化的 FDI 效应；他们发现区域经济一体化与 FDI 存在着积极的联系。莱德曼等（Lederman et al.，2005）[30]针对1980～2000年45个国家的总体 FDI 流入数据的实证研究也得出了上述结论。而亚当等（Adams et al.，2003）[31]在方程中加入3个区域合作安排的变量（表示区域内 FDI 创造、构成 FDI 转移的成员方对区域外的投资以及来自非成员国的投资），使用1988～1997年的面板数据进行研究，发现9个样本中有6个存在投资创造，一个存在投资转移，另外两个的影响不显著。鲁晓东、杨子晖（2009）[32]认为用引力模型对"RIAs – FDI"机制进行研究存在将 RIAs 对 FDI 的复杂影响过程简化的问题，因此他们通过构建体现 RIAs 和 FDI 间相互作用的五大渠道（投资条款的直接效应、贸易流量扩大的间接效应、投资环境改善效应、内部市场扩大效应和长期经济增长效应）的投资模型来研究区域经济一体化的 FDI 效应；结果发现，区域经济一体化对于 FDI 的影响存在市场规模效应和门槛效应，贸易与投资呈互补关系。

而一些学者根据跨国公司不同的投资动机，通过构建以 FTA 各成员国的 FDI 流入量为因变量、以区域经济一体化程度、经济发展水平、劳动力成本和服务业发展水平为待检验变量的投资模型，来研究区域经济一体化的投资效应及其影响因素。例如，盖高和赛克特（Galgau and Sekkat，2004）[33]利用1980～1994年欧盟成员国 FDI 的流入数据对欧盟的投资效应进行了研究，发现欧盟区域经济一体化的发展对成员国 FDI 流入具有明显的促进作用；邱立成等（2009）[34]和邵秀燕（2009）[35]分别利用1996～2006年欧盟25国和1996～2007年东盟各成员国的 FDI 流入量、区域经济一体化程度、经济发展水平、劳动力成本和服务业发展水平等数据研究了欧盟和东盟区域经济一体化的投资效应及影响因素。

还有一些学者基于理论建模来研究 FTA 的 FDI 效应。如佟家栋等（2010）[36]以 FTA 对区域内成员吸引 FDI 的影响的理论为基础设定 FDI 流入模型，采用1988～2006年包括39个国家在内的跨国样本数据进行回归，发现与他国签订 FTA 在有利于一国吸引 FDI 流入的同时，也可能由于集聚效应而不利于该国 FDI 的流入。而郎永峰（2010）[37]以内生增长理论为基础，通过一个联立方程组回归模型实证分析了 CAFTA 对成员吸引 FDI 流入的效应，结果显示 CAFTA 对促进区域整体的 FDI 流入具有积极影响，但对区域内不同成员的 FDI 流入促进效应并不均等。

19.2.3　产业内贸易效应

产业内贸易效应主要是指要素禀赋相似的国家间由于区域合作安排的建立从而促进相似产品更加畅通地相互流动，产业内贸易规模迅速膨胀。由于主流的产业内贸易理论直到 20 世纪 80 年代才形成，所以理论界很长时间都缺乏区域一体化与产业内贸易关系的系统研究。其实，林德的"需求相似理论"已经初步涉及产业内贸易问题，但直至规模经济和不完全竞争理论（Krugman and Helpman，1985）[38]诞生之后，产业内贸易才获得其理论的生命力——因为产业内贸易根植于不完全竞争、异质性的假设前提，而规模经济能够使一国通过产业内贸易在减少自产商品品种的同时增加国内消费的商品种类。因此，区域一体化的产业内贸易效应能很好地说明消费偏好多样化、产品差异以及规模经济诸现象。关于二者的关系，巴拉萨（Balassa，1966）[39]首先提出了平滑调整的概念，认为新增的贸易中产业内贸易水平越高，生产要素的调整成本越低。布吕哈特（Bruelhart，2008）[40]也证明了贸易开放度越高，有助于提高产业内贸易水平。基于此，越来越多的学者从各国贸易模式的研究入手，分析区域经济合作的效益。

19.2.3.1　基于产业内贸易指数的分析

一些学者通过直接测算各类产业内贸易指数来估计 FTA 的产业内贸易效应。冈萨雷斯豪尔赫和贝莱斯（Jorge G. Gonzalez and Alejandro Velez，1995）[41]测算了美国与 7 个拉美国家的产业内贸易指数，发现美国与墨西哥具有较高的产业内贸易水平，因此双方建立 FTA 的调整成本小，而美国若要和其他 6 个拉美国家建立 FTA 则要面临重大的资源重组和巨大的调整成本。朱允卫（2005）[42]、杨力刚和李寒蕾（2009）[43]运用各种产业内贸易指数分别对中国与泰国、越南的农产品贸易模式的演变进行了研究，发现随着 CAFTA 的逐步开展，双方农产品的贸易模式趋于以产业内贸易为主。刘鸿雁和刘小和（2005）[44]、李明权和韩春花（2010）[45]采用产业内贸易指数测度了中、日、韩农产品的产业内贸易水平，发现中、日、韩之间农产品的产业内贸易水平整体上较低，三国 FTA 的调整成本将较高。刘世盛（2007）[46]通过对中国与东盟双边 G－L 指数的计算，发现 CAF-TA 的建立对双方的农产品、化工产品、机电制品和光学医疗设备的产业内贸易具有促进作用。隆平·哇卡肃纪（Ryuhei Wakasugi，2007）[47]通过计算垂直型产业内贸易指数来分析生产布局，发现东亚的垂直型贸易比重趋于上升是解释东亚贸易扩张的一个重要因素，而 FTA 对于区域内贸易的进一步扩大具有重要作用。

19.2.3.2　基于计量模型的产业内贸易效应分析

一些学者基于产业内贸易指数，进一步通过建模来衡量 FTA 的产业内贸易效应。三盛奥田（Satoru Okuda，2004）[48]在引力模型中加入以 G－L 指数衡量的产业内贸易变量，回归后发现产业内贸易有助于促进双边贸易的增长，因此若一国的产业内贸易趋于增长就应需求 FTA 的建立。大梅本（Masaru Umemoto，2004）[49]首先计算了日、韩间的 G－L 指数，将其与其他 FTA 区域内的产业内贸易进行比较；再通过计量模型的回归，发现降低市场规模差异和运输成本是日、韩产业内贸易的主要来源，因此韩－日 FTA 可以促进双方的产业内贸易。潘沁、韩剑（2006）[50]运用引力模型对 2003 年世界 9 个主要国家双边产业内贸易值及产业内贸易指数与区域经济一体化之间的关系进行计量检验，实证研究表明 FTA 是影响产业内贸易的一个关键因素。孙骏（2011）[51]首先测算了闽台农产品贸易的各类产业内贸易指数，然后再以 G－L 指数为因变量建立计量模型，回归结果发现 ECFA 的建立将有助于双方产业内贸易的发展。

第 20 章

福建省与东盟农产品贸易的现状分析

本章首先对我们的农产品范围进行了界定，然后从总体对外贸易和双边贸易的两个层次，分贸易流量和贸易结构对福建省与东盟的农产品贸易现状进行分析。

20.1 农产品范围的界定及数据来源

20.1.1 农产品范围的界定

由于数据可得性和分析便利性的双重原因，我们不同章节对于农产品的定义有所不同，既包括 SITC. REV. 2 两位目分类的农产品范围，又包含 HS 两位编码的农产品范围。依据联合国贸易与发展会议（UNCTAD）关于 SITC 的农产品范围的界定，农产品包括 0 类、1 类、2 类、4 类全部商品减去第 27 章、28 章商品。我们 SITC 和 HS 分类下的农产品范围详见附录 – 1。SITC 分类下的农产品包括四大类 22 章，而 HS 分类下的农产品包含四大类 24 章。比较两种分类下的农产品范围，不难发现 HS 分类下的农产品划分更细、更能区分出各类产品的加工程度，例如，SITC 分类下的 01 章（肉及肉制品）在 HS 分类下就对应分解为 02 章（肉及食用杂碎）和 16 章（肉、鱼、甲壳动物、软体动物及其他水生无脊椎动物的制品）中的肉制品部分。因此，相较 SITC 分类，HS 分类下的农产品更有利于学者对农产品的加工程度对农产品贸易的影响进行研究。

20.1.2 数据来源

本章分析所使用的数据除了福建省与他国之间的农产品贸易数据使用 HS 分类外，其余皆使用 SITC 分类。其中，2000 ~ 2011 年福建省与他国之间的农产品贸易数据来自福州海关；1998 ~ 2010 年福建省农产品总进、出口的数据来自 1999 ~ 2011 年的《福建统计年鉴》；1998 ~ 2010 年东盟各国、中国的农产品贸易数据来自 UN comtrade。

20.2　福建省、东盟农产品贸易的总体发展状况

20.2.1　福建省、东盟农产品贸易流量分析

20.2.1.1　出口增势迅猛

出口流量方面（如表 20 - 1、图 20 - 1 所示），1998～2010 年，除了个别年份（1999 年、2001 年和 2003 年）之外，福建省的农产品出口一直保持着良好的增长态势，出口额已由 1998 年的 12.08 亿美元上升至 2010 年的 50 亿美元，增长了 3 倍多。2010 年在中国各大省份的农产品出口排名中，福建省已跃居第三位，仅次于山东省和广东省。而这期间福建农产品出口的跨越式增长出现在 2004 年（"早期收获"计划启动的那年），增率高达 38.12%。且自此之后，除了 2005 年和 2007 年之外，福建的农产品出口增率皆快于全国的平均水平。这在一定程度上可以表明中国—东盟自贸区的建立对拥有地缘和亲缘双重优势的福建来说，相较其他省份优势更加明显。值得注意的是，遭遇全球金融危机的影响，2008 年，中国和福建省的农产品出口增率都出现了下挫，但到了 2009 年，中国和福建省的农产品出口增率却出现了截然相反的局面：中国整体的农产品出口增率继续下滑至负增长，而福建省的农产品出口却已经开始了微弱的回温。这可以说明相较全国的整体农产品出口情况，福建的农产品出口受金融危机影响的时间和幅度都较短，或者也可以说世界市场对福建的农产品的需求弹性较小。同时随着 2010 年全球经济的快速复苏，福建农产品的出口增速更为迅猛（2010 年高达 44.71%）。

表 20 - 1　　　　　1998～2010 年福建、东盟对外农产品进出口额　　　　单位：亿美元

年份	出口		进口		年份	出口		进口	
	福建省	东盟	福建省	东盟		福建省	东盟	福建省	东盟
1998	12.08	384.35	6.87	216.13	2005	19.99	608.87	19.27	349.14
1999	11.97	375.64	5.78	231.05	2006	24.58	733.75	21.10	387.83
2000	13.04	377.03	6.04	240.51	2007	28.05	908.61	27.48	484.32
2001	12.47	363.21	6.36	242.96	2008	30.99	1193.03	37.54	631.62
2002	13.09	410.81	7.31	250.63	2009	34.55	985.52	38.35	548.87
2003	13.04	481.34	10.62	272.17	2010	50.00	1274.31	51.63	734.71
2004	18.01	560.44	16.34	326.22					

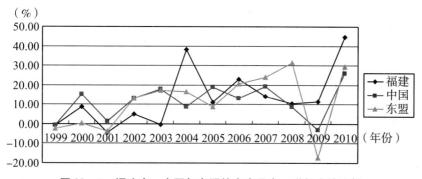

图 20 -1　福建省、中国与东盟的农产品出口增长率的比较

1998～2010 年，东盟的农产品出口除了 1999 年、2001 年和 2009 年出现负增长之外，大部分年份也都保持着较快的增长势头。出口额由 1998 年的 384.35 亿美元增长到 2010 年的 1274.31 亿美元，扩大了 2 倍多。其出口的跨越式增长出现在 2002 年，之后一直到 2008 年东盟的农产品出口都维持不错的增长率，这说明 CAFTA 的签订和"早期收获"计划的实施为东盟的农产品进入中国市场打开了一扇方便之门，使其可以源源不断地流入中国市场。而到了 2009 年，东盟的农产品出口增率却由峰顶跌落谷底，由 31.3% 骤降至 -17.39%。受益于 2010 年全球经济的回暖，东盟的农产品出口增率又几乎回到了 2008 年的最高水平，这说明东盟的外向型农业极易受到国际市场震荡的波及。在东盟的农产品出口中，印度尼西亚、泰国、马来西亚、越南、新加坡和菲律宾一直是主力军，1998～2010 年各年合计占比都在 98% 以上，2010 年以上各国分别占比 28.2%、27.6%、22.6%、10.9%、6.2% 和 3.2%，共占比 98.7%。其中，印度尼西亚的农产品出口发展得最为迅猛，由 1998 年的第三位赶超泰国和马来西亚跃居第一名，新加坡和菲律宾的农产品出口近年来却是表现欠佳，对东盟整体农产品出口的贡献率逐渐下滑。

20.2.1.2　相较东盟，福建农产品进口需求增长更快

进口流量方面（见表 20 -1、图 20 -2），1998～2010 年，除了 1999 年之外，福建都呈现出很强的农产品进口需求，即使是在经济不景气的 2009 年，福建仍具有 2.14% 的进口增长需求。福建的农产品进口额已由 1998 年的 6.87 亿美元增长到 2010 年的 51.63 亿美元，扩大了 6 倍多。其跨越式增长出现在 2003 年，而 2004 年的进口增率更进一步攀升到历年高峰（达到 53.81%）。2010 年由于经济形势的好转，福建的农产品进口又恢复高速增长的态势，进口额高达 51.63 亿美元。而与中国整体的农产品进口情况相比较，除了 1999 年、2000 年、2006 年和 2010 年之外，福建的农产品进口增率都较高，这体现出在中国各大省份当中福建省对农产品进口有较大的需求潜力。

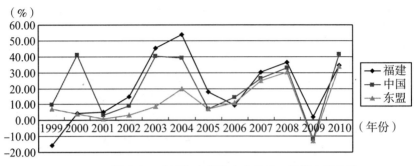

图 20 - 2 福建省、中国与东盟的农产品进口增长率的比较

1999～2003 年，相较福建与中国的农产品进口增率的剧烈变动，东盟的农产品进口增率维持在一个相对较低的水平，直到 2004 年才出现跨越式的增长，之后各年（除了 2009 年之外）都保持一个比较理想的增长水平。其进口额由 1998 年的 216.13 亿美元上升到 2010 年的 734.71 亿美元，扩大了 2 倍多。值得注意的是，东盟的农产品进口增长率经历 2008 年的高位到 2009 年的急落至谷底，再到 2010 年的迅速反弹的现象与福建和中国的农产品进口情形相近，这说明福建省、中国和东盟的农产品进口都严重依赖于自身经济的发展状况。换句话说，福建省、中国和东盟的农产品进口的收入需求弹性比较大。在历年东盟的农产品进口中，马来西亚、印度尼西亚、越南、泰国、新加坡和菲律宾的合计占比都高达 99% 以上，2010 年上述各国的占比分别为 21.3%、21.8%、16.6%、16.2%、14.7% 和 9.3%。其中，越南在东盟的农产品进口中表现出强劲的潜力，占比由 6.4%（1998 年）跃升至 16.6%（2010 年）；而新加坡和菲律宾对东盟的农产品进口的贡献度则出现了退化，比重下滑。

20.2.1.3 福建省农产品走向逆差，而东盟的顺差优势趋强

净出口流量方面（见表 20 - 2），1998～2010 年，福建逐渐由农产品顺差转变为农产品逆差。其对外顺差从 2003 年开始大幅度下滑（从 5.8 亿美元滑落到 2.4 亿美元），直到 2006 年才又回升至 3.5 亿美元，但 2007 年又急剧下滑。到了 2008 年，由于进口激增，福建对外农产品首度出现高达 6.6 亿美元的逆差。之后，由于福建的农产品出口恢复强势，虽然逆差并未被扭转，但规模在逐渐缩小。

表 20 - 2　　　　　　1998～2010 年福建省、东盟对外农产品净出口额　　　单位：亿美元

年份	福建省	东盟	年份	福建省	东盟	年份	福建省	东盟	年份	福建省	东盟
1998	5.2	168.2	2002	5.8	160.2	2006	3.5	345.9	2010	-1.6	539.6
1999	6.2	144.6	2003	2.4	209.2	2007	0.57	424.3			
2000	7	136.5	2004	1.7	234.2	2008	-6.6	561.4			
2001	6.1	120.3	2005	0.7	259.7	2009	-3.8	436.7			

而东盟农产品的国际竞争力显著且农产品出口也是东盟国家出口创汇的主要来源之一，所以历年东盟都处于农产品贸易顺差的地位，并且还呈现出逐渐扩大的态势，到 2010 年已实现顺差 539.6 亿美元。

20.2.2　福建省、东盟农产品贸易结构分析

20.2.2.1　福建省农产品构成相对单一，而东盟则比较多元

从产品构成来看，2010 年福建按 SITC 分章的农产品出口构成中（见图 20 - 3），03 章（鱼、甲壳及软体动物及其制品）和 05 章（蔬菜及水果）位居前两位，分别占比 53% 和 33%。而通过计算这两类产品 1998～2010 年的出口占比，不难发现它们是福建省农产品出口的主力军，各年占比分别都在 35% 和 30% 之上，二者合计最低占比 78%（1998 年），最高占比 86%（2010 年）。而其余各类的占比最高不超过 2%，这反映出福建的农产品出口结构比较单一，只集中于具有资源优势的水产品、蔬菜及水果。而 2010 年福建按 SITC 分章的农产品进口构成中（见图 20 - 4），22 章（油籽及含油果实）、25 章（纸浆及废纸）、08 章（饲料）、24 章（软木及木材）、23 章（生橡胶）和 42 章（植物油、脂）位居前六位，分别占比 29%、15%、13%、12%、11% 和 5%。合计 1998～2010 年这 6 章农产品的进口占比，最低为 53.6%（1998 年），之后逐年升高，到 2009 年最高

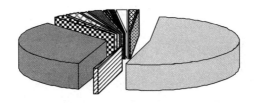

图 20 - 3　2010 年福建农产品出口构成

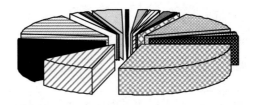

图 20 - 4　2010 年福建农产品进口构成

占比达84.7%。相较出口结构的单调性，福建的农产品进口结构比较多元，主要是一些福建本地不具备生产优势、互补性强的初级农产品。

2010年东盟按SITC分章的农产品出口构成中（如图20-5所示），42章（植物油、脂）、23章（生橡胶）、03章（鱼、甲壳及软体动物及其制品）、04章（谷物及其制品）、07章（咖啡、茶、可可、香料及其制品）和05章（蔬菜及水果）位居前列，占比分别为25%、16%、12%、9%、7%和6%。统计1998~2010年这六类农产品的出口占比，最低为68.4%（2001年），最高为76%（2008年）。从中不难看出，东盟主要的出口农产品也是其在生产条件上具有先天优势的植物油、脂，非食用的天然原料和食品。东盟农产品的进口构成也相当多元化（见图20-6），04章、05章、08章（饲料）、02章（乳品及蛋品）、03章、23章、01章（肉及肉制品）、06章（糖、糖制品及蜂蜜）、07章、11章（饮料）、26章（纺织纤维及其废料）和42章的进口位居前列。其中04章占比14%，05章和08章各占9%，02章、03章、23章各占6%，01章、06章、07章、11章、26章和42章各占5%。不难发现，东盟进口的农产品总体以食品为主，各章农产品相对平均，而且很多类农产品既有出口又有进口，这是东盟农产品产业内贸易繁荣的一个信号。合计这些农产品的进口比重，最低为70%（2000年），最高为80%（2010年）。比照福建、东盟的主要农产品进出口各类，不难发现福建省在03章和05章与东盟存在较大的产业内贸易潜力，而在23章和42章与东盟存在较大的产业间贸易的可能性。

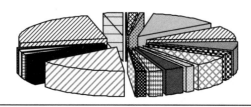

00 01 02 03 04 05 06 07 08 09 11
12 21 22 23 24 25 26 29 41 42 43

图20-5 2010年东盟农产品出口构成

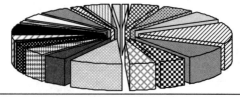

00 01 02 03 04 05 06 07 08 09 11
12 21 22 23 24 25 26 29 41 42 43

图20-6 2010年东盟农产品进口构成

20.2.2.2 福建省农产品进、出口市场密集，而东盟相对分散

从出口国别构成来看（见表 20 - 3），2000 ~ 2011 年，东盟、日本、美国、中国台湾、中国香港、欧盟和韩国是福建农产品的主要出口市场，2011 年上述各国（地区）与福建省的农产品贸易在福建对外农产品贸易中的占比依次为29.9%、18.4%、13.3%、11.4%、10.2%、6.1% 和 5.2%，各年的合计占比都在 90% 以上，这说明福建农产品的出口市场相对集中。其中，福建省对东盟、美国、中国台湾、中国香港和韩国的农产品出口占比表现出上升趋势，分别由2000 年 的 6.8%、5.5%、2.4%、3.1% 和 3.5% 上升至 2011 年的 29.9%、13.3%、11.4%、10.2% 和 5.2%；相反，福建对日本和欧盟的农产品出口呈现出下降趋势，分别由 2000 年的 66.6%、8.7% 下滑至 2011 年的 18.4%、6.1%。相较 2000 年近七成的农产品出口到日本的出口市场结构，2011 年对东盟、日本、美国、中国台湾、中国香港等五大市场相对平均的农产品出口市场结构，说明福建农产品对外出口的市场集中度已经趋于分散。同时，福建省对东盟的农产品出口增长迅猛，自 2008 年起东盟已超越日本成为福建农产品的第一大出口市场，到 2011 年其在福建农产品出口中的比重更是遥遥领先于第二位的日本。

表 20 - 3 　　　　　2000 ~ 2011 年福建省与东盟农产品的主要出口市场构成 　　　　单位：%

	福建				东盟		
	2000 年	2005 年	2010 年	2011 年	2000 年	2005 年	2010 年
东盟	6.8	16.3	27.9	29.9	—	—	—
中国	—	—	—	—	7.7	12.0	15.5%
日本	66.6	44.0	20.4	18.4	16.6	12.3	8.8
美国	5.5	11.4	15.0	13.3	13.8	12.2	10.3
中国台湾	2.4	2.1	11.6	11.4	2.7	2.3	1.6
中国香港	3.1	8.9	5.7	10.2	4.3	2.1	1.7
欧盟	8.7	9.4	8.3	6.1	14.7	15.0	14.4
韩国	3.5	4.3	5.2	5.2	2.9	3.1	3.1
印度	—	—	—	—	4.4	4.2	7.2
合计	96.6	96.4	94.2	94.5	67.0	63.2	62.5

而 2000 ~ 2010 年，中国、欧盟、美国、日本、印度、韩国、中国香港和中国台湾是东盟农产品出口的主要市场，2010 年以上各国（地区）在东盟农产品出口中的占比依次为15.5%、14.4%、10.3%、8.8%、7.2%、3.1%、1.7% 和1.6%，各年合计占比在60% 左右，这说明东盟农产品出口的市场集中度并不高，同时日本、欧盟、中国台湾和中国香港这 4 个相同的出口市场对于福建与东盟农

产品的重要性不同。期间，东盟对中国、韩国和印度的农产品出口占比趋于上升，分别由 2000 年的 7.7%、2.9% 和 4.4% 增加到 2010 年的 15.5%、3.1% 和 7.2%，并且从 2009 年起中国超越日本、美国和欧盟成为东盟农产品的第一大出口市场；然而，东盟对日本、美国、中国台湾、中国香港和欧盟的农产品出口占比出现了不同程度的下滑，依次从 2000 年的 16.6%、13.8%、2.7%、4.3% 和 14.7% 下滑至 2010 年的 8.8%、10.3%、1.6%、1.7% 和 14.4%，其中东盟对日本出口的占比下降幅度最大。

从进口国（地区）构成来看（见表 20 - 4），2000 ~ 2011 年期间，美国、巴西、东盟、阿根廷、中国台湾、加拿大和欧盟是福建省农产品的主要进口国（地区），2011 年依次占比 34.3%、20.8%、19.3%、10.9%、3.5%、3.3% 和 2.2%，合计占比 94.3%。随着时间推移，福建省自上述国家（地区）的进口占比逐年趋于上升，这表明福建省农产品的进口市场趋于集中。而美国、欧盟、中国、巴西、阿根廷、加拿大和中国台湾是东盟农产品的主要进口市场，2011 年依次占比 11.2%、8.7%、7.9%、5.1%、4.1%、1.8% 和 1.6%，各年的合计占比趋于下降。

表 20 - 4　　　　　　2000 ~ 2011 年福建省与东盟农产品主要进口市场构成　　　　单位：%

	福建				东盟		
	2000 年	2005 年	2010 年	2011 年	2000 年	2005 年	2010 年
美国	18.6	29.7	37.4	34.3	15.9	11.9	11.2
巴西	0.9	16.3	9.2	20.8	1.9	3.9	5.1
东盟	16.5	11.4	17.4	19.3	—	—	—
阿根廷	2.9	21.9	17.6	10.9	2.1	5.0	4.1
中国台湾	10.1	2.4	3.0	3.5	2.1	2.2	1.6
加拿大	0.9	1.6	2.3	3.3	3.6	2.4	1.8
欧盟	5.8	2.8	1.6	2.2	12.1	11.3	8.7
中国	—	—	—	—	8.0	7.0	7.9
合计	55.9	86.1	88.5	94.3	45.6	43.7	40.3

20.3　福建省与东盟间的双边农产品贸易发展状况

20.3.1　福建省与东盟间的农产品贸易进、出口两旺

如图 20 - 7 所示，2000 ~ 2011 年福建与东盟的农产品贸易发展十分迅猛，特

别是福建对东盟的农产品出口增势锐不可当。

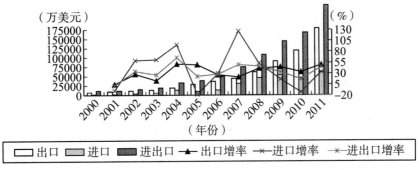

图 20 - 7　2001 ~ 2011 年福建省与东盟的农产品进出口情况

　　2000 年，福建省与东盟的农产品进出口总额仅为 1.15 亿美元，其中福建省对东盟出口 0.86 亿美元，福建省自东盟进口 0.29 亿美元，实现顺差 0.57 亿美元。而由于 2004 年"早期收获"计划的实施，双方的农产品贸易实现了跨越式的增长，其中出口增率高达 51%，进口增率高达 94.7%。直到 2011 年，福建省与东盟的农产品进出口总额已高达 24.75 亿美元，其中福建省对东盟出口 18.34 亿美元，自东盟进口 6.41 亿美元，实现贸易顺差 11.93 亿美元，而今东盟已经成为福建省农产品的第一大出口市场和第三大进口市场。相较 2000 年，2011 年双方的农产品贸易额增长了 20 倍，其中出口扩大了 19 倍，进口增长了 20 倍，出口顺差扩大了 19 倍。观察 2001 ~ 2011 年福建省与东盟农产品贸易的增长率，不难发现福建省对东盟的农产品出口增率相对比较平稳，最低值为 2003 年的13%，最高值为 2004 年的 51%，年平均增长率为 32.1%；而福建省自东盟的农产品进口增率的走势则是高低起伏，最低值出现在 2005 年为 - 19.1%，最高值出现在 2007 年为 127.1%，年平均增长率为 32.5%；综合起来，福建省与东盟的农产品贸易总体实现较快的平稳增长，年平均增长率为 32.2%。

20.3.2　福建省与东盟间的农产品贸易结构分析

20.3.2.1　福建省与东盟间的农产品产业内贸易与产业间贸易并存

　　从产品构成来看，2010 年福建省出口东盟的农产品按章分的构成中（见图 20 - 8），03 章（鱼、甲壳动物、软体动物及其他水生无脊椎动物）、08 章（食用水果及坚果；甜瓜或柑橘属水果的果皮）、07 章（食用蔬菜、根及块茎）、16 章（肉、鱼、甲壳动物、软体动物及其他水生无脊椎动物的制品）和 20 章（蔬菜、水果、坚果或植物其他部分的制品）位居前列，分别占比 38%、22%、18%、10% 和 5%，合计占比 83%。

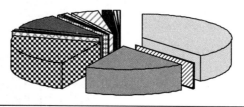

图 20 - 8　2010 年福建省出口东盟的农产品构成（按章分）

　　而 2010 年福建省进口东盟的农产品按章分的构成中（见图 20 - 9），15 章（动、植物油、脂及其分解产品；精制的食用油脂；动、植物蜡）、11 章（制粉工业产品；麦芽；淀粉；菊粉；面筋）、03 章、08 章、12 章（含油子仁及果实；杂项子仁及果实；工业用或药用植物；稻草、秸秆及饲料）和 23 章（食品工业、动物饲料的废料及残余）位居前列，比重分比为 52%、9%、7%、7%、6% 和 6%，合计占比 87%。综上所述，可以看出双方的农产品贸易既包含水产品、水果的产业内贸易，又包括粮油类农产品的产业间贸易。

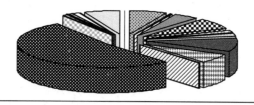

图 20 - 9　2010 年福建省进口东盟的农产品构成（按章分）

　　在 2010 年福建省出口东盟的农产品按类分的构成中（见图 20 - 10），第二类（植物产品）、第一类（活动物；动物产品）和第四类（食品；饮料、酒及醋；烟草、烟草及烟草代用品的制品）几乎囊括了所有福建向东盟出口的农产品，比重分别为 42%、39% 和 19%；而第三类（动、植物油、脂及其分解产品；精制的食用油脂；动、植物蜡）的比重近乎为 0。而在进口构成中（见图 20 - 11），第三类、第二类、第四类和第一类的占比分别为 52%、32%、9% 和 7%。比较福建与东盟按类分的农产品进出口情况，可以发现双方在第二类农产品存在大进大出的产业内贸易，而在第三类则存在几乎只进不出的产业间贸易。

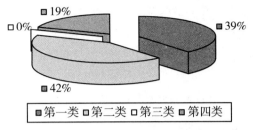

图 20 - 10　2010 年福建省出口东盟的农产品构成（按类分）

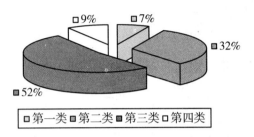

图 20 - 11　2010 年福建省进口东盟的农产品构成（按类分）

由于 HS 分类可以较好地对农产品的加工程度进行细分，因此我们依据加工程度的不同，将第一类、第二类和第三类农产品划分为初级农产品，而将第四类农产品划分为农产品加工制品。进行汇总核算后，发现 2010 年福建出口东盟的农产品中，初级农产品占比 81%，农产品加工制品占比 19%；而进口方面，初级农产品占比 91%，农产品加工制品占比 9%。虽然，双方的农产品贸易仍以初级农产品为主，但福建出口东盟的农产品加工制品的比重明显高于福建进口东盟的比重。这反映出福建的农产品加工制品相较东盟拥有较强的竞争力。

20.3.2.2　印度尼西亚、越南在福建与东盟间的农产品贸易中逐渐成为中坚力量

2000 ~ 2011 年福建农产品出口到东盟的国别构成如表 20 - 5 所示。期间，福建对马来西亚农产品的出口占比最大；但从近几年的数据来看，该比重趋于下滑，到 2011 年降到历史最低点（26.9%）。2000 年新加坡是福建农产品在东盟市场中的第二大出口国，占比 27.3%；但自 2002 年起该比重就开始逐步下滑，到 2011 年滑落到 6%，排名滑至第六位。菲律宾在 2000 年福建农产品对东盟国家的出口排名中，位列第三，占比 19.1%；从近三年的数据走势来看，菲律宾的占比趋于下降，到 2011 年也落到了历史最低点（13.4%），排名降到第五位。2000 年印度尼西亚在福建对东盟国家农产品的出口排名中位列第四（11.5%）；随着时间推移，其比重曲线呈现出波动式的上升态势，到 2011 年已经达到 22.7%，排名上升到第二位。2000 年福建对泰国的农产品出口占比为 5.6%，居第五位；但到 2011 年，比重增加到 13.8%，名次上升了一位。而 2000 年福建对越南的农产品出口占比仅为 1.4%，居第六位；但到 2011 年，该占比已跃升到16.2%，名列第三。而福建对缅甸、文莱、柬埔寨的农产品出口占比极小，但从近三年的数据走势来看，福建对缅甸和柬埔寨农产品的出口占比趋于上升。

表 20 - 5　　　　　2000 ~ 2011 年福建农产品出口到东盟的国别构成　　　单位：%

国家	2000年	2001年	2002年	2003年	2004年	2005年	2006年	2007年	2008年	2009年	2010年	2011年
马来西亚	33.8	32.5	37.8	44.1	38.8	36.3	38.7	43.0	43.6	31.6	31.4	26.9
新加坡	27.3	29.5	23.7	22.7	15.7	10.1	8.8	9.2	8.2	6.2	6.4	6.0
菲律宾	19.1	19.9	16.0	12.9	14.1	15.9	19.3	21.2	19.9	26.8	15.8	13.4
印度尼西亚	11.5	9.4	13.2	11.6	14.4	18.0	22.8	18.1	18.0	23.6	29.5	22.7
泰国	5.6	6.1	6.2	5.2	5.1	4.3	7.2	6.9	7.2	7.9	8.6	13.8
越南	1.4	1.8	2.2	2.7	1.3	10.1	1.9	1.1	2.7	3.5	7.6	16.2
缅甸	0.8	0.0	0.0	0.0	0.0	0.0	0.0	0.0	0.1	0.1	0.2	0.3
文莱	0.4	0.2	0.7	0.2	0.0	0.4	0.0	0.3	0.3	0.1	0.1	0.1
柬埔寨	0.1	0.2	0.3	0.2	10.1	4.9	0.8	0.1	0.0	0.2	0.4	0.6
合计	100	100	100	100	100	100	100	100	100	100	100	100

注：由于老挝的统计数据缺失且在福建农产品的进出口中占比极小，所以我们未予考虑。

2000 ~ 2011 年福建进口东盟农产品的国别构成如表 20 - 6 所示。期间，福建自马来西亚的农产品进口占据了主导地位，除了 2010 年以外都位列福建在东盟市场中的第一大农产品进口国；但从其比重曲线的发展趋势来看，近几年的占比趋于下滑。2000 年印度尼西亚在福建自东盟的农产品进口排名中位居第二（26.4%），但从 2002 年起该比重出现了下滑，直到 2004 年又开始恢复上涨；2008 年该比重跌落历史最低点（11.7%），但随后的 2009 年又迅速反弹，到2010 年甚至跃升到第一位；2011 年该占比却又回落到 23.5%，屈居第二。无论从 2000 年还是 2011 年的数据来看，泰国在福建自东盟的农产品进口排名中都位列第三，但比重却从 12.7% 增加到 18.7%。新加坡原先是福建自东盟农产品进口的第四大来源地，2000 年占比 12.6%；但随后该比重逐渐趋于下落，到 2011年仅为 0.6%。无论是按 2000 年的数据排名还是按 2011 年的数据排名，菲律宾都是福建自东盟农产品进口的第五大来源地，但占比却由 1.6% 上升到 4.7%。越南原先在福建自东盟的农产品进口中仅占比 1.4%，位居第六位；但 2011 年该比重却跃升至 16.1%，排名上升了 2 位。而福建自缅甸、柬埔寨的农产品进口都只占很小的一部分，几乎可以忽略不计。

表 20 - 6　　　　　　2000～2011 年福建进口东盟农产品的国别构成　　　　　单位：%

国家	2000年	2001年	2002年	2003年	2004年	2005年	2006年	2007年	2008年	2009年	2010年	2011年
马来西亚	45.2	41.6	57.8	69.2	62.6	50.9	46.4	62.7	68.9	48.1	31.7	36.2
印度尼西亚	26.4	27.8	22.1	14.4	15.5	18.0	24.0	16.0	11.7	26.8	32.6	23.5
泰国	12.7	14.5	10.3	8.9	15.0	24.9	22.2	18.7	16.2	17.0	24.1	18.7
新加坡	12.6	7.4	6.5	3.0	1.2	1.2	0.7	0.6	0.6	0.5	0.6	0.6
菲律宾	1.6	2.4	2.2	2.5	1.5	1.8	2.3	1.2	1.1	1.4	3.5	4.7
越南	1.4	6.3	1.2	2.0	4.0	3.0	4.0	0.7	1.2	6.1	7.4	16.1
缅甸	0.1	0.0	0.0	0.0	0.1	0.2	0.4	0.1	0.3	0.1	0.2	0.2
柬埔寨	0.0	0.0	0.0	0.0	0.1	0.1	0.0	0.0	0.0	0.0	0.0	0.0
合计	100	100	100	100	100	100	100	100	100	100	100	100

20.4　本章小结

　　CAFTA 逐步取消关税之后，福建、东盟的农产品出口贸易发展迅猛；福建的农产品进口增速十分高而东盟的进口增速则相对处于较低的水平。福建的农产品出口结构比较单调而进口结构比较多元，而东盟的进、出口结构都比较丰富。

　　由于"早期收获"计划的实施，双边的农产品贸易实现了跨越式的增长。现今，东盟已成为福建农产品的第一大出口市场和第三大进口市场。双方的农产品贸易既包含水产品、水果的产业内贸易，又包括粮油类农产品的产业间贸易。福建的农产品加工制品相较东盟拥有更强的竞争力。近几年，印度尼西亚、越南与福建的农产品进、出口呈现出两旺的态势，在福建与东盟的农产品贸易中扮演着越来越重要的角色。

第 21 章

基于贸易指数的福建省与东盟
农产品的比较分析

为了进一步深入比较福建与东盟农产品的贸易情况，本章将基于贸易指数展开分析：首先，利用贸易竞争力指数（TC 指数和 RCA 指数）对双方农产品的总体竞争力、分类竞争力进行比较；然后，再通过测算出口相似性指数，从商品域和市场域两个角度分析了双方的农产品在世界市场或第三市场的专业化分工程度；最后，利用三个产业内贸易指数（G－L 指数、Bruelhart 指数和 Thom & Mc-Dowell 指数），分别从静态、动态和产业内贸易结构的角度来综合分析双方农产品贸易模式的演变。

本章分析所使用的数据除了福建与他国之间的农产品贸易数据使用 HS 分类外，其余皆使用 SITC 分类。其中，2000～2011 年福建与他国之间的农产品贸易数据来自福州海关；1998～2010 年福建农产品总进、出口数据来自 1999～2011 年的《福建统计年鉴》；1998～2010 年东盟各国、世界的农产品贸易数据来自 UN comtrade；东盟各国和世界的总出口额、东盟各国对中国台湾的农产品出口以及东盟向美国、日本、韩国、中国台湾和中国香港出口的水产品、蔬菜、茶叶和水果的数据都来自 UNCTADstat。

21.1 福建省与东盟农产品的竞争力比较

21.1.1 贸易竞争力指数的选取

我们选取了贸易竞争优势指数（TC）和显示性比较优势指数（RCA）对福建与东盟农产品的整体和分章的竞争力，以及初级农产品和农产品加工制品的竞争力进行比较分析。其中，TC 指数能够剔除国内经济波动、通货膨胀等宏观方面波动对竞争力的影响，还可以就不同时期和不同国家进行直接比较；而 RCA 指数剔除了国家总量波动和世界总量波动的影响。

TC 指数表示一国进出口贸易差额占其进出口贸易总额的比重。计算公式为：

$$TC_{ij} = (X_{ij} - M_{ij})/(X_{ij} + M_{ij}) \qquad 公式（21 - 1）$$

其中，TC_{ij} 为 i 国（地区）j 类产品的贸易竞争优势指数；X_{ij}、M_{ij} 分别为 i 国（地区）j 类商品的出口、进口。TC 指数的取值范围为 $[-1, 1]$：取值大于 0，表明该产品具有比较优势，而越接近 1，竞争力就越强；取值小于 0，则说明该产品所具有的比较优势很小，而越接近于 -1，劣势就越明显。

RCA 指数表示一国某种商品的出口占其出口总值的份额与世界该类商品出口份额的比率，用公式表示就是：

$$RCA_{ij} = (X_{ij}/X_{it})/(X_j/X_t) \qquad 公式（21 - 2）$$

其中，RCA_{ij} 为 i 国（地区）j 类产品的显示性比较优势指数；X_{ij} 为 i 国（地区）j 类产品的出口总额；X_i 为 i 国（地区）所有产品的出口总额；X_j 为世界 j 类产品的总出口额；X_t 为世界所有产品的出口总额。若 RCA > 2.5，表明该产品具有极强的出口竞争力；若 1.25 < RCA ≤ 2.5，则说明该产品具有次强的出口竞争力；若 0.8 < RCA ≤ 1.25，说明该产品具有中等的出口竞争力；若 RCA < 0.8，则说明该产品具有较弱的出口竞争力。

21.1.2　贸易竞争力指数的测算结果分析

21.1.2.1　总体竞争力的比较

我们测算了 1998 ~ 2010 年福建与东盟各国农产品的总体 TC 指数和 RCA 指数（见表 21 - 1）。首先，无论是 TC 指数还是 RCA 指数的测算结果都表明，福建农产品的总体竞争力趋于下滑而东盟的竞争力则呈现出稳中有升的态势。其中，福建农产品的 TC 指数由 0.27（1998）下降到 -0.02（2010），表明福建农产品的整体竞争力已从具有一定的比较优势恶化为具有较弱的比较劣势；RCA 指数由 1.24（1998）滑落至 0.83（2010），表明福建农产品快要掉入具有较弱的出口竞争力的范畴。而东盟农产品的 TC 指数则比较稳健，期间一直维持在 0.2 ~ 0.31，这意味着东盟的农产品出口一直都具有较强的比较优势；RCA 指数由 1.2（1998）动荡地上升至 1.44（2010），表明东盟农产品已从具有中等的出口竞争力跳升至具有次强的出口竞争力。

其次，再来分析一下东盟各国农产品的整体竞争力走势。从 TC 指数来看，印度尼西亚、泰国、马来西亚和越南在农产品出口方面具有比较优势：印度尼西亚的比较优势随着时间的推移在不断增强（由 1998 年的 0.24 波动地上升至 2010 年的 0.39），而泰国、马来西亚和越南的比较优势出现了弱化（分别由 1998 年的 0.51、0.39 和 0.55 下滑到 2010 年的 0.49、0.29 和 0.07）；缅甸的农产品在大多数年份也具有一定的出口竞争力，但波动幅度较大；而东盟其余五国在农产品出口方面则不具备比较优势。对比 2010 年的 TC 指数，可以发现福建农产品的出口竞争力优于新加坡、菲律宾、缅甸、柬埔寨、老挝和文莱这六国。而从 RCA

表 21 - 1　　　　福建省与东盟各国农产品的总体竞争力

年份	福建省	东盟	印度尼西亚	泰国	马来西亚	越南	新加坡	菲律宾	缅甸	老挝	柬埔寨	文莱
1998	0.27	0.28	0.24	0.51	0.39	0.55	-0.05	-0.19	NA	NA	NA	NA
1999	0.35	0.24	0.16	0.49	0.35	0.54	-0.13	-0.29	NA	NA	NA	NA
2000	0.37	0.22	0.15	0.46	0.27	0.51	-0.14	-0.21	NA	NA	-0.55	NA
2001	0.32	0.2	0.14	0.43	0.2	0.47	-0.17	-0.22	0.15	-0.71	-0.55	-0.98
2002	0.28	0.24	0.26	0.43	0.29	0.43	-0.16	-0.25	0.13	-0.67	-0.54	-0.98
2003	0.1	0.28	0.29	0.45	0.38	0.36	-0.19	-0.14	0.04	-0.61	-0.54	-0.98
2004	0.05	0.26	0.3	0.45	0.31	0.33	-0.17	-0.16	-0.11	-0.55	-0.45	-0.97
2005	0.02	0.27	0.37	0.43	0.3	0.35	-0.17	-0.17	-0.06	-0.53	-0.53	-1
2006	0.08	0.31	0.42	0.49	0.29	0.36	-0.16	-0.18	0.12	-0.44	-0.54	-1
2007	0.01	0.3	0.39	0.49	0.32	0.32	-0.17	-0.18	0.06	-0.42	-0.55	-1
2008	-0.1	0.31	0.42	0.46	0.35	0.3	-0.16	-0.27	0.1	-0.36	-0.69	-1
2009	-0.05	0.28	0.38	0.5	0.26	0.28	-0.17	-0.28	0.22	-0.36	-0.6	-1
2010	-0.02	0.27	0.39	0.49	0.29	0.07	-0.16	-0.25	-0.08	-0.32	-0.34	-0.96

TC

续表

	年份	福建省	东盟	印度尼西亚	泰国	马来西亚	越南	新加坡	菲律宾	缅甸	老挝	柬埔寨	文莱
	1998	1.24	1.2	1.57	2.2	1.33	3.36	0.42	0.76	NA	NA	NA	NA
	1999	1.24	1.12	1.58	2.16	1.17	3.24	0.36	0.55	NA	NA	NA	NA
	2000	1.22	1.06	1.43	2.14	0.99	3.3	0.33	0.64	NA	NA	0.46	NA
	2001	1.03	1.08	1.43	2.13	0.94	3.3	0.31	0.7	2.16	0.88	0.41	0.01
	2002	0.86	1.15	1.8	2.08	1.1	3.15	0.31	0.65	1.7	1.07	0.33	0.01
R	2003	0.7	1.15	1.84	2.11	1.24	2.85	0.26	0.74	2.02	1.07	0.29	0.01
C	2004	0.73	1.18	2.07	2.12	1.24	2.76	0.26	0.77	1.91	1.59	0.34	0.01
A	2005	0.74	1.2	2.15	2.08	1.21	3	0.25	0.85	1.51	1.34	0.32	0
	2006	0.8	1.28	2.41	2.2	1.29	3.12	0.25	0.8	2.03	1.21	0.3	0
	2007	0.73	1.37	2.7	2.11	1.51	3.02	0.26	0.83	1.61	1.31	0.26	0
	2008	0.68	1.52	3.02	2.26	1.76	2.92	0.27	1.01	1.87	1.55	0.2	0
	2009	0.72	1.35	2.42	2.05	1.48	2.62	0.26	0.92	2.1	1.69	0.25	0
	2010	0.83	1.44	2.71	2.14	1.73	2.31	0.27	0.95	1.48	1.29	0.44	0.01

注：NA 表示该年份数据不可得。

指数来看,印度尼西亚的农产品出口竞争力由次强(1.57,1998)转变为极强(2.71,2010);泰国则一直都保持着次强的出口竞争力,RCA 指数在 2.08 至 2.26 之间微小浮动;马来西亚的农产品大多数年份都具有次强的出口竞争力,近年来更呈现出增强的趋势;越南农产品的出口虽然具备一定的竞争力,但趋于弱化,出口竞争力由极强(3.36,1998)掉落到次强(2.31,2010);新加坡农产品的 RCA 指数表明其具有较弱的出口竞争力,且还呈现出弱化的态势;菲律宾农产品的出口竞争力却从较弱(0.76,1998)跳升至较强(0.95,2010);缅甸的农产品一直都具有次强的出口竞争力,但波动性较大;老挝农产品的出口竞争力也由较强(0.88,2001)动荡地上升至次强(1.29,2010);柬埔寨和文莱在农产品出口方面都不具备竞争优势。比较 2010 年福建与东盟各国的 RCA 指数,可以看出福建在农产品出口方面的优势仅胜于新加坡、柬埔寨和文莱;相较 TC 指数的结果,以 RCA 衡量的竞争力结果对福建的农产品出口更为不利。

21.1.2.2 分类竞争力的比较

2010 年福建省与东盟各国按 SITC 分章的农产品的 RCA 指数如表 21 - 2 所示。福建在 03 章(鱼、甲壳及软体动物及其制品)和 05 章(蔬菜及水果)上分别具有极强和次强的出口竞争力(分别是 6.17 和 2.02)。东盟中的印度尼西亚、泰国、越南在 03 章也具备极强出口竞争力(分别为 2.7、5.96 和 10.42),而菲律宾也具有次强的出口竞争力(2.05);在 05 章方面,缅甸具有极强的出口竞争力(7.24),而泰国、越南、菲律宾具备次强的出口竞争力(分别为 1.47、2.11 和 1.56)。这意味着福建在这两类农产品的出口方面将面临印度尼西亚、泰国、越南、菲律宾和缅甸的激烈竞争,并且越南在 03 章和 05 章的出口竞争力都胜过福建,缅甸在 05 章的比较优势也远胜于福建。

福建其他各章的农产品都只具有较弱的出口竞争力,但马来西亚和老挝却在 00 章(活动物)具有较强的出口竞争力(分别是 0.81 和 0.82);泰国在 01 章(肉及肉制品)具备次强的出口竞争力(1.38);泰国、越南、缅甸和老挝在 04 章(谷物及其制品)分别具有极强(分别是 3.68 和 3.86)、较强(1.1)和次强的出口竞争力(2.37);泰国和老挝在 06 章(糖、糖制品及蜂蜜)具有极强的出口竞争力(分别为 4.29 和 4.3);印度尼西亚、越南、老挝和马来西亚分别在 07 章(咖啡、茶、可可、香料及其制品)具备极强(分别为 4.13、7.16 和 4.63)、次强的出口竞争力(1.67);泰国在 08 章(饲料)具有次强的出口竞争力(1.38);印度尼西亚、泰国和马来西亚在 09 章(杂项食品)具备次强的出口竞争力(分别为 1.67、2.31 和 1.3);新加坡在 11 章(饮料)具有较强的出口竞争力(0.99);印度尼西亚、菲律宾、老挝和柬埔寨在 12 章(烟草及其制品)分别具备次强(分别是 1.9、2.31 和 1.51)、较强的出口竞争力(0.96);缅甸和老挝在 22 章(油籽及含油果实)分别具有次强和极强的出口竞争力(分别为 2.05 和 6.24);印度尼西亚、泰国、马来西亚、越南、缅甸、老挝和柬埔

表 21 - 2　2010 年福建省与东盟各国农产品的 RCA 指数（按章分）

章	福建省	印度尼西亚	泰国	马来西亚	越南	新加坡	菲律宾	缅甸	老挝	柬埔寨	文莱
00	0.00	0.30	0.42	0.81	0.00	0.02	0.02	0.58	0.82	0.00	0.00
01	0.13	0.02	1.38	0.06	0.09	0.02	0.11	0.00	0.00	0.00	0.00
02	0.03	0.13	0.19	0.30	0.04	0.18	0.60	0.06	0.00	0.00	0.00
03	6.17	2.70	5.96	0.67	10.42	0.17	2.05	0.01	0.01	0.08	0.01
04	0.06	0.20	3.68	0.47	3.86	0.35	0.25	1.10	2.37	0.78	0.01
05	2.02	0.33	1.47	0.17	2.11	0.06	1.56	7.24	0.70	0.02	0.01
06	0.53	0.39	4.29	0.47	0.69	0.22	0.72	0.31	4.30	0.32	0.00
07	0.34	4.13	0.29	1.67	7.16	0.55	0.04	0.24	4.63	0.00	0.00
08	0.18	0.58	1.38	0.44	0.44	0.14	0.44	0.60	0.01	0.27	0.00
09	0.50	1.67	2.31	1.30	0.54	0.54	0.66	0.01	0.01	0.00	0.00
11	0.03	0.05	0.56	0.54	0.11	0.99	0.18	0.01	0.06	0.13	0.00
12	0.13	1.90	0.23	0.72	0.51	0.74	2.31	0.00	1.51	0.96	0.00
21	0.00	0.00	0.04	0.06	0.46	0.06	0.01	0.58	0.59	0.05	0.01
22	0.00	0.05	0.02	0.03	0.08	0.01	0.00	2.05	6.24	0.11	0.00
23	0.06	17.12	15.44	5.61	6.18	0.50	0.40	6.53	5.01	5.65	0.02
24	0.10	1.28	1.25	2.72	3.15	0.05	0.14	0.01	0.00	2.07	0.00
25	0.01	3.23	0.18	0.02	0.00	0.20	0.59	0.13	0.25	0.03	0.00
26	0.13	1.65	1.83	0.63	0.72	0.13	0.23	0.00	0.12	0.31	0.00
29	0.54	0.74	0.53	0.36	0.44	0.17	1.38	0.20	0.87	0.01	0.00
41	0.10	0.02	0.18	0.02	0.96	0.15	0.07	0.00	0.00	0.00	0.00
42	0.01	23.59	0.31	16.18	0.06	0.19	5.82	0.00	0.00	0.42	0.00
43	0.01	8.22	0.92	26.71	0.15	0.74	0.57	0.00	0.00	0.00	0.00

寨在23章（生橡胶）都具备了极强的出口竞争力（分别高达17.12、15.44、5.61、6.18、6.53、5.01和5.65）；印度尼西亚、泰国、柬埔寨和马来西亚、越南在24章（软木及木材）分别具备次强（分别是1.28、1.25和2.07）、极强的出口竞争力（分别为2.72和3.15）；印度尼西亚在25章（纸浆及废纸）具有极强的出口竞争力（3.23）；印度尼西亚和泰国在26章（纺织纤维及其废料）具备次强的出口竞争力（分别是1.65和1.83）；菲律宾和老挝在29章（其他动植物原料）分别具有次强和较强的出口竞争力（分别为1.38和0.87）；越南在41章（动物油、脂）具备了较强的出口竞争力（0.96）；印度尼西亚、马来西亚和菲律宾在42章（植物油、脂）具备极强的出口竞争力（分别高达23.59、16.18和5.82）；印度尼西亚、马来西亚和泰国在43章（已加工的动植物油、脂及动植物蜡）分别具有极强（分别高达8.22和26.71）、较强的出口竞争力（0.92）；而东盟各国在02章（乳品及蛋品）和21章（生皮及生毛皮）也都只具备较弱的出口竞争力。这说明除了02章、03章、05章和21章的农产品之外，福建与东盟各国农产品的互补性十分显著，双方的农产品贸易不但可以互通有无（当然主要是福建进口东盟各国的农产品），还可以最大限度地发挥各自的比较优势。

进一步，我们还测算了福建对东盟初级农产品和农产品加工制品①出口的TC指数（见表21-3）。2001~2010年，福建对东盟初级农产品出口的TC指数呈现出无规律的波动性，除去2004年和2008年的负值外，福建对东盟的初级农产品出口具有一定的比较优势，但该优势并不稳定。反观福建对东盟农产品加工制品的出口竞争优势十分显著，多数年份都在0.8以上。但值得注意的是，从2008年开始，该指数开始出现下滑，到2010年只有0.69。这反映出近几年来，福建对东盟农产品加工制品的极强的比较优势出现了弱化。

表21-3　　　福建省对东盟农产品出口的TC指数（按加工程度分）

加工程度	2001年	2002年	2003年	2004年	2005年	2006年	2007年	2008年	2009年	2010年
初级农产品	0.35	0.26	0.08	-0.07	0.22	0.28	0.01	-0.03	0.18	0.39
农产品加工制品	0.91	0.89	0.88	0.89	0.86	0.90	0.80	0.91	0.83	0.69

21.2　福建省与东盟农产品的出口相似性比较

21.2.1　出口相似性指数的选取

出口相似性指数，一般包括出口产品相似性指数和出口市场相似性指数，分

① 我们将HS分类下的第一、第二和第三类产品归为初级农产品，而将第四类归为农产品加工制品。

别从产品和市场两个维度测算不同国家的同类产品在第三市场或世界市场上的国际竞争关系。我们从商品域和市场域两个角度综合测算了福建与东盟各国农产品出口到世界的产品相似性指数，和水产品、蔬菜、茶叶和水果出口的市场相似性指数。

产品相似性指数最早是由芬格和奎因（Finger and Kreinin，1979）[52]在商品域提出的测度方法，主要用于比较两国或两组国家在第三市场或世界市场上的出口产品的相似性程度。其计算公式如下：

$$S^p(ij, w) = [\sum_1 (X_{iw}^1/X_{iw}), (X_{jw}^1/X_{jw})] \times 100 \qquad 公式（21-3）$$

其中，$S^p(ij, w)$ 表示 i 国和 j 国出口到市场 w 的产品相似性；(X_{iw}^1/X_{iw}) 和 (X_{jw}^1/X_{jw}) 分别代表 i 国和 j 国出口到 w 市场的 1 种商品所占的份额。该指数的取值范围为 [0，100]：当指数为 100 时，表明两国出口到第三市场或世界市场的产品结构完全相同；而当指数为 0 时，则表明两国的出口产品结构完全不同。为了便于计算，我们借鉴吕玲丽（2006）[53]等大多数学者的处理方法对上式进行数学变换如下：

$$S^p(ij, w) = \left\{ \sum_1 \left[\left(\frac{X_{iw}^1/X_{iw} + X_{jw}^1/X_{jw}}{2} \right) \times \left(1 - \left| \frac{(X_{iw}^1/X_{iw}) - (X_{jw}^1/X_{jw})}{(X_{iw}^1/X_{iw}) + (X_{jw}^1/X_{jw})} \right| \right) \right] \right\} \times 100$$

公式（21-4）

市场相似性指数最先是由格利克和罗斯（Glick and Rose，1998）[54]提出的，主要用于衡量任意两国或两组国家的特定产品的出口市场分布的相似程度，计算公式如下：

$$S^m(ij, 1) = [\sum_w (X_{iw}^1/X_i^1), (X_{jw}^1/X_j^1)] \times 100 \qquad 公式（21-5）$$

其中，$S^m(ij, 1)$ 表示 i 国和 j 国之间产品 1 的市场相似性指数；(X_{iw}^1/X_i^1) 和 (X_{jw}^1/X_j^1) 分别表示 i 国和 j 国向 w 市场出口的产品 1 占 i 国和 j 国产品 1 总出口额的比重。之后，为了调整国家规模相差过大所带来的问题，他们用出口份额代替出口额对市场相似性指数进行了修正。修正后的公式如下：

$$S^m(ij, 1) = \left\{ \sum_w \left[\left(\frac{X_{iw}^1/X_i^1 + X_{jw}^1/X_j^1}{2} \right) \times \left(1 - \left| \frac{(X_{iw}^1/X_i^1) - (X_{jw}^1/X_j^1)}{(X_{iw}^1/X_i^1) + (X_{jw}^1/X_j^1)} \right| \right) \right] \right\} \times 100$$

公式（21-6）

该指数表示 i 国和 j 国出口到 w 市场的贸易额的加权平均数。若两国商品的出口市场结构完全相同，则该指数为 100；若出口商品的市场分布完全不同，则该指数为 0。

从动态发展的角度来看，如果出口相似性指数趋于上升，则意味着两国的出口结构趋于收敛、两国在第三市场或世界市场上的竞争会越演越烈（Pomfret，1981[55]；Pearson，1994[56]）；反之，则表明两国在第三市场或世界市场上的专业化分工程度趋于加强，两国的商品贸易之间可能存在互补性（Finger and Kreinin，1979[52]）。

21.2.2　出口相似性指数的测算结果分析

21.2.2.1　出口产品相似性的比较

从福建省与东盟各国农产品出口到世界的产品相似性指数来看（见表21-4），2001~2010年，除老挝外，福建与东盟其余9国的产品相似性指数趋于下降，这意味着福建与这9国出口到世界的农产品的产品相似性在趋异。其中，印度尼西亚、马来西亚、新加坡与福建的出口产品相似性指数呈现出比较平稳的下滑趋势；而泰国、越南、菲律宾、缅甸、柬埔寨和文莱则出现上下波动式的下降态势，特别是越南与福建的产品出口相似性指数从2008年开始又趋于上升。而福建与印度尼西亚、泰国、柬埔寨、文莱农产品的出口产品相似性的下滑主要归功于双方的03章（鱼、甲壳及软体动物及其制品）的出口相似性的趋异；福建省与马来西亚、越南、新加坡农产品的出口产品相似性的下滑主要是因为双方的03章、05章（蔬菜及水果）和07章（咖啡、茶、可可、香料及其制品）的出口相似性的趋异；福建与菲律宾农产品的出口产品相似性指数的下降主要得益于双方的03章和05章的出口相似性的下滑；福建与缅甸农产品的出口产品相似性的下降主要是由于双方的05章的出口相似性的趋异。

表21-4　　　福建省与东盟各国农产品出口到世界的产品相似性指数

国家	2001年	2002年	2003年	2004年	2005年	2006年	2007年	2008年	2009年	2010年	趋势
印度尼西亚	40.80	33.33	31.88	28.37	27.49	24.33	22.58	22.02	22.01	18.61	趋异
泰国	56.67	53.56	50.15	48.09	50.27	49.00	47.26	43.36	44.32	40.29	趋异
马来西亚	21.46	20.54	19.30	18.83	19.59	18.13	17.29	16.65	16.18	14.56	趋异
越南	65.99	65.48	62.21	60.97	57.26	55.27	53.14	51.12	52.63	53.44	趋异
新加坡	32.10	30.23	31.07	29.19	28.17	26.75	26.57	25.76	22.64	20.86	趋异
菲律宾	64.67	67.59	61.50	56.95	57.08	59.85	59.72	58.03	61.77	49.05	趋异
缅甸	44.09	44.49	47.49	42.74	45.60	44.63	48.75	49.82	44.21	37.37	趋异
老挝	11.93	13.54	14.15	16.33	16.11	14.01	13.86	18.63	13.65	15.80	趋同
柬埔寨	16.09	13.01	13.72	22.60	19.84	10.90	10.63	10.72	10.53	7.68	趋异
文莱	45.10	37.17	44.08	43.47	53.56	52.19	42.48	60.33	41.75	32.51	趋异

细看福建与东盟各国的出口产品相似性，不难发现该指数的结果参差不齐。从 2010 年的计算结果来看，其中印度尼西亚、马来西亚、老挝和柬埔寨与福建的出口产品相似性指数属于较低水平（分别为 18.61、14.56、15.8 和 7.68），这反映出在农产品贸易方面这些国家与福建在世界市场上的专业化分工程度水平较高；而新加坡、缅甸和文莱与福建的出口产品相似性指数属于中等水平（分别是 20.86、37.37 和 32.51），这体现出在农产品贸易方面福建与上述国家在世界市场上的专业化分工水平一般；值得关注的是，东盟中的农产品出口大国——泰国、越南和菲律宾与福建的出口产品相似性指数水平较高（分别高达 40.29、53.44 和 49.05），反映出在农产品贸易方面福建省与这 3 个农产品出口大国在世界市场上的专业化分工水平处于低端层次。

21.2.2.2 出口市场相似性的比较

由于水产品、蔬菜、茶叶和水果是福建省与东盟主要出口的农产品，而美国、日本、韩国、中国台湾和中国香港又是福建省与东盟这几类农产品的主要出口市场，因此我们选取上述 5 个主要的农产品出口市场作为分析双方的水产品、蔬菜、茶叶和水果出口市场相似性的参照市场。

从表 21-5 的计算结果不难发现，从总体上看 2001~2010 年双方的水产品、蔬菜和水果出口的市场相似性指数普遍较高，并且还呈现出动荡式上浮的趋势，这反映出双方的这三类农产品出口市场结构比较相似，在第三市场上（美国、日本、韩国、中国台湾和中国香港）的专业化分工程度水平较低且在逐步恶化。其中，水产品的市场相似性指数在美国和韩国市场上趋于上升，而在日本市场上趋于下降，这反映了双方的水产品在美国和韩国市场的专业化分工水平恶化，但在日本市场又得到一定的改善；蔬菜的市场相似性指数在日本和中国香港市场上趋于下滑，而在韩国和中国台湾市场上趋于上升，这体现出双方的蔬菜在日本和中国香港市场上的专业化分工程度更加紧密，而在韩国和中国台湾市场上趋于下滑；水果的市场相似性指数在美国和韩国市场上趋于上升，这反映出双方的水果在美国和韩国市场上的专业化分工的紧密度正在下降。然而，茶叶的出口市场相似性指数在动荡中趋于下降，整体上该指数都保持在 20~30，说明双方在茶叶贸易方面在第三市场的专业化分工程度较好。其中，在美国和中国台湾市场上该指数趋于上升，反映出双方的茶叶在这两个市场上的专业化分工程度趋于下降；而在日本和中国香港市场上又趋于下滑，说明茶叶在这两个市场的专业化分工水平得到了改善。

表 21－5　　福建省与东盟水产品、蔬菜、茶叶和水果出口的市场相似性指数

品种	国家（地区）	2001年	2002年	2003年	2004年	2005年	2006年	2007年	2008年	2009年	2010年	趋势
水产品	美国	4.15	5.17	7.83	4.71	5.44	7.31	5.35	10.01	15.07	17.62	趋同
	日本	36.36	35.55	32.01	32.11	30.15	27.27	25.24	24.66	24.16	22.44	趋异
	韩国	3.23	3.42	3.68	4.02	4.38	4.68	5.48	5.16	5.05	6.65	趋同
	中国台湾	1.16	1.01	0.94	1.00	1.04	1.17	1.29	2.10	2.02	1.94	稳定
	中国香港	1.67	2.35	4.07	5.55	5.36	2.72	5.62	5.03	5.50	4.77	趋同
	合计	46.57	47.49	48.52	47.40	46.38	43.15	42.97	46.97	51.79	53.41	趋同
蔬菜	美国	4.00	5.93	2.99	2.71	3.19	4.60	5.88	5.15	5.83	5.31	稳定
	日本	49.48	57.09	57.62	53.79	54.27	57.38	50.17	31.62	44.92	38.00	趋异
	韩国	0.12	0.13	0.93	2.60	3.62	7.02	4.71	16.15	11.36	10.31	趋同
	中国台湾	1.43	2.48	3.11	2.90	3.39	3.32	6.43	7.89	10.15	8.13	趋同
	中国香港	1.24	1.84	1.52	0.96	1.17	3.51	0.26	0.37	0.26	0.67	趋异
	合计	56.28	67.46	66.18	62.96	65.64	75.82	67.44	61.17	72.52	62.42	趋同
茶叶	美国	4.18	5.53	6.10	5.73	10.57	12.10	12.08	11.70	15.25	17.75	趋同
	日本	17.55	9.56	12.04	12.82	12.89	9.35	8.41	10.88	11.86	9.81	趋异
	韩国	0.30	0.39	0.41	0.24	0.30	0.22	0.17	0.21	0.16	0.21	稳定
	中国台湾	0.00	0.00	0.00	0.25	0.79	0.85	1.59	1.38	1.62	1.66	趋同
	中国香港	13.35	12.20	6.37	2.77	2.20	2.68	3.72	2.62	2.38	2.71	趋异
	合计	35.38	27.69	24.94	21.80	26.76	25.21	25.97	26.80	31.27	32.13	趋异
水果	美国	0.34	1.43	3.69	7.81	7.88	7.36	5.69	7.52	9.93	20.44	趋同
	日本	46.81	49.10	49.75	50.17	49.21	45.77	42.74	47.71	50.54	45.14	稳定
	韩国	0.21	0.87	2.17	1.89	3.60	6.70	11.47	8.43	8.56	8.82	趋同
	中国台湾	0.95	0.44	1.02	2.56	3.16	2.51	1.94	1.69	1.05	1.38	稳定
	中国香港	0.64	0.58	0.61	0.37	0.64	3.80	15.25	0.07	0.21	0.07	稳定
	合计	48.96	52.43	57.24	62.82	64.48	66.14	77.08	65.43	70.29	75.85	趋同

21.3　福建省与东盟农产品贸易模式的演变

21.3.1　产业内贸易指数的选取

基于国内外学者的现有研究，本节利用 2001～2010 年福建省与东盟之间按

HS 分四大类的农产品贸易数据，计算了 G - L 产业内贸易指数、Bruelhart 边际产业内贸易指数和 Thom&McDowell 水平和垂直型产业内贸易指数，分别从静态、动态和产业内贸易结构的角度来综合分析福建与东盟农产品贸易模式的演变。

其中，G - L 产业内贸易指数最早是由格鲁伯和罗尔德（Grubel and Lloyd，1975）[57] 提出的，是目前用于衡量产业内贸易水平的最为广泛的方法。其标准的计算公式如下：

$$B_i = 1 - \frac{|X_i - M_i|}{X_i + M_i} \qquad 公式（21 - 7）$$

其中，B_i 代表第 i 类农产品的 G - L 产业内贸易指数；X_i 和 M_i 分别表示第 i 类农产品的出口和进口值；i 取 1 到 4 的整数。B_i 的取值范围为 [0，1]：当 $B_i = 0$ 时，即出现 $X_i = 0$ 或 $M_i = 0$，说明贸易双方在该类农产品上纯粹只是产业间贸易关系；相反，当 $B_i = 1$ 时，即出现 $X_i = M_i$，表明贸易双方在该类农产品上纯粹都是产业内贸易关系。而衡量整体农产品的 G - L 指数的公式为：

$$B = \sum_{i=1}^{n} \omega_i B_i \qquad 公式（21 - 8）$$

其中，B 代表农产品整体的产业内贸易指数；ω_i 是第 i 类农产品的贸易权重，即 $\omega_i = \frac{X_i + M_i}{X + M}$，X 和 M 分别表示农产品的出口、进口总值。若 B > 0.5 则表明贸易双方在农产品贸易中产业内贸易占优，反之则说明产业间贸易占优。

而布鲁哈尔（Bruelhart，1994）[58] 等学者为了解决 G - L 指数的静态性问题，提出了动态的边际产业内贸易的概念，并给出了度量边际产业内贸易水平的计算公式：

$$A_i = 1 - \frac{|\Delta X_i - \Delta M_i|}{|\Delta X_i| + |\Delta M_i|} \qquad 公式（21 - 9）$$

其中，A_i 代表第 i 类农产品的 Bruelhart 边际产业内贸易指数；ΔX_i 和 ΔM_i 分别表示两个时期间第 i 类农产品的出口和进口的变化量。而测度整体农产品的 Bruelhart 边际产业内贸易指数可通过对 A_i 进行加权得到：

$$A = \sum_{i=1}^{n} \omega_i A_i \qquad 公式（21 - 10）$$

其中，ω_i 代表两个时期间第 i 类农产品进出口变化量的贸易权重，即：

$$\omega_i = \frac{|\Delta X_i| + |\Delta M_i|}{\sum_{i=1}^{n}(|\Delta X_i| + |\Delta M_i|)} \qquad 公式（21 - 11）$$

之后，为了更深入地研究产业内贸易的结构到底是以水平型产业内贸易①为主，还是以垂直型产业内贸易②为主，汤姆和麦克维尔（Thom and McDowell，

---

① 水平型产业内贸易是指同一产业内因为产品规格、款式等属于产品属性的水平差异而导致的产业内贸易活动。

② 垂直型产业内贸易是指同一产业内由于产品档次的垂直差异所引起的产业内贸易活动。

1999)[59]给出了水平型和垂直型产业内贸易指数的测度方法。关于水平型产业内贸易指数（A_w），他们认为 Bruelhart 指数就是一个合适的测度方法（即 $A_w = A$）；而关于垂直型产业内贸易指数，他们认为可以用 $A_j - A_w$ 得到，其中 A_j 表示边际总产业内贸易指数，其计算公式如下：

$$A_j = 1 - \frac{|\Delta X_j - \Delta M_j|}{\sum\limits_{i=1}^{n} |\Delta X_i| + \sum\limits_{i=1}^{n} |\Delta M_i|} \qquad 公式（21 - 12）$$

这里，$\Delta X_j = \sum\limits_{i=1}^{n} \Delta X_i$，代表两个时期间所有 n 类细分产品出口变化量的和；$\Delta M_j = \sum\limits_{i=1}^{n} \Delta M_i$，代表两个时期间所有 n 类细分产品进口变化量的和。

21.3.2 产业内贸易指数的测算结果分析

21.3.2.1 产业内贸易的静态分析

福建与东盟农产品的 G - L 指数如表 21 - 6 所示。

表 21 - 6 　　　　　2001 ~ 2010 年福建与东盟农产品的 G - L 指数

产品分类	2001年	2002年	2003年	2004年	2005年	2006年	2007年	2008年	2009年	2010年
第一类 B_1	0.54	0.32	0.23	0.51	0.43	0.32	0.63	0.65	0.28	0.13
第二类 B_2	0.24	0.21	0.27	0.57	0.35	0.34	0.29	0.30	0.42	0.46
第三类 B_3	0.00	0.00	0.00	0.00	0.00	0.00	0.00	0.00	0.00	0.02
第四类 B_4	0.09	0.11	0.12	0.11	0.14	0.10	0.20	0.09	0.17	0.31
B	0.20	0.15	0.15	0.28	0.23	0.21	0.24	0.23	0.25	0.27

从农产品整体的 G - L 指数来看：首先，B 值均大于 0 而小于 1，表明双方的农产品贸易之中既存在产业内贸易也存在产业间贸易；其次，B 值均落于[0.15，0.27] 之间，而小于 0.5，说明双方的农产品贸易仍以传统的产业间贸易方式为主，贸易结构具有很强的互补性；再次，B 值随着时间推移呈现出上下波动式的增长态势，特别是 2006 年开始该增长态势趋稳，到 2010 年已达到0.27，这表明随着 CAFTA 的进一步落实，新型的产业内贸易的比重在双方的农产品贸易中将逐渐增大。

其中，第一类（活动物；动物产品）的 G - L 指数曲线呈现出较大波幅的上升下降态势，这表明双方在该类农产品贸易中，产业内贸易存在着很大的波动性和不稳定性。如 2001 年、2004 年、2007 年和 2008 年的 B_1 值都大于 0.5，反映出福建与东盟在该类农产品的贸易中以产业内贸易为主；而在其余年份，B_1 值都小于 0.5，特别是 2010 年该值低到 0.13，这表明产业间贸易在双方的第一类农产品贸易中仍占据主导地位，并且近两三年的发展也正以较大的幅度偏向产业间贸易。第二类（植物产品）的 G-L 指数曲线在 2001～2003 年在相对低位徘徊，2004 年达到最高值（0.57），2005 年和 2006 年又相对稳定在 0.35，2007 年之后又开始稳步上升，到 2010 年已达到 0.46，这表明双方在该类农产品的贸易中仍以互补性强的产业间贸易为主，但又呈现出稳步过渡到新型的产业内贸易为主的趋势。第三类（动、植物油、脂及其分解产品；精制的食用油脂；动、植物蜡）的 G-L 指数近乎为 0，这说明双方在该类农产品贸易中几乎完全以产业间贸易为主，而现实中也的确近乎只存在福建自东盟进口该类农产品而无出口的贸易现象。第四类（食品；饮料、酒及醋；烟草、烟草及烟草代用品的制品）的 G-L 指数曲线在 2001～2006 年期间，相对平稳，落于 [0.09，0.14] 区间。到 2007 年有了一个较大幅度的向上跳跃（0.2），但隔年又迅速跌落至谷底（0.09），而之后两年又呈现出快速增长的苗头，到 2010 年已达到 0.31。这反映出虽然双方在第四类农产品的贸易中产业间贸易仍占主导，但近几年来产业内贸易的优势在显著扩大。

21.3.2.2　产业内贸易的动态分析

从农产品整体的 Bruelhart 指数来看（见表 21-7）：首先，2001～2010 年的 A 值为 0.28，说明从较长的周期来看双方在农产品贸易中既存在产业内贸易也存在产业间贸易，两种贸易形式大约为 1:3 的关系。其次，除了 2001～2002 年、2002～2003 年、2004～2005 年和 2006～2007 年之外，其余各个时期的 Bruelhart 指数都在 0.25 左右，说明短期内双方的农产品贸易中产业内贸易与产业间贸易的比重与长周期相似；再次，从 2006～2007 年之后的 3 个时期，A 值都在稳步上升，这反映出产业内贸易形式在双方的农产品贸易中的比重在逐步提高；最后，比较一下 G-L 指数和 Bruelhart 指数的分析结果，可以发现二者的结论基本相符，即不存在拉詹（Rajan，1996）[60] 所提出的"当存在贸易不平衡时，用 G-L 指数衡量的产业内贸易水平偏高"的问题。

表 21-7　　　2001～2010 年福建省与东盟农产品的 Bruelhart 指数

产品分类	01~02	02~03	03~04	04~05	05~06	06~07	07~08	08~09	09~10	01~10
第一类 A_1	0.00	0.00	0.70	0.00	0.14	0.12	0.68	0.00	0.00	0.12
第二类 A_2	0.10	0.64	0.78	0.00	0.33	0.16	0.32	0.65	0.62	0.47
第三类 A_3	0.00	0.00	0.00	0.00	0.00	0.00	0.00	0.00	0.00	0.02
第四类 A_4	0.18	0.24	0.08	0.19	0.81	0.86	0.00	0.00	0.49	0.35
A	0.07	0.17	0.38	0.09	0.26	0.14	0.24	0.25	0.26	0.28

其中，第一类（活动物；动物产品）除了在 2003 ~ 2004 年和 2007 ~ 2008 年这两个时期出现过高值外，其余各时期的 A_1 值都较小且有 5 个时期为 0，这说明双方在第一类农产品贸易中，产业间贸易居主导地位，但有时也会出现较高水平的产业内贸易现象。第二类（植物产品）的 A_2 值从较长周期来看接近 0.5（与 G – L 指数的测算结果相一致），这反映出在第二类农产品的贸易中产业内贸易已开始占优。第三类（动、植物油、脂及其分解产品；精制的食用油脂；动、植物蜡）的 A_3 值反映的情况与 B_3 值相似。从较长的周期来看，A_4 值反映出双方在第四类（食品；饮料、酒及醋；烟草、烟草及烟草代用品的制品）农产品贸易中存在 35% 的产业内贸易；该值在个别时期达到非常高的水平但在其他一些时期又为 0，这表明产业内贸易在双方的第四类农产品贸易中的地位在提升，但具有一定的反复性。

21.3.2.3 产业内贸易结构的分析

从 2001 ~ 2010 年长期的发展趋势来看（见表 21 – 8），边际总产业内贸易指数达到 0.57，这说明新型的产业内贸易是双方农产品贸易变动的最主要的组成部分；其中，水平型产业内贸易和垂直型产业内贸易几乎平分秋色（分别占比 28% 和 29%），反映出福建与东盟的农产品贸易中既存在多样化的需求也存在技术差异。

表 21 – 8　　　　福建省与东盟农产品产业内贸易结构变动情况

时期	边际总产业内贸易（A_j）	水平型产业内贸易（A_w）	垂直型产业内贸易（$A_j – A_w$）	边际产业间贸易（$1 – A_j$）
2001 ~ 2002 年	0.77	0.07	0.70	0.23
2002 ~ 2003 年	0.76	0.17	0.58	0.24
2003 ~ 2004 年	0.97	0.38	0.60	0.03
2004 ~ 2005 年	0.09	0.09	0.00	0.91
2005 ~ 2006 年	0.63	0.26	0.37	0.37
2006 ~ 2007 年	0.64	0.14	0.50	0.36
2007 ~ 2008 年	0.94	0.24	0.70	0.06
2008 ~ 2009 年	0.60	0.25	0.34	0.40
2009 ~ 2010 年	0.26	0.26	0.00	0.74
2001 ~ 2010 年	0.57	0.28	0.29	0.43

从各个时期的短期变动来看，除了 2004 ~ 2005 年和 2009 ~ 2010 年这两个时期之外，其余各个时期的边际总产业内贸易指数都在 0.6 以上，这表明双方农产

品贸易的短期变动仍然以产业内贸易为主；但值得关注的是，从 2007～2008 年这个时期开始，该指数趋于快速下滑的态势。其中，水平型产业内贸易指数在前 4 个时期表现出较大的动荡性，而自 2006～2007 年这个时期开始就呈现出稳步上扬的趋势，这说明在双方农产品贸易的短期变动中水平型产业内贸易的重要性在上升；相反，垂直型产业内贸易虽然在大部分时期占比较大，但整体趋于下滑。至 2009～2010 年这个时期，产业内贸易在双方的农产品贸易中占比 26%，而其中全是水平型产业内贸易而无垂直型产业内贸易，这反映出多样化需求在双方的农产品贸易中越来越重要。

21.4　本 章 小 结

本章基于贸易竞争力指数、出口相似性指数和产业内贸易指数对福建与东盟的农产品贸易进行了比较分析，得出如下结论：

首先，TC 指数和 RCA 指数表明福建农产品的总体竞争力远弱于东盟。但从 2010 年按章分的 RCA 指数来看，福建在 03 章（鱼、甲壳及软体动物及其制品）和 05 章（蔬菜及水果）的出口竞争力可与东盟国家一较高低；总体上双方农产品的互补性强于竞争性。同时，福建在农产品加工制品方面具有很强的比较优势。

其次，除老挝外，福建与其余 9 个东盟国家出口到世界的农产品的产品相似性在趋异，说明在农产品方面福建与以上 9 国在世界市场上的专业化分工水平在提高；福建与东盟的水产品、蔬菜和水果出口的市场相似性指数普遍较高，反映出双方的这三类农产品在第三市场上（美国、日本、韩国、中国台湾和中国香港）的专业化分工程度水平较低且在逐步恶化，而在茶叶贸易方面双方在第三市场的专业化分工程度较好。

最后，虽然福建与东盟间的农产品贸易仍然以传统的产业间贸易为主，但产业内贸易的比重在不断上升；并且在产业内贸易中，以多样化需求为基础的水平型产业内贸易逐渐超越以技术差异为特征的垂直型产业内贸易。

第 22 章

CAFTA 对福建省农产品贸易的
静态效应分析

根据贸易创造与贸易转移效应的定义，贸易创造效应表现在成员国的进口和出口两个方面，而贸易转移效应表现在成员国的进口方面。因此，我们通过分别建立测度贸易创造效应的福建农产品进出口引力方程和衡量贸易转移效应的福建农产品进口引力方程，来定量研究 CAFTA 对福建省农产品贸易的静态效应并对贸易创造与贸易转移效应进行了分解分析；同时，基于回归的进出口引力模型还进一步测算了 CAFTA 对福建省与三类农产品贸易伙伴的贸易潜力的影响。

22.1　引力模型的扩展及数据来源

22.1.1　引力模型的扩展

引力模型最早是由汀伯根（Tinbergen，1962）和波赫尼（Poyhonen，1963）应用到国际贸易领域的研究，最初的构造来源于牛顿的万有引力理论：双边贸易量取决于其经济总量以及相互间的距离，基本的对数形式如下：

$$LnX_{ij} = \alpha_0 + \alpha_1 Ln(Y_i Y_j) + \alpha_2 LnDistance_{ij} + \mu_{ij} \qquad 公式（22-1）$$

其中，X_{ij} 表示双边贸易量，Y_i、Y_j 分别表示 i 国和 j 国的经济总量，Distance$_{ij}$ 表示 i 国和 j 国之间的距离，α_0 为常数，α_1 和 α_2 分别是 X_{ij} 对 $Y_i Y_j$ 和 Distance$_{ij}$ 的弹性，μ_{ij} 为误差项。其中，出口国和进口国的经济总量分别反映了潜在的供给能力和需求能力，而衡量运输成本的双边距离则是两国之间的贸易阻力因素。之后，灵曼（Linnemann，1966）[61] 将反映国家规模的人口数量作为变量引入模型，取得了较理想的效果；博格思瑞德（Bergstrand，1989）[62] 使用人均收入代替人口数量反映国家规模，效果也很显著；阿挺肯（Aitken，1973）[63]、布拉达和曼兹（Brada and Mendez，1985）[64] 等人首先引入了代表 FTA 的虚拟变量，进而将引力模型应用到区域经济一体化对成员国贸易影响的估算研究。

虽然引力模型至今都被学者广泛应用到区域经济一体化效应的事后研究，但由于缺乏理论基础和基于截面数据回归存在的 FTA 内生性问题也一度使其遭受质疑和批评（盛斌，2004）[65]。但以安德森（Anderson，1979）、博格思瑞德（Bergstrand，1985）、安德森和维考普（Anderson and Wincop，2003）为代表的不基于任何贸易理论基础的理论推导和以博格思瑞德（1989）、迪尔道夫（Deardorff，1995）、伊万奈特和凯乐（Evenett and Keller，2002）为代表的基于国际贸易理论基础的理论推导构造了引力模型的理论基础（史朝兴，2005）[66]；同时，面板数据的个体固定效应回归方法则可以很好地处理 FTA 的内生性问题（Scott L. Baier and Jeffrey H. Bergstrand，2007）[14]。

基于此，结合我们的研究目的分别构造以下福建农产品进出口引力方程和进口引力方程。

福建农产品进出口引力方程：

$$\text{LnFATR}_{ij}^{t} = \beta_0 + \beta_1 \text{Ln}(Y_i^t Y_j^t) + \beta_2 \text{Ln}(POP_i^t POP_j^t)$$
$$+ \beta_3 \text{Ln}(PGDP_i^t PGDP_j^t) + \beta_4 \text{LnDistance}_{ij} + \beta_5 \text{INCAFTA}^t + \mu_{ij}^t$$

公式（22 - 2）

福建农产品进口引力方程：

$$\text{LnFAIM}_{ij}^{t} = \gamma_0 + \gamma_1 \text{Ln}(Y_i^t Y_j^t) + \gamma_2 \text{Ln}(POP_i^t POP_j^t)$$
$$+ \gamma_3 \text{Ln}(PGDP_i^t PGDP_j^t) + \gamma_4 \text{LnDistance}_{ij} + \gamma_5 \text{EXCAFTA}^t + \mu_{ij}^t$$

公式（22 - 3）

其中，i、j 分表代表福建和其贸易伙伴；FATR_{ij}^t 表示 t 年福建与其贸易伙伴的双边农产品进出口总额；LnFAIM_{ij}^t 表示 t 年福建自其贸易伙伴的农产品进口额；Y_i^t、Y_j^t 依次表示 t 年福建和其贸易伙伴的国内生产总值，反映双方经济规模的影响；POP_i^t、POP_j^t 分别表示 t 年福建和其贸易伙伴的人口，反映双方人口因素的影响；$PGDP_i^t$、$PGDP_j^t$ 分别表示 t 年福建和其贸易伙伴的人均国内生产总值，反映双方的人均购买力；Distance_{ij} 表示福建和其贸易伙伴之间的距离，反映运输成本对双方农产品贸易的阻碍作用；INCAFTA^t 是个虚拟变量，用来度量 t 年 CAFTA 对福建农产品贸易的贸易创造效应，当中国与该贸易伙伴在 t 年同为 CAFTA 成员方时取值 1，否则取 0；EXCAFTA^t 也是个虚拟变量，衡量的是 t 年 CAFTA 对福建农产品贸易的贸易转移效应，当 t 年福建的农产品进口伙伴不属于 CAFTA 成员方，同时中国与其也未达成其他 FTA 时，取值为 1，否则为 0。贸易双方的经济规模、人口规模和人均购买力越大越强，则双方的农产品贸易量、福建的农产品进口量越大，因而预期 β_1、β_2、β_3、γ_1、γ_2、γ_3 的符号为正；由于距离会成为双边贸易的自然阻碍，所以预期 β_4、γ_4 的符号为负；因为双边的自贸协定可以消除关税及非关税壁垒从而促进双边贸易，所以预期 β_5 的符号为正；而自贸协定对非成员方构设了区内外关税水平差异的壁垒，因此会阻碍福建从这些和中国未达成 FTA 的贸易伙伴的农产品进口，所以预期 γ_5 的符号为负；β_0、γ_0 为常数项。

22.1.2　数据来源与处理

基于样本的代表性和数据的完整性的考量,针对福建农产品进出口引力模型,我们采用 2000~2011 年共 12 年的福建与 33 个农产品贸易伙伴①的面板数据进行回归分析,福建省与这 33 个国家和地区的农产品贸易额几乎囊括了福建所有的农产品贸易;至于福建农产品进口引力模型,我们选取了 2000~2011 年共 12 年的福建与 26 个农产品贸易伙伴②的面板数据进行实证研究,福建从这 26 个国家的农产品进口额也基本上包括了福建 99% 的农产品进口额。

其中,2000~2011 年以 HS 分类统计的福建与其农产品贸易伙伴的农产品进出口贸易数据来自福建海关,以美元计价;2000~2010 年福建的 GDP、人均 GDP 和人口数据来自《福建统计年鉴(2011 年)》,2011 年的数据来自《2011 年福建省国民经济和社会发展统计公报》,由于前两个变量的数据以人民币计价,所以为了统一计价单位用当年人民币年平均价进行转换,2000~2010 年的人民币汇率来自《福建统计年鉴(2011 年)》,2011 年的数据来自中国人民银行的网站;2000~2011 年 33 个农产品贸易伙伴的 GDP、人均 GDP 和人口数据都来自 IMF(World Economic Outlook Database);距离的数据来自 Google 地球,计算的是福建福州与农产品贸易伙伴国的首都之间最短的球面距离。

虽然大多数引力模型使用的都是基于当前汇率的名义变量(如名义 GDP),但是 ITC(2000)[67]的研究结果却表明,当样本中包含发展中国家及转型经济体时,使用名义变量可能会产生偏差。因此,有些学者就提出使用以购买力平价计算的收入指标(实际 GDP)。而普遍的看法是,以购买力平价指标计算的实际变量更适宜估计长期的贸易流量,而基于当前汇率的名义变量则适合分析短期的贸易流量(盛斌,2004)[64]。由于我们使用的是 2000~2012 年的面板数据,所以我们采用以 2000 年为基期的福建 CPI 指数对除距离和虚拟变量外的其他所有变量进行平减,以剔除物价变动的影响。其中 2000~2010 年的福建 CPI 数据来自《福建统计年鉴(2011 年)》,2011 年的数据来自《2011 年福建省国民经济和社会发展统计公报》。

虽然中国—东盟自由贸易区在 2010 年 1 月 1 日才正式开始生效,但早在 2002 年的《中国—东盟全面经济合作框架协议》中,中国与东盟各国就规定了"早期收获"方案,从 2004 年 1 月 1 日起就对 500 多种产品(主要包括 HS 前 8

---

　①　福建的 33 个农产品贸易伙伴包括:美国、日本、中国台湾、中国香港、韩国、马来西亚、新加坡、泰国、菲律宾、印度尼西亚、越南、文莱、柬埔寨、缅甸、中国澳门、澳大利亚、新西兰、阿根廷、巴西、智利、墨西哥、加拿大、德国、英国、法国、意大利、荷兰、芬兰、希腊、瑞典、丹麦、比利时和埃及。东盟中的老挝由于与福建农产品贸易数据的缺失以及其在福建农产品贸易中的比重微乎其微,所以我们的实证研究不予考虑。
　②　进口引力模型中的 26 个贸易伙伴是上述 33 个贸易伙伴中除文莱、柬埔寨、中国澳门、芬兰、希腊、瑞典和埃及之外的剩余国家(地区)。

章的农产品以及除前 8 章之外与东盟个别国家协商的特定产品①）实行降税，到 2006 年这些产品的关税将降到 0。因此，我们以东盟各国开始实施"早期收获"计划②为分水岭，实施前的年份其 INCAFTA' 取 0，开始及之后的年份取 1。而迄今业已和中国达成双边自贸区协定的还包括：中国—新加坡自贸区（CSFTA）、中国—新西兰自贸区（CNFTA）、中国—智利自贸区（CCFTA），中国大陆与香港、澳门地区的更紧密经贸关系安排（CEPA），以及与中国台湾的海峡两岸经济合作框架协议（ECFA）③。

22.2　引力模型的实证回归结果分析

为了便于比较，采用 EViews 6.0 软件的 Pooled EGLS（Cross-section weights）的方法对引力方程进行了混合效应回归和个体固定效应回归④。其中，混合效应回归的特点是对于任何个体和截面回归系数都相同，而个体固定效应回归的特点是任何个体回归系数是一致的但截面回归系数却是不同的。同时，考虑到方程中的某些变量的 T 值过低，无法通过显著性检验，因此采用"后向法"⑤（盛斌，2004）[64]对解释变量进行筛选。进一步，鉴于所采用的样本数据是包含时间序列和截面的双重特点，模型中存在序列相关性问题，所以为了消除因变量的自相关问题，在最终确定的方程中加入了 AR(1)。

22.2.1　进出口引力模型的回归结果分析——贸易创造效应

根据上述原理，重新构建的福建农产品进出口引力方程如表 22 - 1 所示。可以对福建省农产品进出口贸易进行解释并且其系数具有显著性的变量包括双方的经济规模、人口规模、距离和待检验的虚拟变量 INCAFTA'。无论是混合效应回归还是个体固定效应回归，方程中各变量系数的符号均和预期相符，且统计指标都十分理想，说明重新设定的进出口引力方程可以很好地拟合福建农产品进出口贸易的发展状况。

---

① 特定产品主要包括印度尼西亚、马来西亚和泰国分别提出的咖啡、棕榈油、椰子油、肥皂、无烟煤和焦炭等，特定产品的优惠关税只在中国和提出特定产品的东盟成员间相适用。
② 东盟各国开始实施"早期收获"计划的时间分别为：文莱、印度尼西亚、马来西亚、新加坡、泰国和越南，2004 年 1 月 1 日；菲律宾，2005 年 4 月；老挝、缅甸和柬埔寨，2006 年 1 月 1 日。
③ CSFTA、CNFTA、CCFTA、CEPA 和 ECFA 分别于 2009 年、2009 年、2007 年、2004 年和 2011 年开始生效。
④ 由于含有 AR 项的方程在 EViews 6.0 中无法进行随机效应回归，所以我们未考虑随机效应。
⑤ 后向法，即从全方程回归开始逐一减少 T 统计值不显著且为最小的变量直至新方程中所有变量的系数都通过显著性水平的检验。

表 22 - 1   进出口引力模型的回归结果解

		混合效应回归	个体固定效应回归
解释变量	C	-12.04722^{***} (-3.187965)	-90.79056^{***} (-4.409441)
	$Ln(Y_i^t Y_j^t)$	0.301660^{**} (2.180331)	0.392743^{***} (3.316257)
	$Ln(POP_i^t POP_j^t)$	1.279305^{***} (3.076573)	5.339476^{***} (3.509401)
	$LnDistance_{ij}$	-1.021516^{**} (-1.907715)	—
	$INCAFTA^t$	0.106307^{***} (3.321470)	0.288237^{***} (3.397154)
	$AR(1)$	0.963503^{***} (78.67704)	0.657644^{***} (11.60973)
	Adjusted R^2 D - W Prob(F - statistic)	0.980232 2.064710 0.000000	0.980255 2.080853 0.000000
	似然比检验	8.989277***	

注: ( ) 中的数字为 T 检验值; ***、** 和 * 分别表示在 1% 、5% 和 10% 的水平上通过显著性检验。

虽然在固定效应回归中,距离变量由于存在奇异矩阵而无法进入方程,但在混合效应回归中其回归系数为 - 1.02,并通过 5% 的显著性水平检验;这反映出虽然当今社会拥有先进的保鲜冷藏技术和便利的交通运输条件,但传统以距离度量的运输成本等贸易阻碍因素对于福建农产品贸易(尤其是一些鲜活农产品贸易)而言,其负面影响仍然很大。同时,在两个回归方程中,Ln($POP_i^t POP_j^t$)的系数值都是最大的(分别是 1.28 和 5.34),这说明人口规模因素在福建农产品进出口中的影响力最大。这可以从需求和供给两个角度进行解释:从需求来看,"民以食为天",一国(地区)的人口越多自然会对食品类农产品的进口有更多的需求;从供给来看,传统农业基本上属于劳动密集型产业,除了土地、森林、海洋等自然生产要素之外,劳动力就是增加农业产出的最有效的要素,因此一国(地区)的人口越多也意味着更高的农业产出和更多的可供出口的农产品。而反映经济规模的 Ln($Y_i^t Y_j^t$)的系数相对较小,分别为 0.3 和 0.39。

　　基于似然比检验[①]的结果，从统计上支持了斯科特·贝尔和杰妮芙·博格思瑞德（Scott L. Baier and Jeffrey H. Bergstrand，2007）所提出的用面板数据对引力模型进行个体固定效应回归具有特定优越性的结论。所以，我们最终确立的福建农产品进出口引力方程是基于个体固定效应的回归结果。该方程中 INCAFTA' 的系数为 0.29，表示中国—东盟自贸区对福建农产品进出口贸易的贸易创造效应为 33.64%（$e^{0.29} - 1$），即当同属于中国—东盟自贸区时，t 年福建的农产品进出口额将上升 33.64%。

22.2.2　进口引力模型的回归结果分析——贸易转移效应

　　重新构建的福建农产品进口引力方程如表 22 - 2 所示。其中，可以对福建省农产品进口贸易进行解释并且其系数具有显著性的变量只有双方的人口规模和待检验的虚拟变量 INCAFTA'。无论是混合效应回归还是个体固定效应回归，方程中各变量系数的符号均和预期相符，且统计指标都十分理想，这说明重新设定的进口引力方程可以很好地拟合福建农产品进口贸易的发展状况。

表 22 - 2　　　　　　　　　　　　进口引力模型的回归结果解

		混合效应回归	个体固定效应回归
解释变量	C	—	-37.86514^{***} （-7.591626）
	$Ln(POP_i^t POP_j^t)$	0.414935^{***} （6.547353）	1.720715^{***} （9.003650）
	$EXCAFTA_t$	-0.178450^{**} （-2.210489）	-0.154787^{***} （-2.538404）
	AR(1)	0.957691^{***} （58.00262）	0.643911^{***} （10.66967）
	Adjusted R^2 D - W Prob（F - statistic）	0.931756 2.150744 —	0.930554 2.081066 0.000000
	似然比检验	17.409767^{***}	

　　注：（　）中的数字为 T 检验值；*** 、** 和 * 分别表示在 1%、5% 和 10% 的水平上通过显著性检验。

　　似然比的检验结果与进出口引力方程一致，都判定个体固定效应的回归效果

---

　　① 似然比检验，即 F 检验，是用于判别固定效应模型还是混合模型的一种检验方法，其零假设为"相较固定效应模型，应选择混合效应模型"。

更优。从个体固定效应的回归结果来看，人口规模也是决定福建农产品进口的最重要因素（系数为1.72），理由同上。EXCAFTA' 的系数为 - 0.1548，这表明中国—东盟自贸区对福建农产品进口会产生负面的贸易转移效应。当福建的农产品贸易伙伴不属于中国—东盟自贸区成员，同时也未与中国达成任何双边自贸区协定时，t 年福建的农产品进口额将减少 16.74%（$e^{0.1548} - 1$）。

22.2.3 贸易创造与贸易转移效应的分解分析

利用实证回归所得的贸易创造效应系数（33.64%）和贸易转移效应系数（16.74%）以及福建与其贸易伙伴的农产品进出口、进口数据，本节进一步测算了 2004 ~ 2012 年 CAFTA 对福建省农产品的贸易创造、贸易转移与净贸易效应，同时还对贸易创造效应与贸易转移效应进行了分解分析。

如表 22 - 3 所示，2004 ~ 2012 年 CAFTA 对双方农产品进出口的贸易创造效应呈现出快速扩张的趋势，由 2004 年的 6020.3 万美元迅速增长至 2012 年的 83271.2 万美元，年均增长率达到了 38.87%，特别是 CAFTA 正式生效后的这两年来，贸易创造效应的增长趋势更是迅猛。这反映出随着 CAFTA 的进一步深化发展，福建与东盟之间的农产品贸易发展潜力巨大。而由于 CAFTA 的存在，使福建自非东盟成员国及未与中国达成双边自贸区协定的第三方国家的农产品进口减少的贸易转移效应几乎逐年都在上升（除 2007 年出现下挫外），进口额的减少由 2004 年的 7052.6 万美元增加至 2012 年的 40820.5 万美元，年均增率达到24.54%。但 2008 年开始贸易转移效应的增长速度趋于下降，反映出 CAFTA 对福建农产品贸易的贸易转移效应趋于收敛。因此，虽然 2004 ~ 2006 年由于贸易转移效应大于贸易创造效应使 CAFTA 对福建农产品的净贸易效应为负，但自2007 年起贸易创造效应就开始超越贸易转移效应，并且二者之间的差距呈现出快速拉大的态势，到 2012 年净贸易效应将达到 42450.7 万美元，甚至大于贸易转移效应。

表 22 - 3　2004 ~ 2012 年 CAFTA 对福建省农产品的贸易创造和贸易转移效应

单位：万美元

年份	2004	2005	2006	2007	2008	2009	2010	2011	2012
贸易创造	6020.3	10342.8	13486.2	17203.4	25765.9	37524.8	49706.5	57605.4	83271.2
贸易转移	7052.6	11935.1	13715.5	11343.2	16012.2	22460.3	23782.7	33133.6	40820.5
净效应	- 1032.3	- 1592.4	- 229.3	5860.2	9753.6	15064.6	25923.9	24471.8	42450.7

22.2.3.1 贸易创造效应的分解

从 2004 ~ 2012 年 CAFTA 对福建农产品的贸易创造效应的分解来看（如表

22-4所示），印度尼西亚、马来西亚、菲律宾、新加坡、泰国和越南这6国是福建与东盟间农产品贸易创造效应的主要贡献者，而文莱、缅甸和柬埔寨的贡献极为微弱，这说明CAFTA对福建农产品进出口的贸易创造效应主要体现在与东盟6个主要农产品进出口国家上。但期间各国的贡献度的发展呈现出不同的发展态势。其中，福建与印度尼西亚的贸易创造效应的贡献度呈现出波动中上升的趋势，占比从2004年的13.83%增加至2012年的22.92%；福建与马来西亚的贸易创造效应的贡献度趋于下滑，比重由2004年的58.1%下降到2012年的29.35%；福建与菲律宾的贸易创造效应的贡献度整体上为波动中上浮的趋势，占比由2005年的9.69%小幅升至2012年的11.12%；福建与新加坡的贸易创造效应的贡献度基本上在走下坡路，从2004年的17.72%直降到2012年的4.57%；福建与泰国的贸易创造效应的贡献度基本上趋于上升，由2004年的7.11%增加到2012年的15.04%；福建与越南的贸易创造效应的贡献度整体上也呈现出上升态势，特别是自2009年起扩张趋势明显，至2012年比重已达到16.18%；福建与柬埔寨和缅甸的贸易创造效应的占比虽然很小，但近三年来该比重也在逐年提高。从2004～2012年福建与东盟各国农产品的贸易创造效应的贡献度的发展趋势来看，马来西亚虽然还是主力军，但后来者印度尼西亚、泰国、越南追赶的步伐也在加紧，反映出福建与这三国的农产品贸易潜力较大。

22.2.3.2 贸易转移效应的分解

从2004～2012年CAFTA对福建农产品的贸易转移效应的分解来看（如表22-5所示），福建自美国、巴西和阿根廷的农产品进口受CAFTA带来的贸易转移效应的影响最大。2004～2006年福建从智利的农产品进口受CAFTA的阻碍作用排在第四位，但由于中国—智利自贸区自2007年开始生效，CAFTA所带来的区内外关税水平差异壁垒自动消除，所以贸易转移效应自2007年起就消失了。同样，福建自新西兰和台湾的农产品进口分别由于中国—新西兰自贸区和ECFA在2009年和2011年生效，也使得福建自这两地的进口免受来自CAFTA的贸易转移效应的影响。上述三个自贸区的生效可以很好地解释缘何从2007年开始CAFTA对福建农产品的贸易创造效应会开始超越贸易转移效应——在区域自由贸易协定存在交叉的情况下，"轴心—辐条"的体系就会出现，而在该体系中轴心国由于与多个辐条国达成自贸区协定，不但可以产生更多的贸易创造效应，还可以消除贸易转移的负面影响，所以其福利所得较高而福利损失较小。福建自加拿大的农产品进口的贸易转移效应的比重基本上在逐年扩张；而自欧盟的农产品进口的贸易转移效应的占比在2008年开始也稳步上浮；自澳大利亚的农产品进口的贸易转移效应的贡献度呈现出无规律性，起伏较大；而CAFTA对福建自日本、韩国的农产品进口的贸易转移效应的比重总体上呈现出下滑的态势。

表22-4　　　　　2004~2012年CAFTA对福建省农产品的贸易创造效应的分解

单位：万美元，%

		2004年	2005年	2006年	2007年	2008年	2009年	2010年	2011年	2012年
文莱	金额	32.4	29.2	35.6	37.1	46.8	56.1	41.9	63.6	82.1
	比重	0.54	0.28	0.26	0.22	0.18	0.15	0.08	0.11	0.10
缅甸	金额	—	—	5.9	27.0	19.5	73.2	59.0	118.2	239.3
	比重	—	—	0.04	0.16	0.08	0.19	0.12	0.21	0.29
柬埔寨	金额	—	—	492.3	101.9	11.5	5.7	48.3	167.9	347.1
	比重	—	—	3.65	0.59	0.04	0.02	0.10	0.29	0.42
印度尼西亚	金额	832.9	1637.1	2427.1	3980.8	4445.8	5761.6	12308.8	17473.2	19086.6
	比重	13.83	15.83	18.00	23.14	17.25	15.35	24.76	30.33	22.92
老挝	金额	—	—	0.0	0.4	3.2	4.0	10.1	10.1	9.5
	比重	—	—	0.00	0.00	0.01	0.01	0.02	0.02	0.01
马来西亚	金额	3497.6	5320.4	5408.3	7012.2	13127.2	20389.0	18769.9	18136.0	24437.0
	比重	58.10	51.44	40.10	40.76	50.95	54.33	37.76	31.48	29.35
菲律宾	金额	—	1002.6	1643.7	2545.6	3388.1	4475.5	8601.3	7102.7	9263.3
	比重	—	9.69	12.19	14.80	13.15	11.93	17.30	12.33	11.12
新加坡	金额	1067.1	1093.1	1049.3	1148.1	1477.3	1853.5	2030.0	2720.4	3804.9
	比重	17.72	10.57	7.78	6.67	5.73	4.94	4.08	4.72	4.57
泰国	金额	428.0	996.9	1308.9	1925.4	3006.1	4122.8	5606.4	7476.5	12525.7
	比重	7.11	9.64	9.71	11.19	11.67	10.99	11.28	12.98	15.04
越南	金额	162.3	263.5	1115.1	424.9	240.3	783.4	2230.8	4336.9	13475.7
	比重	2.70	2.55	8.27	2.47	0.93	2.09	4.49	7.53	16.18
东盟	金额	6020.3	10342.8	13486.2	17203.4	25765.9	37524.8	49706.5	57605.4	83271.2
	比重	100	100	100	100	100	100	100	100	100

注：—表示该国在当年还未开始实施"早期收获"计划，所以还未产生贸易创造效应。

表22-5　2004~2012年CAFTA对福建省农产品的贸易转移效应的分解

单位：万美元，%

		2004年	2005年	2006年	2007年	2008年	2009年	2010年	2011年	2012年
美国	金额	3018.0	5145.3	4601.7	3539.5	6006.9	7237.1	9483.4	17300.8	19012.3
	比重	42.79	43.11	33.55	31.20	37.51	32.22	39.88	52.22	46.58
巴西	金额	893.4	2059.7	2529.1	2045.0	2964.7	3326.8	7760.7	4249.3	11541.0
	比重	12.67	17.26	18.44	18.03	18.52	14.81	32.63	12.82	28.27
阿根廷	金额	1231.9	2413.0	3386.8	3898.8	4554.7	8981.7	2581.6	8122.2	6028.1
	比重	17.47	20.22	24.69	34.37	28.44	39.99	10.85	24.51	14.77
中国台湾	金额	204.9	290.4	374.6	378.5	800.6	942.3	1084.4	—	—
	比重	2.91	2.43	2.73	3.34	5.00	4.20	4.56	—	—
加拿大	金额	65.0	31.8	250.8	128.8	163.9	550.0	1827.5	1047.9	1850.7
	比重	0.92	0.27	1.83	1.14	1.02	2.45	7.68	3.16	4.53
智利	金额	803.1	1141.6	1505.2	—	—	—	—	—	—
	比重	11.39	9.56	10.97	—	—	—	—	—	—
欧盟	金额	158.0	105.1	428.2	172.4	174.0	344.5	378.9	728.3	1196.4
	比重	2.24	0.88	3.12	1.52	1.09	1.53	1.59	2.20	2.93
澳大利亚	金额	79.7	66.1	137.6	630.1	663.5	799.4	365.0	1353.6	732.8
	比重	1.13	0.55	1.00	5.55	4.14	3.56	1.53	4.09	1.80
新西兰	金额	292.8	316.1	249.6	250.2	336.3	—	—	—	—
	比重	4.15	2.65	1.82	2.21	2.10	—	—	—	—
日本	金额	239.7	298.7	190.6	217.0	202.7	145.7	190.9	202.1	258.8
	比重	3.40	2.50	1.39	1.91	1.27	0.65	0.80	0.61	0.63
墨西哥	金额	2.5	1.0	9.8	18.2	9.3	8.4	2.5	16.2	116.4
	比重	0.03	0.01	0.07	0.16	0.06	0.04	0.01	0.05	0.29
韩国	金额	63.9	66.3	51.5	64.9	135.7	124.4	107.6	113.3	84.0
	比重	0.91	0.56	0.38	0.57	0.85	0.55	0.45	0.34	0.21
合计	金额	7052.6	11935.1	13715.5	11343.2	16012.2	22460.3	23782.7	33133.6	40820.5
	比重	100	100	100	100	100	100	100	100	100

注：一表示该国在当年与中国达成双边自贸区协定，因此贸易转移效应应消失。

22.3　CAFTA 对福建省农产品贸易潜力的影响

运用上面最终确定的进出口引力模型模拟"理论"或"自然"状态下的双方潜在农产品贸易额，再将实际农产品贸易额与模拟值进行比较，就可以对贸易潜力进行估算。如果 $T/T^e > 1$，则说明"贸易充分或过度"；相反，则说明"贸易不足"或"存在贸易潜力"。为了区分 CAFTA 对三类福建农产品贸易伙伴[①]的贸易潜力的不同影响，本节分别通过测算 2000～2011 年福建与这三类贸易伙伴的贸易潜力展开分析。

22.3.1　CAFTA 对福建省与东盟各国的农产品贸易潜力的影响

从福建与东盟整体的农产品贸易潜力来看（如表 22 - 6 所示），2004 年"早期收获"计划实施前，双方的农产品贸易处于"贸易不足"的状态。而 2004 年该值达到一个高峰 0.98 之后却在 2005 年和 2006 年又下滑保持在 0.92，说明这一阶段 CAFTA 对福建与东盟农产品的贸易促进效果还是不太显著。而自 2007 年起，贸易潜力值开始大于 1，即双方的农产品贸易开始处于"贸易充分"的状态，这意味着自 2007 年开始 CAFTA 对福建与东盟间的农产品贸易的促进效果显著，这与上面净贸易效应从 2007 年起为正的研究结论相一致。

表 22 - 6　　　　　　　　2000～2011 年福建与东盟各国的农产品贸易潜力

国家或地区	2000年	2001年	2002年	2003年	2004年	2005年	2006年	2007年	2008年	2009年	2010年	2011年
东盟	0.99	0.86	0.94	0.95	0.98	0.92	0.92	1.03	1.13	1.32	1.08	1.20
马来西亚	1.05	0.80	1.03	1.24	1.08	0.85	0.88	1.24	1.46	1.22	0.85	0.89
印度尼西亚	0.76	0.60	0.74	0.60	0.72	0.85	1.06	0.90	0.89	1.60	1.47	1.23
越南	0.34	0.35	0.37	0.35	0.57	0.64	0.77	0.95	1.06	1.32	1.33	1.83
泰国	0.23	0.41	0.32	0.41	0.40	1.35	0.41	0.18	0.43	1.04	1.52	3.62
菲律宾	1.26	1.19	1.00	0.78	0.99	0.95	1.11	1.07	1.04	1.67	0.97	0.96
新加坡	3.93	3.78	3.93	3.50	2.01	1.42	1.06	0.82	0.74	0.69	0.65	0.67
柬埔寨	0.22	0.27	0.50	0.32	18.43	10.28	1.37	0.12	0.04	0.34	0.90	1.46
缅甸	14.78	0.04	0.56	0.22	1.12	1.26	3.26	1.62	3.98	2.54	3.45	5.25
文莱	2.39	3.16	3.21	3.29	1.61	1.43	1.04	1.01	0.88	0.61	0.63	0.57

---

① 第一类：9 个东盟成员国；第二类：其他 5 个与中国达成自贸区协定的贸易伙伴，包括中国香港、中国澳门、中国台湾、智利、新西兰；第三类：19 个未与中国达成自贸区协定的第三方国家。

从福建与东盟各国的贸易潜力来看，2004 年之前福建与马来西亚、新加坡和文莱的农产品贸易基本上处于"贸易充分或过度"状态，与越南、泰国处于严重的"贸易不足"状态。而进入 2004 年之后，福建与马来西亚的农产品贸易潜力呈现出动荡式的发展趋势：先处于"贸易不足"的状态，再经历"贸易过度"的状态，而近两年又陷于"贸易不足"的状态中；福建与印度尼西亚、泰国的农产品贸易潜力的发展曲线呈现出动荡中趋于上升的态势，其中与泰国的变动幅度很大而与印度尼西亚的变动幅度较小，从 2009 年开始福建与两国的农产品贸易已进入了"贸易充分"状态；而福建与越南的农产品贸易潜力在 2004 年之后则趋于稳步上升，2008 年起与福建的农产品贸易也已经处于"贸易充分"的状态；相反，福建与文莱的农产品贸易潜力则趋于稳步下滑，从 2008 年开始已经陷入"贸易不足"。近两年的贸易潜力反映出 CAFTA 对福建与马来西亚、新加坡和文莱的农产品贸易促进作用不够有力，福建与上述三国的农产品贸易潜力还有很大的开拓空间；而对与印度尼西亚、越南的农产品贸易推动力大，贸易潜力已得到较完善的开发与利用。这与上面贸易创造效应分解的研究结论是相符的。

2005 年之前福建与菲律宾的农产品贸易由"贸易充分"转向"贸易不足"。进入 2005 年之后，双方的农产品贸易经历了由"贸易充分"向"贸易不足"的转变，这意味着近两年 CAFTA 对福建与菲律宾的农产品贸易的促进作用减弱，双方在农产品贸易方面还有较大的贸易潜力可以开发。

2006 年之前福建与柬埔寨、缅甸的农产品贸易处于由"贸易不足"转向"贸易充分或过度"的状态。之后，福建与缅甸的农产品贸易继续处于"贸易过度"的状态；而与柬埔寨的农产品贸易则经历了"贸易充分"到"贸易不足"再到"贸易充分"的过程。这表明 CAFTA 对福建与缅甸的农产品贸易促进作用显著，而且对与柬埔寨的农产品贸易促进作用也开始发挥效用。

22.3.2　CAFTA 对福建省与其他自贸区成员方的农产品贸易潜力的影响

2000 ~ 2011 年福建省与其他自贸区成员方的农产品贸易潜力的测算结果如表 22 - 7 所示。2004 年之前，福建与台湾地区的农产品贸易存在严重的"贸易不足"；之后双方的贸易情况逐年改善，从 2008 年起步入"贸易充分"的状态；到 2011 年 ECFA 生效，双方的农产品贸易潜力又得到了进一步开发。这反映出 2011 年之前 CAFTA 对福建与台湾地区农产品贸易潜力的阻碍作用并不显著而 ECFA 生效后对其影响卓著，这主要是由于双方有着密切的地缘和亲缘联系，且福建与台湾地区之间的贸易具有很强的政策导向性。

表22 -7　　　　　　2000～2011年福建与其他自贸区成员方的农产品贸易潜力

国家或地区	2000年	2001年	2002年	2003年	2004年	2005年	2006年	2007年	2008年	2009年	2010年	2011年
中国台湾	0.75	0.44	0.43	0.44	0.46	0.53	0.57	0.78	1.08	1.8	2.31	2.47
中国香港	0.55	0.56	0.73	1.27	1.65	1.31	0.72	0.62	0.47	0.46	0.79	1.57
智利	0.56	1.17	1.62	1.1	1.17	1.19	1.2	1.07	1.18	1.29	0.82	0.4
新西兰	3.93	3.37	2.38	1.96	1.64	1.12	1.09	1.03	0.93	0.89	0.97	0.8
中国澳门	4.07	4.77	2.7	2.66	1.6	1.53	0.87	0.74	0.61	1.56	0.77	0.71

2004年之前，福建与香港地区的农产品贸易由严重"贸易不足"转向贸易充分，与澳门地区则处于"贸易过度"的状态。随着2004年CEPA的生效与中国—东盟"早期收获"计划的开始实施，福建与香港地区的农产品贸易经历了由"贸易充分"向严重的"贸易不足"转变，但2011年迅速又恢复了"贸易充分"的状态；与澳门地区的农产品贸易则从"贸易充分"滑落到严重的"贸易不足"。这体现出CAFTA对福建与香港、澳门地区的农产品贸易存在阻碍作用，主要原因是福建对香港地区和澳门地区的农产品贸易以出口为主，而福建与东盟农产品的出口相似性较高且东盟农产品的出口竞争力又强于福建，所以CAFTA与ECFA共同实施之后，东盟农产品可以自由流入中国，而再由中国自由流入香港地区和澳门地区。这在一定程度上会部分转移了香港地区和澳门地区对福建的农产品进口需求。而2011年福建与香港的农产品贸易处于"贸易过度"状态，究其原因是ECFA的生效可能会促进香港地区"借道"福建进口台湾地区的农产品，从而使福建对香港地区的农产品出口出现激增的现象。

2004年之前，福建与智利的农产品贸易基本上处于"贸易充分"状态（2000年例外），而2004～2006年依然处于"贸易充分"状态，但随着2007年中国—智利自贸区开始生效，却又从"贸易充分"转向了"贸易不足"。这表明CAFTA对福建与智利的农产品贸易并不存在阻碍因素，其贸易潜力不足的原因可能是由于中国—智利自贸区的功效还未得到足够的开发。

福建与新西兰的农产品贸易在2004年以前处于"贸易过度"的状态；2005～2008年由"贸易充分"转为"贸易不足"；2009年中国—新西兰自贸区开始生效之后，仍然处于"贸易不足"的状态。这种状况反映出CAFTA对福建与新西兰的农产品贸易存在阻碍作用，同时中国—新西兰自贸区的功效还未能抵消这种阻碍作用。

22.3.3　CAFTA对福建省与第三方国家的农产品贸易潜力的影响

表22 -8按各贸易伙伴与福建农产品贸易额的高低排序列出了福建与第三方

国家农产品贸易潜力的测算结果。2004 年之前，福建与美国、巴西、阿根廷、墨西哥、意大利和希腊的农产品贸易存在"贸易不足"问题；而与日本、德国、荷兰、埃及、瑞典、丹麦和芬兰处于"贸易过度或充分"状态；与韩国、加拿大、澳大利亚、法国、英国和比利时的农产品贸易由"贸易充分"转为"贸易不足"。

　　2004 年之后，福建与美国、韩国、加拿大、墨西哥、法国、意大利的农产品贸易由"贸易不足"转为"贸易充分"；相反，福建与日本、阿根廷、德国、英国、瑞典、丹麦、芬兰的农产品贸易则从"贸易充分"掉入了"贸易不足"；而福建与巴西、埃及的农产品贸易则经历了"贸易充分"到"贸易不足"再到"贸易充分"的变化历程；福建与澳大利亚、荷兰、比利时、希腊的农产品贸易经历了"贸易不足"到"贸易充分"再到"贸易不足"的变化过程。

表 22 - 8　　　　　　　2000 ~ 2011 年福建与第三方国家的农产品贸易潜力

国家	2000 年	2001 年	2002 年	2003 年	2004 年	2005 年	2006 年	2007 年	2008 年	2009 年	2010 年	2011 年
美国	0.4	0.45	0.53	0.81	0.99	0.88	0.86	0.88	0.93	0.91	1.19	1.12
日本	2.45	2.13	1.84	1.39	1.74	1.45	1.41	1.16	0.76	0.71	0.8	0.83
巴西	0.07	0.04	0.24	0.72	1.28	1.18	0.77	0.83	0.72	1.46	0.6	1.2
阿根廷	0.08	0.06	0.51	0.75	1.19	1.34	1.25	1.11	1.65	0.43	0.99	0.58
韩国	0.97	1.04	1.02	0.82	0.88	0.8	1	0.98	0.93	1.05	1.05	1.16
加拿大	1.44	0.9	0.61	0.67	0.75	1.01	0.87	1.06	1.2	2.12	1.26	1.36
德国	1.28	1.29	1.28	1.07	1.03	0.98	1.1	1.28	1.16	0.95	0.86	0.88
澳大利亚	1.17	0.89	0.9	0.95	0.92	1.03	2.01	1.69	1.3	0.78	1.16	0.77
荷兰	1.78	1.36	1.33	1.04	0.98	1	1.34	1.58	1.22	1.17	1.14	0.78
墨西哥	0.63	0.26	0.38	0.33	0.78	1.32	1.52	1.38	1.46	1.9	1.68
法国	1.46	1.15	1.09	0.85	0.66	1.47	0.96	1	1.03	0.92	1.13	1.25
意大利	0.78	0.9	0.87	0.77	0.72	1	0.96	0.95	1.04	0.87	1.33	1.09
英国	1.17	1.25	0.96	0.96	1	1.16	0.99	1.22	1.02	1.03	1.07	0.9
比利时	1.17	0.95	1	0.87	0.78	1.39	1.3	1.65	1.4	1	0.82	0.84
埃及	2.96	1.88	0.59	2.31	1.35	0.77	1.22	1.19	1.09	0.81	0.53	1.67
瑞典	1.6	1.54	1.48	1.35	1.39	1.19	1.07	1.34	1.16	0.96	0.82	0.72
丹麦	1.03	1.23	0.95	1.49	1.05	1.39	0.98	1	1.08	1.27	0.61	0.79
希腊	0.12	0.37	0.25	0.51	0.51	0.71	0.85	1.59	0.86	0.97	1.09	0.92
芬兰	2.58	1.75	1.42	1.24	1.05	1.23	2.15	1.25	0.8	0.92	1.2	0.87

22.4　本章小结

本章应用扩展的引力模型研究了 CAFTA 对福建省农产品贸易的静态效应，实证回归后得出以下结论：

其一，人口规模是影响福建与贸易伙伴国之间农产品贸易的主导因素，这反映出"民以食为天"的消费属性和农业生产高劳动密集型的特点。

其二，CAFTA 给福建农产品贸易带来的贸易创造效应虽然刚开始几年小于贸易转移效应，但自 2007 年起前者就远远超过后者，并且差距不断拉大。

其三，从贸易创造效应的分解来看，CAFTA 对福建农产品进出口的贸易创造效应主要体现在与东盟 6 个主要农产品进出口国家上。其中，马来西亚虽然还是福建与东盟农产品贸易创造效应的主力军，但后来者印度尼西亚、泰国、越南和菲律宾追赶的步伐也在加紧，反映出福建与这三国的农产品贸易潜力较大。而新加坡的贡献度却在逐年下滑。

其四，从贸易转移效应的分解来看，福建省自美国、巴西、阿根廷、加拿大、欧盟和澳大利亚的农产品进口受 CAFTA 带来的贸易转移效应的影响排在前列。而随着中国—智利、中国—新西兰和 ECFA 的实施，CAFTA 给福建带来的贸易转移效应就开始趋于收敛，说明以上三个区域合作安排一定程度上削弱了 CAFTA 的贸易转移效应。

其五，福建省与东盟整体以及印度尼西亚、越南、泰国、柬埔寨和缅甸的农产品贸易存在"贸易过度"，而与马来西亚、菲律宾、新加坡和文莱存在"贸易不足"。CAFTA 对福建与台湾地区农产品贸易潜力的阻碍作用并不显著而 ECFA 对其影响卓著；对福建省与香港地区、澳门地区、新西兰的农产品贸易存在阻碍作用，而对福建与智利的农产品贸易并不存在阻碍因素。CAFTA 对福建省与美国、韩国、加拿大、墨西哥、法国、意大利的农产品贸易并未存在显著的阻碍作用，而却对与日本、阿根廷、德国、英国、瑞典、丹麦、芬兰的农产品贸易存在明显的负面影响；同时，对福建省与巴西、埃及、澳大利亚、荷兰、比利时和希腊的农产品贸易存在不确定的影响。

第 23 章

CAFTA 对福建省农产品贸易的动态效应分析

首先，本章基于 HS 按类分、按章分的双边农产品数据，利用 CMS 模型来研究 CAFTA 对福建农产品贸易的规模经济效应和竞争力效应；其次，通过构建福建农业 FDI 流入模型来研究 CAFTA 对福建农产品的投资效应。

23.1 CAFTA 对福建省农产品贸易的规模经济效应和竞争力效应分析

23.1.1 CMS 模型的设定和数据来源

CMS 模型（恒定市场份额模型），主要是用来反映一国（地区）出口增长的各个因素的作用方向和程度的模型。最初是由 Tyszynski（1951）[68] 提出的，后经 Leamer 和 Stern（1970）[69]、Jepma（1986）[70] 和 Milana（1988）[71] 多次修改完善，现今已成为研究对外贸易增长源泉和出口产品国际竞争力变化趋势的重要模型之一。虽然该模型的诞生并非为了专门研究 FTA 的动态效应，但是该模型可以很好地对贸易增长中的规模效应和竞争效应进行区分，所以我们借鉴孙林和赵慧娥（2009）[72]、韩民春和顾婧（2010）[73] 的研究方法，利用 CMS 模型来分析 CAFTA 对福建省农产品贸易的规模经济效应和竞争力效应。

CMS 模型的一个经典假设是：若竞争力保持不变，那么随着时间推移，一国（地区）在世界市场中所占的份额应当保持不变。因此，CMS 的经典模型如下所示（邱晓红和胡求光，2008）[74]：

$$X' - X \equiv \sum_i r_{ij} X_{ij} + \sum_i \sum_j (X'_{ij} - X_{ij} - r_{ij} X_{ij})$$

$$= rX + \sum_i (r_i - r) X_i + \sum_i \sum_j (r_{ij} - r_i) X_{ij}$$

$$+ \sum_i \sum_j (X'_{ij} - X_{ij} - r_{ij} X_{ij}) \qquad 公式（23-1）$$

其中，X、X′分别表示一国（地区）在第一、第二时期的出口额；X_i、X'_i分别表示一国（地区）第一、第二时期第 i 类商品的出口额；X_{ij}、X'_{ij}分别表示一国（地区）第一、第二时期第 i 类商品对 j 国的出口额；r、r_i 和 r_{ij} 分别表示两个时期世界总出口的增长率、世界第 i 类商品的出口增长率和对 j 国第 i 类商品的出口增长率。式（23 - 1）把一国（地区）的出口增长分解为四个部分：（1）世界出口的一般增长效应，rX；（2）一国（地区）出口的商品构成效应，$\sum_i (r_i - r)X_i$；（3）一国（地区）出口的市场构成效应，$\sum_i \sum_j (r_{ij} - r_i)X_{ij}$；（4）反映竞争力效应的残差值，$\sum_i \sum_j (X'_{ij} - X_{ij} - r_{ij}X_{ij})$。而由于我们只关注于福建对东盟这一整体市场的农产品出口增长状况，因此将式（23 - 1）简化为：

$$X' - X = rX + \sum_i (r_i - r)X_i + \sum_i (X'_i - X_i - r_iX_i) \qquad 公式（23 - 2）$$

其中：X、X′分别表示福建在第一、第二时期对东盟的农产品出口额；X_i、X'_i分别表示福建在第一、第二时期对东盟第 i 类农产品的出口额；r、r_i 分别表示两个时期间东盟的农产品、第 i 类农产品的进口增长率。式（23 - 2）表明福建对东盟农产品的出口增长由三个部分构成：（1）rX 表示需求效应，它可以衡量福建的农产品出口在多大程度上是由于东盟农产品进口需求的增长所引起的。（2）$\sum_i (r_i - r) X_i$ 衡量的是商品结构效应，它表明福建对东盟的农产品出口集中在那些增长率高于东盟农产品平均进口水平的商品组。如果东盟农产品 i 的进口增率高于农产品整体的进口水平，那么（$r_i - r$）为正值；并且如果 X_i 相对较大的话，那么这一正值所获得的权重也就越大。即如果福建对东盟的农产品出口集中于那些东盟需求增长较快的农产品上的话，那么就具有一个正的商品结构效应，反之亦然。（3）$\sum_i (X'_i - X_i - r_iX_i)$ 为竞争力效应的表现，它表示福建对东盟的农产品出口增长同福建在东盟市场上保持每一类农产品的市场份额所需增长之间的差别。

我们采用 2001~2010 年按 HS 分类、分章的农产品数据来分析 CAFTA 对福建农产品贸易的规模经济效应和竞争力效应。其中，福建对东盟的农产品出口数据来自福建海关；东盟农产品的进口增长率是根据 International Trade Center 的数据整理计算而得。由于 CMS 模型结果的可靠性依赖于分析时所采用的数据的可靠性，因此为了提高数据的可信度，采用三年数据的平均值进行测算。同时，为了使分析结果具有更强的可比性，将 2001~2010 年划分为两个时期，对比分析每一期影响福建对东盟农产品出口增长的因素。其中，第一期为 2001~2003 年到 2003~2005 年，第二期为 2006~2008 年到 2008~2010 年。之所以选取 2005 和 2006 年作为分界点，是因为 2005 年 7 月 20 日起 CAFTA 的《货物贸易协议》的降税计划开始实施，而到 2006 年约 600 项农产品的关税就降为 0，这样可以把 CMS 模型第一期的结果看做是不受 CAFTA 影响的，而把 CMS 模型第二期的结论看成是受到 CAFTA 影响的，便于比较。

23.1.2　基于 HS 按类分的 CMS 模型结果分析

从第一期来看（见表 23 - 1），福建对东盟的农产品出口额增长了 9570.73 万美元。根据 CMS 模型的测算结果，这部分增长主要是由竞争力效应和需求效应共同作用而得。其中，竞争力效应贡献 73.49%，起到了最主要的作用，这说明这一时期福建的农产品在东盟市场上具有较强的竞争力。而在竞争力效应的构成中，第四类（食品；饮料、酒及醋；烟草、烟草及烟草代用品的制品）、第二类（植物产品）和第一类（活动物；动物产品）分别占比 38.43%、18.87% 和 16.18%，第四类竞争力的贡献明显高于其他两类，而由前面已知该类农产品主要都是农产品加工制品，这反映出福建的农产品加工制品在东盟市场上优势显著。前面测算的福建对东盟农产品加工制品的 TC 指数在 2001~2005 年都高于 0.85 的情况与此处结论相符。本期需求效应的贡献也较高，为 29.13%。其中，第四类和第二类的需求效应分别占比 12.74% 和 11.8%，表明东盟对福建这两类农产品存在一定的进口需求；而第一类的需求效应仅为 4.58%，说明该类农产品虽对福建向东盟出口农产品的增长具有积极效应，但效果不太明显。该时期结构效应为负值（-2.62%），说明福建出口东盟的农产品结构与东盟进口需求较大的农产品结构存在偏颇，但该劣势并不十分显著。其中，第四类和第一类的结构效应还呈现出微弱的正效应，但由于第二类具有较高的负结构效应，使农产品整体的结构效应为负值，这说明福建出口到东盟的农产品结构问题主要反映在第二类农产品上。第三类（动、植物油、脂及其分解产品；精制的食用油脂；动、植物蜡）由于是福建向东盟出口额相当低的一类农产品，因此其对福建向东盟农产品出口增长的各项效应近乎为 0。

表 23 - 1　　　　　　　　CMS 模型因素分析结果 - 按类分　　　　单位：万美元，%

第一期（2001~2003 年）~ （2003~2005 年）		第一类	第二类	第三类	第四类	合计
出口额变化	出口额	2001.22	2604.51	2.11	4962.89	9570.73
	比重	20.91	27.21	0.02	51.85	100.00
需求效应	出口额	438.26	1129.71	0.76	1218.92	2787.65
	比重	4.58	11.80	0.01	12.74	29.13
结构效应	出口额	13.95	-331.04	1.08	65.61	-250.41
	比重	0.15	-3.46	0.01	0.69	-2.62
竞争力效应	出口额	1549.01	1805.85	0.27	3678.36	7033.49
	比重	16.18	18.87	0.00	38.43	73.49

从第二期来看（见表 23 - 2），福建对东盟的农产品出口呈现出快速扩张的趋势，共增长了 44106.5 万美元，是第一期的 4.6 倍多。该时期出口增长的主要贡献者仍是竞争力效应和需求效应，分别占比 64.11% 和 36.17%。从竞争力效应的构成来看，第一类（活动物；动物产品）、第二类（植物产品）的占比分别为 44.06% 和 27.33%，而第四类农产品的竞争力效应为负值；说明这一时期福建的第一类和第二类农产品在东盟市场上具有较强的竞争力，而第四类（食品；饮料、酒及醋；烟草、烟草及烟草代用品的制品）则表现出较弱的竞争力。需求效应在这一时期较高，达到 36.17%，反映出这一时期东盟农产品的进口需求较大。其中，第二类、第四类和第一类农产品的需求效应分别是 16.47%、12.44% 和 7.25%，说明这一时期东盟对福建出口的第二类和第四类农产品有较大的进口需求。由于第二类和第四类农产品也是东盟主要的出口农产品，所以在这两类农产品方面福建与东盟的产业内贸易指数也较高，前面计算的 2010 年福建与东盟的这两类农产品的 G - L 指数分别高达 0.46 和 0.31 的结果与此处结论相吻合。结构效应在这一时期表现出极弱的负面影响，仅为 - 0.27%。而这种负面作用主要来自第一类农产品的结构效应，但该值也仅为 - 1.8%，说明福建出口到东盟的第一类农产品的结构与东盟进口需求较大的第一类农产品结构存在微弱差别。第三类（动、植物油、脂及其分解产品；精制的食用油脂；动、植物蜡）的各项效应依然微弱。

表 23 - 2 　　　　　　　CMS 模型因素分析结果 - 按类分 　　　　　　单位：万美元，%

第二期（2006~2008年）~ (2008~2010年)		第一类	第二类	第三类	第四类	合计
出口额变化	出口额	21836.08	19590.81	57.88	2621.723	44106.5
	比重	49.51	44.42	0.13	5.94	100.00
需求效应	出口额	3197.88	7265.117	4.227312	5485.312	15952.54
	比重	7.25	16.47	0.01	12.44	36.17
结构效应	出口额	- 794.096	270.8086	0.903727	401.292	- 121.092
	比重	- 1.80	0.61	0.00	0.91	- 0.27
竞争力效应	出口额	19432.3	12054.89	52.74896	- 3264.88	28275.05
	比重	44.06	27.33	0.12	- 7.40	64.11

总体来看，第二期福建对东盟农产品出口的增长相较第一期有了实质性的飞跃，这说明 CAFTA 的实施极大地促进了福建对东盟的农产品出口。这两期的出口增长虽都是由竞争力效应和需求效应带来的，但明显第二期的竞争力效应出现了下滑而需求效应却出现了上升的趋势，这说明 CAFTA 开始实施之后福建农产品在东盟市场的竞争力减弱，而自贸区的规模经济效应开始逐步浮现。从竞争力

效应的构成变动来看，相较第一期第一类（活动物；动物产品）和第二类（植物产品）的竞争力效应得到了提升，但第四类农产品的竞争力效应大幅度下滑甚至出现了负效应。这说明农产品关税的消除使得福建的第四类（食品；饮料、酒及醋；烟草、烟草及烟草代用品的制品）在东盟市场的竞争力受到严重的挑战，却也使得福建第一类和二类农产品在东盟市场上的竞争力得到提升。这与前面计算的福建对东盟的初级农产品的 TC 指数的趋强，以及福建对东盟的农产品加工制品的 TC 指数的走弱的情况相一致。从需求效应的构成变动来看，对比第一期第一类和第二类农产品的需求效应分别得到了提高，而第四类农产品的需求效应相对不变，这表明 CAFTA 实施之后东盟对福建的第一类和第二类农产品的进口需求都得到了提高。而从结构效应来看，虽然两个时期的结构效应都为负值，但明显第二期的负数已经显著接近于 0，这说明农产品关税取消之后福建对东盟出口的农产品结构得到了一些改善。其中，第二类农产品的结构效应由负转正，说明福建向东盟出口的第二类农产品的结构已经逐渐往东盟进口需求较大的第二类农产品的结构靠近；而第一类农产品的结构效应却由正转负。

23.1.3　基于 HS 按章分的 CMS 模型结果分析

为了区别农产品分类粗细对 CMS 模型计算结果的不同影响，本小节进一步测算了 HS 按章分的 CMS 模型下的需求效应、结构效应和竞争力效应，用于同前一节的结论进行对照分析。

从第一期的计算结果来看（见表 23 - 3），竞争力效应和需求效应是这一时期福建对东盟农产品出口增长的主要贡献力量，依次为 74.82% 和 29.13%，而结构效应的贡献为负数，- 3.95%。与上节第一期的计算结果相较，竞争力效应高了 1.3%，需求效应不变，而结构效应低了 1.33%。从需求效应的构成来看：首先，全部 24 章农产品的需求效应都大于或等于 0，不存在负效应；其次，08章（食用水果及坚果；甜瓜或柑橘属水果的果皮）、20 章（蔬菜、水果、坚果或植物其他部分的制品）、03 章（鱼、甲壳动物、软体动物及其他水生无脊椎动物）、07 章（食用蔬菜、根及块茎）和 16 章（肉、鱼、甲壳动物、软体动物及其他水生无脊椎动物的制品）依次占比 6.29%、4.82%、4.03%、3.54% 和 3%，反映出东盟对福建的优势农产品具有较大的进口需求。从结构效应的构成来看，除了 22 章（饮料，酒及醋）的结构效应低到 - 78.07% 之外其余各章都在 0 左右，这说明出口结构对于各章农产品出口增长的影响并不显著。从竞争力效应的构成来看：首先，各章的竞争力效应有正有负，说明并非所有福建出口的24 章农产品在东盟市场上都具有较强的竞争力；其次，16 章（肉、鱼、甲壳动物、软体动物及其他水生无脊椎动物的制品）、07 章（食用蔬菜、根及块茎）和03 章的竞争力效应位于前三甲，依次为 37.22%、15.64% 和 15.45%，反映出福建的这三章农产品在东盟市场上具有较强的竞争力。

表 23 – 3　　　　　　　　CMS 模型因素分析结果（按章分）　　　　　单位：万美元，%

第一期 (01 – 03) ~ (03 – 05)	出口额变化		需求效应		结构效应		竞争力效应	
	出口额	比重	出口额	比重	出口额	比重	出口额	比重
01	– 15.19	– 0.16	3.77	0.04	– 1.65	– 0.02	– 17.32	– 0.18
02	18.91	0.20	4.27	0.04	– 0.67	– 0.01	15.31	0.16
03	1970.23	20.59	386.17	4.03	105.39	1.10	1478.67	15.45
04	20.61	0.22	40.82	0.43	– 0.76	– 0.01	– 19.45	– 0.20
05	6.67	0.07	3.23	0.03	– 1.74	– 0.02	5.18	0.05
06	10.00	0.10	3.68	0.04	– 2.67	– 0.03	8.98	0.09
07	1761.47	18.40	339.23	3.54	– 74.31	– 0.78	1496.55	15.64
08	838.04	8.76	602.39	6.29	– 80.09	– 0.84	315.74	3.30
09	28.29	0.30	73.31	0.77	– 39.42	– 0.41	– 5.60	– 0.06
10	– 1.00	– 0.01	0.25	0.00	– 0.10	0.00	– 1.15	– 0.01
11	– 25.86	– 0.27	10.75	0.11	– 1.44	– 0.02	– 35.17	– 0.37
12	– 33.18	– 0.35	34.19	0.36	– 6.95	– 0.07	– 60.41	– 0.63
13	30.00	0.31	63.33	0.66	– 8.57	– 0.09	– 24.75	– 0.26
14	– 3.26	– 0.03	2.57	0.03	0.24	0.00	– 6.07	– 0.06
15	2.11	0.02	0.76	0.01	1.08	0.01	0.27	0.00
16	3768.85	39.38	287.18	3.00	– 80.23	– 0.84	3561.91	37.22
17	375.45	3.92	63.32	0.66	– 11.16	– 0.12	323.28	3.38
18	– 0.39	0.00	3.64	0.04	3.81	0.04	– 7.84	– 0.08
19	19.08	0.20	103.18	1.08	36.46	0.38	– 120.56	– 1.26
20	745.19	7.79	461.24	4.82	– 154.12	– 1.61	438.07	4.58
21	70.19	0.73	51.36	0.54	21.07	0.22	– 2.24	– 0.02
22	7.05	0.07	14.16	0.15	11.41	– 78.07	– 18.53	– 0.19
23	– 7.92	– 0.08	124.99	1.31	31.57	0.33	– 164.48	– 1.72
24	– 14.61	– 0.15	109.85	1.15	– 125.17	– 1.31	0.70	0.01
合计	9570.73	100.00	2787.65	29.13	– 378.00	– 3.95	7161.08	74.82

　　从第二期的计算结果来看（见表 23 – 4），竞争力效应、需求效应和结构效应共同带来了福建对东盟农产品的出口增长，其贡献依次为 59.66%、36.17% 和 4.18%。与上节第二期的计算结果相比较，竞争力效应下降了 4.45%，需求效应不变，而结构效应提高了 4.45%。从需求效应的构成来看：首先，全部 24 章农产品的需求效应皆为非负数，反映出该时期东盟对福建出口的全部 24 章农产品

都存在进口需求的扩张;其次,08 章(食用水果及坚果;甜瓜或柑橘属水果的果皮)、16 章(肉、鱼、甲壳动物、软体动物及其他水生无脊椎动物的制品)、07 章(食用蔬菜、根及块茎)和 03 章(鱼、甲壳动物、软体动物及其他水生无脊椎动物)的需求效应都在 5% 以上,说明东盟对福建的这四章农产品有较明显的进口需求。从结构效应来看:首先,除了 03 章、07 章、08 章和 22 章(饮料,酒及醋)之外,其余各章农产品的结构效应都近乎为 0,这反映出其余各章农产品的出口结构基本上不影响福建对东盟农产品的出口增长;其次,03 章的结构效应为 −2.03%,说明 03 章并非属于东盟进口增长较快的农产品;最后,07 章、08 章和 22 章的结构效应显著大于 0,反映出这三章农产品恰是东盟进口增长较快的农产品。从竞争力效应的构成来看:首先,03 章、08 章和 07 章名列前三,分别是 43.9%、14.45% 和 8.81%,说明该时期福建的这三章农产品在东盟市场上具有较强的竞争力;其次,16 章和 17 章(糖及糖食)显著为负数,表明福建的这两章农产品在东盟市场上欠缺竞争力;最后,其余各章农产品的竞争力效应都不显著。

表 23 − 4　　　　　　　　CMS 模型因素分析结果(按章分)　　　　单位:万美元,%

第一期 (06 − 08)〜 (08 − 10)	出口额变化		需求效应		结构效应		竞争力效应	
	出口额	比重	出口额	比重	出口额	比重	出口额	比重
01	− 16.20	− 0.04	5.26	0.01	2.87	0.01	− 24.32	− 0.06
02	0.00	0.00	0.00	0.00	0.00	0.00	0.00	0.00
03	21011.95	47.64	2546.28	5.77	− 895.48	− 2.03	19361.15	43.90
04	10.00	0.02	59.09	0.13	− 46.62	− 0.11	− 2.47	− 0.01
05	830.33	1.88	587.26	1.33	376.65	0.85	− 133.58	− 0.30
06	47.04	0.11	18.81	0.04	10.20	0.02	18.02	0.04
07	7427.10	16.84	2592.51	5.88	950.96	2.16	3883.62	8.81
08	12215.11	27.69	4104.29	9.31	1736.74	3.94	6374.09	14.45
09	1.64	0.00	171.42	0.39	− 45.21	− 0.10	− 124.57	− 0.28
10	16.48	0.04	0.00	0.00	0.00	0.00	16.47	0.04
11	− 348.43	− 0.79	115.65	0.26	− 8.47	− 0.02	− 455.62	− 1.03
12	126.81	0.29	80.95	0.18	16.64	0.04	29.21	0.07
13	105.46	0.24	178.31	0.40	− 24.07	− 0.05	− 48.78	− 0.11
14	− 0.38	0.00	3.18	0.01	5.64	0.01	− 9.20	− 0.02
15	57.88	0.13	4.23	0.01	0.90	0.00	52.75	0.12
16	742.69	1.68	2885.62	6.54	− 272.84	− 0.62	− 1870.09	− 4.24

续表

第一期 (06-08)~ (08-10)	出口额变化		需求效应		结构效应		竞争力效应	
	出口额	比重	出口额	比重	出口额	比重	出口额	比重
17	-650.58	-1.48	470.77	1.07	54.82	0.12	-1176.17	-2.67
18	205.62	0.47	33.29	0.08	-8.18	-0.02	180.51	0.41
19	128.29	0.29	172.63	0.39	7.54	0.02	-51.88	-0.12
20	1178.61	2.67	1369.80	3.11	-89.39	-0.20	-101.80	-0.23
21	630.12	1.43	190.96	0.43	25.27	0.06	413.89	0.94
22	32.48	0.07	127.01	0.29	22.88	9.04	-117.41	-0.27
23	101.43	0.23	153.14	0.35	27.24	0.06	-78.96	-0.18
24	253.07	0.57	82.09	0.19	-6.53	-0.01	177.51	0.40
合计	44106.50	100.00	15952.54	36.17	1841.57	4.18	26312.39	59.66

对照第一期和第二期的计算结果，发现需求效应和结构效应得到了较大幅度的提升，而竞争力效应却出现了较大比例的下滑。这反映出 CAFTA 的实施，一方面给福建向东盟的农产品出口带来了规模经济效应和出口结构优化的效应，但另一方面也让福建的农产品在东盟市场上的竞争力受到挑战。从需求效应的构成变动来看，CAFTA 对 03 章（鱼、甲壳动物、软体动物及其他水生无脊椎动物）、07 章（食用蔬菜、根及块茎）、08 章（食用水果及坚果；甜瓜或柑橘属水果的果皮）和 16 章（肉、鱼、甲壳动物、软体动物及其他水生无脊椎动物的制品）农产品的需求扩张作用显著，而对 19 章（谷物、粮食粉、淀粉及乳的制品；糕饼点心）、20 章（蔬菜、水果、坚果或植物其他部分的制品）和 24 章（烟草及烟草制品的代用品）具有阻碍作用。从结构效应的构成变动来看，CAFTA 显著改善了福建对东盟的 07 章、08 章和 22 章（饮料，酒及醋）的出口结构，尤其是 22 章的结构优化效果十分显著。从竞争力效应的构成变动来看，CAFTA 对 03 章和 08 章的竞争力效应具有较强的促进作用，而对 07 章、16 章、17 章（糖及糖食）和 20 章具有较显著的阻碍作用。

23.2 CAFTA 对福建省农产品贸易的投资效应分析

23.2.1 投资效应模型的设定和数据来源

国内外学者关于 FTA 投资效应的实证研究主要是基于国际直接投资理论，

特别是基于《1998 年世界投资报告》①。因此，我们借鉴邱立成等（2009）[34] 和邵秀燕（2009）[35] 的研究方法，主要从区域经济一体化和经济初始禀赋条件相结合的角度来考察 CAFTA 对福建省农产品贸易的投资效应。

现有的研究普遍认为，FTA 的实现为外商投资提供了一种保证，因此 FTA 将对区内 FDI 的流入产生正效应。但由于跨国公司将在区内重组投资，即佟家栋等（2010）[36] 提出的"由于集聚效应的存在，FDI 在 FTA 区内的分配可能会不利于某些成员国"，所以对于某一成员国来说，FTA 的投资效应是不确定的。据此，我们提出第一个假说：

H1：CAFTA 会影响福建省农业 FDI 的流入，但作用是不确定的。

市场寻求型 FDI 倾向于选择较大市场规模的东道国，因为从理论上看，潜在的市场规模越大意味着能更多地受益于规模经济从而有效地降低平均成本，并且可以接近最终消费市场减少运输费用和时间成本，进而获取更高水平的利润。所以，东道国的市场规模与市场寻求型 FDI 的流入量正相关。因此，提出第二个假说：

H2：福建经济发展水平与 CAFTA 对福建农业 FDI 的流入具有正向作用。

由于 FTA 使区内国家连成一个大市场，因此，跨国公司对于投资位置的选择不仅考虑了当地市场需求，也会考虑到所在国加入的 FTA 地区的需求。如果一国加入的 FTA 所产生的区内投资集聚效应不利于该国时，则其一体化规模越大，越不利于该国吸引 FDI。据此，提出第三个假说：

H3：福建与东盟农业一体化规模将影响福建农业 FDI 的流入，但作用是不确定的。

效率寻求型 FDI 倾向于在具有生产优势，特别是具有低廉劳动力成本优势的东道国进行投资建厂。因此，提出第四个假说：

H4：福建农业劳动力成本与 CAFTA 对福建农业 FDI 的流入具有负向作用。

资源或资产寻求型 FDI 的投资动机多为了寻找东道国的自然资源或其他资产和资源。而一国的服务业越发达，说明该国的经济环境更成熟与完善，投资更加便利，所以服务业发展水平的提高可以扩大投资效应。基于此，提出第五个假说：

H5：福建服务业发展水平与 CAFTA 对福建农业 FDI 的流入有积极影响。

由于贸易转移效应的存在，使本身具有出口优势的国外产品难以进入东道国市场。而这些国外企业为了保持价格竞争优势，往往通过在东道国投资的方式来供给当地需求。因此，投资与贸易存在替代关系。参照邵秀燕（2009）[35] 的研究方法，我们选取进口总额来衡量进口关税水平。进口总额越大，表明关税水平越低，国外产品也较容易进入东道国市场而不需要通过直接投资的方式；反之亦

---

① 《1998 年世界投资报告》依据跨国公司海外投资的基本动机的不同，将 FDI 划分为三类：市场寻求型 FDI（以进入东道国的消费市场为目的）；效率寻求型（以降低生产成本为目标）；资源或资产寻求型 FDI（以获取东道国的自然资源或扩大投资企业的竞争优势为目标）。

然。据此，提出假说 H6：

H6：福建对外关税水平与 CAFTA 对福建农业 FDI 的流入有正面影响（福建进口总额与 CAFTA 对福建农业 FDI 的流入有负面影响）。

我们构建的基本模型借鉴了 Leamer（1985）[75] 通过评估待检验变量参数的灵敏性的方法来估计假设是否成立，用方程式表示如下：

$$AFDI = F(HV，CV)$$

其中，AFDI 是因变量，代表福建农业 FDI 的流入量。HV 是待检验变量，主要包括代表区域经济一体化的虚拟变量 CAFTA、用福建国内生产总值（FGDP）表示的福建经济发展水平、用福建与东盟农业 GDP 之和（FDAGDP）衡量的农业一体化规模、用福建农林牧渔业职工平均工资（AW）度量的福建农业工资水平、用福建服务业增加值占福建 GDP 的比重（SERP）来表示福建服务业发展水平，以及用福建进口总额（FIMPORT）衡量的福建进口关税水平。CV 是控制变量，参照大部分研究的设定，选取福建第一产业 GDP（AGDP）和以福建农产品出口占福建 GDP 的比重为度量的农产品出口开放度（OPEN）作为控制变量，以控制福建总体农业经济规模和农产品开放度对福建农业 FDI 流入的影响。HV 和 CV 共同解释了 AFDI 的变化，而 F 表示 AFDI 与 HV 和 CV 之间的函数关系。样本期为 1985 ~ 2010 年，且除虚拟变量外所有数据都用以 2000 年为基期的福建 CPI 指数进行平减，以消除物价因素的影响。本模型回归所使用的数据除了东盟农业 GDP 来自 World dataBank 之外，其余都来自各年《福建统计年鉴》。

23.2.2 投资效应决定因素的回归结果分析

为了使回归结论更具科学性和严谨性，回归前先对各变量进行了 ADF、G - R 和 Johansen 检验（参见附录表 2，附录表 3 和附录表 4），以上三项计量检验基本都通过了检验。CAFTA 对福建农产品贸易的投资效应的决定因素回归结果如表 23 - 5 所示。

从模型（1）的回归结果来看，方程的整体拟合效果较理想且不存在自相关问题。其中，CAFTA 的系数为 - 1.007，这表明 CAFTA 会使福建农业 FDI 的流入减少 1.007%，即 CAFTA 给福建带来的负面的投资转移效应要大于正面的投资创造效应。这主要是因为东盟整体的农业发展条件相较福建具有更多的优势，因此 CAFTA 实施之后，原先投资于福建农业的部分 FDI 将被跨国公司基于集聚经济的考量而进行重新整合，转移到东盟国家。因此，CAFTA 对福建农业 FDI 的流入整体表现出负相关关系。

表 23 - 5 投资效应决定因素的回归结果

		CAFTA	市场规模	一体化规模	工资水平	基础设施	对外关税
		模型（1）	模型（2）	模型（3）	模型（4）	模型（5）	模型（6）
解释变量	CAFTA	-1.00701 (-3.12)***					
	lnFGDP* CAFTA		-0.056039 (-3.17)***				
	lnFDAGDP* CAFTA			-0.053672 (-3.16)***			
	lnAW* CAFTA				-1.143950 (-1.71)*		
	lnSERP* CAFTA					1.075559 (3.07)***	
	lnFIMPORT* CAFTA						-0.060992 (-3.14)***
控制变量	lnAGDP	1.736588 (4.44)***	1.751084 (4.48)***	1.748685 (4.48)***	0.943189 (24.93)***	1.718945 (4.40)***	1.742234 (4.46)***
	lnOPEN	1.32218 (2.96)***	1.316538 (2.96)***	1.317564 (2.96)***	1.802317 (5.75)***	1.330403 (2.97)***	1.321090 (2.97)***
	C	-12.9313 (-1.97)*	-13.16180 (-2.01)**	-13.12347 (-2.01)**	-1.00701 (-3.12)***	-12.64830 (-1.93)*	-13.01888 (-1.99)**
R²		0.809554	0.811325	0.811059	0.756117	0.807611	0.810422
调整后 R²		0.783584	0.785597	0.785294	0.734909	0.781376	0.784571
D - W		1.753424	1.763538	1.761634	1.616992	1.746630	1.757674
Prob（F - statistic）		0.000000	0.000000	0.000000	NA	0.000000	0.000000

注：括号内数值为 t 统计量值；上标 ***，**，* 分别表示在 1%，5% 和 10% 的水平下显著。

模型（2）的方程回归效果也比较理想，但福建 GDP 和 CAFTA 交叉项的系数为负，与假说 H2 预设的符号相反——CAFTA 实施后，福建 GDP 增长 1%，反而会使福建农业 FDI 的流入减少 0.057%。这是因为随着整体经济发展水平的提高，工业和服务业已成为主导福建经济的两辆马车，发展势头不可阻挡，这给国外的跨国公司提供了很多商机；同时，受限于整体资源禀赋，虽然福建整体市场规模的扩大对农产品的消费需求趋于上升，但由于跨国公司对工业和服务业的增加投资一定程度上会对福建农业 FDI 的流入造成"挤出效应"。而 CAFTA 的实施，更是便利了跨国公司在保有福建农产品市场占有率的基础上，将原先对福建农业的直接投资转移到东盟国家。

模型（3）反映出福建与东盟的农业一体化规模每增加 1%，福建农业 FDI

的流入将减少0.054%。这主要是由农业生产的比较优势、规模经济效应和集聚经济效应引起的。随着福建与东盟整体农业发展规模的扩张，由于东盟一些国家（如泰国、印度尼西亚、菲律宾、越南、缅甸、柬埔寨、老挝和缅甸）具备劳动力、自然资源和气候等农业发展的得天独厚的优势，因此，随着CAFTA实现市场联合之后，跨国公司就倾向于将农业FDI投向这些东盟国家。

虽然在Granger因果关系检验中证实福建农业工资水平并非福建农业FDI流入的Granger原因，但在Johansen协整检验中各变量间存在长期的协整关系（见附录表3，附录表4），因此我们仍然利用福建农业工资水平对假说H4进行回归。

从模型（4）的回归结果来看，验证了假说H4。但该系数仅通过了10%的显著性检验，这反映出CAFTA实施后由于东盟一些国家低劳动力成本的激烈竞争，福建农业工资水平对寻求低成本优势的效率型FDI的影响并非十分显著。

模型（5）的回归结果也较理想，且与假说H5的预期相符，说明随着基础设施建设的进一步完善，福建将会吸引更多的资源或资产型FDI的流入。同时，它也反映出福建的基础设施建设水平相较一些东盟国家（特别是四个东盟新成员国）更高，所以在区域经济一体化之后福建才会有更大的优势吸引更多的农业FDI从东盟转移而流入福建，产生正向的投资转移效应。

模型（6）的回归结果也验证了假说H6。CAFTA实施之后，福建与东盟之间逐渐取消了农产品关税而对外仍保持旧的关税水平，国外厂商为了规避贸易壁垒而享有与区内成员方同等待遇，会选择以投资福建农业替代对福建出口农产品的方式来化解CAFTA所带来的贸易转移效应，进而就产生了投资创造效应。

23.3 本章小结

本章先利用CMS模型定量分析了CAFTA对福建省农产品贸易的规模经济效应和竞争力效应，再通过构建福建农业FDI流入的投资模型来对投资效应进行计量回归，最后得出以下结论：

第一，中国与东盟间农产品关税的取消极大地促进了福建对东盟的农产品出口。该出口增长虽都是由竞争力效应和需求效应带来的，但明显CAFTA逐步实施之后，竞争力效应出现了下滑而需求效应却出现了上升的趋势；这说明CAFTA开始实施之后福建农产品在东盟市场的竞争力减弱，而自贸区的规模经济效应开始逐步浮现。同时，福建对东盟的农产品出口结构也得到了改善。其中，CAFTA对03章（鱼、甲壳动物、软体动物及其他水生无脊椎动物）、07章（食用蔬菜、根及块茎）、08章（食用水果及坚果；甜瓜或柑橘属水果的果皮）和16章（肉、鱼、甲壳动物、软体动物及其他水生无脊椎动物的制品）的需求扩张作用显著，而对19章（谷物、粮食粉、淀粉及乳的制品；糕饼点心）、20章

（蔬菜、水果、坚果或植物其他部分的制品）和 24 章（烟草及烟草制品的代用品）具有阻碍作用；CAFTA 显著改善了福建对东盟的 07 章、08 章和 22 章（饮料，酒及醋）的出口结构，尤其是 22 章的结构优化效果十分显著；CAFTA 对 03 章和 08 章的竞争力效应具有较强的促进作用，而对 07 章、16 章、17 章（糖及糖食）和 20 章具有较显著的弱化作用。

第二，投资效应模型的回归结果表明，由于集聚经济的存在，CAFTA 对福建农业 FDI 的流入存在负面影响；由于"挤出效应"的存在，福建的市场规模对福建农业 FDI 的流入也存在负面影响；而鉴于比较优势，福建与东盟农业一体化规模对福建农业 FDI 的流入也存在负面影响；CAFTA 实施后由于东盟一些国家低劳动力成本的激烈竞争，福建农业工资水平对寻求低成本优势的效率型 FDI 的影响并非十分显著；而随着基础设施建设的进一步完善，福建将会吸引更多的资源或资产型 FDI 的流入；区内外关税水平的差异将会促进投资对贸易的替代，即 CAFTA 给福建农业 FDI 的流入带来了投资创造效应。

第 24 章

福建省农产品贸易发展
战略的政策选择

CAFTA 的逐步实施，不仅可以促进福建与东盟之间的农产品贸易与合作，给福建农产品的竞争力提升、对外贸易结构与农业生产结构的调整带来一个契机；还可以给福建带来链接 CAFTA 与 CEPA、ECFA、CNFTA、CCFTA，发挥"轴心"优势进而促进福建与中国香港、中国澳门、中国台湾、新西兰、智利的农产品贸易与合作；同时，也给福建与第三方国家的农产品贸易与合作提供了一个新平台。基于前面竞争性与互补性、出口相似性、产业同构性、贸易潜力、规模经济效应、竞争力效应、结构效应和投资效应的实证结果，本章提出了福建省农产品贸易与农业合作的政策选择。

24.1 促进与东盟的农产品贸易与农业合作的政策选择

24.1.1 发挥比较优势，培育核心竞争力

福建与东盟间的农产品贸易既有竞争性又有互补性。首先，双方除水产品、蔬菜及水果之外的农产品都具有很强的互补性，因此福建可以以比较优势为基础，借 CAFTA 逐步取消关税、带来贸易创造效应的契机，加强与东盟在上述农产品方面的贸易。其次，福建与东盟的水产品、蔬菜及水果的竞争力可一较高低，而中国—东盟间农产品关税的削减必将给福建的这三类农产品带来激烈的竞争，因此，福建农业企业可借助这个扩大的竞争性市场的压力来提升这三类农产品的竞争力。再次，相较东盟，福建在 16 章（肉、鱼、甲壳动物、软体动物及其他水生无脊椎动物的制品）和 20 章（蔬菜、水果、坚果或植物其他部分的制品）具有很强的竞争优势，因此，福建应该重点发挥自身在农业科技和农产品加工方面的优势，大力发展水产品、蔬菜及水果制品的精、深加工，引导并鼓励农业企业开发、引进先进的农业技术和农产品加工技术，并尽量采用农产品生产的国际标准来跟国际接轨，这样不仅可以培育福建农产品的核心竞争力、提高附加

值，还可以使福建农产品顺利地打入东盟的高端市场。

24.1.2　加强合作，提高双方农产品的专业化分工程度

福建与泰国、越南、菲律宾的农产品在世界市场上的专业化分工水平处于低端层次，因此，福建应着重与以上三个东盟国家加强农产品的专业化分工，以避免相互间的恶性竞争，携手共拓世界农产品市场。同时，在水产品、蔬菜和水果方面，福建与东盟在第三方市场上（美国、日本、韩国、中国台湾和中国香港）的专业化分工程度也很低且趋于恶化，因此，福建应重点与东盟加强以上三类农产品的专业化分工，共同开拓这三类农产品在第三方市场上的出口。

24.1.3　开发产品的多样性，促进产业内贸易的发展

由于地理位置临近，福建与东盟的优势农产品具有很强的同构性，因此CAFTA 生效后，为了实现规模化市场福建亟须加快农业结构调整，促进双方产业内贸易的发展。而相关研究表明，在产业间贸易、水平型产业内贸易和垂直产业内贸易这三种贸易形式之中，水平型产业内贸易的贸易利益最大、面临的"调整成本"最小，所以福建在促进双方产业内贸易的发展时，应重点开发第一类（活动物；动物产品）、第二类（植物产品）和第四类（食品；饮料、酒及醋；烟草、烟草及烟草代用品的制品）农产品的多样性，即在保证质量的基础上，提高出口产品的包装和外形等方面的档次，塑造出口农产品的品牌，满足东盟地区消费者对同类产品的差异化需求，进而分享更多的贸易所得。

24.1.4　采取"差别化"战略，挖掘双方的农产品贸易潜力

针对东盟各国经济发展水平和农业发展水平参差不齐的状况，福建应采取"差别化"战略挖掘福建与东盟各国的农产品贸易潜力。其中，泰国、印度尼西亚、越南、马来西亚和菲律宾的农业经济相对发达，因此福建的农产品在进入上述市场时应采取产品差别化战略，尽量避免相似性产品的正面竞争。新加坡和文莱的经济发达但农业相对薄弱，所以在进入这两个市场时福建农产品可以尽情发挥比较优势。而缅甸、老挝和柬埔寨的经济发展水平和农业发展水平虽都较为落后，但它们的一些优势农产品（谷物及其制品，糖、糖制品及蜂蜜，咖啡、茶、可可、香料及其制品，油籽及含油果实，生橡胶）与福建具有很强的互补性，因此福建可通过增加进口这三个国家的优势农产品来实现资源优化配置的目的。

按照赵雨霖（2008）[1]对贸易潜力的分类标准①，2011 年福建与印度尼西亚、越南、泰国、柬埔寨和缅甸的农产品贸易属于"潜力再造型"，即福建与这些国家扩大农产品贸易规模的现有潜力已用完；所以，福建要想进一步发展与这些贸易伙伴的农产品贸易关系就必须在保持现有积极因素的前提下，同时培育其他促进贸易发展的因素。福建与马来西亚、菲律宾的农产品贸易属于"潜力开拓型"，即双方的农产品贸易潜力还未得到充分的发挥；为了使双方的贸易潜力得以充分发挥，福建可以借鉴"潜力再造型"的发展思路，同时注意开发促进贸易发展的因素。而福建与新加坡、文莱的农产品贸易属于"潜力巨大型"，即双方的农产品贸易存在严重的"贸易不足"；因此，福建应针对性地研究与这两个国家农产品贸易不足的原因并提出解决方案，以促进双方农产品贸易能有更大的发展。其中，东盟中的闽商网络优势是福建开拓东盟农产品市场的特有优势。

24.1.5 优化出口结构，加大适销对路产品的出口

当一国（地区）出口适销对路的产品时，其对外出口才能实现迅猛且长远地增长。而从福建对东盟的出口构成来看，03 章（鱼、甲壳动物、软体动物及其他水生无脊椎动物）、07 章（食用蔬菜、根及块茎）、08 章（食用水果及坚果；甜瓜或柑橘属水果的果皮）、16 章（肉、鱼、甲壳动物、软体动物及其他水生无脊椎动物的制品）和 20 章（蔬菜、水果、坚果或植物其他部分的制品）占主导，但其中只有 07 章和 08 章是东盟进口增长较快的农产品，而出口结构的不合理一定程度上阻碍了福建对东盟农产品出口的增长。所以，福建应加大东盟进口需求增长较快的农产品出口，通过优化出口结构来促进福建对东盟的农产品出口。

24.1.6 有效利用 FORM，享受优惠关税待遇

随着"早期收获"计划的开始实施，福建农业企业原则上就可以享受到自贸区优惠关税的待遇；但中国—东盟间的贸易安排不同于 WTO 项下的贸易安排，福建农业企业要享受东盟的关税优惠，首先必须要主动申请原产地证（FORME）。我们的实证结果表明，CAFTA 带来的规模经济效应并不十分显著；而据福建省有关部门统计，FORME 签证份数和金额虽逐年增长，但申请货值相对福建省对东盟的实际农产品进出口额仍有较大差距。这反映出很多农业企业对于优惠待遇的运用还处于被动状态。因此，针对这个问题政府需要加强对自贸区的跟踪和调研，了解自贸区规则和市场开放时间表，为企业开拓东盟市场提供全

---

① 当 $T/T^e \geqslant 1.2$ 时，属于潜力再造型；当 $0.8 < T/T^e < 1.2$ 时，属于潜力开拓型；当 $T/T^e \leqslant 0.8$ 时，属于潜力巨大型。

面、准确的信息咨询服务，以便福建农企可以真真正正享受到中国—东盟自贸区所带来的实惠。

24.1.7 "走出去"与"引进来"相结合，衔接好产业转移与产业承接

CAFTA 的实施，为福建农业的"走出去"与"引进来"提供了一个良好的契机，因为东盟中既有经济实力强大的新加坡和文莱、和经济实力较强且农业资源丰富的马来西亚、泰国、印度尼西亚和菲律宾，还有经济实力较弱但农业资源丰富的越南、缅甸、柬埔寨和老挝。差异化的经济发展水平和丰富的农业资源为福建农业的产业转移和产业承接提供了良好的条件。针对"走出去"：一方面福建可以向资源丰富但经济欠发达的越南、缅甸、柬埔寨和老挝进行投资，利用当地优惠的招商引资条件和低廉的劳动力成本，将一些福建已不具备生产优势的资源密集型和劳动密集型农业转移到这些国家来生产；另一方面，福建可以凭借自身在农业科技和农产品加工方面的领先优势，对经济较发达且资源丰富的印度尼西亚、菲律宾、马来西亚和泰国的农产品加工业进行投资。针对"引进来"：福建可通过不断提高农业高科技水平和完善基础设施建设等农业投资环境，来吸引东盟中的新加坡、泰国、马来西亚、印度尼西亚和菲律宾到闽投资技术密集型农业。

24.2 促进与中国香港、中国澳门、中国台湾、新西兰、智利的农产品贸易与农业合作的政策选择

由于 CAFTA、CEPA、ECFA、CNFTA 和 CCFTA 的交叉，使福建在与中国香港、中国澳门、中国台湾、新西兰和智利的农产品贸易中具有"轴心"优势——即福建与这些国家（地区）间的贸易享受优惠关税待遇，而这些国家（地区）间的贸易不具备这种优惠待遇。因此，福建可善加利用"轴心"优势并结合自身在农业科技和农产品加工方面的优势来促进与上述国家（地区）的农产品贸易与农业合作。

24.2.1 链接 CAFTA 与 CEPA，促进与港、澳的农产品贸易与农业合作

前文贸易潜力的测算结果表明，CAFTA 的实施一定程度上会抑制香港与澳门对福建农产品的进口需求；因此，福建若要保持并进一步促进对香港、澳门的

农产品出口,最好的办法就是通过在越南、缅甸、柬埔寨和老挝等经济欠发达而农业资源又丰富的东盟国家进行投资,将生产基地转移到这些国家,从而可以充分利用当地的资源和廉价的劳动力;然后再将产品经中国内地输往香港与澳门,达到"间接"促进福建对香港、澳门农产品出口的目的。

由于香港、澳门具有雄厚的资金优势、福建具有农业技术优势和"轴心"优势、东盟国家具有农业资源优势,因此居于主导地位的福建可综合运用这几种优势、以东盟为平台密切福建与香港、澳门的农业合作。譬如,福建可以凭借农业技术在东盟国家中寻找有价值的农业开发项目,然后再以该项目来吸引香港、澳门来闽投资。

24.2.2 链接 CAFTA 与 ECFA,促进闽台农产品贸易与农业合作

前面贸易潜力的测算结果表明,福建与台湾的农产品贸易自 2008 年开始就一直处于"贸易充分或过度"的状态,因此福建亟须找到新的促进贸易发展的因素来促进闽台农产品贸易。而通过链接 CAFTA 与 ECFA 来推动闽台农产品贸易不失为一个良方。首先,福建可凭借"轴心"优势进口台湾(东盟)的农产品,转而再出口到东盟(台湾),从而促进了闽台农产品贸易。其次,福建可成为连接台湾与东盟农业技术合作研究开发的纽带——既可借鉴台湾先进的农业技术,又能将该技术运用到对东盟的农业投资中。最后,利用东盟广阔的市场和丰富的农业资源,福建可通过设立有价值的农业开发项目来吸引台资的流入。

24.2.3 链接 CAFTA 与 CCFTA,促进与智利的农产品贸易与农业合作

随着 CAFTA 的逐步实施,2011 年福建自智利的进口出现了大幅下滑(由 2009 年的最高值 1.8 亿美元下降到 2011 年的 0.8 亿美元),而自越南等东盟国家的进口却增长迅猛。这一定程度上反映出福建自智利与东盟的农产品进口存在同构性,而东盟由于地理优势明显,因而在对福建的农产品出口中占优。因此,福建需要调整自智利的农产品进口结构:减少与东盟存在竞争性的农产品进口,而增加与东盟存在互补性的农产品进口。同时,由于智利农业资源丰富,福建可凭借先进的农业科技向新加坡专门的国际中小企业商业中心进行融资,对智利的农业进行投资。

24.2.4 链接 CAFTA 与 CNFTA,促进与新西兰的农产品贸易与农业合作

自 2009 年 CNFTA(中国—新西兰自贸区)生效以来,福建与新西兰的农产

品贸易就处于"贸易不足"的状况，而其中福建对新西兰的农产品出口不足是主要原因。因此，福建可借助东盟市场丰富的农业资源来生产多元化的农产品，从而促进对新西兰的农产品出口。同时，福建还可以借鉴新西兰先进的农业牧产品加工技术来开发东盟的畜产品资源。

24.3 促进与第三方国家的农产品贸易与农业合作的政策选择

24.3.1 "借道"东盟，规避发达国家的非关税壁垒

欧、美、日等发达国家针对中国的绿色贸易壁垒和技术贸易壁垒一直都是困扰福建农产品出口的"瓶颈"。而 CAFTA 实施之后，福建农业企业可以在更大的市场范围内布局农业产业链，通过改变原材料的进口地、加工地，从而改变原产地的性质。这样不仅可以规避发达国家针对中国出口产品的非关税壁垒，还可以充分利用东盟国家丰富且廉价的农业资源，最终间接达到促进福建与发达国家间的农产品贸易的目的。

24.3.2 积极主动，促进福建与第三方国家的农业合作

未与中国达成 FTA 的第三方国家为了规避"贸易转移"效应，通常会采取在某一成员方国内进行直接投资的方式替代传统的商品出口的方式；同时，区域内原有的 FDI 布局也会因"集聚经济"的存在而重新布局。因此，福建在第三方国家农业 FDI 流入和区域内 FDI 重组的过程中应积极主动、占领先机，方能降低 CAFTA 对福建农业 FDI 流入带来的消极影响。可以采取的主要措施包括：提高农业科技水平和完善基础设施建设等农业投资环境，吸引"资产型"农业 FDI 的流入；利用东盟中的亲缘优势和自身的农业技术优势，吸引国外资金共同开发东盟的农业资源。

注　释

［1］赵雨霖，林光华．中国与东盟 10 国双边农产品贸易流量与贸易潜力的分析——基于贸易引力模型的研究．国际贸易问题．2008，（12）：69 – 77.

［2］庄丽娟，姜元武，刘娜．广东省与东盟农产品贸易流量与贸易潜力分析——基于引力模型的研究．国际贸易问题．2007，（6）：81 – 86.

［3］Cernat, L. （2001）"Assessing Regional Trading Arrangements: Are South – South RTAs More Trade Diverting?". UNCTAD Policy Issues in International Trade and Commodities Study Series No. 16, UNCTAD, Geneva.

［4］Musila JW. （2005）"The Intensity of trade creation and trade diversion in COMESA, EC-CAS and ECOWAS: a comparative analysis", J Afr Econ, 14 （1）: 117 – 141.

［5］陈雯．中国—东盟自由贸易区的贸易效应研究——基于引力模型"单国模式"的实证分析．国际贸易问题．2009，（1）：61 – 66.

［6］孙林，谭晶荣，宋海英．区域自由贸易安排对国际农产品出口的影响——基于引力模型的实证分析．中国农村经济．2010，（1）：74 – 82.

［7］Lee, J. W. and Shin K. （2006）"Does Regionalism Lead to More Global Trade Integration in East Asia", The North American Journal of Economics and Finance, 17 （3）: 283 – 301.

［8］郎永峰，尹翔硕．中国—东盟 FTA 贸易效应实证研究．世界经济研究．2009，（9）：76 – 80.

［9］高越，李荣林．APEC 成员间结成的 FTA 的贸易效应研究．国际贸易问题．2010，（11）：54 – 59.

［10］Laetitia Guilhot （2010）"Assessing the impact of the main East – Asian free trade agreement gravity model. First results", Economics bulletin, 30 （1）: 282 – 291.

［11］陈汉林，涂艳．中国—东盟自由贸易区下中国的静态贸易效应——基于引力模型的实证分析．国际贸易问题．2007，（5）：47 – 50.

［12］Langtian Yuan （2010）"China's Engagement in Multilateral Institutions: Understanding the Trade Creation Impact of the ASEAN – China Free Trade Area", dukespace. lib. duke. edu.

［13］Rahman, M. M. （2010）"Exploring Australia's global trade potential: a gravity approach with panel data", 6th International Conference of Global Academy of Business & Economic Research, 17 – 19 Oct 2010, New York, USA.

［14］Scott L. Baier, Jeffrey H. Bergstrand （2007）"Do free trade agreements actually increase members' international trade?", Journal of International Economics, 71 （1）: 72 – 95.

［15］Kindleberger, C. P. （1966）"European Integration and the International Corporation", Columbia Journal of World Business, 1 （1）: 65 – 73.

［16］李众敏，唐忠．东亚区域合作对中国农产品贸易的影响研究．中国农村观察．2006，（3）：10 – 15.

［17］仇焕广，杨军，黄季焜．建立中国—东盟自由贸易区对我国农产品贸易和区域农业发展的影响．管理世界．2007，（9）：56－61.

［18］赖明勇，李镜池．减免东盟农产品进口关税对中国宏观经济和产业影响的可计算一般均衡分析．当代财经．2007，（4）：98－104.

［19］David Vanzetti，Nur Rakhman Setyoko，Nguyen Ngoc Que & Ray Trewin（2011）"A comparison of Indonesian and Vietnamese approaches to agriculture in the ASEAN－China FTA"，the 55th AARES Annual Conference，Melbourne，Victoria.

［20］周曙东，胡冰川，吴强，崔奇峰．中国—东盟自由贸易区的建立对区域农产品贸易的动态影响分析．管理世界．2006，（10）：19－23.

［21］杨欣，武拉平，徐锐钊．美韩自由贸易协定对中韩农产品贸易的潜在影响．中国农村经济．2010，（7）：12－18.

［22］李丽，邓之宏，陈迅，汪德辉．中智自由贸易协定全面实施对双方经济影响研究：基于GTAP模型仿真．数学的实践与认识．2011，41（21）：22－30.

［23］Lee，H．，Owen，R. F. & van der Mensbrugghe，D.（2009）"Regional integration in Asia and its effects on the EU and North America"，Journal of Asian Economics，（20）：240－254.

［24］Lee，H.（2010）"The EU－Korea FTA and the Relative Competitiveness of Korean Firms in the European Market"，Preliminary Draft.

［25］何好俊，祝树金．中澳自贸区建立关税削减影响中国农业的CGE研究．经济问题探索．2009，（11）：151－156.

［26］刘宇，张亚雄．欧盟—韩国自贸区对我经济和贸易的影响——基于动态GTAP模型．国际贸易问题．2011，（11）：106－115.

［27］林海．贸易自由化与中国农产品贸易、农业收入和贫困：［博士学位论文］．北京：中国科学院人文地理学，2007.

［28］刘宇，黄季焜，杨军．新一轮多哈贸易自由化对中国农业的影响．农业经济问题．2009，（9）：16－23.

［29］Levy Yeyati，E．，E. Stein and C. Daude（2003）"Regional Integration and the Location of FDI"，Working Paper 492，Inter－American Dvelopment Bank（IADB）.

［30］Lederman D．，W. Maloney and L. Serven（2005）"Lessons from NAFTA for Latin America and Caribbean Countries：A Summary of Research Findings"，Washington，DC：World Bank.

［31］Adams R．，P. Dee，J. Gali and G. McGuire（2003）"The Trade and Investment Effects of Preferential Trading Arrangements：Old and New Evidences"，Canberra：Productivity Commission Staff Working Paper，May.

［32］鲁晓东，杨子晖．区域经济一体化的FDI效应：基于FGLS的估计．世界经济文汇．2009，（4）：77－90.

［33］Galgau，Olivia and Sekkat（2004）"The Impact of the Single Market on Foreign Direct Investment in European Union"，Exchange Rates，Economic Integration and the International Economy，Edited by Leo Michelis and Mark Lovewell，Toronto：ADF Press.

［34］邱立成，马静如，唐雪松．欧盟区域经济一体化的投资效应研究．南开学报（哲学社会科学版）.2009，（1）：1－9.

［35］邵秀燕．区域经济一体化进程中东盟投资效应分析．世界经济与政治论坛．2009，（5）：43－50.

[36] 佟家栋，张焦伟，曹吉云. FTA 外商直接投资效应的实证研究. 南开学报（哲学社会科学版）. 2010，（3）：86 - 92.

[37] 郎永峰. 区域贸易协定、FDI 与内生经济增长——中国—东盟 FTA 的经验证据. 国际商务研究. 2010，（1）：48 - 55.

[38] Helpman, E. and P. R. Krugman（1985）"Market Structure and Foreign Trade", Cambridge, MA：The MIT Press.

[39] Balassa, Bela（1966）"Tariff Reductions and Trade in Manufactures among the Industrial Countries", American Economic Review, 56（3）：466 - 473.

[40] Bruelhart M.（2008）"An Account of Global Intra-industry Trade, 1962 - 2006", The University of Nottingham Research Paper Series Globalization, Productivity and Technology.

[41] Jorge G. Gonzalez, Alejandro Velez（1995）"Intra-industry trade between the united states and the major latin american countries：Measurement and implications for free trade in the Americas", The International Trade Journal, 9（4）：519 - 536.

[42] 朱允卫. 中泰农产品产业内贸易的实证研究. 农业经济问题.2005，（7）：35 - 40.

[43] 杨力刚，李寒蕾. 中越两国农产品产业内贸易的实证研究. 生产力研究.2009，（24）：45 - 47.

[44] 刘鸿雁，刘小和. 中日韩农产品产业内贸易研究. 农业经济问题.2005，（增刊）：14 - 18.

[45] 李明权，韩春花. 中日韩农产品产业内贸易实证分析——兼论对三国 FTA 的影响. 农村经济. 2010，（6）：126 - 129.

[46] 刘世胜. 中国—东盟自由贸易区的贸易效应研究：[硕士学位论文]. 天津：天津财经大学世界经济专业，2007.

[47] Ryuhei Wakasugi（2007）"Vertical Intra – Industry Trade and Economic Integration in East Asia", Asian Economic Paper, 6（1）：26 - 39.

[48] Satoru Okuda（2004）"Deepening Interdependence in East Asia：Deepening Intra-industry Trade of Japan and its Bilateral FTAs", IDE APEC Study Center Working Paper Series.

[49] Masaru Umemoto（2004）"Development of Intra – Industry Trade between Korea and Japan：the Case of Automobile Parts Industry", CITS WP.

[50] 潘沁，韩剑. 基于引力模型的产业内贸易与区域经济一体化研究. 国际贸易问题. 2006，（9）：22 - 26.

[51] 孙骏. 闽台农产品产业内贸易研究：[博士学位论文]. 福州：福建农林大学农林经济管理专业，2011.

[52] Finger, J. M. and M. E. Kreinin（1979）"A Measure of Export Similarity and Its Possible Uses", The Economic Journal, 89（356）：905 - 912.

[53] 吕玲丽. 中国与东盟农产品出口相似性分析. 世界经济研究.2006，（1）：36 - 40.

[54] Glick, Reuven and Andrew K. Rose（1998）"Contagion and Trade：Why Are Currency Crisis Regional?", NBER Working Paper, 6806.

[55] Pomfret R.（1981）"The Impact of EEC Enlargement on Non-member Mediterranean Countries' Exports to EEC". The Economic Journal, 91（363）：726 - 729.

[56] Pearson C. S.（1994）"The Asian Export Ladder". Manufactured Exports of East Asia Industrializing Economies：possible Regional Cooperation. Armonk，New York：M. E. Sharpe.

[57] Grubel and Lloyd（1975）"Intra-industry Trade：The Theory and Measurement of Inter-

national Trade in Differentiated Products"［M］. London：Macmillan ，Archiv, Vol. 127.

［58］Bruelhart, M. （1994） "Marginal Intra – Industry Trade：Measurement and Relevance for the Pattern of Industrial Adjustment", Weltwirtschaftliches Archiv, 130 （3）：600 – 613.

［59］Thom, R. and McDowell, M. （1999） "Measuring Marginal Intra-industry Trade", Weltwirtschaftliches Archiv, 135 （1）：48 – 61.

［60］Ramkishen S. Rajan （1996） "Measures of intra-industry trade reconsidered with reference to Singapore's bilateral trade with Japan and the United States", Review of World Economics, 132 （2）：378 – 389.

［61］Linnemann, H. （1966） "An Econometric Study in International Trade Flows", Amsterdam：Elsevier, 1966.

［62］Bergstrand J. （1989） "The Generalized Gravity Equation, Monopolistic Competition, and the Factor – Proportions Theory in International Trade", Review of Economics and Statistics, 1989, 71 （1）：143 – 153.

［63］Norman D. Aitken （1973） "The Effect of the EEC and EFTA on European Trade：A Temporal Cross – Section Analysis", The American Economic Review, 63 （5）：881 – 892.

［64］Brada, J. C. and J. A. Mndez （1985） "Economic Integration among Developed, Developing and Centrally Planned Economics：A Comparative Analysis", The Review of Economics and statistics, 67 （4）：549 – 556.

［65］盛斌，廖明中. 中国的贸易流量与出口潜力——引力模型的研究. 财贸研究. 2005，（3）：3 – 12.

［66］史朝兴，顾海英. 贸易引力模型研究新进展及其在中国的应用. 农业经济问题. 2009，（9）：27 – 32.

［67］ITC （International Trade Center） （2000） "TradeSim – The ITC Simulation Model of Bilateral Trade Potentials：Background Paper", Document prepared by ITC market analysis section, final draft.

［68］Tyszynski, H. （1951） "World Trade in Manufactured Commodities, 1899 – 1950", The Manchester School, 19：271 – 339.

［69］Leamer, E. E. and Stern, R. M. （1970） "Quantitative International Economics", Aldine Publishing Co. Chicago.

［70］Jepma, Catrinus Jetses （1986） "Extensions and application possibilities of the constant market shares analysis. The case of the developing countries' export", University of Groningen.

［71］Milana （1988） "Constant-market-shares analysis and index number theory", European Journal of Political Economy, 4 （4）：453 – 478.

［72］孙林，赵慧娥. 中国对东亚农产品出口增长的影响因素比较及中国区域合作模式选择. 国际贸易问题. 2009，（8）：61 – 65.

［73］韩民春，顾婧. WTO 框架下建立 CAFTA 的静态与动态效应分析. 国际贸易问题. 2010，（5）：38 – 46.

［74］邱晓红，胡求光. 中国对日本水产品出口变动的 CMS 模型分析. 经济论坛. 2008，（14）：54 – 56.

［75］Leamer, E. （1985） "Sensitivity Analysis Would Help", American Economic Review, 75 （3）：881 – 892.

附　　录

表 1　　　　　　　　　SITC 和 HS 分类下的农产品

SITC 农产品		HS 农产品	
代码	类、章名称	代码	类、章名称
0	食品及活动物	第一类	活动物；动物产品
00	活动物	01	活动物
01	肉及肉制品	02	肉及食用杂碎
02	乳品及蛋品	03	鱼、甲壳动物、软体动物及其他水生无脊椎动物
03	鱼、甲壳及软体动物及其制品	04	乳品；蛋品；天然蜂蜜；其他食用动物产品
04	谷物及其制品	05	其他动物产品
05	蔬菜及水果	第二类	植物产品
06	糖、糖制品及蜂蜜	06	活树及其他活植物；鳞茎、根及类似品；插花及装饰用簇叶
07	咖啡、茶、可可、香料及其制品	07	食用蔬菜、根及块茎
08	饲料	08	食用水果及坚果；甜瓜或柑橘属水果的果皮
09	杂项食品	09	咖啡、茶、马黛茶及调味香料
1	饮料和烟草	10	谷物
11	饮料	11	制粉工业产品；麦芽；淀粉；菊粉；面筋
12	烟草及其制品	12	含油子仁及果实；杂项子仁及果实；工业用或药用植物；稻草、秸秆及饲料
2	燃料以外的非食用天然原料	13	虫胶；树胶；树脂及其他植物液、汁
21	生皮及生毛皮	14	编制用植物材料；其他植物产品
22	油籽及含油果实	第三类 15	动、植物油、脂及其分解产品；精制的食用油脂；动、植物蜡

续表

SITC 农产品		HS 农产品	
代码	类、章名称	代码	类、章名称
23	生橡胶	第四类	食品；饮料、酒及醋；烟草、烟草及烟草代用品的制品
24	软木及木材	16	肉、鱼、甲壳动物、软体动物及其他水生无脊椎动物的制品
25	纸浆及废纸	17	糖及糖食
26	纺织纤维及其废料	18	可可及可可制品
29	其他动植物原料	19	谷物、粮食粉、淀粉及乳的制品；糕饼点心
4	动植物油、油脂和蜡	20	蔬菜、水果、坚果或植物其他部分的制品
41	动物油、脂	21	杂项调制食品
42	植物油、脂	22	饮料，酒及醋
43	已加工的动植物油、脂及动植物蜡	23	食品工业、动物饲料的废料及残余
		24	烟草及烟草制品的代用品

表 2　　　　　　　　　　　　单位根检验结果

变量	检验形式	ADF 统计量	1% 临界值	5% 临界值	P 值	结论
LnAFDI	（c，0，1）	-3.237587	-3.711457	-2.981038	0.0290	平稳
LnAGDP	（c，t，3）	-3.772699	-4.394309	-3.612199	0.0364	平稳
LnOPEN	（c，0，0）	-2.607973	-3.724070	-2.986225	0.1047	非平稳
CAFTA	（c，t，0）	-1.797543	-4.356068	-3.595026	0.6767	非平稳
LnFGDP	（c，t，3）	-3.872840	-4.394309	-3.612199	0.0298	平稳
LnFDAGDP	（c，t，0）	-1.733293	-4.356068	-3.595026	0.7071	非平稳
LnAW	（0，0，1）	-1.100720	-2.656915	-1.954414	0.2385	非平稳
LnSERP	（c，0，0）	-2.779564	-3.711457	-2.981038	0.0750	非平稳
LnFIMPORT	（c，0，0）	-3.569434	-3.711457	-2.981038	0.0139	平稳
dLnAFDI	（0，0，0）	-6.438750	-2.656915	-1.954414	0.0000	平稳
dLnAGDP	（c，0，0）	-4.227966	-3.711457	-2.981038	0.0029	平稳
dLnOPEN	（0，0，0）	-4.559808	-2.664853	-1.955681	0.0001	平稳
dCAFTA	（0，0，0）	-5.000000	-2.656915	-1.954414	0.0000	平稳
dLnFGDP	（c，0，0）	-3.672892	-3.711457	-2.981038	0.0109	平稳

续表

变量	检验形式	ADF 统计量	1% 临界值	5% 临界值	P 值	结论
dLnFDAGDP	(c, 0, 0)	− 4.360528	− 3.711457	− 2.981038	0.0021	平稳
dLnAW	(c, t, 1)	− 5.227152	− 4.374307	− 3.603202	0.0015	平稳
dLnSERP	(0, 0, 0)	− 3.593370	− 2.656915	− 1.954414	0.0009	平稳
dLnFIMPORT	(c, t, 0)	− 5.086860	− 4.356068	− 3.595026	0.0019	平稳

注：检验形式 (c, t, k) 中，c 为常数项，t 为趋势项，k 为滞后阶数，k 的选择标准是以 AIC 和 SC 准则最小。

表3   Granger 因果关系检验

零假设	F 统计量	P 值	结论
LnAGDP 不是 LnAFDI 的 Granger 原因	4.51209	0.0249	拒绝原假设
LnAFDI 不是 LnAGDP 的 Granger 原因	2.81776	0.0848	拒绝原假设
LnOPEN 不是 LnAFDI 的 Granger 原因	9.99343	0.0045	拒绝原假设
LnAFDI 不是 LnOPEN 的 Granger 原因	0.75875	0.3931	接受原假设
LnFGDP 不是 LnAFDI 的 Granger 原因	4.62556	0.0231	拒绝原假设
LnAFDI 不是 LnFGDP 的 Granger 原因	2.99600	0.0740	拒绝原假设
LnFDAGDP 不是 LnAFDI 的 Granger 原因	85.1500	0.0836	拒绝原假设
LnAFDI 不是 LnFDAGDP 的 Granger 原因	0.56570	0.7797	接受原假设
LnAW 不是 LnAFDI 的 Granger 原因	0.00499	0.9950	接受原假设
LnAFDI 不是 LnAW 的 Granger 原因	2.82914	0.0840	拒绝原假设
LnSERP 不是 LnAFDI 的 Granger 原因	5.53940	0.0279	拒绝原假设
LnAFDI 不是 LnSERP 的 Granger 原因	0.24456	0.6258	接受原假设
LnFIMPORT 不是 LnAFDI 的 Granger 原因	6.29012	0.0200	拒绝原假设
LnAFDI 不是 LnFIMPORT 的 Granger 原因	0.00612	0.9383	接受原假设

表4   多变量 Johansen 协整检验结果

迹（Trace）统计量检验				最大特征值（Max − Eigen）统计量检验			
零假设	迹统计量	5% 临界值	P 值	零假设	最大特征值统计量	5% 临界值	P 值
LnAFDI、LnAGDP、LnOPEN、CAFTA							
None*	131.7443	63.87610	0.0000	None*	89.86920	32.11832	0.0000
At most 1	41.87514	42.91525	0.0633	At most 1	18.85003	25.82321	0.3155
At most 2	23.02512	25.87211	0.1086	At most 2	12.72267	19.38704	0.3509
At most 3	10.30245	12.51798	0.1141	At most 3	10.30245	12.51798	0.1141

续表

迹（Trace）统计量检验				最大特征值（Max – Eigen）统计量检验			
零假设	迹统计量	5%临界值	P 值	零假设	最大特征值统计量	5%临界值	P 值
LnAFDI、LnAGDP、LnOPEN、CAFTA、LnFGDP							
None*	233.1671	88.80380	0.0000	None*	138.0136	38.33101	0.0000
At most 1*	95.15351	63.87610	0.0000	At most 1*	37.93883	32.11832	0.0087
At most 2*	57.21468	42.91525	0.0011	At most 2*	29.97143	25.82321	0.0134
At most 3*	27.24325	25.87211	0.0336	At most 3	15.01319	19.38704	0.1929
At most 4	12.23005	12.51798	0.0558	At most 4	12.23005	12.51798	0.0558
LnAFDI、LnAGDP、LnOPEN、CAFTA、LnFDAGDP							
None*	210.3749	79.34145	0.0000	None*	111.9861	37.16359	0.0000
At most 1*	98.38878	55.24578	0.0000	At most 1*	47.61507	30.81507	0.0002
At most 2*	50.77371	35.01090	0.0005	At most 2*	30.44913	24.25202	0.0067
At most 3*	20.32458	18.39771	0.0266	At most 3*	19.19611	17.14769	0.0249
At most 4	1.128475	3.841466	0.2881	At most 4	1.128475	3.841466	0.2881
LnAFDI、LnAGDP、LnOPEN、CAFTA、LnAW							
None*	201.2103	79.34145	0.0000	None*	95.35003	37.16359	0.0000
At most 1*	105.8603	55.24578	0.0000	At most 1*	63.92330	30.81507	0.0000
At most 2*	41.93699	35.01090	0.0078	At most 2	20.42169	24.25202	0.1483
At most 3*	21.51530	18.39771	0.0177	At most 3*	18.84175	17.14769	0.0281
At most 4	2.673551	3.841466	0.1020	At most 4	2.673551	3.841466	0.1020
LnAFDI、LnAGDP、LnOPEN、CAFTA、LnSERP							
None*	227.8282	88.80380	0.0000	None*	122.8684	38.33101	0.0000
At most 1*	104.9598	63.87610	0.0000	At most 1*	57.69543	32.11832	0.0000
At most 2*	47.26433	42.91525	0.0173	At most 2	20.72355	25.82321	0.2043
At most 3*	26.54078	25.87211	0.0413	At most 3	14.90390	19.38704	0.1989
At most 4	11.63689	12.51798	0.0698	At most 4	11.63689	12.51798	0.0698
LnAFDI、LnAGDP、LnOPEN、CAFTA、LnFIMPORT							
None*	231.0242	88.80380	0.0000	None*	93.50333	38.33101	0.0000
At most 1*	137.5209	63.87610	0.0000	At most 1*	63.67507	32.11832	0.0000
At most 2*	73.84584	42.91525	0.0000	At most 2*	35.76593	25.82321	0.0018
At most 3*	38.07991	25.87211	0.0009	At most 3*	25.76854	19.38704	0.0052
At most 4	12.31137	12.51798	0.0541	At most 4	12.31137	12.51798	0.0541

第六篇 | 农产品贸易开放、调整成本与农民收入

提高农民收入是解决我国三农问题的重点，是农业可持续发展的关键。近十年来我国农产品贸易迅速增长，进口大幅度增加，导致土地密集型产品生产部门的严重收缩。农民既是消费者，同时也是生产者。在农产品进口增长日益新常态的情况下，我们既要关注农民的消费福利，也应该研究农业劳动力的收入问题。

古典经济学认为要素是充分流动和无成本的。然而在现实中农业生产要素无法充分流动，使得生产要素在受到进口冲击时难以快速、无成本的向其他生产转移，从而产生了一种调整成本，同时这种成本通常是由生产要素所有者来承担的。发展中国家的农民既是劳动要素的所有者，又是资本要素的提供者与土地要素的经营者，因而不可避免要承担由调整成本带来的损失。当前在其他发展中国家表现为农民失业和农民收入下降等问题，那么它又将如何影响农产品贸易开放对我国农民收入的影响？因此在农产品贸易对国内农产品有效供给，余缺调节的作用日趋明显的背景下，探讨贸易开放对我国农民收入的影响以及该影响受到调整成本大小影响的程度具有重要的现实意义。

基于此，我们将从调整成本这个新的视角来探讨农产品贸易开放对我国农民收入的影响。首先，对调整成本、农产品贸易、农民收入的概念进行界定以及对三者间的影响机制和国内外研究进行梳理，提出本议题的理论意义。其次，对农产品贸易开放和农民收入的现状进行分析，为后续研究提供现实基础。接着，利用1993~2012年的全国样本数据对调整成本测量方法即"平滑调整假说"在我国农业部门的适用性进行检验，并在此基础上测算对比了我国各个地区的农产品和不同类别农产品所面临的调整成本。通过上述分析，我们利用2003~2012年的省际面板数据对贸易开放、调整成本和农民收入三者间的关系进行实证分析，并考虑地区差异对研究结果的影响。得出结论：(1)"平滑调整假说"对于我国农业部门具有适用性。(2)我国总体上面临着进口扩张型的调整成本，但存在着区域和种类的差异。(3)贸易开放对农民收入的影响受到了调整成本的制约，但各地区的影响是不均衡的，其中东部和中部地区受到了显著的影响，而西部地区的影响并不显著。最后针对前面分析提出相应的政策建议。

第 25 章

引　言

随着贸易自由化的不断推进，中国对外贸易得到了很大的发展，而作为世界上的农业大国，中国的农产品贸易规模也在与世界农产品市场融合过程中不断扩大，从 2001 年刚加入世贸组织的 279.2 亿美元增加到 2013 年的 1850 亿美元，增长了 5.6 倍。其中出口额由 160.7 亿美元增长到 671 亿美元，进口额由 118.5 亿美元增长到 1179.1 亿美元。然而在贸易规模不断扩大的同时，也带来了贸易逆差状况的加剧。其中大豆、小麦等农产品近年来受到了严重的进口冲击，对粮食自给率的红线造成了巨大压力。据海关统计，2013 年累计进口大豆 6338 万吨，同比增长 8.6%，而小麦累计进口量则为 553.51 万吨，同比增长了 50%。同时蔬菜等主要出口农产品在国际市场上也频繁受到贸易壁垒和贸易摩擦的阻碍。另外，提高农民收入是解决我国三农问题的重点，是农业可持续发展的关键。开放条件下，我国农产品贸易迅速增长，出口增加的同时，进口大幅度增加，导致土地密集型产品生产部门的严重收缩。农民收入即是农民福利，而农民既是消费者，同时也是生产者。因此在农产品贸易对国内农产品有效供给，余缺调节的作用日趋明显的背景下，农产品贸易开放程度对我国农民收入的影响再次成为各方关注的焦点。

那么农产品贸易开放程度又是如何影响农民收入的？在已有的研究中，学者多以价格传导、技术效应、规模经济等角度来探讨两者间的联系，而近年来贸易引致的调整成本问题则越来越受到关注。经典的贸易理论通常假设劳动、资本等生产要素能够在各部门间实现自由流动，因此当某一个部门受到贸易冲击时，该部门的生产要素便会在很短时间内转移到其他具有竞争力的部门，并且转移过程不需耗费任何成本，从而避免了贸易冲击带来的损失。事实上要素无法充分流动，资源无法达到最优的配置，这就使得要素在转移过程中不得不面临着一种调整成本，而这种成本通常是由生产要素所有者承担，在劳动力市场上具体表现为失业和部门间的工资差异，因而调整成本会加剧贸易冲击对受冲击部门福利的损害，进而加大收入分配不均，威胁其从业者的生存，这将影响社会的安定，阻碍社会的发展。尤其是对发展中国家的农民来说，由于自身缺乏适应风险的能力，即使很小的冲击也会对其造成很大的影响。因此关注我国农产品贸易引致的调整成本问题，降低调整成本将有利于改善我国农民福利。

　　贸易引致的调整成本对农民收入的影响可以从出口和进口两个方面来考察：从出口方面看，我国主要的出口农产品是劳动密集型产品，其调整成本的大小将对进口国同类产品产生影响，进口国有可能由于调整成本带来的严峻压力而对我国出口产品设置更加严苛的贸易壁垒，因而使我国劳动密集型农产品出口受阻，进而影响生产劳动密集型农产品农民的收入[1]。从进口方面看，土地密集型农产品的进口扩大会降低国内同类农产品的价格，从而使得那些主要生产土地密集型农产品的农民收入减少，而调整成本的存在，将进一步加剧该部门农民的福利损害。因此将调整成本作为我国贸易开放与保护政策的理论依据之一，制定相应的贸易保护政策就显得尤为重要。

　　同时不同地区发展水平的差异，使得不同地区所面临的调整成本也不尽相同，因此我们将通过对不同地区所面临的调整成本进行测度，探讨其对各个地区农民收入的影响，为各个地区的贸易政策和产业政策的制定提供一定的参考。

第 26 章

相关概念与文献综述

本章主要包括三个部分，首先对调整成本、农民收入以及农产品范围的含义进行界定；其次对贸易开放、调整成本以及农民收入的影响机制进行梳理；最后对现有关于贸易开放引致的调整成本问题以及农民收入问题的文献进行回顾和综述。

26.1 相关概念界定

26.1.1 调整成本的定义

"调整成本"是由前人文献中"adjustment cost"一词直接翻译过来的，但这里的"成本"并不是指以货币形式表现的花费，而是表示生产要素调整时所面临的压力和难度。因此为了便于理解，可以认为调整成本又称调整压力，即表示一国进出口的变化，导致国内生产部门的调整变动，进而促使生产要素在各部门间流动转移时所面临的压力。

国外学者巴乐萨（Balassa）指出劳动力市场承担的调整成本往往较高，并且其具有较大的政治影响力，相比资本市场，劳动力市场获得了更高的关注。因此我们中主要分析的也是劳动力调整成本。

26.1.2 农民收入的定义

改革开放以来，国家统计局均以农村居民纯收入来反映农民的收入水平，其具体指的是农村住户当年通过各个来源取得的总收入在扣减所发生的费用后剩下的收入。纯收入既可以用于再生产投入和生活消费支出，也可用于储蓄和各种非义务性支出。并在此基础上按20%的比例，从低到高，将农村居民纯收入五等分，分为低收入组、中低收入组、中收入组、中高收入组和高收入组。

农民人均纯收入反映了一个地区的农村居民的平均收入水平，是农村经济发展的综合体现和最终结果。因此，本书中涉及的农民收入均以农民人均纯收入表示。

26.1.3 农产品定义及范围界定

目前国际上对农产品范围划分标准有两种：一是由联合国统计委员会制定的《联合国国际贸易标准》（SITC）；二是由海关合作理事会制定的《商品名称及编码协调制度国际公约》（HS）。这两者的划分角度不同，前者是基于生产口径划分，而后者是基于加工口径划分，因此在统计口径上有所不同。为此在研究农产品贸易问题时，须对农产品范围作出明确界定。

鉴于实际需要和数据的可得性，本书采用中国商务部农产品的统计口径，即在 WTO《农业协定》口径的基础上加入水产品。由于在中国农产品贸易中，水产品具有重要的地位，因此采用加入水产品的商务部农产品的统计口径将更有利于全面分析农产品贸易情况。其具体的商品范围如表 26 – 1 所示。

表 26 – 1　　　　　　　　商务部农产品统计口径

代码	农产品类别名称	代码	农产品类别名称
01	活动物	13	虫胶；树胶、树脂及其他植物液、汁
02	肉及食用杂碎	14	编结用植物材料；其他植物产品
03	鱼、甲壳动物、软体动物及其他水生无脊椎动物	15	动、植物油、脂及其分解产品；精制的食用油脂；动、植物蜡
04	乳品；蛋品；天然蜂蜜；其他食用动物产品	16	肉、鱼、甲壳动物、软体动物及其他水生无脊椎动物的制品
05	其他动物产品	17	糖及糖食
06	活树及其他活植物；鳞茎、根及类似品；插花及装饰用簇叶	18	可可及可可制品
07	食用蔬菜、根及块茎	19	谷物、粮食粉、淀粉或乳的制品；糕饼点心
08	食用水果及坚果；柑橘属水果或甜瓜的果	20	蔬菜、水果、坚果或植物其他部分的制品
09	咖啡、茶、马黛茶及调味香料	21	杂项食品
10	谷物	22	饮料、酒及醋
11	制粉工业产品；麦芽；淀粉；菊粉；面筋	23	食品工业的残渣及废料；配制的动物饲料
12	含油子仁及果实；杂项子仁及果实；工业用或药用植物；稻草、秸秆及饲料	24	烟草、烟草及烟草代用品的制品

续表

2905.43（甘露糖醇）、2905.44（山梨醇）、33.01（精油）、35.01～35.05（蛋白质物质、改性淀粉、胶）、3809.10（整理剂）、3823.60（2905.44 以外的山梨醇）、41.01～41.03（生皮）、43.01（生皮毛）、50.01～50.03（生丝和废丝）、51.01～51.03（羊毛和动物毛）、52.01～52.03（原棉、废棉和已输棉）、53.01（生亚麻）、53.02（生大麻）

资料来源：商务部关于《中国农产品出口月度统计报告》的说明。http：//www. mofcom. gov. cn/aarticle/bg/200305/20030500090865. html。

　　为了进一步区分农产品的种类，我们根据程国强（1999）对土地密集型和劳动密集型农产品定义，将谷物、食用植物油、棉花、糖料、烟草归为土地密集型农产品，而水产品、蔬菜、水果归为劳动密集型产品[2]。

26.2　农产品贸易开放、调整成本、农民收入的影响机制

　　根据 H-O 理论，国际贸易使出口产品的价格相对提高，进口产品价格相对下降，这会使出口产品生产中密集使用的那种生产要素——即国内供应相对充裕的生产要素的价格提高，同时，它也使出口产品生产中非密集使用的主产要素——即国内供给相对稀缺的生产要素的价格下降。总而言之，国际贸易会提高该国丰裕要素所有者的实际收入，降低稀缺要素所有者的实际收入[3]。我国是劳动资源丰富而土地资源稀缺的国家，因而贸易开放将提高我国劳动密集型农产品的农民收入，降低土地密集型农产品的农民收入。

　　在 H-O 模型中假设生产要素充分流动，同时部门间存在要素价格均等化，因此，要素价格的变化影响不仅仅局限于某个具体部门，而是扩展到整个经济。同时生产要素在部门间的自由流动使得贸易开放改善了一国的社会福利。但在现实生活中以上假设条件往往难以成立。生产要素在不同地区和部门的转移并非是瞬间的、无成本的，因而在短期中，由于产品价格变动所引起的要素报酬变动情况将会不同于长期。要素流动的不充分，生产要素在不同地区和部门间流动时将会产生调整成本，其大小取决于要素的可流动性程度即转移要素的数量和转移速度。内亚里（Neary，1985）指出劳动力要素的不充分流动很大程度是由于劳动力市场存在着市场扭曲，其利用"特定要素模型"给出了清晰的分析[4]，具体过程如下：

　　假设一个小国生产两种产品 X 和 Y，其中 X 为出口产品，Y 为进口产品，并且每种产品所需的生产要素是劳动和资本，其中劳动为流动要素，而资本为特定要素。当这个国家实现贸易自由化后，Y 产品的进口关税取消，导致价格相应下降，但 X 产品价格没有发生变化，结果是 Y 的相对价格 P 下降了，劳动要素便会由生产 Y 产品的部门流动到 X 产品部门，直到实现另一种均衡状态。

如图 26－1 所示：L_x 表示 X 部门的边际价值产品曲线，L_y 表示 Y 部门的边际价值产品曲线，两条曲线的相交点 a 点为均衡状态，此时两个部门的劳动力总需求可以用 eO_x 和 eO_y 表示，而工资等于 W_1。当 Y 部门的产品相对价格下降时，L_y 向右移动至 L_y'，并在 b 点达到新的均衡，而此时在该点上两个部门的劳动力总需求就改变为 fO_x 和 fO_y，工资也相应地变为 W_2。

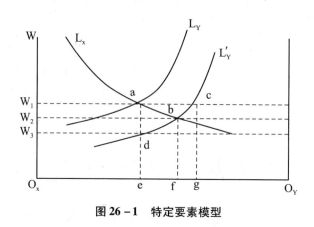

图 26－1 特定要素模型

但是由于现实无法像模型设定的那么理想，劳动力市场将出现市场扭曲：

第一，短时间内工资存在刚性特点，但劳动力在部门之间的流动是无成本的。在这种情况下，当 Y 的相对价格下降，L_y 向右移动至 L_y' 时，工资水平仍保持在 W1，此时 X 部门的就业人数仍为 eO_x，而 Y 部门就业人数则由 eO_y 减少至 gO_y，这就造成数量为 eg 的失业，即调整成本表现为 eg 的失业人数。

第二，工资可变，但是劳动力在部门转移间受到地域以及劳动力再培训成本的限制。虽然此时劳动力市场也能实现充分就业，但由于这些成本的存在将导致 X、Y 部门之间存在工资差异。从图 26－1 可以看出，当 Y 的相对价格下降，L_y 向右移动至 L_y' 时，为保持劳动力市场的充分就业，Y 部门的工资水平将下降至 W_3，而 X 部门的工资仍为 W_1，即两部门间的工资差异（$W_1 - W_3$）为调整成本的另一种表现形式。

根据以上的特定要素模型，我们可以把产生调整成本的原因归结为两点：一是要素价格刚性，表现为失业人数的增加；二是要素特定性，表现为部门间的不同工资水平。

由此可见，贸易开放对农民收入的影响会因为生产要素所面临的调整成本不同而产生不同的结果。首先是进口方面，土地密集型农产品的进口扩大会降低国内同类农产品的价格，从而使得那些主要生产土地密集型农产品的农民收入减少，同时由于劳动力市场的摩擦使得劳动力要素在转移过程中面临着调整成本，其表现为土地密集型农产品的农民出现失业或者其工资水平相比长期效应下降的幅度更大，由此可见调整成本越大，贸易自由化给土地密集型农产品部门造成的损失越大。其次是出口方面，我国的出口相当于出口对象国的进口，因而我国劳动密集型农产品的调整成本的大小将对进口国同类农产品产生影响，进口国有可能由于调整成本带来的严峻压力而对我国出口农产品设置更加严苛的贸易壁垒，因而使我国劳动密集型农产品出口受阻，进而影响生产劳动密集型农产品农民的收入[1]。综上所述，调整成本将加剧贸易开放给进口部门带来的损失，同时挤出贸易开放给出口部门带来的福利效应。

26.3 文 献 综 述

26.3.1 贸易自由化的经济影响

随着贸易自由化的不断深入，贸易自由化对一国经济发展的影响成为学术界探讨的重点，当前关于贸易自由化的影响的研究硕果颇丰。部分学者肯定了农产品贸易自由化的积极影响。大卫和布莱特（David and Brett，2002）认为农产品贸易自由化将给全球带来 90 亿美元的收益，其中发展中国家仅获得当中的 15 亿美元，剩余的绝大部分收益都将由发达国家获得[5]。费曼等（Freeman et al.，2000）认为多哈回合将促进农产品贸易自由化程度的提高，由此带来的贸易收益高达 530 亿美元，而发展中国家可从中获益 140 亿美元[6]。世界银行（2005）在《农业贸易改革与多哈发展议程》一文中指出，到 2015 年，关税、补贴和国内支持计划的取消和废除将使全球福利每年增加 3000 亿美元。其中农业贸易改革将贡献近 2/3，同时贸易自由化将会促进所有发展中国家和地区的农业产量和就业的增加[7]。国内学者涂涛涛（2011）的研究也同样证实了农产品贸易自由化对我国的福利效应具有正向的作用。然而在上述的研究中，均忽略了贸易自由化所引致的调整成本问题，在现实中生产要素无法充分流动，例如劳动力市场存在着分割与摩擦（涂涛涛和马强，2014）[8]，人力资本的差异以及户籍制度的限制等（吴愈晓，2011；余向华和陈雪娟，2012）[9][10]，将使劳动力要素在受到贸易冲击时，难以避免由此带来的损失，因此忽视调整成本存在的现实将不利于准确分析贸易自由化对我国农业经济及农民福利的影响。

26.3.2 贸易开放引致的调整成本研究

过去贸易经济学家往往倾向于强调贸易自由化的长期效应，例如其产生的比较优势和贸易模式转变等，而忽略了短期内产生的调整成本。但随着贸易自由化的不断推行，贸易引致的调整成本问题也日渐受到了各方的关注。当前国外的主要研究则集中在调整成本的测度和影响上。相比于国外，国内研究则主要集中在调整成本的测度上。

26.3.2.1 调整成本对贸易开放福利效应的影响

关于调整成本对贸易开放带来的收益的影响的研究存在着分歧，部分研究表明相比贸易开放带来的收益，调整成本只是很小的一部分，例如麦姬（Magee，1973）通过对贸易开放产生的失业持续周期和失业人数的估计，发现在贸易开放的前几年中调整成本仅是开放收益的12%[11]。伯德文等（Baldwin et al.，1980）也采用了相类似的方法，并同时考察了资本和劳动的调整成本，研究结果表明，从短期上看调整成本是开放收益的12%，而在长期中仅为4%[12]。在具体的行业中，德麦隆和塔尔（De Melo and Tarr，1990）运用 CGE 模型对纺织服装业进行分析发现调整成本仅占开放收益的1.5%[13]。

那么调整成本带来的影响是否就可以忽略呢？近期的研究成果给予了否定的答案。卡尔和史蒂文（Carl and Steven，2010）发现贸易开放程度越大，将面临着更大的调整成本，其数值模拟结果表明调整成本对开放收益的占比在33.3% ~ 80%浮动[14]。艾土科和麦克雷恩（Artuc and McLaren，2010）也得出了相似的结论，他们通过对土耳其劳动力市场的分析表明贸易开放带来的调整成本使得未受保护部门的工资下降20%[15]。普瑞雯和麦恩（Pravin and Mine，2010）分析认为贸易开放引致劳动在各部门的重新配置，使得同质劳动获得不同的收入，那么贸易开放将会提高个人劳动收入风险，同时他们还指出行业间的收入风险变化与贸易冲击密切相关，当贸易冲击量增加10%时，收入风险的标准差将提高20% ~ 25%[16]。

而国内仅有张姝（2012）通过分析劳动力要素调整的就业挤出和就业吸纳数量，得出结论认为：由进口方面引致的就业挤出效应明显扩大，而由出口方面带来的就业吸纳不断收缩，因而总体上我国农业就业总体呈"就业挤出"净效应[1]。

26.3.2.2 "平滑调整假说"的适用性检验及调整成本测度

在对于调整成本的理论和测算中，1966 年国外学者巴拉萨将调整成本与贸易形态相联系，并提出"平滑调整假说"，该假说认为各个行业的劳动力间存在着明显的技能差异，相比产业间，产业内的调配更为容易，即产业内贸易面临着较小的调整成本。它为调整成本的测算提供了一个清晰合理的方法。

在巴拉萨之后，"平滑调整假说"被不断的发展完善，其中有学者从微观个体层面来验证该假说，例如格林尼维、哈恩斯和米内（Greenaway, Haynes and Milner，2002）运用个体层次数据对英国各行业进行了研究，但却发现"平滑调整假说"在英国并不适用[17]。博格思瑞德、艾欧利特和林德雷（Brülhart, Eollitt and Lindley，2006）同样以英国为研究对象，并且将就业调整变化区分为产业变化和职业变化两个方面，研究结果表明支持"平滑调整假说"，但是相比其他影响因素，产业内贸易对调整成本的影响并不明显[18]。卡布罗和希尔文（Cabral and Silva，2006）利用葡萄牙的个人层面的面板数据进行研究分析，同样从产业和职业变动两个方面来验证"平滑调整假说"，其结果也依然是不显著的[19]。

由于微观数据的不易获得，因而从行业层面的研究则更为普遍，例如艾美尔（Imre，2008）利用匈牙利1992~2002年的食品业的数据进行研究分析，研究结果表明国内的消费水平以及生产率水平对就业变化产生重要的影响，但其并不支持"平滑调整假说"[20]。麦克和纽诺（Michael and Nuno，2012）以1992~2000年澳大利亚制造业的数据为样本，分析得出就业变化与产业内贸易存在负相关性的结论，从而证实了"平滑调整假说"[21]。何来秀和纽诺（Horacio and Nuno，2012）和池海和明怀（Chih-Hai and Ming-Huan，2013）分别选用葡萄牙制造业的数据和台湾26个制造业的数据为样本，均得出结论认为：产业内贸易相比产业间贸易确实面临较小的调整成本[22][23]。此外考虑到产业内贸易可进一步细分为水平产业内贸易和垂直产业内贸易，因此有部分学者将其运用到"平滑调整假说"的验证中，瑟-德和萨蒙（Saeed and Saman，2012）利用2001~2006年伊朗四位数的制造业行业的面板数据，分别用边际产业内贸易指数、水平边际产业内贸易指数和垂直边际产业内贸易指数进行"平滑调整假说"的验证，验证结果表明当使用边际产业内贸易指数时，"平滑调整假说"不成立，而使用水平边际产业内贸易指数和垂直边际产业内贸易指数时，"平滑调整假说"成立[24]。罗杰和陈（Roger and Cheng，2012）则利用1989~2005年美国的制造业行业的面板数据，研究表明水平边际产业内贸易指数和垂直边际产业内贸易指数均支持"平滑调整假说"，但水平边际产业内贸易指数对调整成本的影响更大[25]。

相对于国外，国内关于调整成本的研究尚不完善，虽然已有对"平滑调整假说"的适用性进行验证分析的研究（李坤望、施炳展，2005[26]；孙孟，2011[27]；邵琼燕，2012[28]；万兆泉，2012[29]），但大多集中于制造业领域，同时验证的结果也不一致。相比于制造业方面的文献，农业方面的文献则是凤毛麟角，其中张姝（2012）[1]和于峰，卢进勇（2012）[30]均对"平滑调整假说"在我国农业的适用性进行实证分析，研究结果表明"平滑调整假说"在我国农业部门具有适用性。同时国内学者也开始尝试对农产品贸易引致的调整成本进行测度分析。研究发现，我国农产品的种类繁多，不同产品及类别间的调整成本存在着较大差异（蒋琴儿，2013）[31]，而从要素层面上看，不同农产品所面临的不同要素的调整成本也不尽相同（张姝，2010）[32]。但令人感到惊讶的是，虽然不同地区发展水平的差异，贸易开放程度也大有不同，但目前尚没有文献对不同地区所面临的调整成本进行分析，因此为了因地制宜，制定合理的贸易政策，我们将对不同地区的调整成本进行测算分析。

26.3.3　贸易开放对农民收入影响研究

贸易自由化对我国农业经济及农民福利具有重要影响，而在农民福利中，农民收入问题一直是大家关注的重点。赵涤非、陈宴真、郭鸿琼（2012）认为贸易开放会促进农民收入的增加，同时两者间的关系是长期稳定的[33]。而陈恭军、田维明（2012）则进一步从区域角度探讨贸易开放对农民收入影响，结果显示贸易开放对农民收入的影响存在着区域差异，其中贸易开放程度较高的沿海地区相比内陆地区，其农民收入的增长速度较快，同时农业发达地区农民收入的增长速度也比非发达地区快[34]。此外，为了进一步探讨两者间的关系，将贸易开放分为出口和进口两个方面，通过对我国农产品贸易总额、农产品出口、农产品进口与农民收入之间的关系进行研究发现：农产品贸易在一定条件下可以促进农民收入的增长，其中农产品出口的影响程度最大，农产品贸易总额次之，而农产品进口的影响程度最小且不具有显著持久性。（陶秀玲，2009[35]；汪艳涛，2010[36]；肖黎，2013[37]）农产品出口对农民增收有促进作用得到大部分学者的赞同，但农产品进口的影响却存在着争议，张鹏、谢兵兵（2008）从进口的角度上探讨了农产品贸易对我国农民收入的影响，其研究发现农产品进口短期内对农民收入没有影响，但在长期内存在着双向影响的关系[38]。而余皓洁（2007）则认为农产品进口对农民收入有阻碍的作用，因此应限制农产品进口，并且认为一定的贸易保护政策不但不会对农业经济造成不利的影响，而且还可以抵消国外贸易保护政策对我国农业生产的负面影响[39]。

26.3.4 贸易开放对收入差距影响研究

收入分配差距是农民收入问题中的另一个重要问题。当前也有较多关于贸易开放与收入分配问题的研究，但在研究结果上存在着分歧，大多数学者都认为贸易开放能减少贫困，缩小收入分配的差距。侯赛因、罗比肖和迪卡鲁（Hassine, Robichaud and Decaluwé, 2010）以突尼斯为样本，研究发现贸易开放将促进劳动生产率的提高，从而有利于农户贫困水平的降低[40]。凯姆、詹姆士、厄内斯特（Kym, James, Ernest, 2010）以澳大利亚为样本，分析认为政府应大力推进农产品贸易开放的政策，以缩小农户收入差距[41]。迈瑞（Marie, 2013）则分别以巴西1985~2003年的数据和印度1980~2003年的数据为样本研究，却发现这两个国家存在着截然不同的结论：在巴西，贸易开放能改善收入不平衡的情况，而在印度，贸易开放会进一步加剧收入不平等程度[42]。王云梅（2010）以1980~2008年的全国数据为样本，研究发现出口有利于缩小我国收入分配的差距，而进口却加剧了我国收入的不平等状况[43]。有些学者指出贸易开放对收入分配的影响会受到其他因素的制约，例如余官胜（2012）认为，贸易开放对居民收入差距的影响受到了人力资本的制约，当人力资本越大并高于阈值时，贸易开放有利于改善居民收入不平衡情况；而当人力资本越低且低于阈值时，居民收入差距将有可能进一步恶化[44]。林季红、张涛（2012）研究发现贸易开放存在着区域差异，同时该地区差异性会进一步扩大居民收入差距[45]。德交拉斯（Djoulassi,

2013）则认为收入不平等直接受国家冲突风险的影响，当国家冲突风险高时，贸易开放会进一步加剧收入不平等情况，尤其是在多民族的国家和民主体制差的国家[46]。

26.3.5　文献评述

综上所述，当前关于调整成本的研究主要集中在发达国家的工业领域，而对于发展中国家尤其是中国贸易的研究仍不多见，相对于国外，国内关于调整成本的研究尚不完善，并且也大多局限于制造业方面的研究，对农产品贸易调整成本的研究相对匮乏，其中由于各个国家农业自身特点的不同，使得"平滑调整假说"在中国农业部门的适用性需要重新的验证。同时在调整成本的测算上尚没有对各地区的调整成本的测度进行分析。而在贸易开放与收入的研究中，国外已有部分关于调整成本对贸易开放福利效应的影响研究，但其中对于农业方面的研究还相对匮乏，而国内还未有从调整成本角度来探讨贸易开放对农民收入的影响。

因此我们将从农业角度对"平滑调整假说"进行验证，为我国农业部门所面临的调整成本的测算提供一个更加清晰和合理的测量方法，同时在验证"平滑调整假说"适用性的基础上对我国不同地区和不同种类的农产品所面临的调整成本进行测算分析，并从调整成本的视角对贸易开放与我国农民收入问题进行深入探究，从而为我国农产品贸易的开放与保护提供合理的政策建议。

第 27 章

我国农产品贸易和农民收入现状分析

在上一章中已经对相关概念和文献等背景基础有了一定的了解，本章将从现实背景角度对我国农产品贸易和农民收入现状进行分析，首先从总量、结构上分析我国农产品贸易当前的总体态势；其次进一步对我国各个地区的农产品贸易发展不平衡情况进行分析；最后分别对全国和各个地区的农民收入情况进行详细分析，从而为后续的研究奠定基础。

27.1　我国农产品贸易现状分析

27.1.1　我国农产品贸易的发展

随着贸易自由化的推进，中国对外贸易得到了很大的发展，而作为世界上的农业大国，中国的农产品贸易规模也在与世界农产品市场融合过程中逐渐扩大。1993 年我国农产品进出口总额为 153.9 亿美元，2010 年我国农产品进出口总额首次超过了 1000 亿美元达到 1214.3 亿美元，2013 年这个数值上升到 1850 亿美元。21 年间增长了 11 倍。其中在 1995 年达到 265.1 亿美元后，农产品进出口总额呈现一段时间的下滑，2000 年后实现了复苏，并持续增长至今。但由于受到国际金融危机的影响，2009 年的农产品进出口总额有了小幅的缩减。

从出口角度上看，1993～2013 年，农产品出口总额保持着稳定增长的趋势，从 1993 年的 114.4 亿美元增加到 2013 年的 671 亿美元，增长了 4.9 倍。相比出口，农产品进口具有较大的波动性。1993～1995 年连续 3 年实现快速增长，随后轻微的波动下降，1998 年、1999 年两年出现较大幅度的下降，2000 年实现大幅增长，2009 年出现大幅下降，2010 年后开始回升并逐步增长至今（见图 27-1）。

然而，伴随着贸易规模的日益扩大，贸易逆差状况也越来越严重。由于我国出口导向型战略的实行，以及对进口的严格控制，使得我国农产品贸易长期保持着顺差，直到 2004 年，我国农产品进口额超过了出口额，之后逆差的规模不断扩大，2008 年突破了 100 亿美元大关，2013 年更是高达 508.1 亿美元。这是由于大豆、玉米等农产品近年来受到了严重的进口冲击,不断威胁粮食自给率的红线。2013 年我国大豆进口量达到了 6338 万吨,约占当年世界大豆进口总量的60%。而 2010 年以前,我国一直是玉米净出口国,但从 2010 年开始,我国对玉米的进口远大于出口,俨然成为净进口国。同时当前由于美国、日本等国家对我国农产品制定了较严格的检疫标准,使得蔬菜、水产品等主要农产品出口在国际市场上也频繁受到技术性贸易壁垒和贸易摩擦的阻碍。这对我国主要农产品出口无疑是巨大的挑战,同时也加剧了我国农产品贸易逆差的状况。

由此可见,我国农产品贸易与国际市场环境息息相关,其中加入 WTO 以后,我国农产品进出口实现了快速的增长,而 2009 年的国际金融危机也影响着我国农产品贸易的情况,因此随着贸易自由化的不断推进,国际市场对我国农产品贸易具有重要的调节作用[34]。

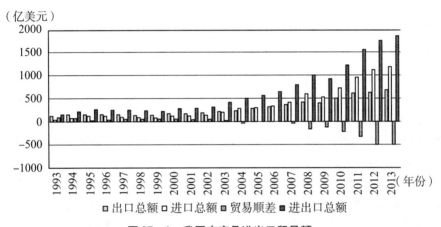

（亿美元）

□ 出口总额　□ 进口总额　▨ 贸易顺差　■ 进出口总额

图 27-1　我国农产品进出口贸易额

资料来源：UNCOMTRADE 数据库。

27.1.2　我国农产品贸易的结构特征

2012 年底,中国耕地总面积为 20.27 亿亩,但人均耕地不足 1.35 亩。虽然从总量看,我国土地资源丰富,但由于人口基数大,人均耕地面积占有量小,因此,土地资源是属于相对稀缺的。2012 年,农村人口为 64222 万人,农村从业人员 39602 万人,占农村人口总量的 62%。由此可见我国土地资源相对稀缺、劳动力资源相对丰裕,因此我国主要出口劳动密集型产品、进口土地密集型产品。

27.1.2.1　出口农产品的结构特征

当前,我国主要出口劳动密集型农产品,其中主要包括水产品、蔬菜和水果。从图27-2可以看出 2013 年水产品的出口总额为 194.29 亿美元,在农产品出口总额中占到了 29% 的比例。蔬菜和水果的出口总额分别达到了 90.06 亿美元和41.72亿美元。三者合计出口额占我国农产品出口总额的49%。至于谷物，2007年以后出口额不断下降，2013年下降至6.64亿美元，仅占农产品出口总额的1%。可见，谷物已不再是我国主要的出口农产品。

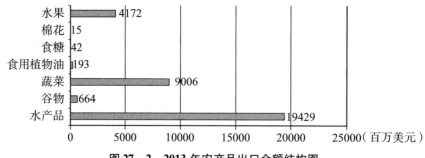

图 27 - 2   2013 年农产品出口金额结构图

资产来源：国家统计局。

从表27-1可以看出，2004年水产品的出口额为40.52亿美元，2013年水产品出口额达到194.29亿美元，增长了3.8倍。贸易顺差规模也在不断的扩大，由2004年的17.12亿美元增长至2013年的134.36亿美元，并且出口额的增长幅度明显高于其出口量的增长幅度，即表明目前国际技术性贸易措施对水产品的阻碍逐渐降低，水产品的国际竞争力不断增强，其出口额将继续保持增长，未来水产品贸易顺差规模有可能继续扩大。蔬菜2004年出口总额为27.81亿美元，逐步上升至2011年的93.5亿美元，但在2012年首次出现了出口额减少，其贸易顺差规模也随着2012年出口额减少而有所缩小，2013年出口额回升至90.06亿美元，贸易顺差也随之扩大到64.57亿美元。水果2004年出口总额为9.16亿美元，逐年递增，2013年达到了41.72亿美元。但从2007年以后增长幅度较小，2012年更是由贸易顺差转变为贸易逆差，这表明了我国传统优势的农产品（蔬菜、水果）出口增长乏力[47]。

表 27 - 1   我国主要出口农产品的贸易额   单位：百万美元

年份	水产品			蔬菜			水果		
	出口	进口	净出口	出口	进口	净出口	出口	进口	净出口
2004	4052	2340	1712	2781	405	2376	916	619	297
2005	4346	2879	1467	3302	524	2778	1067	659	408
2006	4741	3155	1586	3980	756	3224	1284	739	545
2007	4748	3443	1305	4216	800	3416	1632	915	717
2008	5177	3648	1529	4167	584	3583	2104	1238	866
2009	6809	3604	3205	4996	1052	3944	2381	1722	659

续表

年份	水产品			蔬菜			水果		
	出口	进口	净出口	出口	进口	净出口	出口	进口	净出口
2010	8802	4366	4436	7981	1516	6465	2679	2140	539
2011	10984	5589	5395	9350	1824	7526	3188	3037	151
2012	18118	5489	12629	7559	2407	5152	3772	3808	−36
2013	19429	5993	13436	9006	2549	6457	4172	4100	72

资料来源：国家统计局。

27.1.2.2　进口农产品的结构特征

当前，我国主要进口土地密集型的农产品，其中主要包括谷物、食用植物油、棉花等。2013 年棉花的进口总额达到 84.41 亿美元，食用植物油、水产品及谷物的进口总额则依次为 80.75 亿美元、59.93 亿美元及 51.01 亿美元，四者合计进口额占到了我国农产品进口总额的 23%。

从表 27 - 2 中可以看出：2004 年谷物的进口额为 22.29 亿美元，2013 年谷物的进口额达到 51.01 亿美元，增长了 1.3 倍。并且 2004 年谷物出现了贸易逆差，但随后 4 年又转为贸易顺差，2008 年后又再一次出现贸易逆差，且贸易逆差的规模在不断的扩大，由 2008 年的 1.82 亿美元增长至 2013 年的 44.37 亿美元。之所以出现谷物进口大幅增加，原因在于当国内市场价格与国外市场价格的差距扩大时，企业更愿意选择进口，进而增加企业饲料用粮的库存[47]。食用植物油 2004 年进口总额为 36.65 亿美元，逐步上升至 2008 年的 89.77 亿美元，2009 年爆发了金融危机，使得食用植物油进口额大幅减少，2010 年实现逐步回升，2012 年更是达到了 96.92 亿美元，而 2013 年则出现了小幅的回落，其贸易逆差规模也随着进口额的变动而变动。棉花 2004 年进口额为 31.76 亿美元，2006 年的时候已达到 48.68 亿美元，增长了 53%，之后连续三年进口额出现回落，2010 年大幅度回升，2012 年更是增长至 118.04 亿美元，2013 年则又下降至 84.41 亿美元。而从表 27 - 1 中可以发现水产品的进口额逐年增长，从 2004 年的 23.40 亿美元增长至 2013 年的 59.93 亿美元，增长了 2.56 倍。

表 27 - 2　　　　　　　　　我国主要进口农产品的贸易额　　　　　　单位：百万美元

年份	谷物			食用植物油			棉花		
	出口	进口	净出口	出口	进口	净出口	出口	进口	净出口
2004	828	2229	−1401	63	3665	−3602	16	3176	−3161
2005	1519	1409	110	172	2815	−2643	8	3197	−3189
2006	1154	839	316	270	3151	−2881	24	4868	−4845

续表

年份	谷物			食用植物油			棉花		
	出口	进口	净出口	出口	进口	净出口	出口	进口	净出口
2007	2189	534	1655	169	6236	-6067	33	3479	-3447
2008	759	732	27	402	8977	-8576	34	3492	-3458
2009	716	898	-182	151	5895	-5744	18	2115	-2097
2010	661	1527	-867	123	6027	-5904	9	5656	-5647
2011	753	2044	-1290	208	7714	-7506	79	9469	-9390
2012	594	4787	-4193	184	9692	-9509	37	11804	-11767
2013	664	5101	-4437	193	8075	-7882	15	8441	-8426

资料来源：国家统计局。

27.1.3 我国农产品贸易开放的地区差异

我们采用农产品外贸依存度来衡量我国农产品贸易开放程度，其具体计算公式为农产品进出口总额/农业产值。加入 WTO 以后，我国的对外开放程度逐渐扩大，除了 2009 年受国际金融危机影响外，从 2004～2012 年，我国农产品的贸易开放度呈现稳定增长趋势，而 2013 年则有微小的回落。

为了进一步了解我国各个地区的贸易开放情况，我们参照前人的研究，根据全国各省的社会发展情况和所处的地理位置，将其划分为东、中、西三个地区①。其中东部地区地处于沿海地区，具有地理上的优势，以及沿海开放政策的支持，其经济发展水平和对外贸易的发展都处于领先地位，贸易开放程度大大高于全国的贸易开放水平。2013 年东部地区的贸易开放度为 49.96%，是同期全国水平的 1.3 倍，更是中部地区的 7.7 倍、西部地区的 7.4 倍。中部地区的贸易开放度整体上低于全国贸易开放水平，与东部地区更是大相径庭。这是由于中部地区位于内陆地区，没有便利的海洋运输条件，农产品的进出口主要依靠于东部地区的港口，导致贸易成本较大，再加上中部崛起政策无论在时间上还是力度上都落后于沿海开放和西部大开发，这就使得中部地区的对外发展程度相对较低[48]。西部地区地理环境恶劣，交通不便，使得其经济发展水平低下，但在西部大开发政策推行后，其对外贸易发展有所提高，尽管与东部地区相比仍然有不小的差距，但与中部地区相差无几，见图 27-3。

① 东部地区：北京、天津、河北、辽宁、上海、江苏、浙江、福建、山东、广东、海南 11 个省、自治区、直辖市；中部地区：山西、吉林、黑龙江、安徽、江西、河南、湖北、湖南 8 个省、自治区；西部地区：四川、重庆、贵州、云南、西藏、陕西、甘肃、宁夏、青海、新疆、内蒙古、广西 12 个省、自治区、直辖市。

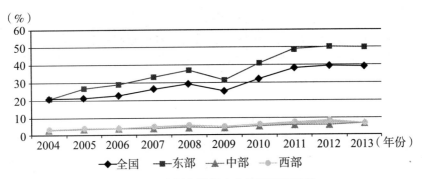

图 27 - 3　中国各地区农产品贸易开放度

资料来源：根据历年的中国农产品进出口统计报告及《中国农业统计年鉴》整理。

东部地区对外开放水平虽然一直领跑全国，但其各个省市参差不齐，差距明显。作为经济中心的北京、上海，对外开放程度一直远远高于其他省市，平均贸易开放度超过 100%。2013 年上海的贸易开放度为 449.7%，与位居最后的河北省和海南省分别相差 439.8% 和 442.3%。除天津市外，其他省市的贸易开放度均不超过 65%。可见同属于东部地区的各省市之间的贸易开放发展程度仍有着较大的区别。具体见表 27 - 3。

表 27 - 3　　　　　　　　　　**东部地区农产品贸易开放度**　　　　　　　单位：%

地区	2004 年	2005 年	2006 年	2007 年	2008 年	2009 年	2010 年	2011 年	2012 年	2013 年
北京	220.7	210.8	202.3	224.5	344.3	184.2	281.9	377.9	522.3	399.5
天津	48.4	57.8	83.7	107.8	132.0	110.2	140.4	168.3	184.1	182.8
河北	4.7	5.4	6.3	7.2	9.0	7.6	8.8	9.9	8.3	9.9
辽宁	11.0	22.0	22.3	25.2	24.8	22.0	27.1	31.7	33.2	35.3
上海	104.4	154.1	175.8	248.5	296.4	263.4	344.5	395.8	409.5	449.7
江苏	14.9	16.2	19.1	24.9	24.7	24.4	31.6	32.2	30.4	28.5
浙江	18.0	28.1	31.7	36.1	41.8	32.4	43.8	51.4	50.9	49.5
福建	11.3	20.7	23.1	25.5	27.5	28.4	37.5	45.7	46.8	49.2
山东	17.6	30.2	33.1	34.5	35.6	32.0	47.0	59.8	60.3	63.6
广东	27.8	28.6	31.7	36.1	39.8	36.7	41.8	47.0	50.3	51.4
海南	1.3	3.4	5.5	6.2	7.2	6.4	6.6	8.5	7.9	7.4

资料来源：《中国农村统计年鉴》。

从表 27 - 4 发现，中部地区的贸易开放度均处于全国水平之下。其中吉林和黑龙江两省明显高于其他省份，吉林平均农产品贸易开放度为 9.8%，黑龙江为 7.3%，而其他省市的平均农产品贸易开放度均未超过 4.7%，最低省份山西省仅为 1.9%。这可能是由于吉林省地处沿海，而黑龙江省与俄罗斯接壤，具有地缘优势，相较之下，其他省份均处于内陆，没有有利的运输条件，贸易成本较大将导致其贸易发展滞后。总体而言，中部地区的农产品贸易在我国对外开放进程中的贡献很小。

表 27 - 4　　　　　　　　　　中部地区农产品贸易开放度　　　　　　　　单位：%

地区	2004 年	2005 年	2006 年	2007 年	2008 年	2009 年	2010 年	2011 年	2012 年	2013 年
山西	1.0	0.8	1.4	1.8	1.7	0.7	1.0	1.0	1.2	1.9
吉林	6.4	10.2	9.3	9.7	9.5	8.7	10.8	10.5	11.7	11.2
黑龙江	5.3	6.0	5.8	5.7	6.8	7.9	9.3	9.0	8.3	9.1
安徽	2.2	2.8	3.2	4.0	3.9	3.7	4.8	6.1	7.2	8.9
江西	0.9	1.3	1.3	1.3	1.6	1.6	1.6	1.9	2.4	3.2
河南	2.9	2.6	2.7	3.0	3.4	3.0	4.2	5.4	5.1	5.7
湖北	2.2	2.3	2.7	2.9	3.1	3.3	4.6	5.2	4.1	5.8
湖南	2.4	2.3	2.9	2.4	2.6	2.5	2.7	3.1	3.6	4.4

资料来源：《中国农村统计年鉴》。

　　西部地区的贸易开放度同样低于全国水平，但与中部地区相差无几。其中新疆、云南和广西凭借地处边境的地理优势，大力发展边境贸易，使其贸易开放程度位于西部地区前列，平均贸易开放度分别为 7%、11.7% 和 12.5%，其他省市均不超过 6%。西藏虽然也拥有较长的国境线，但自然环境较为恶劣，交通不便，使其贸易的发展受到了阻碍。同时甘肃、宁夏、青海等省具有严重的沙漠化，不利于农业发展。同时西部地区整体上经济较不发达，因此西部地区的贸易开放程度也较为落后，但在西部大开发政策的推动下，这样的格局也正在慢慢的改变。见表 27 - 5。

表 27 - 5　　　　　　　　　　西部地区农产品贸易开放度　　　　　　　　单位：%

地区	2004 年	2005 年	2006 年	2007 年	2008 年	2009 年	2010 年	2011 年	2012 年	2013 年
重庆	2.3	4.0	3.4	4.8	7.3	5.0	4.7	6.6	10.3	11.9
四川	2.5	2.2	1.9	2.0	2.3	2.0	2.4	2.7	2.3	2.3
贵州	1.2	1.1	1.0	1.0	1.3	1.6	1.9	2.3	2.5	2.0
云南	4.6	5.1	5.6	6.9	8.4	9.6	16.5	18.0	21.0	20.7
西藏	4.4	4.5	5.3	5.5	2.6	3.0	4.0	2.6	2.4	2.6
陕西	3.5	3.9	4.8	8.8	6.5	4.2	4.9	5.5	5.1	4.7
甘肃	2.2	3.0	2.7	3.5	3.8	2.9	3.2	3.4	3.9	3.4

续表

地区	2004 年	2005 年	2006 年	2007 年	2008 年	2009 年	2010 年	2011 年	2012 年	2013 年
青海	0.5	0.6	0.8	0.6	0.5	0.7	1.1	2.2	1.7	1.7
宁夏	1.1	1.6	1.9	2.0	2.3	1.5	2.9	3.0	2.9	3.8
新疆	4.4	5.7	5.5	6.6	8.6	7.0	8.8	8.9	7.7	7.3
广西	6.4	6.7	8.2	9.6	13.4	11.6	11.8	15.9	21.6	19.8
内蒙古	2.8	3.4	2.7	3.6	2.5	2.3	3.3	3.3	3.3	3.8

资料来源：《中国农村统计年鉴》。

27.2　我国农民收入现状分析

27.2.1　我国农民收入的总体情况

　　我国现在拥有 6 亿的农民，"三农问题"的解决对我国农村改革与发展具有重要作用，其中农民收入问题是我国农业和农村经济发展中的重点和难点，实现农民收入的快速增长和收入分配差距缩小是我国农业经济发展的重要目标之一。根据统计局数据，2001 年我国农民人均纯收入仅为 2366.4 元，加入世贸组织以后，经过十几年的经济与贸易的发展，我国农民人均纯收入实现了快速稳定的增长，2013 年人均纯收入增加到 8895.9 元，增长了 11.67%。见图 27 - 4。

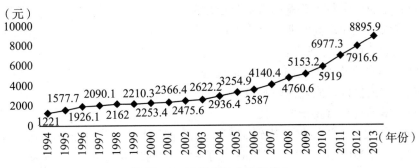

图 27 - 4　我国农民人均纯收入

资料来源：国家统计局。

　　为了进一步了解农民收入的增长情况，下面将从实际增长率角度对其进行进一步的分析。

　　在图 27 - 5 中我们看到，1994～1996 年是农民收入快速增长的一个时段，其中 1996 年更是达到顶峰，农民人均纯收入实际增长率为 9%，这时期内粮食和棉花等收购价格的提高是农民增收的主要原因之一[32]，同时由于非农产业的发展，导致一大批农村剩余劳动力向乡镇企业转移，进而加快农民收入的增长。

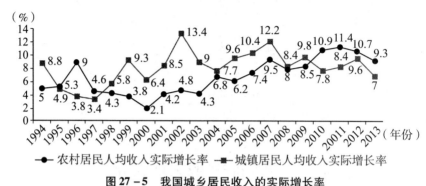

图 27-5　我国城乡居民收入的实际增长率

资料来源：历年《国民经济和社会发展统计公报》。

1997 年以后农民人均纯收入进入了缓慢上升的阶段，并出现了 1997~2000 年连续四年增幅下跌的局面。这一阶段由于市场粮价下跌，收购进展不利，玉米出现农民增产不增收的情况。1999 年我国农业结构发生调整，棉花等经济作物发生减产，同时国家粮食定购价格普遍下调。2000 年中国遭受了严重自然灾害，而且多灾并发。灾害的发生导致粮食产量不断下降，而农产品价格也一直处于低迷状态，农民收入水平的提高受到很大的影响[49][50]。

2004~2008 年农民人均纯收入开始回升，但上升速度相比 1994~1996 年这个阶段有所减缓。这得益于农业投入的增加和农民直接补贴的实行[51]。2004 年，中国开始对农民实行补贴政策，主要包括购买良种补贴和购买农机具补贴，这是首次对种粮农民实行了普遍的直接补贴政策。并且在《中共中央、国务院关于进一步加强农村工作提高农业综合生产能力若干政策的意见》文件中提出要坚持统筹城乡发展方略，坚持"多予、少取、放活"的方针，进一步增强"两减免、三补贴"等农业政策的实施力度。同时还包括强化对主要粮食生产地区的支持；实行最低收购价以及农业保险政策等。这一系列农业政策的出台与实施对于促进农民收入增加具有重要指导意义。

2009 年农民人均纯收入达到 5153.2 元，实际增长率为 8.5%，比上年增加了 0.5%。而 2010 年、2011 年则达到了两位数的增长速度，分别为 10.9% 和 11.4%。虽然 2009 年国际金融危机的爆发对中国经济带来了严重的影响，其中农产品价格下降，农民收入增长受阻，但中央财政加大对"三农"的投入，在应对金融危机的同时还扩大了内需，因此在经济形势不乐观的情况下，农民收入仍然保持较为平稳的增长。2010 年农民收入以超过城镇居民的增长幅度的速度快速增长，这除了得益于中央财政对"三农"投入力度加大，还由于农村劳动力务工工资水平上涨、外出务工人数和时间有一定程度的增加所带来的。随着农业投资规模的扩大以及农业生产技术的提高，2011 年农民收入也实现了较快的增长。

除了工资性收入高速增长之外，农村居民转移性收入也随着新型农村社会养老保险等政策的推行而有所提高。2012 年和 2013 年的增长幅度出现了下降，但仍以较大的幅度增长，这主要是由于农产品产量增加的同时价格也提高，促进了生产经营性收入；更多的外出务工劳动人数以及更高的工资，推动了工资性收入上升；一系列农业支持政策的颁布与落实，提高了转移性收入；此外，随着农村改革进程不断加快，农民财产性收入也得到了提升[47]。

27.2.2 我国农民收入的地区差异

因为地理环境、自然资源条件的差异，各个地区的农民收入存在着明显的差异。主要表现在两个方面：一方面是东部地区的农民人均纯收入水平大幅领先于中西部地区。东部沿海地区拥有得天独厚的优越地理条件，海上贸易快速发展，同时沿海开放政策的影响，使得东部地区形成了长期以来的发展优势，因此随着东部地区经济快速发展，农村居民人均纯收入水平也快速提高。2004～2013 年这10 年间，东部地区的农民人均纯收入平均水平高于全国平均水平，其中北京、上海、浙江等省市的农民人均纯收入水平更是遥遥领先。中部地区的农民人均纯收入平均水平与全国水平相差不多，其中，除了吉林省和黑龙江省，其他省份则一直处于全国水平之下。西部地区各省农民人均纯收入则均处于全国水平的下游。

另一方面是东部地区内部差异比中西部地区的内部差异更为明显。从表 27–6、表 27–7、表 27–8 中足以直观的看出，东部地区各省之间存在梯队现象，其中2004 年，最高收入的上海市的农民人均纯收入为 7066 元，而最低收入的海南省为 2818 元，两者相差 4248 元，前者是后者的 2.5 倍。而 2013 年，上海市农民人均纯收入增长至 19595 元，是海南省 8343 元的 2.35 倍，相差 11252 元。可见 10 年间，东部地区各省市实现较为同步的增长，但在总量上存在较大的差异。中部地区各省市间的差异较小，2004 年收入最高的黑龙江省与收入最低的安徽省仅相差 506 元，前者是后者的 1.2 倍。而到 2013 年，黑龙江省成为最高收入省份，与最低收入的山西省相差 2480 元，是其的 1.35 倍。2004 年西部地区最高收入的内蒙古与最低收入的贵州省相差 884 元，而到 2013 年最高收入的内蒙古高于最低收入的甘肃省 3490 元。由此可见 2004～2013 年，东中西部地区内部在量上都存在着较大的差异，其中东部地区的差异最大，第二是西部地区，而中部地区则排第三。

表 27–6　　　　　　　　东部地区农村居民家庭人均纯收入　　　　　　　单位：元

地区	2004 年	2005 年	2006 年	2007 年	2008 年	2009 年	2010 年	2011 年	2012 年	2013 年
北京	6170	7346	8276	9440	10662	11669	13262	14736	16476	18338
天津	5020	5580	6228	7010	7911	8688	10075	12321	14026	15841

地区	2004 年	2005 年	2006 年	2007 年	2008 年	2009 年	2010 年	2011 年	2012 年	2013 年
河北	3171	3482	3802	4293	4796	5150	5958	7120	8081	9102
辽宁	3307	3690	4090	4773	5577	5958	6908	8297	9384	10523
上海	7066	8248	9139	10145	11440	12483	13978	16054	17804	19595
江苏	4754	5276	5813	6561	7357	8004	9118	10805	12202	13598
浙江	5944	6660	7335	8265	9258	10007	11303	13071	14552	16106
福建	4089	4450	4835	5467	6196	6680	7427	8779	9967	11184
山东	3507	3931	4368	4985	5641	6119	6990	8342	9447	10620
广东	4366	4691	5080	5624	6400	6907	7890	9372	10543	11669
海南	2818	3004	3256	3791	4390	4744	5275	6446	7408	8343

资料来源：《中国农村统计年鉴》。

表 27 - 7　　　　　　　　　　中部地区农村居民家庭人均纯收入　　　　　　　　单位：元

地区	2004 年	2005 年	2006 年	2007 年	2008 年	2009 年	2010 年	2011 年	2012 年	2013 年
山西	2590	2891	3181	3666	4097	4244	4736	5601	6357	7154
吉林	3000	3264	3641	4191	4933	5266	6237	7510	8598	9621
黑龙江	3005	3221	3552	4132	4856	5207	6211	7591	8604	9634
安徽	2499	2641	2969	3556	4203	4504	5285	6232	7161	8098
江西	2787	3129	3460	4045	4697	5075	5789	6892	7829	8782
河南	2553	2871	3261	3852	4454	4807	5524	6604	7525	8475
湖北	2890	3099	3419	3998	4656	5035	5832	6898	7852	8867
湖南	2838	3118	3390	3904	4513	4909	5622	6567	7440	8372

资料来源：《中国农村统计年鉴》。

表 27 - 8　　　　　　　　　　西部地区农村居民家庭人均纯收入　　　　　　　　单位：元

地区	2004 年	2005 年	2006 年	2007 年	2008 年	2009 年	2010 年	2011 年	2012 年	2013 年
重庆	2510	2809	2874	3509	4126	4478	5277	6480	7383	8332
四川	2519	2803	3002	3547	4121	4462	5087	6129	7001	7895
贵州	1722	1877	1985	2374	2797	3005	3472	4145	4753	5434
云南	1864	2042	2251	2634	3103	3369	3952	4722	5417	6141
西藏	1861	2078	2435	2788	3176	3532	4139	4904	5719	6578
陕西	1867	2053	2260	2645	3137	3438	4105	5028	5763	6503
甘肃	1852	1980	2134	2329	2724	2980	3425	3909	4507	5108

续表

地区	2004 年	2005 年	2006 年	2007 年	2008 年	2009 年	2010 年	2011 年	2012 年	2013 年
青海	1958	2152	2358	2684	3061	3346	3863	4609	5364	6196
宁夏	2320	2509	2760	3181	3681	4048	4675	5410	6180	6931
新疆	2245	2482	2737	3183	3503	3883	4643	5442	6394	7297
广西	2305	2495	2771	3224	3690	3980	4543	5231	6008	6791
内蒙古	2606	2989	3342	3953	4656	4938	5530	6642	7611	8598

资料来源：《中国农村统计年鉴》。

27.3 本 章 小 结

本章通过对农产品贸易开放和农民收入现状的分析得出以下结论：第一，通过对我国农产品的贸易规模、产品结构的梳理发现：我国农产品贸易规模不断扩大，其中，我国农产品出口贸易稳定增长，而农产品进口贸易总体上保持增长的趋势，但期间波动相对加大。同时随着农产品贸易规模的扩大，贸易逆差状况也逐步加剧。而在产品结构上，一方面是由于我国土地密集型农产品大量进口，不断冲击我国进口农产品市场；另一方面是由于技术性贸易壁垒和贸易摩擦的阻碍，我国主要出口产品（蔬菜、水果）出现增长乏力。进口的冲击使得我国进口部门面临着较高的调整成本，从而对该部门的农民就业及福利造成严重的影响；而出口对象国频繁设置贸易壁垒也与调整成本的大小息息相关，贸易壁垒的设置又将影响我国出口劳动密集型产品的农民的福利。同时对农民收入的现状分析发现：从 2001 年加入世界贸易组织到 2009 年期间，农民收入仍增长缓慢，其是否受到了调整成本的影响是一个值得探讨的问题，因此关注调整成本将有利于准确分析贸易开放对我国农业经济及农民福利的影响，从而为贸易开放与保护政策的制定提供参考。第二，通过对我国农产品贸易以及农民收入的区域分析发现：由于自然条件、地理因素等的影响，我国不同地区的贸易开放程度发展不平衡，农民收入间也存在着差距，因此有必要对各个地区的调整成本大小以及其对农民收入的影响效应进行实证分析。

第 28 章

贸易开放引致的调整成本问题分析

经过上一章的现状分析我们发现调整成本与贸易开放对我国农业经济及农民收入的影响效应密切相关，因此本章将对我国当前面临的调整成本进行测算分析，为后续的实证分析奠定基础。在此之前，由于"平滑调整假说"是测量调整成本的大小的主要依据，对其在我国农业部门的适用性进行验证是对调整成本进行测算的前提，因此本章节将对"平滑调整假说"在我国农业部门的适用性进行验证，并在此基础上对我国所面临的调整成本进行测算分析。同时考虑到我国各个地区贸易开放程度的不同以及农产品种类间存在着差异，调整成本的测算将从地区和产品两个层面进行。

28.1 调整成本的测量方法：平滑调整假说

通过第 26 章中特定要素模型的分析，我们知道调整成本表现为失业人数或工资差距，但造成这两者现象的因素有很多，难以从中区分开来。巴拉萨（Balassa）于 1966 首次提出"平滑调整假说"的概念，该假说认为贸易结构，即产业内贸易程度的高低与调整成本的大小有着较大的相关性，这为今后调整成本的测度奠定了基础。各个行业的劳动力间存在着明显的技能差异，因而相比产业间，产业内的调配更为容易，即产业内贸易面临的调整成本较小。因此我们可以采用产业内贸易指数来测量调整成本的大小，当产业内贸易的程度越低，贸易结构变动导致的调整成本就会越高。

巴拉萨的"平滑调整假说"提出后，许多学者对其进行实证研究，事实证明产业间贸易引致的调整成本高于产业内贸易，与"平滑调整假说"相一致。然而，"平滑调整假说"与大多数经济学理论一样都有着自己的假设前提，主要包括以下两点：第一，工资水平在行业内的调整比行业间更容易。第二，劳动力在行业内的流动性大于行业间。当经济形势发生变化时，工人向不同行业的企业转移，其所需的培训费用、信息搜索等成本将比在同一行业内转移的高，并且工资也会发生比较大的变化，因此认为劳动力在不同行业间的转移比在同一行业内转移困难，由此带来的调整成本也较大。

布鲁哈尔特和艾利欧特（Brülhart and Elliott，2002）进一步指出"平滑调整假说"的背后含义其实很简单。一个小型经济开放体在没有贸易保护的情况下，受到需求变化的冲击，如果这种冲击是使一个行业进口产品竞争增加时，该行业的生产要素的需求将会下降。劳动力在短期内往往第一个受到调整成本的影响，但具体的影响效应取决于劳动力市场结构，通常是由就业变化和工资变化组成的。根据"平滑调整假说"的定义，如果一个部门内的同期进口冲击和出口冲击发生抵消，其所受到的调整成本将小于各部门各自面对冲击所受到的调整成本。因而采用"平滑调整假说"的方法测度调整成本具有合理性[52]。

28.2　"平滑调整假说"在中国农业部门的适用性检验

28.2.1　变量选取及模型设定

"平滑调整假说"的重点就是围绕着调整成本与产业内贸易间的关系，因此对"平滑调整假说"的验证在本质上就是验证这两者间的关系，然而在相关的贸易理论中，并没有固定的分析模型，因此我们将参照前人的一些实证研究，从而建立实证模型，以对调整成本与产业内贸易二者间的关系进行实证分析。鉴于个人微观层面的数据有限，我们将从农业的行业层面，并在伊姆雷（Imre，2008）[20]模型的基础上剔除控制变量劳动生产率，同时为了验证贸易开放度越高，贸易结构的改变是否对调整成本的影响越大，在模型中加入贸易开放度与边际产业内贸易的交互项，最终模型确定如下：

$$|\Delta EMPL_t| = \beta_0 + \beta_1|S_t| + \beta_2|\Delta CONS_t| + \beta_3 TRADE_t$$
$$+ \beta_4|S_t \times TRADE_t| + \mu_t \qquad 公式（28-1）$$

28.2.1.1　劳动力调整成本

大部分学者在研究"平滑调整假说"中，选用行业的就业人数变化量来作为调整成本的代理变量，但在前人的研究中发现该变量与产业内贸易间的关系存在着可正可负的不稳定性。（Brülhart，Elliott，1998[53]；Brülhart，Michael，2000[54]；Cabral，Silva，2006[18]），调整成本的大小由就业人数变化量来衡量，无论就业人数变化的方向是正向还是负向，都有可能受产业内贸易的影响，因此我们将参考 Brülhart M（1998）做法，使用就业变化的绝对值（|ΔEMPL|）作为调整成本的代理变量，其计算公式表示如下：

$$|\Delta EMPL| = \left| \frac{L^t - L^{t-1}}{(L^t + L^{t-1}) \times 0.5} \right| \qquad 公式（28-2）$$

其中 L 代表第一产业的就业人数①，t 为时期。且根据"平滑调整假说"，产业内贸易水平对该绝对值有反向作用。

28.2.1.2 产业内贸易指数

1975 年格莱布和罗尔德（Gruble and Lloyd）共同提出了 GL 指数，是最早被用来衡量产业内贸易的程度的指数[55]，但 GL 指数是一种静态的指数，其无法反映贸易流的变化，而调整成本是动态变化的，大小并不能够用贸易的构成来反映，而应该由不同时期内贸易量的变化情况来决定。因此 GL 指数逐渐被一个动态指标边际产业内贸易指数所取代，布鲁哈尔特（Brülhart，1994）提出了边际产业内贸易指数 A、B 指数[56]，这两个指数就能较好地反映一定时期内贸易流的变化情况，并且 B 指数还克服了 A 指数无法反映贸易方向的缺陷，因此在前人的研究中大多采用以上几种指数来衡量产业内贸易程度。而艾兹哈尔和艾利欧特（Azhar and Elliott，2003）[57]提出的 S 指数除了能够反映贸易量动态变化和方向，同时相比 A 指数和 B 指数具有遗漏信息少的优点，因此我们拟采用其来表示产业内贸易程度，计算公式如下：

$$S = \frac{\Delta X - \Delta M}{2(\max\{|\Delta X|, |\Delta M|\})} \qquad 公式（28-3）$$

其中，ΔM 和 ΔX 表示某时间跨度内行业 i 进出口额变化量。S 指数的取值为 $-1 \sim 1$ 的闭区间，即 $S > 0$，表示出口扩张；$S < 0$，表示进口扩张，所以可以用该指数来反映贸易方向；同时当 $S = 0$ 时，为完全产业内贸易；当 $S = 1$ 或者 $S = -1$ 时，为完全边际产业间贸易。那么当 S 指数的绝对值越接近零值即认为产业内贸易程度高，而当其绝对值越接近于 1 时产业内贸易程度越低。

$$S_R = \frac{\sum_{i=1}^{k} W_i S_i^+}{\left|\sum_{i=1}^{k} W_i S_i^-\right|} \qquad 其中：W_i = \frac{\max(|\Delta X_i|, |\Delta M_i|)}{\sum_{i=1}^{k} \max(|\Delta X_i|, |\Delta M_i|)}$$

$$公式（28-4）$$

公式（28-4）是 S 指数比率，即为 S 指数的加权，分子部分反映的是行业内所有 $S > 0$ 产品的 S 指数的加权，分母部分表示该行业内所有 $S < 0$ 产品 S 指数的加权。当 $S_R > 1$ 时，则表明该行业的贸易绩效较优，其调整成本会比较小；而若 $S_R < 1$，则表示该行业贸易绩效还有很大进步空间，调整成本会比较大。

28.2.1.3 显性需求变化

消费者对产品的需求变化将影响生产部门对产品的供给，进而影响劳动力要素的变动，并且该需求的变化将促进劳动力要素的调整变化。相应计算公式如下：

---

① 第一产业是指农、林、牧、渔业。

$$\Delta CONS = \left| \frac{(output^t - output^{t-1}) + (m^t - m^{t-1}) - (x_i^t - x^{t-1})}{[(output^t + m^t - x^t) + (output^{t-1} + m^{t-1} - x^{t-1})] \times 0.5} \right|$$

公式（28-5）

其中，t 代表时期，output 表示第 t 年总产值；我们用农、林、牧、渔业的总产值表示，并且利用 1993 年为基期的农产品生产价格指数对其进行平减以调整为不变价格，M 表示第 t 年的进口额；X 表示第 t 年的出口额。

28.2.1.4　贸易开放度

我们采用农产品外贸依存度来表示农产品贸易开放的程度即进出口总额/农业生产总值，计算公式为：

$$TRADE = \left| \frac{m^t + x^t}{output^t} \right|$$

公式（28-6）

其中，t 代表时期，output 表示第 t 年总产值；我们用农、林、牧、渔业的总产值表示，并且利用 1993 年为基期的农产品生产价格指数对其进行平减以调整为不变价格，M 表示第 t 年的进口额；X 表示第 t 年的出口额。贸易开放程度越高，意味着贸易冲击越大，因此国内生产结构为了适应必须做出调整，其带来的调整成本越大，因此认为贸易开放程度与就业变化应呈正相关。

28.2.1.5　产业内贸易指数与贸易开放程度的交互项

$$STRADE = S \times TRADE$$

公式（28-7）

贸易开放程度越高，意味着贸易冲击越大，对劳动力市场调整的影响也越明显，于是我们加入了产业内贸易指数与贸易开放度二者的交叉项。根据"平滑调整假说"，贸易开放程度越高，边际产业内贸易对劳动力调整成本的影响越明显，因此认为该交叉项与就业变化呈正相关。

28.2.2　数据来源

在数据来源方面，我们采用的是农、林、牧、渔业 1993～2012 年间的就业、生产、贸易等数据，其中就业的数据来源于《中国劳动统计年鉴》；生产的数据来源于国家统计局；贸易的数据来源于 UN comtrade 数据库。

28.2.3　实证结果分析

28.2.3.1　单位根检验

由于各个变量的时间序列可能存在非平稳性，为了避免出现伪回归，因此首先要对各变量进行 ADF 单位根检验，其检验结果如表 28-1 所示。

表 28 − 1　　　　　　　　　　　　各变量的 ADF 单位根检验结果

变量名称	ADF 值	P 值	1% 临界值	5% 临界值	10% 临界值	结论
ΔEMPL	− 1.709411	0.4109	− 3.831511	− 3.029970	− 2.695519	不平稳
D(ΔEMPL)	− 4.068729	0.0065	− 3.857386	− 3.040391	− 2.660551	平稳
S	− 0.629156	0.4306	− 2.699769	− 1.961409	− 1.606610	不平稳
D(S)	− 8.723143	0.0000	− 2.699769	− 1.961409	− 1.606610	平稳
ΔCONS	− 3.426367	0.0775	− 4.532598	− 3.673616	− 3.277364	不平稳
D(ΔCONS)	− 5.605605	0.0015	− 4.571559	− 3.690814	− 3.286909	平稳
TRADE	− 2.038462	0.5381	− 4.667883	− 3.733200	− 3.310349	不平稳
D(TRADE)	− 4.558331	0.0133	− 4.728363	− 3.759743	− 3.324976	平稳
STRADE	− 3.073317	0.1401	− 4.532598	− 3.673616	− 3.277364	不平稳
D(STRADE)	− 3.854599	0.0407	− 4.667883	− 3.733200	− 3.310349	平稳

由表 28 − 1 检验结果可以看出，在 5% 显著性水平下，各变量 ΔEMPL、S、ΔCONS、TRADE 和 S × TRADE 的 P 值均大于 0.05，因此均接受原假设，则说明各变量都是非平稳的，但各变量 ΔEMPL、S、ΔCONS、TRADE 和 S × TRADE 的一阶差分序列在 5% 的显著性水平下，P 值均小于 0.05，即时间序列是平稳序列，说明各变量均为一阶单整序列。

28.2.3.2　协整检验

由于各变量的序列都是一阶单整，我们采用 Johansen 协整检验方法对劳动力调整成本、产业内贸易指数、显性需求变化、贸易开放度以及产业内贸易指数和贸易开放度的交互项进行协整检验，检验的结果如表 28 − 2 所示。根据迹统计量检验显示，上述变量之间在 5% 的显著性水平下至多存在 1 个协整关系。也就是说，劳动力调整成本、产业内贸易指数、显性需求变化、贸易开放度以及产业内贸易指数和贸易开放度的交互项之间存在着长期稳定的均衡关系。

表 28 − 2　　　　　　　　　　　　协整检验结果

零假设	特征值	迹统计量	5% 临界值	P 值
无	0.974457	110.3611	69.81889	0.0000
至多 1 个	0.790161	44.34797	47.85613	0.1029
至多 2 个	0.403223	16.24247	29.79707	0.6915
至多 3 个	0.318902	6.950657	15.49471	0.5834
至多 4 个	0.002097	0.037784	3.841466	0.8458

28.2.3.3　误差修正模型

由协整检验结果显示，劳动力调整成本、产业内贸易指数、显性需求变化、贸易开放度以及产业内贸易指数和贸易开放度的交互项存在协整关系。为了检验各变量之间的动态关系，现通过 ECM 模型进行考察。

首先，建立劳动力调整成本、产业内贸易指数、显性需求变化、贸易开放度以及产业内贸易指数和贸易开放度交互项的长期均衡方程：

$$empl_t = -0.026 + 0.079s_t + 0.004cons_t + 0.305trade_t - 0.571strade_t + u_t$$
$$\underset{(0.081)}{\quad} \underset{(0.05)}{\quad} \underset{(0.00)}{\quad} \underset{(0.00)}{\quad} \underset{(0.007)}{\quad}$$

$$R^2 = 0.68$$

从上述的回归结果可以看出，S 指数的系数为正，且在 5% 的显著性水平上通过检验，即表明 S 指数越小，产业内贸易程度越高，调整成本越小，即"平滑调整假说"成立。同时其显性需求变化的系数为正，且通过 1% 的显著性水平的检验，表明消费者对产品需求的变化对劳动力市场调整产生正相关的影响，但从系数来看，其影响较小；在 1% 的显著性水平下，贸易开放程度对劳动力市场调整的影响也是正向的，即认为贸易开放程度越高，其带来的劳动力在部门间转移的调整成本越大；而在 1% 的显著性水平下，贸易开放与产业内贸易指数的交互项的系数是负的，即表明贸易开放程度越高，产业内贸易对劳动力市场调整的影响有所减弱，该结果与先前的预测不同，这可能是由于随着我国整体贸易开放程度的提高，使得非农就业机会增加等，进而使得劳动力转移难度有所降低，从而贸易引致的劳动力要素调整成本减小。

其次，针对各协整时间序列变量存在的误差修正问题以及其短期调节行为，将上述方程的残差序列 u_t 作为误差修正项建立误差修正模型，具体模型如下所示：

$$\Delta empl_t = -0.0026 + 0.0497\Delta s_t + 0.0013\Delta cons_t + 0.3539\Delta trade_t - 0.4054$$
$$\underset{(0.02)}{\quad} \underset{(0.05)}{\quad} \underset{(0.35)}{\quad} \underset{(0.00)}{\quad} \underset{(0.009)}{\quad}$$

$$\Delta strade_t - 0.7144ecm_{t-1}$$
$$\underset{(0.005)}{\quad}$$

$$R^2 = 0.71 \qquad DW = 1.9$$

其中，$ecm_t = u_t$；误差修正项系数反映了对偏离长期均衡的调整力度，误差修正模型中的误差修正项系数为 -0.7144，符合反向修正作用。表明当短期均衡偏离长期均衡时，将以 0.7144 的调整力度将非均衡状态拉回均衡状态。

28.2.3.4　格兰杰因果检验

虽然从单位根检验和协整检验可以发现劳动力调整成本、产业内贸易指数、显性需求变化、贸易开放度以及产业内贸易指数和贸易开放度的交互项在长期来看是稳定并且均衡的，但各变量之间是否互为因果还有待验证，在此采用 Granger 因果关系检验检验各变量的因果关系，检验的结果见表 28-3。其中最优滞后期数是根据 AIC 和 SC 准则确定。

表 28 – 3 格兰杰因果检验结果

原假设	滞后期数	统计量	P 值	结论
s 不是 empl 的 Granger 原因	6	170.02	0.0000	拒绝
empl 不是 s 的 Granger 原因	6	0.95	0.6545	接受
cons 不是 empl 的 Granger 原因	1	0.93	0.3483	接受
empl 不是 cons 的 Granger 原因	1	0.14	0.7119	接受
trade 不是 empl 的 Granger 原因	6	13.15	0.0014	拒绝
empl 不是 trade 的 Granger 原因	6	0.76	0.7055	接受
strade 不是 empl 的 Granger 原因	6	156.97	0.0000	拒绝
empl 不是 strade 的 Granger 原因	6	33.26	0.1320	拒绝

从结果中我们发现当滞后期数为 6 时，s 是 empl 的格兰杰原因，而约有 65.45% 的可能性我们接受 empl 不是 s 的格兰杰原因，因此劳动力调整成本与产业内贸易指数之间存在着单向的因果关系；约在 0.14% 的置信水平下我们不能拒绝 trade 不是 empl 的格兰杰原因，而约有 70.55% 的可能性 empl 不是 trade 的格兰杰原因，因此劳动力调整成本与贸易开放程度同样也存在着单向因果关系，同时产业内贸易与贸易开放度两者的交互项也是劳动力调整成本的单向格兰杰原因。而 cons 在最优滞后期数为 1 的情况下，与 empl 互为不存在格兰杰因果关系。

28.3 我国农产品贸易调整成本的测算与分析

28.3.1 地区比较

随着贸易开放程度的不断提高，贸易引致的调整成本问题越来越不容忽视。从表28 – 4可以看出我国农产品 2005 年、2006 年和 2009 年的 S 指数均为正值，即表明我国农产品面临着出口扩张型的调整成本，其中在 2005 年和 2009 年都达到了 0.42，而在其他时期，S 指数均为负值，则表明我国农产品面临着进口扩张型的调整成本，尤其从 2010 年来，已连续 4 年面临着进口扩张型的调整成本，其中 2012 年更是突破 0.40 大关。这是由于大量农产品进口的不断冲击所带来的我国农产品贸易绩效的下降。这与表 28 – 5 的 S 指数比率测算结果相一致，除 2005 年、2006 年和 2009 年这三年外的 S 指数比率均小于 1，则表明从总体上看，2004 ~ 2013 年我国农产品的贸易绩效不佳，所面临的调整成本较大。

表 28 - 4 中国各地区农产品的 S 指数

地区	2004 年	2005 年	2006 年	2007 年	2008 年	2009 年	2010 年	2011 年	2012 年	2013 年
全国	- 0.40	0.42	0.07	- 0.19	- 0.40	0.42	- 0.26	- 0.25	- 0.44	- 0.06
东部	- 0.41	0.31	0.07	- 0.25	- 0.43	0.45	- 0.28	- 0.28	- 0.44	- 0.22
中部	- 0.74	0.48	0.14	0.01	0.07	- 0.71	0.06	0.14	- 0.52	0.02
西部	0.31	0.44	0.40	0.46	0.21	- 0.74	- 0.20	0.37	- 0.04	0.43

资料来源：根据历年的中国农产品进出口统计报告及《中国农业统计年鉴》整理。

表 28 - 5 中国各地区农产品的 S 指数比率

地区	2004 年	2005 年	2006 年	2007 年	2008 年	2009 年	2010 年	2011 年	2012 年	2013 年
全国	0.06	9.74	1.28	0.42	0.06	3.16	0.14	0.17	0.07	0.79
东部	0.02	9.49	1.19	0.27	0.01	7.35	0.09	0.09	0.04	0.72
中部	0.00	401.37	2.64	1.03	1.15	0.24	1.41	1.90	0.04	1.06
西部	0.69	3.76	0.91	1.76	0.40	0.91	0.30	0.78	0.24	1.07

注：地区的 S 指数比率沿用行业 S 指数比率的计算公式（28 - 4），但其分子表示地区内所有 S>0 省份的 S 指数的加权，分母表示该地区内所有 S<0 省份的 S 指数的加权。当 $S_R > 1$ 时，则表明该行业的贸易绩效较优，其调整成本会比较小；而若 $S_R < 1$，则表示该行业贸易绩效还有很大进步空间，调整成本会比较大。

资料来源：根据历年的中国农产品进出口统计报告及《中国农业统计年鉴》整理。

地区对外贸易发展的差异，导致贸易引致的调整成本在地区间也不尽相同。东部地区所面临的调整成本与全国的调整成本具有较高的趋同性，这可能是由于东部地区的农产品贸易开放度远远超过中部和西部地区，其进出口总额占全国进出口总额的比重远大于中部和西部地区，使得全国总体情况较大程度依赖着东部地区的情况。从表 28 - 4、表 28 - 5 可以看出，相比东部地区，中部地区和西部地区总体上主要面临着出口扩张型的调整成本，其多数年份的 S 指数比率均大于 1，这表明中西部地区在 2004 ~ 2013 年的农产品贸易引致的调整成本较小，贸易绩效良好。

28.3.2 产品比较

不同种类农产品具有不同的调整成本，因此对其调整成本进行测算，可以观察出不同种类农产品生产要素的可流动性，这有利于我国对各类农产品制定合理的进出口开放政策、避免不必要的贸易冲突，进而从贸易往来中获得更多的利益。因此我们选取主要的土地密集型进口产品：小麦、玉米、大豆、棉花和植物油；劳动密集型产品：蔬菜、水产品和水果，以此测算不同种类农产品的调整成本。从表 28 - 6 可以得出：我国主要的进口产品的 S 指数均值为负值，即认为其面临着的进口扩张型调整成本，这与我国大豆、小麦等农产品近年来受到了严重的进口冲击，对粮食自给率的红线造成了巨大压力的现实相符，其中大豆所面临的调整成本最高，棉花和植物油次之，而小麦和玉米的调整成本则较低。同时从表 28-7 可以看出我国主要的出口产品的 S 指数为正，面临着出口扩张型的调整成本，而蔬菜相比水产品、水果呈现出更为明显的扩张型调整成本，且扩张性压力的强度呈现递增的趋势，相较之下水果的出口扩张型的调整成本则相对较低。

表 28-6   主要进口农产品的调整成本

产品	2004 年	2005 年	2006 年	2007 年	2008 年	2009 年	2010 年	2011 年	2012 年	2013 年
小麦	-0.37	-0.57	0.65	0.66	-0.49	-0.54	-0.45	0.23	-0.50	-0.50
玉米	-0.50	0.50	-0.51	0.51	-0.50	-0.62	-0.50	-0.48	-0.50	0.45
大豆	0.55	-0.49	-0.51	-0.48	-0.50	-0.51	-0.51	0.51	-0.49	-0.51
棉花	-0.53	-0.69	-0.50	0.50	-0.44	0.49	-0.50	-0.49	-0.51	0.50
植物油	-0.50	0.56	-0.35	-0.52	-0.46	0.46	-0.61	-0.47	-0.51	0.50

资料来源：国家统计局、《中国农村统计年鉴》。

表 28-7   主要出口农产品的调整成本

产品	2004 年	2005 年	2006 年	2007 年	2008 年	2009 年	2010 年	2011 年	2012 年	2013 年
蔬菜	0.36	0.39	0.50	-0.50	0.38	0.22	0.42	0.39	-0.66	0.45
水产品	0.17	-0.23	0.15	-0.49	0.26	0.51	0.31	0.22	0.51	0.31
水果	0.13	0.37	0.32	0.25	0.16	-0.21	-0.14	-0.22	-0.12	0.14

资料来源：国家统计局、《中国农村统计年鉴》。

28.4 本章小结

本章通过对贸易引致的调整成本的分析得出以下结论：

第一，本章基于 1993~2012 年的时间序列数据，运用 EViews 软件对"平滑调整假说"在我国农业部门的适用性进行检验，研究结果表明"平滑调整假说"对于我国农业部门具有适用性，即我国农业产业内贸易程度与我国农村劳动力市场调整具有负相关性。同时贸易开放程度的提高与消费者对农产品的需求的增加分别都将加大我国农村劳动力市场的调整，但随着我国整体贸易开放程度的提高，非农就业机会的增加，使得我国农业产业内贸易对我国农村劳动力市场调整的影响有所减弱。

第二，在"平滑调整假说"适用性检验通过的基础上，本章对我国各个地区的农产品和不同类别农产品所面临的调整成本进行测算分析和对比，测算结果表明我国总体上面临着进口扩张型的调整成本。其中从地区层面上看，东部地区所面临的调整成本与全国的调整成本具有较高的趋同性且调整成本较大，贸易绩效不佳。而中部和西部地区则主要面临着出口扩张型调整成本并且调整成本较小，贸易绩效较好；从产品层面上看，贸易开放使得我国主要土地密集型农产品面临着进口扩张型调整成本，其中大豆所面临的调整成本最高，棉花和玉米次之，而小麦和植物油的调整成本则最低。同时我国主要劳动密集型农产品面临着出口扩张型调整成本，其中蔬菜具有较高的调整成本，而水产品的调整成本则相对较低。

第 29 章

调整成本视角下贸易开放与农民收入关系的实证分析

经过影响机制，文献的梳理及现状描述，对贸易开放、调整成本以及农民收入的关系有了一定的了解，本章节将在此基础上分两部分实证分析在调整成本影响下我国农产品贸易开放与农民收入的关系，首先基于全国总体数据分析农产品贸易开放与农民收入的关系。其次由于东、中、西部地区经济发展水平差异大，贸易在各地区呈现不平衡发展，因此我们还将基于省际数据，对不同地区农产品贸易开放与农民收入的关系进行分析。

29.1 农产品贸易开放、调整成本、农民收入的实证分析

29.1.1 模型设定及变量选取

为了考察贸易开放对农民收入的影响是否会受到调整成本的影响，我们在模型中设置贸易开放与调整成本的交互项，其系数作为判断的依据，具体的模型设定如下：

$$INCOME_{it} = \beta_0 + \beta_1 TRADE_{it} + \beta_2 COST_{it} \times TRADE_{it} + \beta_3 X_{it} + \delta_{it} + \varepsilon_{it}$$

公式（29 - 1）

在这模型中，income 表示各省的农民人均纯收入，trade 表示贸易开放度，系数 β_1 表示贸易开放对农民收入的影响程度，cost 表示调整成本，系数 β_2 表示贸易开放对农民收入的影响受到调整成本的影响程度有多少。X 为控制变量，其系数 β_3 表示控制变量对农民收入的影响。省份固定效应 δ_{it} 表明在农民收入的决定因素中与特定省份相关的未观察因素。ε_{it} 为误差项。同时对各个变量都取对数。

29.1.1.1 农民收入（income）

我们选用农村居民人均纯收入来表示农民收入，并以 2003 年为基期的农村

居民消费价格指数进行平减，换算为实际农民人均纯收入。

29.1.1.2　贸易开放度（trade）

我们采用农产品外贸依存度来表示农产品贸易开放的程度，其具体计算公式如下：农产品进出口总额/农业总产值。其中农业总产值用 2003 年为基期的农产品生产价格指数对其进行平减以调整为不变价格。

29.1.1.3　调整成本（cost）

根据"平滑调整假说"，我们以产业内贸易指数 S 指数的高低来衡量调整成本的大小。

29.1.1.4　其他控制变量（X）

财政支农是国家对农业农村、农民财政扶持的手段，是国家与农民分配关系的重要内容，主要表现形式有制度的建设与完善以及资金投入[58]；我们选用人均财政支农支出，具体计算公式为：财政支农总支出/乡村人口，并以 2003 年为基期的农村居民消费价格指数进行平减。

人均农村居民固定资产投资的具体公式为：农村居民固定资产投资总额/乡村人口，并以 2003 年为基期的农村生产资料价格指数进行平减。

29.1.2　数据来源

在本书中，根据数据的可获得性，我们采用的是中国农业 2003～2012 年期间的省际面板数据（北京、天津、上海、重庆、西藏除外），数据主要来源于 CEIC 中国经济数据库、国家统计局、中国农村统计年鉴、中国农业统计年鉴和中国商务部网站等。

29.1.3　面板数据模型的选择

在进行面板数据分析之前，需要确定合适的面板数据模型。面板数据模型主要有以下三类：一是混合回归模型（Pooled Regression Model）；二是固定效应模型（Fixed Effects Regression Model）；三是随机效应模型（Random Effects Regression Model）。首先，通过 F 检验来选择是使用混合模型还是固定效应模型。F 统计量定义为：

$$F = (SSE_R - SSE_U) \times (T - K) / SSE_U \times m \qquad 公式（29-2）$$

其中，SSE_R 表示约束模型即混合回归模型的残差平方和，SSE_U 表示非约束模型即固定效应模型的残差平方和，N 为截面数，K 是非常数解释变量个数，T 为样本时间长度。F 检验的原假设是模型中的不同个体的截距相同即模型为混合回归模型。F 检验的判别标准为：如果 F 统计量 > F 临界值，那么原假设不成立，这时应该选用固定效应回归模型，否则应该选择混合回归模型。

其次，根据对截距项个体的影响不同，面板数据模型又分为固定效应模型和随机效应模型。一般如果样本中的个体或成员不是从一个较大样本随机抽取，则固定效应模型比较合适，但若样本只是从总体中随机抽取的一部分，则用随机效应模型比较合适。而对于固定效应模型和随机效应模型的选择，标准的检验方法是 Hausman 检验。Hausman 检验直接可以通过 Stata 实现，如果检验结果显示个体与解释变量无关，就可以确定为随机效应回归模型。

29.1.4 实证结果分析

29.1.4.1 回归分析——基于全国层面

我们通过 Stata12.0 软件回归时，发现在固定效应和混合回归的对比 F 检验中，F 统计量为 85.68，其对应 P 值为 0.0000，拒绝原假设，故在固定效应和混合回归间选择固定效应。而通过 MLE 对随机效应和混合回归的对比发现，卡方统计量为 715.51，其 P 值为 0.0000，故在随机效应和混合回归间选择随机效应。因此需要通过豪斯曼检验在固定效应和随机效应间进行选择，其检验结果为卡方统计量为 25.97，P 值为 0.0001，故拒绝原假设，选择固定效应。具体的检验结果如表 29 - 1 所示。

表 29 - 1　　　　　　　　　　　回归模型检验

检验方法	检验结果	选择模型
F 检验	Prob > F = 0.000	固定效应
LM 检验	Prob > chibar2 = 0.000	随机效应
豪斯曼检验	Prob > chi2 = 0.0001	固定效应

从表 29 - 2 可以看出，首先，贸易开放对农民收入有显著正向的影响，具体来说，贸易每上升一个百分点，能够促进农民增收 0.052 个百分点。农产品贸易开放将促进我国劳动密集型农产品的出口及土地密集型农产品的进口，进而提高劳动密集型农产品的农民收入和减少土地密集型农产品的农民收入。由上述实证分析可见，前者的增长效应大于后者的减少效应，二者相抵，表现为贸易开放对我国农民收入增长具有正向作用。

其次，调整成本与贸易开放的交互项系数为负且通过 5% 显著性水平检验，即表明贸易开放对农民收入的影响受到了调整成本的制约。调整成本会加剧贸易开放给进口部门带来的损失，同时挤出贸易开放给出口部门带来的福利效应。因而当调整成本较大，贸易开放给进口部门带来的损失越大，给出口部门带来的福利越小，贸易开放对农民收入有可能因此由正转负。

最后，其他两个控制变量的系数也均通过了显著性检验，其中人均财政支农支出对农民收入具有正向的作用，其每上升一个百分点，农民收入提高 0.227 个百分点，即表明扩大财政支农，促进农业的发展，将有利于农民增收，这是由于政府农业投资侧重于社会效益，一般投资于社会公益性、公共服务领域和基础性投资领域，会对国内农业产业整体实力的提高打好基础，农业产业生产力的提高，将进一步促进农民增收。

人均农村居民固定资产投资对农民收入也具有促进作用，但其的促进作用略低于人均财政支农，当其每上升一个百分点，农民收入将提高 0.075 个百分点，即说明农村居民固定资产投资的增加、农村基础设施的投入和建设，可以减少农业生产成本，提高农民生产积极性，从而增加农民的农业收入。同时农田水利、农业科技等方面的投资可以降低劳动强度、改善农业生产条件，提高农村土地利用效率，促使农民增收。

表 29-2　　　　　　　　　　基于全国层面的回归结果

被解释变量	农民收入 lnincome
解释变量	系数
贸易开放度 lntrade	0.052 *** (0.004)
贸易开放度与调整成本交互项 lnstrade	-0.014 ** (0.033)
财政支农 lnczzn	0.227 *** (0.000)
农村居民固定资产投资额 lngdzc	0.075 *** (0.003)
Constant	6.403 *** (0.000)
观测值个数	260

注：***，$p<0.01$；**，$p<0.05$；*，$p<0.1$。

29.1.4.2　回归分析——基于地区层面

我国的改革开放采取分步进行、逐渐推进的策略，从地域角度看，1980 年确定深圳、珠海、汕头、厦门作为首批开放城市开展对外合作，1983 年对海南省实行特区优惠政策，1984 年进一步开放了 14 个沿海大中港口城市，20 世纪 80

年代中期~90 年代初开放上海浦东，并设定长江三角、珠江三角、闽南三角区和环渤海区域为沿海经济开放区，随后开放更多的沿江、沿边及内地的 17 个中心城市，最终形成了"经济特区——沿海开放城市——沿海经济开放区——沿江和内陆开放城市——沿边开放城市"全方位的开放格局。随着我国贸易开放程度的提高，农产品贸易也有了很大的增长，但由于地理优势、政策导向等方面的原因，不同地区的农产品贸易开放悬殊较大，尤其是东部与中西部的差距。东部地区的农产品贸易依存度要遥遥领先于中部和西部地区，且差距越来越大。由于不同地区的贸易开放程度不同，因而各地区贸易开放对农民收入的影响有所不同，同时受到调整成本的影响程度也存在着差异，因此为了分析不同地区农产品贸易开放对农民收入的影响，我们利用面板数据分别对东部、中部和西部进行计量分析。

　　同上述关于面板模型选择的分析，东、中、西部地区的 F 统计量所对应 P 值均为 0.0000，拒绝原假设，故在固定效应和混合回归间选择固定效应。而通过 MLE 对随机效应和混合回归的对比发现，东、中、西部地区的卡方统计量所对应的 P 值也均为 0.0000，故在随机效应和混合回归间选择随机效应。因此需要通过豪斯曼检验在固定效应和随机效应间进行选择，其检验结果为：东、中、西部地区的卡方统计量所对应的 P 值分别为 0.6211、0.1169、0.7490，故接受原假设，选择随机效应。因此东、中、西部地区的回归分析均应选择随机效应，具体的检验结果如表 29 - 3 所示。

表 29 - 3　　　　　　　　　　　回归检验结果

地区	检验方法	检验结果	选择模型
东部地区	F 检验	Prob > F = 0.0000	固定效应
	LM 检验	Prob > Chibar = 0.0000	随机效应
	豪斯曼检验	Prob > Chi2 = 0.6211	随机效应
中部地区	F 检验	Prob > F = 0.0000	固定效应
	LM 检验	Prob > Chibar = 0.0000	随机效应
	豪斯曼检验	Prob > Chi2 = 0.1169	随机效应
西部地区	F 检验	Prob > F = 0.0000	固定效应
	LM 检验	Prob > Chibar = 0.0000	随机效应
	豪斯曼检验	Prob > Chi2 = 0.7490	随机效应

　　表 29 - 4 显示了东部、中部和西部面板数据的回归结果，从中可以看出各个变量对三个地区农民收入的影响方向具有一致性，但影响程度上却存在着较大的差异。

表 29 - 4　　　　　　　　　　　　　基于地区层面的回归结果

被解释变量　农民收入 lnincome

解释变量	东部地区	中部地区	西部地区
贸易开放度 lntrade	0. 068 ** (0. 023)	0. 076 *** (0. 009)	0. 053 * (0. 086)
贸易开放度与调整成本交互项 lnstrade	- 0. 021 * (0. 061)	- 0. 015 * (0. 071)	- 0. 004 (0. 797)
财政支农 lnczzn	0. 190 *** (0. 000)	0. 229 *** (0. 000)	0. 243 *** (0. 000)
农村居民固定资产投资额 lngdzc	0. 099 ** (0. 036)	0. 079 * (0. 1)	0. 057 * (0. 091)
Constant	6. 759 *** (0. 000)	6. 498 *** (0. 000)	6. 179 *** (0. 000)
观测值个数	80	80	100

注：***，$p < 0.01$；**，$p < 0.05$；*，$p < 0.1$。

（1）从农产品贸易开放度角度分析。在各个地区样本下，我们可以从上述的回归结果看出，贸易开放对东、中、西区域的农民收入的影响在 10% 显著性水平下显著为正，但其的贡献度则存在着差异。其中东部地区的贸易每上升 1%时，农民增收 0.068%，中部地区和西部地区的贸易每上升 1% 时，农民收入分别上升 0.076% 和 0.053%。

我国的农产品贸易格局主要是针对土地密集型和劳动密集型农产品的进出口。从总体的要素禀赋看，我国是属于劳动力资源比较丰裕的，但若从区域角度分析，可以发现，东部地区是属于劳动力资源比较丰裕而西部地区较为丰富的是土地资源。近年来随着进口贸易的扩大，大量国外农产品进入国内市场，威胁我国土地密集型农产品的生产，进而对西部地区的农民造成了损失[59]。但在中部崛起以及西部大开发的政策推行下，中部地区的农民收入以超过东部地区的增长幅度继续保持着稳定的增长，而西部地区的农民收入以略低于东中部地区的增长幅度逐步增长。由此可见，改革开放以来的区域经济政策和开放程度的不同致使农民收入呈现出东高西低的特征。

（2）从调整成本角度分析。调整成本与贸易开放交互项的系数均为负，即表明贸易开放程度对其农民收入的影响受到了调整成本的制约，当调整成本较大，贸易开放给进口部门带来的损失越大，给出口部门带来的福利越小，贸易开放对农民收入有可能因此由正转负。从区域上看，东部地区及中部地区均通过显著性检验，但西部地区的影响系数不显著，说明西部地区受调整成本的影响不明显。

我国是劳动力资源丰富而土地资源相对稀缺的国家，因此根据比较优势理论，我国将主要出口劳动密集型产品。贸易开放带来劳动密集型产业的发展，为大量农村初级劳动力提供了更多的非农就要机会，从而促进我国农民非农收入的增长，而我国西部地区拥有较为丰富的初级劳动力，这无疑更有利于其分享由贸易开放带来的好处[60]。因此可能是由于非农就业机会增加，非农收入的增长等其他对农民收入影响的因素发挥作用，使得西部地区贸易引致的农业劳动力要素调整对农民收入的影响不明显。

（3）从财政支农角度分析。财政农业投资对东、中、西部地区的影响都是正向的，财政农业支出提高 1%，东、中、西部的农民收入分别提高 0.190%、0.229% 和 0.243%。说明政府财政对于农业发展的规划起到了正向的积极的作用，从农民收入的正向发展可以看到背后整体农业基础建设和农业产业的发展。

政府财政农业支出对西部地区的农民收入的影响是显著的，同时西部地区的影响系数也最大。这说明，近年来，财政对西部地区的农业补助和农业投资取得了较为明显的效果。这可能是因为，西部地区本身由于历史原因和地理原因的存在，农业经济基础较弱，尤其体现在农业基础设施薄弱，农业科研投入长期不足，人才缺乏。而政府对于农业的投资，大多用在支援农村生产支出、各项农业事业费，农业基本设施建设支出和科技三项费用上，从 2007～2013 年，政府又加大了对粮、农、种、机的四项补贴，以及农业社会事业发展支出，很大程度上补足了西部地区在这些方面的缺陷。

（4）从农村固定资产投资角度分析。农村居民固定资产投资每提高 1%，东、中、西部地区的农民收入分别提高 0.099%、0.079% 和 0.057%。说明农村居民固定资产投资对农民收入起到了正向的积极的作用，但对各个地区的影响存在着差异。由东至西，农村居民固定资产投资对农民收入的影响幅度不断降低，这其中一个重要因素在于各个地区的农村固定资产投向农业配置的效率存在差异，且表现为从东到西不断降低的趋势[61]。

农村居民固定资产投资对农民收入的影响主要有两个途径：一是通过增加非农就业机会影响农民收入。农村居民固定资产投资的增加、农村基础设施的投入和建设，在减少农业生产成本，提高农民生产积极性，增加农民的农业收入的同时，还推动了农村地区非农产业的发展，扩大就业机会，促进农民的非农收入增长[62]。二是通过提高农业生产能力来影响农民收入。加强对农田水利、农业科技等方面的固定资产投资，有利于降低劳动强度、优化农业生产条件，从而提高农业生产率。而较高的生产率有助于扩大农产品产量以及改善农产品质量，进而增加农民收入[63]。

29.2　本章小结

第一，本章通过构建相关计量模型，实证分析我国农产品贸易开放、调整成本与农民收入三者间的联系。通过对检验结果的分析表明，贸易开放与农民收入的关系受到了调整成本的影响。贸易开放对农民收入的影响受到了调整成本的制约，调整成本将加剧贸易开放给进口部门带来的损失，同时挤出贸易开放给出口部门带来的福利效应。但在各地区的实证检验中，东部地区和中部地区均通过显著性检验，而西部地区无法通过检验，这可能是由于非农就业机会增加，非农收入的增长等其他对农民收入影响的因素发挥作用，使得西部地区贸易引致的农业劳动力要素调整对农民收入的影响不明显。

第二，农产品贸易开放对农民收入的提高有促进作用。总体而言，贸易每上升一个百分点，能够促进农民增收 0.054 个百分点。而各地区之间存在着差异，这是我国长期实施的差异化政策以及各区域贸易开放发展不均衡所导致。

第三，人均财政支农支出对农民收入具有正向影响，表明政府财政有效推动了农业发展的规划，从农民收入的不断提高可以看到背后整体农业基础建设和农业产业的进步。

第四，人均农村居民固定投资对农民收入也发挥正向作用，但在各个地区之间的影响不同。由东至西，农村居民固定资产投资对农民收入影响幅度不断降低，这其中一个重要因素在于各个地区的农村固定资产投向农业配置的效率不同，且表现出从东到西不断降低的趋势。

注　释

［1］张姝．调整压力视角下农业贸易开放与保护：［博士学位论文］．南京：南京农业大学，2012.

［2］程国强，彭廷军．中国农产品贸易回顾与展望．国际贸易问题，1999，12（2）：14－19.

［3］海闻，P.林德特，王新奎．国际贸易．上海：格致出版社，2011.77－79.

［4］Neary J P. Theory and Policy of Adjustment in an Open Economy. In：Greenaway, eds. Current Issues in International Trade, London：1985. 239－243.

［5］David Vanzetti, Brett Graham. Simulating Agricultural Policy Reform with ATPSM. European Trade Study Group Fourth Annual Conference, 2002.

［6］Freeman E, Melannie J, Roberts L, Vanzetti. D, etc. The Impact of Agricultural Trade Liberalization on Developing Countries. ABARE Research Report, 2000.

［7］Anderson Kym, Martin Will. Agricultural trade reform and the Doha development agenda. Policy research working paper. Washington, DC：World Bank, 2005.

［8］涂涛涛，马强．农产品贸易自由化的福利效应分析——基于中国劳动力市场分割视角．国际经贸探索，2014，30（9）：4－12.

［9］吴愈晓．劳动力市场分割、职业流动与城市劳动者经济地位获得的二元路径模式．中国社会科学，2011，（1）：119－137.

［10］余向华，陈雪娟．中国劳动力市场的户籍分割效应及其变迁——工资差异与机会差异双重视角下的实证研究．经济研究，2012，（12）：97－110.

［11］Magee S P. Factor market distortions, production, and trade：A survey. Oxford Economic Papers, 1973, 25（1）：1－43.

［12］Baldwin J, Dunne T, Haltiwanger J. A comparison of job creation and job destruction in Canada and the United States. Review of Economics and Statistics, 1998, 80（3）：347－356.

［13］De Melo J, Tarr D. Welfare costs of US quotas in textiles, steel and autos. The Review of Economics and Statistics, 1990, 72（1）：489－497.

［14］Carl D and Steven M. Modeling, measuring, and compensating the adjustment costs associated with trade reforms. Trade Adjustment Costs in Developing Countries：Impacts, Determinants and Policy Responses. Washington, DC：World Bank, 2010, 25－36.

［15］Artuç E, McLaren J. A structural empirical approach to trade shocks and labor adjustment：An application to Turkey. Trade Adjustment Costs in Developing Countries：Impacts, Determinants and Policy Responses. Washington, DC：World Bank, 2010, 37－57.

［16］Pravin K and Mine S. Trade Adjustment and Labor Income Risk. Trade Adjustment Costs in Developing Countries：Impacts, Determinants and Policy Responses. Washington, DC：World Bank, 2010, 171－177.

[17] Greenaway D, Haynes M, Milner C. Adjustment employment characteristics and intra-industry trade. Review of World Economics, 2002, 138 (2): 254 - 276.

[18] Brülhart M, Robert J. R. Elliott, Joanne Lindley. Intra - Industry Trade and Labour - Market Adjustment: A Reassessment Using Data on Individual Workers. Review of World Economics, 2006, 142 (3): 521 - 545.

[19] Cabral M, Silva J. Intra-industry Trade Expansion and Employment Reallocation between Sectors and Occupations. Review of World Economics, 2006, 142 (3): 496 - 520.

[20] Imre F. Dynamics of intra-industry trade and adjustment costs. The case Of Hungarian food industry. Applied Economics Letters, 2008, 15 (5): 379 - 384.

[21] Michael T, Nuno C L. Marginal Intra - Industry Trade and Adjustment Costs: The Australian Experience. Economic Papers, 2012, 31 (1): 123 - 131.

[22] Horacio C F and Nuno C L. The Portuguese intra-industry trade and the labor market adjustment costs: The SAH Again. Actual Problems Of Economics, 2012, 133: 494 - 503.

[23] Chih - Hai Y, Ming - Huan L. Intra - Industry Trade and Labor Market Adjustment in Taiwan. Emerging Markets Finance & Trade, 2013, 49 (2): 126 - 144.

[24] Saeed R, Saman G. Marginal Intra - Industry Trade and Employment Reallocation: The Case Study of Iran's Manufacturing Industries. Journal of Industry, Competition and Trade, 2012, 13 (3): 417 - 429.

[25] Roger W, Cheng C. US manufacturing and vertical/horizontal intra-industry trade: examining the smooth adjustment hypothesis. International Journal of Economics and Business Research, 2012, 4 (1 - 2): 1 - 20.

[26] 李坤望, 施炳展. 产业内贸易变迁与贸易自由化调整成本——基于中国制造业的实证分析. 中国经济学年会会议论文, 2005.

[27] 孙孟. 经济一体化下中国贸易发展与劳动力市场调整关系研究——"平滑调整假说"及其在中国适用性研究. 财贸经济, 2011, (3): 67 - 73.

[28] 邵琼燕. 产业内贸易水平对劳动力市场调整成本的影响分析: [硕士学位论文]. 浙江: 浙江工业大学, 2012.

[29] 万兆泉. 中美产业内贸易对劳动力市场成本影响研究: [博士学位论文]. 江西: 江西财经大学, 2012.

[30] 于峰, 卢进勇. "平滑调整假说"适用于中国农产品贸易吗——来自多元非参数回归模型的检验. 中央财经大学学报, 2012, (10): 62 - 67.

[31] 蒋琴儿. 中国园艺产品的贸易调整成本问题分析. 世界农业, 2013, (4): 124 - 128.

[32] 朱晶, 张姝. 贸易自由化对中国土地密集型农产品调整成本的影响分析——从边际产业内贸易的角度. 中国农村经济, 2010, (1): 10 - 18.

[33] 赵涤非, 陈宴真, 郭鸿琼. 我国农产品贸易开放对农民收入增长影响的实证研究. 东南学术, 2012, (3): 88 - 96.

[34] 陈恭军, 田维明. 扩大贸易开放对我国农民收入的影响研究. 农业技术经济, 2012, (11): 85 - 90.

[35] 陶秀玲. 我国农产品贸易与农民收入关系的实证分析: [硕士学位论文]. 重庆: 重庆大学, 2009.

［36］汪艳涛，周文凯，张继红．农产品贸易与农民收入增长：研究述评与展望．哈尔滨商业大学学报社会科学版，2011，（3）：94 – 100.

［37］肖黎．我国农产品贸易逆差的进口视角分析及对策．东南学术，2013，（4）：93 – 100.

［38］张鹏，谢兵兵．我国农产品进口与农民收入变化的实证分析．国际贸易问题，2008，（12）：30 – 33.

［39］余皓洁．我国农产品贸易保护的研究综述．时代经贸，2007，5（9）：51 – 52.

［40］Hassine N B，Robichaud V，Decaluwé B. Agricultural trade liberalization，productivity gain and poverty alleviation：A general equilibrium analysis. Cahiers de recherche Working Paper，2010：10 – 22.

［41］Anderson K，Giesecke J，Valenzuela E. How would global trade liberalization affect rural and regional incomes in Australia？．Australian Journal of Agricultural and Resource Economics，2010，54（4）：389 – 406.

［42］Daumal M. The impact of trade openness on regional inequality：the cases of India and Brazil. The International Trade Journal，2013，27（3）：243 – 280.

［43］王云梅．贸易开放与我国居民收入不平等的实证分析．商场现代化，2010，（33）：224 – 225.

［44］余官胜．贸易开放，人力资本与我国居民收入差距之关系探析——基于门槛效应模型的实证研究．现代财经，2012，（4）：98 – 105.

［45］林季红，张涛．中国的贸易开放与收入不平等——来自省级面板数据的经验研究．厦门大学学报：哲学社会科学版，2013，（6）：110 – 117.

［46］Oloufade D K. Trade Openness，Conflict Risk and Income Inequality. Working Paper，2012：1 – 44.

［47］陈劲松．2012 年中国农村经济形势分析与 2013 年展望．中国农村经济，2013，（2）：4 – 11.

［48］李朝民．中部六省贸易依存度比较研究——河南贸易依存度现状分析．经济经纬，2009，34（5）：44 – 47.

［49］陈劲松．1999 年中国农村经济形势分析与 2000 年展望．中国农村经济，2000，（3）：4 – 10.

［50］陈劲松．2000 年中国农村经济形势分析与 2001 年展望．中国农村经济，2001，（2）：4 – 11.

［51］陈劲松．2004 年中国农村经济形势分析与 2005 年展望．中国农村经济，2005，（2）：4 – 11.

［52］Brülhart M，Elliott R J R. Labour-market effects of intra-industry trade：evidence for the United Kingdom. Review of World Economics，2002，138（3）：207 – 228.

［53］Brülhart M，Elliott R J R. Adjustment to the European single market：inferences from intra-industry trade patterns. Journal of Economic Studies，1998，25（3）：225 – 247.

［54］Brülhart M，Michael. T. Intra-industry trade and adjustment in Malaysia：puzzling evidence. Applied Economics Letters，2000，7（11）：729 – 733.

［55］Grubel H G，Lloyd L P. Intra-industry Trade. London：Macmillan，1975.

［56］Brülhart M. Marginal intra-industry trade：Measurement and relevance for the pattern of industrial adjustment. Review of World Economics, 1994, 130 (3): 600 –613.

［57］Azhar A, Elliott R. On the measurement of trade-induced adjustment. Review of World Economics, 2003, 139 (3): 419 –439.

［58］王思洁. 我国财政农业支出与农民收入增长关系的 SVAR 分析:［硕士学位论文］. 湖南: 湖南农业大学, 2013.

［59］张建清, 魏伟. 贸易开放、市场化改革与中国地区收入差异. 商业时代, 2011, 566 (5): 45 –46.

［60］滕瑜. 贸易开放对我国农民非农收入的影响——基于地区收入差异和异质劳动力收入差异分析:［博士学位论文］. 南京: 南京农业大学, 2010.

［61］姚耀军, 丕禅. 农村固定资产投资绩效研究. 农业技术经济, 2004, (4): 51 –54.

［62］蒲艳萍. 劳动力流动对农村居民收入的影响效应分析——基于西部 289 个自然村的调查. 财经科学, 2010, (12): 74 –82.

［63］孔荣, 梁永. 农村固定资产投资对农民收入影响的实证研究. 农业技术经济, 2009, (4): 47 –52.

第七篇 | 农产品贸易开放与我国农业产业结构

随着我国加入 WTO，贸易开放对我国农业发展产生了很大的影响。农产品贸易总额在快速增长的同时农业产业结构也发生了很大的变化。根据经典的贸易理论，贸易开放会增加我国农业产业结构中劳动密集型产业的比重，减少土地密集型产业的占比，从而实现资源的有效配置并使得我国农业产业结构得到优化，还能提高贸易双方的福利水平。但在现实中这样的产业结构却面临着一个问题，那就是土地密集型产业涉及大多数的农村人口和他们的就业。完全的贸易开放使得该产业在我国农业产业结构中的比重不断减少，这不仅会对该产业产生较大的冲击，更会不可避免地损害这部分农村人口的就业和福利，更为严重的情况是直接威胁他们的基本生存。造成现实与理论间差异的原因是经典的贸易理论其实暗含了假设条件，即资源的充分流动性。对于农产品部门而言，其相对较低的生产资源流动性使得其在面临贸易冲击而产生的产业结构调整过程中难以即时地、无障碍地转向其他生产部门，造成资源无法有效再配置，从而产生了所谓的调整成本，而产业结构也就无法如经典贸易理论所言能够得到优化调整。

基于此，我们从农产品贸易引致的调整成本这一视角来探讨贸易开放对我国农业产业结构的影响，从而为我国政府如何在贸易开放下引导我国农业产业结构优化发展，以增加农民收入提供参考建议。全文共分为六部分，第一部分先提出研究背景和意义等。第二部分梳理了调整成本和产业结构的理论基础以及相关的文献。第三部分分析了"入世"前后我国农产品贸易以及农业产业结构的变化，发现在贸易开放下我国农业产业结构仍存在一定的问题。第四部分对调整成本的产生机理、测量方法进行说明后，利用我国农产品部门 1992～2012 年的相关数据对调整成本的测量方法即"平滑调整假说"进行检验。研究结果表明"平滑调整假说"在我国农产品部门是具有适用性的。第五部分在阐述调整成本对产业结构的影响机制后，基于数据可得性，利用我国农产品加工行业 1992～2012 年的面板数据，运用动态面板模型，从调整成本这一视角实证分析了贸易开放对我国农业产业结构的影响。实证结果显示，农产品贸易开放并不如经典贸易理论所言可以改善农业产业结构并使其得到优化。农业产业结构在一定程度上是受到农产品贸易所引致的调整成本的负向影响。第六部分针对前面分析提出相应的政策建议。

第 30 章

引　言

　　2001 年，我国刚"入世"时的农产品贸易总额仅为 277.89 亿美元，而到了 2013 年，我国的农产品贸易总额却达到了 1850.1 亿美元，贸易总额扩大了 6.65 倍多；其中出口总额从 159.75 亿美元增长到 671.0 亿美元；进口总额从 118.14 亿美元增长到 1179.1 亿美元。我国农产品贸易总额以 17.11% 的年均增长率在快速增长的同时也对我国的农业产业结构产生了影响。我国种植业和林业在农业产业结构中的比重分别由 1992 年的 61.51% 和 4.65% 下降到 2012 年的 52.47% 和 3.85%；而牧业和渔业所占的比重则分别从 1992 年的 27.08% 和 6.75% 上升到 2012 年的 30.40% 和 9.73%。其中，种植业结构在我国入世前后更是发生了明显的变化。

　　随着贸易开放，我国粮食作物的播种面积在农作物总播种面积中的比重不断减少，从 2001 年的 68.13% 下降到 2012 年的 68.05%。具体来看，稻谷，小麦，大豆，油菜籽，棉花这几种粮食作物的播种面积所占比重均有所减少，而玉米所占的比重则有一定的增加。2001 年我国刚入世时，稻谷，小麦，大豆，油菜籽和棉花所占的比重分别为 18.50%，15.84%，6.09%，4.56% 和 3.09%；而到了 2012 年时，这几种农作物的播种面积比重却分别减少到 18.44%，14.85%，4.39%，4.55% 和 2.87%。

　　贸易开放使得我国农业中不具有比较优势的土地密集型产业，如大豆，小麦等，在农业产业结构中的比重不断减少。但是这样的农业产业结构却面临着一个问题，那就是相较于劳动密集型产业，土地密集型产业涉及大多数的农村人口和他们的就业。完全的贸易开放将使得该产业在我国农业产业结构中的比重不断减少，这不仅会对该产业产生较大的冲击，更会不可避免地损害到这部分农村人口的就业和福利。这与当前我国政府要解决"三农"问题，引导我国农业产业结构优化发展，以增加农民收入，并促进农业发展的目标并不一致。

　　根据经典的贸易理论，贸易自由化会使得我国农业产业结构中的劳动密集型产业的比重逐渐增大，而土地密集型产业的比重将会减小，从而实现资源的有效配置并使得我国的农业产业结构得到优化，还能够提高贸易双方的福利水平。但是这些经典的贸易理论其实都暗含了假设条件，即资源是可以充分流动的。而这也就意味着，在贸易开放的情形下，受到贸易冲击的部门可以即时地、无障碍地将其已经投入生产的各种资源无成本地转移到其他具有竞争力或者没有受到贸易冲击的部门，从而实现资源的有效再配置，确保用于生产的各种生产资源都能获得平均水平的报酬，并最终获取由于贸易开放而带来的经济收益和产业结构优化。

但是在现实生活中这点假设是很难充分成立的。当某产业在受到贸易冲击时，许多已经投入的生产资源无法如经典贸易理论暗含假设所言的那样迅速地、无障碍地转移到其他具有竞争力和未受冲击的部门和行业。因此这些生产资源在受到贸易冲击时就面临着相应的困难，即是应该继续坚持还是退出，这就涉及所谓的调整成本问题。贸易自由化引致的调整成本使得原来的生产资源难以再重新进行高效配置，从而造成资源的浪费，也使得一国的产业结构难以得到优化调整。对于农产品而言，其生产资源相对较低的流动性往往使得整个行业的产业结构在面临贸易冲击而产生的调整过程中面临更大的困难，甚至有可能因为巨大的调整成本而畸形发展。不仅如此，由于生产资源无法及时调整而造成资源浪费的后果将由生产资源的所有者和使用者承担，因此在贸易开放下，对于调整成本较大的产业，整个产业的发展和经济效益等都将受到影响，甚至有可能会直接影响到该产业从业人员的基本生存。这对于社会稳定、经济发展和产业结构优化等都产生了负面影响。这就是为什么在现实中，我们经常可以看到各国政府在对外开放程度上都会采取适度的保留。因为贸易开放会引致一定的调整成本，在影响一国产业结构的同时，也会影响到受调整产业的从业人员的福利水平。

因此，在当前的形势下，从农产品贸易引致的调整成本这个视角来探讨贸易开放对我国农业产业结构的影响，对于我国政府如何在贸易开放下正确地引导我国农业产业结构进行优化发展，以增加农民收入，并促进农业发展显得尤为重要。

第 31 章

理论基础与文献综述

31.1 理 论 基 础

31.1.1 调整成本的测量分析

贸易自由化程度的提高会导致不同部门生产规模及生产方式的变动，进而引起生产资源在该部门的进入或退出。但是由于资源流动具有限制性，资源无法迅速地、无成本地进行重新配置，这样就产生了"调整成本"，这是一种暂时的无效率状态。在贸易全球化的背景下，如何获取谋求贸易福利最大化，再次引起学者的注意，而关注的重点也集中在贸易引致的调整成本上。

31.1.1.1 调整成本的测量方法——"平滑调整假说"

在关于调整成本的众多研究中，巴拉萨（1966）是首位在理论上将调整成本和贸易模式相联系的国外学者，并且他还提出了"平滑调整假说"（the Smooth Adjustment Hypothesis，SAH）。该假说认为，同产业间贸易相比，产业内贸易的发展更容易促使类型相似的生产资源要素的流动。因此对于产业内贸易水平较高的产业，该产业各种生产资源要素所面临的调整成本也就相对较小。同时，该假说还主要研究了行业中更容易受到人们关注的生产资源要素，即劳动力的调整与贸易方式的关系。也就是说，与产业间贸易相比，劳动力在产业内贸易水平较高的行业里所面临的调整难度和调整周期都会相对较小[4]。该假说的提出为调整成本的测量分析提供了一个清晰合理的方法。

由于调整成本是指生产资源要素从一个部门转换到另一个部门所需要付出的代价，而相比于其他生产资源要素，劳动力在调整过程中承受着更大的调整压力，也更容易引起人们的关注。特别是对于一些发展中的国家，由于这些国家主要集中发展劳动力密集型的产业，劳动力的调整对于他们而言更是极其重要的。而且由于其他生产资源要素调整成本的测量较为困难，因此学术界主要还是用与劳动力相关的一些指标作为测量调整成本的代理变量。这些指标主要有：就业人数的变化，行业实际工资的变化，失业率的变化，平均失业持续时间等。

而在解释变量这方面，赛义德·瑞兹科汉和萨满加德利（Saeed Rasekhi and Saman Ghaderi，2013）认为除了产业内贸易水平，所有其他能够引起经济变化的因素都可能会对调整成本产生影响[5]。总结了大多数学者的研究结果，我们可以发现，比较常用的解释变量主要有：产业内贸易水平的指标，劳动生产率的变化，贸易开放程度，产业的规模经济水平，行业工人的工资水平，产业技术的密集程度等。

而在模型方面的选择，比较典型的是布鲁哈特和索普（Brülhart and Thorpe，2000）提出的建立在行业层面劳动力数据基础上的一个回归分析模型，具体形式如下：

$$\Delta EMPL_i = \beta_1 + \beta_2 \Delta PROD_i + \beta_3 \Delta DCON_i + \beta_4 TPER_i + \beta_5 MITT_i + \mu \qquad 公式（31-1）$$

其中 $\Delta EMPL_i$ 是第 i 产业的调整成本的代理变量，$\Delta PROD_i$ 是第 i 产业的劳动生产率变化值，$\Delta DCON_i$ 是第 i 产业的国内外需求变化，用"第 i 产业的产值 + 第 i 产业的出口额 - 第 i 产业的进口额"计算得出，$TPER_i$ 是指第 i 行业的贸易开放度，$MITT_i$ 是第 i 行业的产业内贸易水平[6]。

大多数的学者都是在该模型的基础上进行稍微的修改，如对模型的变量取对数，或者再添加进去其他的解释变量。当然，也有部分学者是运用面板数据从国家层面对"平滑调整假说"进行验证。

31.1.1.2 与调整成本测量相关的指标

目前关于调整成本大小的研究，大多数的学者都是根据巴拉萨（Balassa）提出的"平滑调整假说"（SAH）来测量调整成本的，也就是说，他们认同产业内贸易水平的不同会带来不同的调整成本，而且两者之间存在着负相关的关系。

而关于产业内贸易水平指标的选择，学术界则有许多的学者尝试着用不同的指标来刻画。在最开始是格鲁伯（1975）提出了用 GL 指数来测量产业内贸易水平的高低[7]。GL 指数的具体形式如下：

$$GL = 1 - \frac{|X - M|}{|X| + |M|} \qquad 公式（31-2）$$

其中，X 和 M 分别表示出口额和进口额，GL 指数的取值范围介于 0 到 1 之间。GL 指数可以很好地刻画某一年的产业内贸易情况，为测量和比较世界上不同国家不同产业间的产业内贸易水平提供了很大的帮助。但是，GL 指数没有办法很好地刻画贸易量的变化形态，也就是说，如果产业间的贸易量增加，则 GL 指数也会随着增大，而这将使得用 GL 指数测量出来的产业内贸易水平虚高。因此，如何构造能够刻画动态产业内贸易情况的指标就成为了学者的研究重点，边际产业内贸易指数就应运而生（Hamilton and Kniest，1991；Greenaway et al.，1994；Brülhart，1994；Dixon and Menon，1997）[8~11]。其中，较为常见的则是 A

指数和 B 指数，具体形式分别如下：

$$A = 1 - \frac{|\Delta X - \Delta M|}{|\Delta X| + |\Delta M|} \qquad \text{公式 (31-3)}$$

$$B = \frac{|\Delta X - \Delta M|}{|\Delta X| + |\Delta M|} \qquad \text{公式 (31-4)}$$

其中，A 指数的取值范围是 0~1，而 B 指数的取值范围则是从 -1~+1。相较于 GL 指数，A、B 指数可以较好地反映出产业内贸易的动态变化过程和贸易量的变化。但是，A、B 指数也存在一定的缺陷，主要是当 A、B 指数的数值变为各自的临界值时，许多重要的贸易信息都被这两个指标省略了；同时 A、B 指数在判定贸易方向或者贸易边际变化时都存在一定的不全面。而 Azhar 和 Elliott（2003）则是在上述的基础上，提出了 S 指数，并认为 S 指数能够克服上述各指标的缺陷，可以更加全面地衡量产业内贸易水平的高低[12]。S 指数的具体形式如下：

$$S = \frac{\Delta X - \Delta M}{2(\max\{|\Delta X|, |\Delta M|\})} \qquad \text{公式 (31-5)}$$

S 指数的取值范围为 [-1, 1]。S 指数能够同时解释产业内的贸易程度以及贸易方向。当 S > 0 的时候，表示相较于上一期，本期的出口增加额大于进口的增加额，或者本期的出口减少额小于进口的减少额，表现为贸易的边际顺差，也就意味着该产业部门或者该产业的产品处于出口扩张的状态；反之，当 S < 0 时，则表现为贸易的边际逆差，意味着该产业部门或者该产业的产品处于进口扩张的状态。而当 S = 0 时，则表示为该产业部门或者该产品新增的贸易量完全采用产业内贸易的形式；反之，当 S = 1 或 -1 时，则表示完全是产业间贸易。也就是说，当 S 指数的取值越接近零值，该指标所解释的产业部门或者产品的产业内贸易程度就越高；而当 S 指数的取值越接近 1 或者 -1 时，则表示该产业部门或者该产品是以产业间贸易为主。

由于 S 指数在反映贸易方向的同时还能衡量产业内贸易水平的高低，克服了 GL 指数、A 指数和 B 指数的一些缺陷，因此 S 指数成为当前国内外学者研究调整成本的一个重要工具。

31.1.2　产业结构的测量分析

经济增长中的产业结构变动，实质上是一个产业结构不断优化的客观过程。在一国的经济发展中，优化产业结构对经济的增长和效益的提高，以及经济发展目标的实现，都起着非常重要的作用。因此在当前的形势下，产业结构的调整与优化成为每一个国家发展首要面临的问题。

产业结构优化是指通过产业调整，逐步提高产业结构效率和产业结构水平，实现资源优化配置与再配置，推动产业结构高度化和合理化发展的过程。这一过程包括两个部分，即产业结构合理化和产业结构高度化。产业结构合理化为产业结构高度化提供了基础，而产业结构高度化则能推动产业结构在更高层次上实现合理化。作为产业结构优化的两个重要方面，二者即相互依存又相互影响，从而共同构成了产业结构优化过程。

31.1.2.1 产业结构合理化的测量分析

关于产业结构合理化，目前还没有十分权威的定义。张平和王树华（2001）在综合中外学者的研究成果后，得出合理的产业结构应包括以下含义：

（1）能够充分有效地利用一国或地区的现有资源，实现生产要素优化配置。

（2）能够最大限度地满足社会需求，实现供给与需求的平衡。

（3）能够使各产业协调发展，保障国民经济健康运行。

（4）能够充分吸收当代最新科技成果，有利于产业结构向高度化演变。

（5）能够充分利用国际分工与协作，促进本国综合实力的提高。

（6）能够保证整体经济效益的提高，实现人口、资源与环境的可持续发展[13]。

在评价产业结构合理化程度时，除了根据定义来进行定性分析外，还有一些定量分析的指标体系。该指标体系具体如下：

（1）反映资源利用水平的指标，包括：单位产值自然资源消耗，产业消耗产出率，产业能源消耗产出率，产业交通运输产出率等。

（2）反映满足最终需求的指标，包括：需求收入弹性和供给收入弹性，产业资金出口率。

（3）反映各产业部门协调发展的指标，包括：基础结构完善系数，感应度系数，影响力系数等。

（4）反映技术进步的指标，包括：产业技术进步速度，产业技术进步贡献率。

（5）反映生态环境质量的指标，包括：大气污染指标，水质污染指标等。

而在我们的研究中，在选取产业结构合理化指标时主要是从需求满足与产业结构合理化这一方面出发，借鉴了冯春晓（2009）的方法，引入产业适应系数，用以反映产业结构对需求结构的适应能力，从而可以判断产业结构是否合理化[14]。

31.1.2.2 产业结构高度化的测量分析

产业结构不断地从低层次结构向高层次结构变化的过程称为产业结构高度化的过程。杨德勇和张宏艳（2008）综合了我国学者的研究观点，得出产业结构高度化主要包括以下四个方面：

（1）产值结构高度化，可以用某产业的产值在当年总产值的比重来表示。

（2）资产结构高度化，可以用某产业新增的固定资产投资额在当年新增固定资产投资额的比重来表示。

（3）技术结构高度化，可以用某产业 R&D 的经费支出占当年主营业务收入的比重来表示。

（4）劳动力结构高度化[15]。

关于产业结构高度化的指标选择，我们主要是借鉴李贤珠（2010）的研究。

其用实证分析证明了在一定程度上，产值结构的高度化这个指标可以反映出产业结构的变化情况[16]。因此我们拟选取产值结构高度化来作为衡量产业结构高度化的指标。

31.2　文　献　综　述

31.2.1　贸易开放引致的调整成本的研究

"平滑调整假说"的提出使得调整成本成为众多国外学者研究的一个重点。但是大多数国外学者主要还是选择欧盟区和一些发展中的国家如伊朗、马来西亚、土耳其等来对"平滑调整假说"进行相关的验证，而且所选择的行业基本都是工业。当然，也有学者实证分析了该假说在美国制造业的适用性。（Haynes、Upward and Wright，2000；Roger White and Cheng chen，2012）[18,24]。总结大多数国外学者的研究结果，我们可以发现，大部分学者的实证分析结论都是跟"平滑调整假说"相符合的，也就是说，调整成本与产业内贸易水平存在着负向相关的关系。但是，也有部分的研究结果证明该假说是不成立的。如格里纳韦、哈尼斯和米尔纳（Greenaway，Haynes and Milner，2002）以就业人数的变化作为调整成本的代理变量，并在模型中加入工作变换和行业变换的虚拟变量，运用个体层次数据对英国各行业进行了研究，但实证结果却与"平滑调整假说"不一致[19]。马科维茨（Imre Ferto，2008）也以就业人数的变化作为调整成本的代理变量，利用匈牙利1992~2002年食品行业的数据进行研究分析，研究结果表明国内的消费水平以及生产率水平对就业人数的变化有显著影响，但是总体实证结果并不支持"平滑调整假说"[25]。具体见表31-1。

表31-1　　　　　　　关于"平滑调整假说"验证的具体研究

作者	研究对象和时间段	调整成本的代理变量	产业内贸易以外的其他解释变量	使用方法	结果
布鲁哈特和索普（Brülhart and Thorpe，2000）[6]	马来西亚（1970~1994年）	就业人数变化的绝对值	工资水平	面板数据	不支持
布鲁哈特（2000）[17]	爱尔兰（1980s）	产业内离职率	显性需求变化、贸易开放度、工资水平、外资水平	动态面板	支持，不显著
哈尼斯、爱普伍德和瑞特（Haynes，Upward and Wright，2000）[18]	美国（1988~1993年）英国（1991~1996年）	就业人数变化	工作变换和行业变换的虚拟变量	面板数据	支持，不显著

续表

作者	研究对象和时间段	调整成本的代理变量	产业内贸易以外的其他解释变量	使用方法	结果
格里纳韦、哈尼斯和米尔纳（Greenaway, Haynes and Milner, 2002）[19]	英国（1982~1991年）	就业人数变化	工作变换和行业变换的虚拟变量	面板数据	不支持
尔拉特（Erlat, 2003）[20]	土耳其（1974~1999年）	就业人数变化绝对值的对数	显性需求、劳动生产率、贸易开放以及贸易开放和产业内贸易的交互项	面板数据	不支持
布鲁哈特等（Brülhart et al., 2006）[21]	英国（1992~2000年）	就业工人的变化	贸易开放度、企业数量除以行业增加值、工资水平、显性需求	面板数据	支持
菲特（Fertö, 2008）[22]	匈牙利和波兰（1990~1998年）	就业人数变化的绝对值	显性需求、贸易开放度、劳动生产率	面板数据	支持
麦克·索尔和纽诺卡洛斯（Michael Thorpe and Nuno Carlos Leitão, 2012）[23]	澳大利亚（1992~2000年）	就业人数变动率绝对值的对数	显性需求、贸易开放度、劳动生产率、就业人数变动率绝对值的滞后项	动态面板	支持
赛义德·瑞兹科汉和萨满加德利（Saeed Rasekhi and Saman Ghaderi, 2013）[5]	伊朗（2001~2006年）	就业人数变动率	劳动生产率、产业组织的增加率、工资水平、人力资本	面板数据	不支持

与国外的学者相比，我国国内学者对于调整成本的研究相对比较晚，目前主要还是集中在借鉴国外较为成熟的模型和方法来验证"平滑调整假说"在我国的适用性以及对某个产业部门或者某类产品的调整成本进行相应的测量。

31.2.1.1　验证"平滑调整假说"（SAH）在我国的适用性

关于该假说在我国是否具有适用性的研究相对比较少。吴学君（2011）在借鉴了布鲁哈特和索普（2000）提出模型的基础上，采用 GL 指数来验证"平滑调整假说"。实证结果表明，该假说在我国食品加工业是成立的[26]。许统生、万兆泉、涂远芬和刘建（2012）则在运用面板数据的基础上，分别用 A 指数，B 指数和 S 指数作为衡量产业内贸易水平的指标来对中美制造业产业内贸易水平与调整成本之间的关系进行相应的分析。结果表明，产业内贸易水平跟调整成本之间确实存在着负相关性，即验证了"平滑调整假说"是成立的[27]。孙孟（2011）选择边际产业内贸易指数作为衡量产业内贸易水平的指标。他利用我国制造业 27个细分行业从 2000~2007 年的相关数据，运用动态面板广义矩估计（GMM）的方法对"平滑调整假说"（SAH）进行验证。研究结果表明，该假说在我国是具有适用性和有效性的[28]。郭东杰和邵琼燕（2012）也对该假说在我国制造业的适用性进行验证。他们选取 1996～2009 年我国制造业 22 个细分行业的面板数据，并分别使用间隔一年、两年和三年的边际产业内贸易指数来对"平滑调整假说"进行验证，同时还考虑了变量的滞后效应，但对比三个实证结果均认为"平滑调整假说"在中国并不适用[29]。而于峰和卢进勇（2012）却认为，产业内贸易和调整成本之间的函数形式不一定就是线性或者可以转换成线性回归的函数关系，现实中两者之间的函数形式尚未明确。因此他们利用非参数回归模型来验证"平滑调整假说"在我国农产品贸易中的适用性。结果表明，该假说基本适用于我国农产品贸易[30]。

31.2.1.2　测算由于我国贸易而引致的调整成本

莫莎和刘朝霞（2010）分别采用 A 指数和 S 指数对中美制造业中的 19 个工业制成品行业的调整成本进行测量。数据表明，由于中美工业制成品的贸易大多为产业间贸易，因此调整成本会相对较高；同时与低技术产业相比，高技术产业的产业内贸易水平相对较高，调整成本也就相对较低[31]。马鹏和秦晓敏（2013）在 A 指数和 S 指数的基础上构建了 S' 指数，即相对要素调整指数，并分别运用这三个指数对我国工业的调整成本进行相应的测量。结果表明，相比于低技术水平行业，我国工业中高技术水平行业在贸易开放中所受到的调整成本相对较小，而且对于同一行业而言，其在不同生产要素上所承受的调整成本也是不一样的[32]。

在我国农产品贸易方面，较早开始对调整成本进行测量的是钟钰和迟宝旭（2008）。他们采用 S 指数对我国从 2002～2005 年的农业贸易调整成本进行测量[33]。蒋琴儿（2013）也采用 S 指数对我国园艺品的调整成本进行了相关测量。结果表明，我国园艺品产业内贸易的趋势在加强，但是整体还是面临着较大的扩张性调整成本[34]。而朱晶和张姝（2010）则对具体农产品所承受的调整成本进行了相关的测量。他们在基于"平滑调整假说"的基础上，运用 S 指数和贸易调整空间（TAS）模型对我国土地密集型农产品的调整成本进行了相关的测量和分析。数据表明，从 1994～2007 年，随着我国贸易开放度的增加，我国土地密集型农产品所承受的收缩性的调整成本也逐渐加大，其中以大豆，棉花和植物油为最；从相对要素密集调整成本的角度来看，棉花、大豆和植物油位列于资本要素相对调整成本的前三位；棉花、植物油和大豆以及大豆、植物油和玉米则是分别位列于劳动要素和土地要素相对调整成本的前三位[35]。

31.2.2　贸易开放与产业结构的研究

31.2.2.1　贸易开放与三次产业结构的研究

目前，关于贸易开放对产业结构影响的研究还是颇多的，主要可以分为以下三大类：一是认为贸易开放能够促进产业结构的发展，也就是"促进论"；二是认为贸易开放并不能够促进产业结构的发展，相反可能会起到阻碍的作用，也就是"抑制论"；三是认为贸易开放跟产业结构优化调整的关系并不是很显著，也就是"中性论"。这三大类的研究基本都是从理论或者实证分析的角度上去探讨贸易开放对产业结构的影响。

（1）"促进论"。国外学者在研究国际贸易跟产业结构之间的关系这方面相对于国内而言较早些，主要开始于 20 世纪 70 年代。麦克利（Michaely，1977）和巴拉萨（1978）认为出口贸易能够促进产业结构的调整。他们利用生产函数模型对出口贸易和本国全要素生产率之间的关系进行了相应的检验，得出出口贸易能够通过技术转移，优化资源配置等方面来促进一国的产业结构调整[36][37]。菲德（Feder，1982）则是研究了贸易开放对产业结构的影响机制。他认为，相比于非出口部门，出口部门的要素边际生产率和投资边际生产回报率都要高些；同时，出口部门还可以通过贸易所带来的技术溢出效应以及对上下游产业的带动作用等方面来对非出口部门产生影响，从而影响了一国的产业结构调整[38]。

而国内方面，较早开始从贸易开放这个角度去研究产业结构的是学者肖云（1994）。他认为国际因素能够促进一国产业结构的调整，是产业结构变动的一个主导因素，并且他还建议我国应该积极发展对外贸易经济，从而促使我国的产业结构得到优化[39]。姜丽（2012）认为影响产业结构优化的主要因素有需求因素，供给因素和贸易因素。她在分析贸易开放对产业结构优化的影响机制的同时，还运用实证分析方法来表明国际贸易确实可以推动产业结构的优化[40]。而曲洋，支大林和唐亮（2011）却认为能够影响产业结构的演进是需求结构、相对成本和对外贸易这三个本质的变量。他们利用回归方程模型分析了贸易开放对东北三省第一、第二、第三产业的影响。结果表明，第一产业的发展需要依靠对外贸易，以此来提高农业生产的规模化；同时贸易开放均能够促进第二产业和第三产业的发展[41]。马章良和顾国达（2011）也从实证的角度，利用广义差分回归模型分析了我国从 1980～2009 年间贸易开放跟产业结构之间的关系。实证结果表明，不管是进口贸易还是出口贸易均能够对我国的三次产业产生正向的影响。同时，他们还利用协整等方法证明了对外贸易与产业结构存在着长期的较为顺畅的传导机制[42]。而王家庭（2014）则是从投入—产出的角度对四川省的对外贸易和产业结构之间的关系做了实证分析。结论表明，对于先进制造业和轻工业，进口对这些部门产业发展的贡献较大；而出口贡献较大的多集中在传统制造业[43]。

随着国际贸易的发展，一种新型的贸易模式，即产业内贸易，逐渐成为众多学者研究的对象。因此，我国也有许多学者从产业内贸易这个角度去探讨贸易开放和产业结构之间的影响关系。张晖和张德生（2011）认为海南热带农业产业的升级必须要依靠产业内贸易。因为产业内贸易具有规模经济效应，可以促进产业技术进步，弱化要素禀赋的约束，还能通过外部效应使得海南热带农业产业得以升级[44]。柳剑平和张兴泉（2011）则是研究了产业内贸易和我国制造业产业结构优化的关系。他运用动态面板模型分别分析了产业内贸易水平的高低对产业结构合理化以及产业结构高度化的影响。研究结果表明，产业内贸易的提升不仅能够促进产业结构趋向合理化，还能促使产业结构更加高级化，即产业内贸易的发展对于产业结构的优化有正向的作用[45]。冼婷和马杰（2012）根据广西 2005～2010 年的产业内贸易和产业竞争力的实证分析结果认为，产业内贸易水平的提高在一定程度上能够提升产业竞争力，促进产业结构的发展[46]。吴亚芳（2012）则是利用半对数模型实证分析了陕西省 2001～2010 年的产业内贸易发展与产业结构演进的关系。实证结构表明，产业内贸易的发展能够在很大程度上促进陕西省三次产业的发展[47]。

（2）"抑制论"。胡秋阳（2008）认为，虽然贸易开放能够对一国的产业结构产生正向的影响，但是在一定条件下，对外贸易可能也会阻碍产业结构的优化[48]。而国内也有许多学者对这一问题进行了相关的研究，也得出了与其相一致的结论，即贸易开放在一定程度上会阻碍产业结构的优化发展。

国内学者肖云（1994）认为以不同生产要素禀赋为基础的国际贸易可以使产业结构得到优化调整，但如果一国不按照这个原则来开展贸易开放，则可能会使得产业结构畸形发展[39]。张捷和林新孟（2012）则是在古典经济增长模型和 H-O 模型的基础上，通过一般均衡理论模型来分析国际分工和产业结构变动的关系。他们认为如果一个国家以净出口工业品和净进口服务品的模式参与贸易开放将不利于该国的产业结构优化调整。同时，他们还从实证的角度去检验，结果表明，对于第二、第三产业而言，其贸易依存度平均每提升 1% 就会导致反映产业结构的指标反向变动 0.2% 左右[49]。马颖，李静和余官胜（2012）通过 VAR 模型分析了贸易开放和劳动密集型产业结构的关系。研究结果表明，贸易开放不利于劳动密集型产业结构的发展，两者之间有负效应[50]。而范爱军和李菲菲（2011）则是分别从自主创新，技术溢出角度，贸易利益分配角度等多个方面探讨了一般贸易和加工贸易对产业结构升级的不同影响。他们通过格兰杰因果检验和协整分析得出，与一般贸易不同，加工贸易由于过分依赖国际市场而不利于产业结构的升级[51]。厉英珍和倪伟清（2014）则运用半对数模型和协整检验，分析了我国 1987～2012 年的加工贸易出口和我国三次产业的相关性。实证结果表明，加工贸易出口对我国的第一产业和第三产业有一定的抑制作用[52]。

（3）"中性论"。徐东，栾贵勤和吴哲（2013）通过运用时间序列分析方法认为，贸易开放对产业结构升级的净效应并不是很明显。这主要是因为贸易开放一方面可以提高技术水平，另一方面又会造成生产资源要素在三次产业中的分配不均匀，从而使得其对产业结构升级的净效应并不明朗[53]。梁树广和李亚光（2012）在探讨影响我国产业结构变动的因素时，利用我国 31 个省从 2000～2010 年的样本数据构建面板模型来进行相关的分析。实证结果表明，对外贸易这个因素对于产业结构变动的影响并不显著[54]。苏振天（2010）通过对我国 1979～2008 年的对外贸易进出口数据和产业结构相关的数据，运用 VAR 模型，

Granger 因果检验和脉冲响应等方法对两者之间的关系进行了实证分析。结果表明，我国进出口贸易对产业结构的影响程度并不是太高[55]。王其猛和李辉（2011）也运用协整理论和 Granger 因果检验等实证分析方法对新疆从 1978～2010 年间的对外贸易和产业结构间的关系进行了分析，实证结果表明：新疆贸易总额，出口额和进口额这三个变量跟新疆第三产业比重之间并不存在长期的均衡关系[56]。

31.2.2.2　贸易开放与我国农业产业结构的研究

关于贸易开放对我国农业产业结构的影响，大多数的研究都是集中在我国刚加入 WTO 的前后几年。叶兴庆（2001）认为加入 WTO 将会促进我国农业产业结构的调整。他认为，在当时的国内背景下，我国的农产品普遍出现供大于求以及农产品价格持续下降的局面。而农产品的贸易开放将促使我国农业在考虑国内市场的同时还需顾及国际市场的影响，从而使得我国农业产业结构可以根据比较优势原则得以改善[57]。而武群丽，王健和姚金安（2000）则是建立了要素分配模型，从由于产品价格变化而引起要素资源流动的这个角度分析了在贸易开放下，我国农业生产将会从原先的传统农产品转向高值农产品，在改变我国农业产业结构的同时也会对农民的增收产生影响[58]。牛盾（2011）则是在回顾入世 10 年来我国农业的发展情况后，认为加入 WTO 使得我国农业产业结构得到进一步优化。他觉得贸易开放使得我国可以在更广泛的范围内配置农业资源，更好地发挥农业的比较优势，从而增加了农产品的有效供给，推动了农业产业结构的调整并推动农民的收入增长[59]。熊启泉和邓家琼（2014）认为在贸易开放的条件下，我国农业应该根据比较优势原则，适当地减少土地密集型农产品的播种面积，将释放的生产资源用于生产更加有出口竞争力的农产品，从而优化我国农产品贸易结构，进而改善我国的农业产业结构[60]。林桂红（2011）认为，中国与东盟自贸区的启动将有利于广西发展特色农业，实现农业产业结构的优化[61]。而张晖和张德生（2011）则认为在贸易开放下，海南热带农业面临着巨大的产业升级压力。而产业内贸易在弱化要素禀赋约束的同时还能通过技术进步和外部效应促进海南热带农业的产业升级。因此他认为海南热带农业的产业结构升级需要依靠产业内贸易[44]。

总结以上学者的观点，我们可以发现，大多数的学者认为贸易开放对我国农业产业结构有一定的正向影响。他们认为，建立在比较优势基础上的贸易开放可以使得我国的农业产业结构得到优化。

第 32 章

我国农产品贸易和农业产业
结构的现状分析

32.1 我国农产品贸易的现状分析

32.1.1 农产品的范围界定

目前，关于农产品的统计口径和范围界定存在许多方法，尚未有一个统一的定义。我们则是根据联合国贸易和发展会议（United Nations Conference on Trade and Development, UNCTD）的定义，认为农产品主要包括食品和农业原料，具体的则是按照《联合国国际贸易标准分类》在 1986 年施行的第三次修订标准（SITC Rev. 3）将农产品划分为 4 大类，共 22 章。

我们具体的农产品范围定义如下：

（1）SITC 第 0 类，食品及活动物（Food and live animals），主要包括：00 章 活动物（Live animals other than animals of division 03），01 章 肉及肉制品（Meat and meat preparations），02 章 乳制品及禽蛋（Dairy products and birds' eggs），03 章 鱼、甲壳及软体类动物及制品（Fish（not marine mammals），crustaceans, mollusks and aquatic invertebrates, and preparations thereof），04 章 谷类及其制品（Cereal and cereal preparations），05 章 蔬菜及水果（Vegetables and fruit），06 章 糖、糖制品及蜂蜜（Sugars, sugar preparations and honey），07 章 咖啡、茶、可可、调味品及制品（Coffee, tea, cocoa, spices, and manufactures thereof），08 章 饲料（Feeding stuff for animals（not including unmilled cereals），09 章 杂项食品（Miscellaneous edible products and preparations）。

（2）SITC 第 1 类，饮料及烟草，主要包括：11 章 饮料（Beverages），12 章 烟草及其制品（Tobacco and tobacco manufactures）。

（3）SITC 第 2 类，农业原料，主要包括：21 章 生皮及未硝毛皮（Hides, skins and fur skins, raw），22 章 油籽及含油果实（Oil-seeds and oleaginous fruits），

23 章 橡胶（包括合成橡胶及再生橡胶）（Crude rubber（including synthetic and reclaimed）），24 章 软木及木材（Cork and wood），25 章 纸浆及废纸（Pulp and waste paper），26 章 纺织纤维（毛条除外）及其废料（Textile fibers（other than wool tops and other combed wool）and their wastes（not manufactured into yarn or fabric）），29 章 其他动、植物原料（Crude animal and vegetable materials，n. e. s））。

（4）SITC 第 4 类，动植物油、脂及蜡，主要包括：41 章 动物油、脂（Animals oils and fats），42 章 植物油（Fixed vegetable fats and oils，crude，refined or fractionated），43 章 已加工的动植物油、脂及动物蜡（Animal or vegetable fats and oils，processed；waxes of animal or vegetable origin；inedible mixtures or preparations of animals or vegetable fats or oils，n. e. s）。

32.1.2 我国农产品贸易的现状

32.1.2.1 我国农产品贸易额的变化

综观我国"入世"前后 10 年左右，我们可以发现，从 20 世纪 90 年代起，我国农产品的贸易总量就逐步上升，尤其是在我国加入 WTO 后，更是迅速增长。我国的农产品贸易总额在 2013 年达到了 1851. 70 亿美元，相较于 2001 年我国刚"入世"时的 278. 06 亿美元，贸易总额增长了 5. 65 倍，比 1992 年的 166. 05 亿美元增长了 10. 15 倍，年平均增长率达到了 11. 59%。其中农产品贸易的出口额从 1992 年的 113. 07 亿美元增加到 2013 年的 670. 57 亿美元，增加了 4. 9 倍多，年平均增长率为 8. 4%；而从农产品贸易的进口方面来看，这个增长的速度更加明显。我国农产品的进口额从 1992 年的 52. 97 亿美元增长到 2013 年的 1180. 1 亿美元，增加了 21. 28 倍，年平均增长率为 15. 15%。具体见表 32 - 1。

表 32 - 1　　　　　我国农产品进出口贸易情况（1992 ~ 2013 年）　　　单位：亿美元，%

年份	数额				占世界农产品贸易总额的百分比
	出口额	进口额	净出口额	进出口总额	
1992	113. 07	52. 97	60. 1	166. 05	2. 24
1994	142. 88	71. 51	71. 37	214. 39	2. 61
1996	142. 48	108. 22	34. 25	250. 7	2. 58
1998	138. 44	83. 3	55. 14	221. 74	2. 43
2000	156. 19	112. 31	43. 87	268. 78	3. 27
2002	180. 21	124. 16	56. 04	304. 45	3. 48
2004	230. 84	279. 71	- 48. 87	510. 8	4. 27
2006	310. 27	319. 81	- 9. 54	630. 46	4. 55

续表

年份	数额				占世界农产品贸易总额的百分比
	出口额	进口额	净出口额	进出口总额	
2008	401. 86	583. 19	− 181. 33	985. 42	4. 93
2009	391. 69	521. 72	− 130. 03	913. 7	5. 17
2010	488. 58	719. 21	− 230. 63	1208. 2	6. 06
2011	600. 93	937. 93	− 336. 99	1539. 47	6. 47
2012	625. 61	1114. 89	− 489. 28	1741. 43	7. 04
2013	670. 57	1180. 1	− 509. 53	1851. 7	7. 25

资料来源：根据联合国商品贸易统计数据库（UNCOMTRADE）相关数据计算而得。

同时，从图 32 - 1 可以看出，在我国加入 WTO 之前，我国的农产品贸易一直都保持着农产品贸易顺差的局面。在这个时期，农产品的净出口为我国创汇做出了一定的正向贡献。但是随着我国加入 WTO 后，大量的农产品贸易进口使得我国的农产品贸易由顺差的局面逐步转为逆差的局面。我国在 2004 年首次出现农产品贸易逆差，逆差额为 48. 87 亿美元，随后的各年均处于贸易逆差，而且贸易逆差有持续扩大的趋势。我国农产品的贸易逆差额从 2004 年的 48. 87 亿美元增大到 2013 年的 509. 53 亿美元，逆差额增加了 9. 43 倍。我国的农产品贸易已经由原先的创汇大户变成现今的用汇大户，农产品贸易对外汇的影响也从原先的正向贡献变成负向贡献。

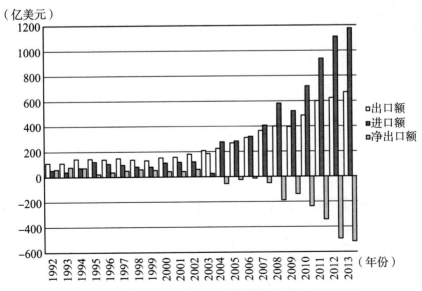

图 32 - 1　我国农产品进出口趋势分析（1992 ~ 2013 年）

资料来源：根据联合国商品贸易统计数据库（UNCOMTRADE）相关数据计算而得。

32. 1. 2. 2 我国农产品贸易品种结构的变化

从我国农产品贸易的进出口结构来看，我国自 20 世纪 90 年代以来主要都是出口劳动力密集型的农产品和进口土地密集型的农产品。自我国加入 WTO 之后，依然持续着这个趋势，只是在进口的农产品中更加集中在土地密集型的农产品。对比劳动力密集型农产品和土地密集型农产品的进出口额，我们可以发现，1992 ~ 2013 年，劳动力密集型农产品的净出口额和土地密集型农产品的净进口额均有了较大的变化。从图 32 - 2 我们可以看出，在我国加入 WTO 之前，我国劳动力密集型农产品的净出口额维持在一个稳定的水平，而土地密集型农产品的净进口则是小幅度波动。自 2001 年我国加入 WTO 之后，两者的增长趋势则有了较大的改变。对于土地密集型农产品而言，其贸易净进口额在我国入世后呈现出快速增长的趋势，由 2001 年的 27. 63 亿美元增长到 2004 年的 147. 13 亿美元，随后又在短短四年内快速增长，于 2008 年达到 335. 49 亿美元。虽然 2009 年的净进口额有所下降，但是从 2010 年开始又继续呈现出增长的趋势，并在 2013 年增长到 633. 34 亿美元。对于劳动力密集型农产品，其净出口额一直处于平稳增长的状态。从 1992 年到 2001 年，其净出口额维持在 55 亿 ~ 70 亿美元。在 2004 年我国农产品首次出现贸易逆差后，劳动力密集型农产品的净出口额有了相对较快的增长，从 2004 年 98. 02 亿美元的净出口额增长到 2013 年的 122. 78 亿美元，但是始终还是没有改变农产品贸易逆差的局面，并且从 2007 年起，劳动力密集型农产品的净出口额与土地密集型农产品净进口额的差距在持续扩大。

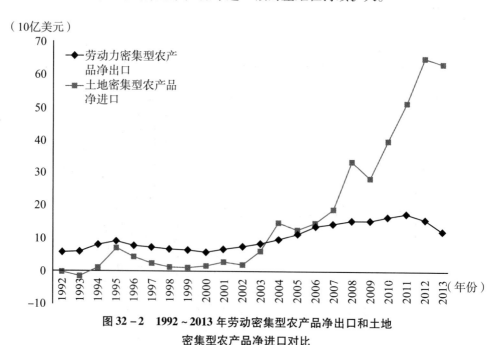

图 32 - 2　1992 ~ 2013 年劳动密集型农产品净出口和土地
密集型农产品净进口对比

资料来源：根据联合国商品贸易统计数据库（UNCOMTRADE）相关数据计算而得。

从农产品进口的细分品种来看，我国农产品进口主要是集中在油籽、畜类产品、植物油脂、水海产品和棉花等。根据 UNCOMTRADE 的相关数据显示，受到纺织业出口疲软的影响，我国 2013 年的棉花出口仅为 0.81 万吨，比上年下降了65.1%；进口449.97万吨，相比于2012年，进口数量有所下降。而大豆贸易方面，在 2013 年，我国大豆出口 20.90 万吨，相比于 2012 年的 32.01 万吨，下降了 34.70%，大豆进口 6337.79 万吨，同比增长了 8.56%，再次创下了我国大豆进口数量的新高水平，造成 378.07 亿美元的贸易赤字。大量的大豆进口不仅造成国内许多大豆以及大豆油加工企业破产或者被外资企业收购并购，而且还给我国的大豆生产行业带来严重的负面影响。大豆生产在我国农业产业结构中的比重大幅度减少，而大面积的大豆种植面积缩水造成大批的农民工失业，直接影响到这些农民的福利水平，甚至是他们的基本生存。

从农产品出口的细分品种来看，位居我国农产品出口额前列的主要有水、海产品，食用蔬菜，食用水果以及禽畜类产品等。其中水产品在 2013 年的出口额达到 194.33 亿美元，同比增长了 7.2%；食用蔬菜出口额为 78.71 亿美元，相比于 2012 年的 69.06 亿美元，增长了 14%；食用水果及坚果的出口额为 41.72 亿美元，也比上年有所增长，增长了大约 10.6%；而禽畜类的产品则出现了出口额有所下降，进口额却不断增加的趋势，其中乳制品进口额的增加尤为明显（具体见表 32 - 2）。劳动力密集型农产品在我国加入 WTO 之后并没有出现预期的快速增长，反倒是以水产品和园艺类产品为代表的劳动力密集型农产品在出口中频繁受阻，这就迫切地要求我国对农业产业结构进行优化调整。

表32 - 2　　　　　　　　　我国农产品进出口变化趋势分析　　　　　　　　单位：亿美元

年份	大宗农产品		水产品		园艺类产品		畜产品	
	进口	出口	进口	出口	进口	出口	进口	出口
1992	31.7	36.6	3.3	15.6	1.6	25.7	11.2	18.0
1994	45.4	41.7	5.8	23.2	1.6	33.8	13.5	23.6
1996	66.5	28.2	6.0	28.6	3.9	36.7	16.3	26.8
1998	40.0	31.7	6.7	26.5	4.3	35.9	14.1	21.7
2000	48.3	32.6	12.1	36.5	6.2	38.5	28.4	24.6
2002	53.1	34.0	15.6	44.8	8.0	48.6	29.5	24.6
2004	172.5	27.5	23.4	66.3	13.5	70.8	40.2	28.0
2006	183.9	37.2	31.6	89.5	19.7	100.4	45.7	34.6
2008	382.3	46.3	36.9	100.9	26.2	139.8	77.0	39.0
2009	325.3	41.5	36.2	102.2	35.2	138.6	65.2	33.7
2010	442.0	46.5	44.1	132.0	48.0	179.4	94.8	43.9

续表

年份	大宗农产品		水产品		园艺类产品		畜产品	
	进口	出口	进口	出口	进口	出口	进口	出口
2011	569.6	56.5	57.5	169.7	64.1	215.7	131.7	55.5
2012	708.2	58.4	56.6	181.2	79.3	208.4	146.8	55.1
2013	695.9	61.3	61.8	194.3	84.9	229.0	192.4	55.1

资料来源：根据联合国商品贸易统计数据库（UNCOMTRADE）相关数据计算而得。

32.1.2.3 我国农产品贸易对象的变化

从我国农产品的贸易对象来看，我国进出口的目标市场分布相对集中而且变化也不大（见表32-3）。我国农产品进口的贸易伙伴主要集中在南美洲，北美洲以及南亚。美国在2013年以253.5亿美元的进口额继续保持着我国农产品进口第一大来源国的地位。但是其进口增速在2009年后首次出现负增长，占我国农产品进口总额的比例也从2012年的26.3%下降到23%；相反，2013年我国自巴西农产品的进口保持了20%的较快增长，实现进口额225亿美元，与美国的差距缩小至28.5亿美元，同比缩小了67.1%。同时，作为我国大豆进口的主要来源国，2013年我国从巴西进口的大豆达到3180.86万吨，进口数量超过美国，成为我国大豆进口的第一大市场。紧随其后的则分别是美国和阿根廷。我国农产品从美洲进口的金额占据了总农产品进口额的55.43%。

表32-3　　　　　　　我国农产品主要贸易伙伴的市场份额排序　　　　　　单位：%

进口额占比					出口额占比				
来源地	2002年	2006年	2010年	2013年	目标市场	2002年	2006年	2010年	2013年
美国	22	24	26	23	日本	32	26	19	17
巴西	9	12	15	19	韩国	11	9	7	7
阿根廷	7	7	8	4	美国	9	12	12	11
澳大利亚	12	7	5	7	马来西亚	3	3	3	4
马来西亚	6	5	5	3	印度尼西亚	3	2	4	3
俄罗斯	5	4	2	1	德国	3	4	4	3
加拿大	4	3	4	5	俄罗斯	2	3	3	3
泰国	3	4	3	4	荷兰	2	2	2	2
合计	68	66	68	66	合计	65	61	54	49

资料来源：根据联合国商品贸易统计数据库（UNCOMTRADE）相关数据计算而得。

从我国农产品出口市场来看，主要的目标市场还是集中于亚洲，北美洲以及欧洲。其中日本则是我国农产品出口最大的目标市场，在我国农产品出口额中占了 17% 的比重。以 2013 年的数据为例，在肉类产品的出口市场上，我国对日本的鸡肉制品出口占了该类产品出口总量的 84.0%；位居出口量第二和第三的目标市场分别是中国香港和荷兰。水产品市场以虾产品为例，我国主要的虾产品出口国分别是美国，日本和马来西亚。蔬菜水果产品方面，我国的主要目标市场也基本都是集中在亚洲，比如说泰国，越南和马来西亚等。

32.2　我国农业产业结构的现状分析

32.2.1　农业产业结构的定义

产业既包括物质生产部门，也包括非物质生产部门，还涉及那些通过自身部门的经营活动为其他部门的生产和消费提供服务的各种流动或者交换等的经济部门以及行业。而结构则一般是指构成特定事物的各种资源要素以及它们的关联方式。

关于产业结构的定义，在经济学上分为广义的和狭义的。广义的产业结构涉及的层面比较多，既包括各个产业之间的关系结构，也包括某个产业内部各家企业之间的关系结构；同时也可以指各个产业不同的地区分布结构，还涉及各产业不同的产业所有制等。而狭义的产业结构则是特指各个产业之间的关系结构。

对于农业产业结构的定义，国家统计局则是将其定义为农业下属的农、林、牧、渔业这四个部门的经济发展态势，主要是用各个部门的总产出值来考察。但是，我们认为，关于农业产业结构的定义不应该局限在农、林、牧、渔业这四个部门的经济发展态势，即仅仅用这四个部门的产出总值来反映。我们认为农业产业结构所涉及的范围还应该包括以农业物料（无论是人工种养的还是野生动植物资源）以及农业物料的加工品为基础原料的农产品加工业。农产品加工业是国民经济基础性和保障民生的重要支柱产业，是农业产业的重要环节之一。同时其还是农业结构战略性调整的风向标和建设现代农业的重要环节。因此我们认为在考虑农业产业结构时应该包括农产品加工业。而农业产业结构也不仅仅是指各产业的产出结构，还应该包括各产业的内部结构、地区分布结构等。

32.2.2　我国农业产业结构的现状

32.2.2.1　我国农业产业内部结构现状

综观我国"入世"前后 10 年，我们可以发现，我国的种植业、林业、牧业、渔业以及农产品加工业都有了很大的发展。其中，种植业的产值从 1992 年的 5588 亿元到 2012 年的 46940.46 亿元，增加了 8.40 倍，年均增长率为 11.23%；林业的产值从 1992 年的 422.6 亿元到 2012 年的 3447.08 亿元，增加了 8.16 倍，年均增长率为 11.06%；牧业的产值从 1992 年的 2460.5 亿元到 2012 年的 27189.39 亿元，增加了 11.05 倍，年均增长率为 12.76%；渔业的产值从 1992 年 613.48 亿元增长到了 2012 年的 8706.01 亿元，增加了 14.19 倍，年均增长率为 14.18%；农产品加工业的产值则从 1992 年的 8299.97 亿元到 2012 年的 189260.54 亿元，增长了 22.80 倍，年均增长率为 16.92%。具体见表 32-4 和图 32-3。

从表 32-4 和图 32-3 可知，整体上来看，我国种植业在农业总产值中的比重有逐渐下降的趋势，但是由于一直以来，我国农业都是以种植业为主，种植业的基数相较于林业、牧业和渔业也会比较大，因此还是占据着一定的主导地位。畜牧业在农业总产值中所占的比例呈现逐步增大的趋势，但是在某些年份因为受到禽流感等因素的影响，其所占的比重有所下降，所以呈现出动荡增长的趋势。林业和渔业的发展则相对比较稳定，在我国农业总产值的比重基本分别维持在 3.79% 和 9.47%。而我国农产品加工业一直处于稳步发展的状态，在我国加入 WTO 之后则更是有了很大的发展。

表 32-4　　　　　　　　我国种植、林、牧、渔的产值及比重　　　　单位：亿元，%

年份	种植业		林业		牧业		渔业	
	产值	比重	产值	比重	产值	比重	产值	比重
1992	5588	61.51	422.6	4.65	2460.5	27.08	613.48	6.75
1994	9169.19	58.22	611.1	3.88	4672	29.66	1298.2	8.24
1996	13539.75	60.57	778.01	3.48	6015.54	26.91	2020.43	9.04
1998	14241.88	58.03	851.26	3.47	7025.84	28.63	2422.88	9.87
2000	13873.6	55.68	936.5	3.76	7393.1	29.67	2712.6	10.89
2002	14931.54	54.51	1033.5	3.77	8454.64	30.87	2971.07	10.85
2004	18138.36	50.05	1327.12	3.66	12173.8	33.59	3605.6	9.95
2006	21522.28	52.74	1610.81	3.95	12083.86	29.61	3970.52	9.73
2008	28044.15	48.35	2152.9	3.71	20583.56	35.49	5203.38	8.97
2009	30777.5	50.99	2193	3.63	19468.36	32.25	5626.44	9.32
2010	36941.11	53.29	2595.47	3.74	20825.73	30.04	6422.37	9.26
2011	41988.64	51.64	3120.68	3.84	25770.69	31.70	7567.95	9.31
2012	46940.46	52.47	3447.08	3.85	27189.39	30.40	8706.01	9.73

资料来源：根据《中国统计年鉴》历年的相关数据计算而得。

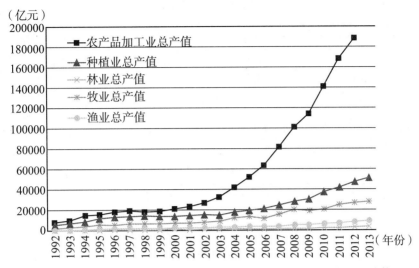

图 32 - 3　我国种植业、林业、牧业、渔业和农产品加工业的发展趋势

资料来源：根据《中国统计年鉴》和《中国工业经济统计年鉴》历年的相关数据计算而得。

（1）种植业。根据《中国统计年鉴》各年的数据可以知道，我国农作物总播种面积在 1992~2012 年间总体上是呈现出上升的趋势，其中在我国加入 WTO 后的几年里有小幅度下降。这可能是随着贸易的开放，我国农产品有较大的进口贸易。我国农作物总播种面积在 1992 年、2000 年、2004 年、2012 年分别为 149007.1 千公顷、156299.85 千公顷、153552.55 千公顷和 163415.67 千公顷。从表 32 - 5 可以知道，我国粮食作物在种植业中是占据着主导的地位，但是其播种面积在农作物总播种面积中的比重却有着下降的趋势，从 1992 年的占比 74.20% 减少到 2012 年的 68.05%。我国种植业辅之种植其他的作物，所以相对而言，它们的播种面积也会比较小。

表 32 - 5　　　　　　　　　我国种植业的产业结构　　　　　单位：%，公斤/公顷

项目	1992 年 播种面积占比	1992 年 单产	2000 年 播种面积占比	2000 年 单产	2004 年 播种面积占比	2004 年 单产	2012 年 播种面积占比	2012 年 单产
粮食作物	74.20	4003.79	69.39	4261.15	66.17	4620.49	68.05	5301.76
谷物	62.09	4341.72	54.55	4752.56	51.68	5186.77	56.67	5823.7
豆类	6.03	1393.71	8.10	1587.67	8.34	1743.96	5.94	1782.32
大豆	4.85	1426.97	5.95	1655.71	6.24	1814.78	4.39	1814.36
薯类	6.08	3140.51	6.74	3496.93	6.16	3762.02	5.44	3705.63
油料作物	7.71	1428.4	9.85	1918.68	9.40	2124.57	8.52	2467.21
棉花	4.59	659.6	2.59	1093.08	3.71	1110.78	2.87	1458.15

项目	1992 年		2000 年		2004 年		2012 年	
	播种面积占比	单产	播种面积占比	单产	播种面积占比	单产	播种面积占比	单产
麻类	0.29	2159.95	0.17	2023.48	0.22	3232.74	0.06	2580.72
糖料	1.28	46216.7	0.97	57626.1	1.02	61034.48	1.24	68600.3
烟叶	1.40	1671.65	0.92	1775.86	0.82	1901.05	0.98	2133.69
蔬菜	4.72	—	9.75	—	11.44	31357.26	12.45	34827.6

资料来源：根据《中国统计年鉴》历年的相关数据计算而得。

同时从我国各种作物的单位产量来看，在我国加入 WTO 之前，单产增长相对较为缓慢。粮食作物从 1992 年的 4003.29 公斤/公顷增长到 2000 年的 4261.15 公斤/公顷，平均增长率为 0.78%；但是从我国"入世"后，单产有了较大的提高，从 2001 年的 4266.94 公斤/公顷增长到 2012 年的 5301.76 公斤/公顷，平均增长率为 1.99%。其他作物的单产也基本呈现逐年增加的趋势，但是在我国入世后，这个增加的趋势更为明显。

（2）畜牧业。我国畜牧业在农业总产值中的比重呈现动荡增大的趋势，平均占比为 30.47%。其中，2000～2012 年的牲畜出栏情况见表 32-6，2000～2012 年的畜产品产量见表 32-7。

表 32-6　　　　　　　　我国牲畜出栏情况表　　　　　　　单位：万头，万只

年份	大牲畜年底头数	肉猪出栏头数	猪年底头数	羊年底只数
2000	14638.11	51862.31	41633.61	27948.22
2001	13980.86	53281.08	41950.46	27625.03
2002	13672.31	54143.87	41776.22	28240.88
2003	13467.29	55701.78	41381.81	29307.42
2004	13191.38	57278.48	42123.4	30425.96
2005	12894.84	60367.42	43319.11	29792.67
2006	12287.1	61207.26	41850.39	28369.81
2007	12309.35	56508.27	43989.46	28564.71
2008	12250.69	61016.61	46291.33	28084.92
2009	12357.57	64538.61	46996.04	28452.2
2010	12238.51	66686.43	46460.01	28087.89
2011	11966.18	66362.1	46862.7	28235.78
2012	11891.78	69789.47	47592.24	28504.13

资料来源：根据《中国统计年鉴》历年的相关数据计算而得。

从表 23-6 中，我们可以看出，我国大牲畜存栏头数呈现逐步减少的趋势，其中 2012 年我国大牲畜存栏头数为 11891. 78 万头，猪存栏为 47592. 24 万头，羊存栏为 28504. 13 万只，分别较 2000 年增长了 -18. 76%，14. 31% 和 1. 99%。

从表 32-7 中，我们可以知道，2012 年全国的肉类总产量达到 8387. 242 万吨，其中猪肉为 5342. 7 万吨，牛肉为 662. 3 万吨，羊肉为 401. 0 万吨；全国奶类的产量为 3875. 4 万吨，其中牛奶的产量为 3743. 6 万吨；全国禽蛋类的总产量为 2861. 2 万吨，各类畜产品的产量都有所增长。

表 32-7　　　　　　　　我国畜产品产量情况　　　　　　　单位：万吨

年份	肉类	奶类	绵羊毛	山羊毛	羊绒	禽蛋	蜂蜜
2000	6013. 902	919. 1189	29. 2502	3. 3266	1. 1057	2182. 006	24. 6
2001	6105. 838	1122. 891	29. 82542	3. 424052	1. 096766	2210. 1	25. 15716
2002	6234. 294	1400. 353	30. 75877	3. 545905	1. 1765	2265. 703	26. 46481
2003	6443. 322	1848. 626	33. 80582	3. 669165	1. 3528	2333. 067	28. 8786
2004	6608. 722	2368. 361	37. 39017	3. 772714	1. 45147	2370. 641	29. 31977
2005	6938. 865	2864. 825	39. 31716	3. 690388	1. 543483	2438. 12	29. 32113
2006	7089. 041	3302. 465	38. 87768	4. 051237	1. 639506	2424. 003	33. 25959
2007	6865. 721	3633. 377	36. 34699	3. 838174	1. 848339	2528. 983	35. 35013
2008	7278. 742	3731. 5	36. 76874	4. 440609	1. 7184	2702. 198	40
2009	7649. 749	3677. 7	36. 40018	4. 945318	1. 696371	2742. 471	40. 154
2010	7925. 832	3747. 958	38. 67683	4. 271379	1. 851848	2762. 737	40. 11554
2011	7965. 1	3810. 687	39. 30722	4. 404697	1. 798906	2811. 418	43. 1157
2012	8387. 242	3875. 4	40. 0057	4. 392412	1. 802122	2861. 173	44. 84185

资料来源：根据《中国统计年鉴》历年的相关数据计算而得。

（3）林业和渔业。我国林业和渔业的发展相对比较稳定，两者在我国农业总产值的比重分别维持在 3. 79% 和 9. 47%。其中，林业方面在 2011 年全年完成造林面积 6138 千公顷，义务植树 25. 14 亿株，造林面积相较于 2000 年的 5105 千公顷增长了 1. 20 倍，年均增长率为 1. 53%。主要林产品的产量也稳步提升，在 2011 年总共营造了 686. 67 千公顷速生丰产用材林，全国人造板、木竹地板生产分别比上年增长了 7. 7% 和 2. 2%。干鲜果品、木本油料、木本药材等特色经济林产品产量达到 1. 26 亿吨。

在渔业方面，2011 年全国水产品总产量为 5603. 2 万吨，比上年增长了 4. 28%；渔民人均纯收入 10011. 65 元，增加了 1048. 84 元，实现渔业总产值 7568 亿元，实现增加值 4590 亿元。

（4）农产品加工业。我国农产品加工业的发展较为迅速，总量持续增长。至

2008 年底，规模以上的农产品加工业的产值已经突破 10 万亿元，2012 年产值达到约为 19 万亿元，与农林牧渔业的总产值比例约为 2.1:1。其中食品工业的产值在农产品加工业产值的比重也是稳步增加。2012 年，食品工业的总产值在农产品加工业产值的比例达到 35.49%。同时，农产品加工业各产业加速集聚，初步形成了东北和长江流域水稻加工、黄淮海优质专用小麦加工、东北玉米和大豆加工、长江流域优质油菜籽加工、中原地区牛羊肉加工、西北和环渤海苹果加工、沿海和长江流域水产品加工等产业聚集区。

32.2.2.2　我国农业产业结构存在的问题

（1）种植业。2012 年我国农作物总播种面积为 163416 千公顷，粮食作物的播种面积为 111205 千公顷，占总播种面积的 68.05%；蔬菜瓜果类的播种面积为 32493 千公顷，占总播种面积的 19.88%；经济作物的播种面积为 19718 千公顷，仅占总播种面积的 12.07%。我国种植业主要以粮食作物为主，而粮食作物中，又以种植玉米为主。玉米的播种面积在总播种面积的比例高达 21.44%。与其他的经济作物相比，从经济价值这方面来说，玉米等农作物受到自然条件的影响比较大，而且抗灾能力也较弱，并不是产出效益比较高的农作物。因此，种植业总体经济产出价值并不是很高，土地的经济效能也比较低。

（2）林业和渔业。我国林业和渔业的发展比较薄弱，在 2012 年，林业和渔业的产值总和为 12153.09 亿元，在农林牧渔业总产值中所占的比例仅为 13.59%，说明我国农产品部门的发展比较不均衡。

我国在 2011 年的总造林面积为 5996.13 千公顷，但是这当中大部分是属于防护林，而用材林和经济林的面积则相对较小，林种结构比较不合理。

（3）农产品加工业。农产品加工业中的规模以上企业仅占全部农产品加工企业数量的 24%，年销售收入过百亿元的企业仅有 21 家，过 500 亿元的企业仅有 4 家，过 1000 亿元的企业仅有 2 家，进入世界 500 强的企业只有 1 家，中小型企业比重大。

在农产品商品化处理和初加工环节，农户、专业合作组织和农村小企业加工设施简陋，工艺落后，产后损失大，质量安全隐患突出。据测算，我国农户粮食、果蔬产后损失率分别为 7% 和 10%～20%，远高于发达国家 1% 和 5% 的水平。

第 33 章

我国农产品贸易引致的调整成本的测量分析

33.1 调整成本产生的机理

正如前面所述，经典的贸易理论告诉我们，如果两国都选择自由贸易，双方都可以生产自己具有比较优势的产品并从相互贸易中获益，贸易后两国的福利水平都会上升。但是在现实中，往往很难实现完全的自由贸易。这主要是因为经典的贸易理论并没有考虑到，贸易自由化所引起的资源的重新配置是需要一定的代价。在现实中，资源是很难重新无障碍地、迅速地转移到其他部门，在这样的情况下，资源的重新再配置也就无法达到帕累托最优，就会造成资源的浪费。在此，我们将借助保罗·萨缪尔森和罗纳德·琼斯的特定要素模型（Specific Factors Model）来讨论贸易开放下调整成本的产生原因以及它的表现形式。

假设一国生产两种产品，即 X 产品和 Y 产品，其中 X 产品是出口产品，而 Y 产品是进口产品，两者的价格已定，如图 33 - 1 所示。

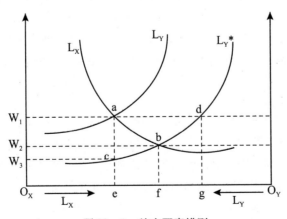

图 33 - 1　特定要素模型

两种商品都分别需要劳动力（L）和资本（K）的投入，其中资本（K）就是特定的生产要素。图中的曲线 L_X 和曲线 L_Y 分别表示 X 和 Y 部门对劳动力（L）的需求。从图中可以看出，在最初的劳动力市场均衡时，a 点是市场均衡的出清点。此时，X 部门需要 $O_X e$ 劳动力，Y 部门需要 $O_Y e$ 劳动力，劳动力市场的均衡工资为 W_1。

随后，在该国的贸易自由度提高以后，假设 Y 产品的进口关税被取消了，则 Y 产品的价格下降，而 X 产品不受影响，价格没有变化。Y 产品的相对价格下降导致了 Y 产品对劳动力（L）的需求下降，因此，曲线 L_Y 向下移动到 L_Y^* 的位置。劳动力市场达到了一个新的均衡，也就是 b 点。此时 X 和 Y 部门对劳动力（L）的需求分别为 $O_X f$ 和 $O_Y f$，均衡工资为 W_2。

从均衡点 a 点移动到均衡点 b 点的过程中，我们假设两个极端的条件：

第一，我们假设劳动力（L）能够自由地、无须任何代价地在 X 和 Y 两个部门间随意移动，但是由于各种原因，短期内工资是具有刚性的。也就是说，在短期内，工资是没有办法迅速地从 W_1 下降到 W_2，而是维持在 W_1 的水平上。X 部门的工人数没有受到影响，依旧维持在 $O_X e$；而 Y 部门的就业者人数则从最初的 $O_Y e$ 减少到 $O_Y g$。此时则存在部分的劳动力失业，即 eg 部分的劳动力暂时性失业。在这种资源的重新配置下，调整成本则是以短期劳动力失业的形式存在。而研究告诉我们，有时候这种调整成本带来的损失可能要超过贸易自由化带来的收益。所以，是否实行贸易自由化，这当中的成本效益均衡则取决于调整成本的大小以及贸易开放带来的效益和社会贴现率。

第二，我们假设工资是具有完全弹性的，也就是说，劳动力市场的工资能够及时地调整以使劳动力市场随时处于充分就业的状态。但是，在这里，劳动力（L）是具有特定性的，X 部门和 Y 部门之间的劳动力流动是受到调整成本的限制，例如新岗位的重新上岗培训成本和地域不同的成本。这些调整成本的存在造成了短时期内劳动力市场存在一定的分割，因此在短期内，就业者在 X 部门和 Y 部门的工资可能会存在一定的差异。如图 33 - 1 所示，因为调整成本的存在导致在该国的 Y 产品价格下降后，c 点成为短期内劳动力市场新的均衡点。此时，X 部门和 Y 部门的劳动力需求分别为 $O_X e$ 和 $O_Y e$，劳动力市场仍然处于充分就业的状态。但是，Y 部门就业者的工资从原先的 W_1 下降到 W_3，而 X 部门的劳动力工资仍然维持在较高的 W_1。

从上述的特定要素模型，我们可以得知，造成调整成本的两个主要原因是要素价格的刚性和要素的特定性，各自的结果分别表现为失业和部门间要素价格的差异不平等。而在实际中，这两种状态通常都是会同时存在的。因此，在这样的情况下，贸易自由化或者提高贸易自由度都是会带来一定的"代价"的，也就是贸易开放所引致的调整成本。

33.2　调整成本的测量方法:"平滑调整假说"

从上一节的分析我们可以知道,在现实生活中,由于贸易开放而导致的调整成本往往会造成劳动者失业或者劳动者收入存在差距这样的后果,同时由于大多数情况下这两种情况是并存的,再加上其他引致上述两个后果的原因的混淆,因此想要很直接、准确地测量由于贸易开放导致资源重新分配而带来的调整成本的大小是有一定难度的,尤其是在我国农产品部门。由于生产资源的流动性相对较低使得想要测量我国农产品部门因贸易开放而承受的调整成本大小显得更加困难。

但是,"平滑调整假说"(the Smooth Adjustment Hypothesis, SAH)的提出(Balassa,1966)使得测量调整成本有了可能性。该假说主要考虑了劳动力这种生产资源在生产过程中的重新分配和调整。巴拉萨认为,由于劳动力在不同的行业间存在着较明显的技能差异化,因此与产业间的贸易相比较,产业内的贸易更有利于劳动力在同一个行业内的流动。即资源的再配置更容易在技术条件以及投入的生产要素品质类型相类似的同一产业内发生。因此,产业内贸易所引起的各种生产资源的调整难度和调整周期都会比产业间贸易所带来的调整要小很多,即调整成本的大小是跟产业内贸易程度的高低密切相关的[4]。

这也就说明了,为什么按照比较优势原理而言,理论上,世界上大部分的贸易应该是发生在具有较大资源禀赋差异的发达国家和发展中国家之间,但实际却是发达国家与发达国家之间的产业内贸易占据了世界贸易总量的大部分。这是因为与产业间的贸易相比较,产业内贸易所带来的各种调整成本要小很多。

以葡萄酒和汽车为例,如果贸易国在这两个产业之间进行的是产业间贸易,则当两个产业各自的生产部门扩大或者缩小生产时,贸易国则需要将已经投入的生产要素在不同的产业间进行转移和调整,如原先在葡萄酒行业的酿酒师可能需要重新接受培训到汽车行业当汽车制造工人,原先在汽车行业使用的一些生产设备在葡萄酒行业可能就不适用了或者直接出现闲置状态等,这就给生产资源的重新转移带来较大的困难,造成较高的调整成本。但是,如果贸易国是在这两个产业间分别进行产业内贸易,如葡萄酒产业根据葡萄酒不同的品质和口感进行产业内贸易,而汽车产业则根据汽车的不同性能来进行产业内贸易,则此时,已经投入的生产资源在同一产业内进行再调整和转移就比产业间贸易的调整相对容易许多,贸易过程中所遭受的摩擦和阻力也会小很多。

因此,产业内贸易的程度越高,各种生产要素的再转移和调整就越容易,反之则是越困难。也就是说,由于贸易所带来的调整成本的大小是可以通过测量相关产业的产业内贸易水平而取得的。

因此,想要直接测量调整成本的大小,普遍的做法是根据"平滑调整假说(SAH)"即认为产业内贸易的程度和调整成本的大小呈现负相关性来对调整成本进行一个测量。但是，"平滑调整假说"在不同的国家不同的产业领域并不一定都适用。而且根据现有的文献研究来看，大部分适用 SAH 理论的都是集中在发达国家的工业部门。但是对于农产品部门，不论是产业结构还是生产方式，其都与工业领域有较大的差异。因此想要根据"平滑调整假说"来测量调整成本的大小，首先需要验证"平滑调整假说"在我国农产品部门是否具有适用性和有效性。如果能够证明"平滑调整假说"适用于我国农产品部门，也即证明了在我国农产品部门，贸易开放所引起的调整成本是与农产品间的产业内贸易程度有直接关联的，则我们就可以运用"平滑调整假说"来测量和分析我国农产品贸易所引致的调整成本的大小。

33.3 "平滑调整假说"的检验

33.3.1 变量的选取以及模型设定

在检验"平滑调整假说"时，大多的学者都是借鉴了布鲁哈特和索普（Marius Brülhart and Michael Thorpe，2000）在验证"平滑调整假说"时所采用的模型（33 - 1），即是建立在行业层面劳动力数据基础上的一个分析模型。同时由于在我国想要获取个人或企业层面的劳动力数据有较大的局限性，因此本章也将借鉴模型（33 - 1），并进行适当修改，以便更好地检验"平滑调整假说"在我国农产品部门是否具有适用性。

$$\Delta EMPL_i = \beta_1 + \beta_2 \Delta PROD_i + \beta_3 \Delta DCON_i + \beta_4 TPER_i + \beta_2 MITT_i + \mu \quad 公式（33 - 1）$$

在模型（33 - 1）中，$\Delta EMPL_i$ 表示调整成本的大小，$\Delta PROD_i$ 表示劳动生产率变化，$\Delta DCON_i$ 表示显性需求变化，$TPER_i$ 表示贸易开放度，而 $MITT_i$ 则表示产业内贸易水平。

由于贸易而引起的部门调整会涉及很多生产资源的调整，而除了劳动力以外，其他生产资源的调整成本都相对难以衡量，因此很多学者都是将与劳动力相关的指标作为贸易开放下调整成本的代理指标，包括就业人数的变化，失业率的变化等。同时，由于本章所研究的是"平滑调整假说"是否适用于我国农产品部门，而农产品部门劳动者的就业人数变化相较于其他指标最能反映农产品部门的调整。这是因为在我国这些劳动者不仅是劳动力所有者，而且还是土地经营者和资本提供者。因此，本章在验证"平滑调整假说"时，将选取劳动力这个生产资源的变化作为衡量调整成本大小的代理变量。同时，根据以往学者的研究表明，劳动力的变化具有不确定性，可能是正向变化也可能是负向变化（Brülhart and Elliott，1998；Brülhart and Thorpe，2000；Cabral and Silva，2006）[62~64]。而不管劳动力是如何变化，这都是劳动力这个生产资源调整的表现形式，都可能跟产业内贸易程度的减弱有关。因此本章借鉴布鲁哈特和索普（2000）的方法，对劳动力的变化量采用绝对值，以便能够更好地研究劳动力调整与产业内贸易程度的关系[65]。

再者，由于本章的研究涉及各个变量的变化量，将会采取差分数据，这就需要对时间的间隔期做一个选择。而布鲁哈特和索普（2000）在其研究中表明，由于产业内贸易程度跟劳动力调整成本大小的关系受到间隔期的影响非常大，相较于其他的间隔期，在选取一年的间隔期时，两者之间关系的结果最为显著[65]。因此，本章所有涉及差分的变量都采用间隔一年的差分数据。

所以，被解释变量指标的形式具体如下：

$$\Delta EMPL = \left| \frac{Labour_i^t - Labour_i^{t-1}}{(Labour_i^t + Labour_i^{t-1}) \times 0.5} \right| \qquad 公式（33-2）$$

其中，t 表示时期，i 代表行业。$Labour_i^t$ 表示第 t 年，我国第 i 产业部门的就业人数，数据来源于中华人民共和国国家统计局的数据库。

在解释变量方面，本章则是选择了产业内贸易指数（S），间隔一年显性需求变化绝对值（$\Delta DCONS$），贸易开放度（TRADE），间隔一年的劳动生产率变化绝对值（$\Delta PROD$），产业内贸易指数与贸易开放度的交互项（$S \times TRADE$）。

（1）间隔一年显性需求变化绝对值（$\Delta DCONS$）。对产品需求的变化会直接影响到产品生产的数量，从而对产品投入的生产资源产生影响，也就会使得劳动力有所变动和调整。具体形式如下：

$$\Delta DCONS = \left| \frac{(Output_i^t - Output_i^{t-1}) + (M_i^t - M_i^{t-1}) - (X_i^t - X_i^{t-1})}{[(Output_i^t + M_i^t - X_i^t) - (Output_i^{t-1} + M_i^{t-1} - X_i^{t-1})] \times 0.5} \right|$$

$$公式（33-3）$$

其中，t 表示时期，i 表示行业。$Output_i^t$ 表示第 i 产业部门在第 t 年的总产出；M_i^t 和 X_i^t 则是分别表示第 i 产业部门在第 t 年的总进口量和总出口量。$\Delta DCONS$ 表示从 t-1 时期到 t 时期这间隔 1 年的时间，我国居民对 i 产业部门的产品需求量的变化。数据分别来源于中华人民共和国国家统计局的数据库和 UN-COMTRADE 的数据库。

（2）间隔一年的劳动生产率变化绝对值（$\Delta PROD$）。劳动生产率的变化将会直接影响到产业部门的生产和劳动力的变动。具体形式如下：

$$\Delta PROD = \left| \frac{LP_i^t - LP_i^{t-1}}{(LP_i^t + LP_i^{t-1}) \times 0.5} \right| \qquad 公式（33-4）$$

其中，LP_i^t 表示第 i 产业部门在第 t 年的劳动生产率。劳动生产率用总产值除以职工人数得到。$\Delta PROD$ 表示从 t-1 时期到 t 时间，第 i 产业部门的劳动生产率变化。数据来源于中华人民共和国国家统计局的数据库。

（3）贸易开放度（TRADE）。随着我国加入了 WTO，我国的贸易自由度得到了很大的提高，这使得产业间的专业分工更加明显，给我国产业部门的生产带来了一定的影响，进而带来劳动力的调整。贸易开放度的指标主要采取进出口总量之和在总产出中的占比，具体形式如下：

$$TRADE_{it} = \left| \frac{M_i^t + X_i^t}{Output^t} \right| \qquad 公式（33-5）$$

其中，$TRADE_{it}$ 表示第 i 产业部门在第 t 年的贸易开放度，$Output^t$ 表示第 t 年的总产值，M_i^t 和 X_i^t 分别表示第 t 年，第 i 产业部门的进口额和出口额。数据分别来源于中华人民共和国国家统计局的数据库和 UNCOMTRADE 的数据库。

（4）产业内贸易指数（S）。关于产业内贸易指数的选择，学术界有许多的学者尝试着用不同的指标来刻画。在最开始是 Gruble 和 Llyod（1975）提出了用 GL 指数来测量产业内贸易水平的高低[7]。GL 指数的具体形式如下：

$$GL = 1 - \frac{|X - M|}{|X| + |M|} \qquad 公式（33-6）$$

其中，X 和 M 分别表示出口额和进口额，GL 指数的取值范围介于 0 到 1 之间。GL 指数可以很好地刻画某一年的产业内贸易情况，为测量和比较世界上不同国家不同产业间的产业内贸易水平提供了很大的帮助。但是，GL 指数没有办法很好地刻画贸易量的变化形态。如果产业间的贸易量增加，则 GL 指数也会随着增大，而这将使得用 GL 指数测量出来的产业内贸易水平虚高。因此，如何构造能够刻画动态产业内贸易情况的指标就成为了学者的研究重点，边际产业内贸易指数就应运而生[8~11]。其中，较为常见的则是 A 指数和 B 指数，具体形式分别如下：

$$A = 1 - \frac{|\Delta X - \Delta M|}{|\Delta X| + |\Delta M|} \qquad 公式（33-7）$$

$$B = \frac{\Delta X - \Delta M}{|\Delta X| + |\Delta M|} \qquad 公式（33-8）$$

其中，A 指数的取值范围是 0 到 1，而 B 指数的取值范围则是从 -1 到 +1。相较于 GL 指数，A、B 指数可以较好的反映出产业内贸易的动态变化过程和贸易量的变化。但是，A、B 指数也存在一定的缺陷，主要是当 A、B 指数的数值变为各自的临界值时，许多重要的贸易信息都被这两个指标省略了，同时 A、B 指数在判定贸易方向或者贸易边际变化时都存在一定的不全面。

而艾兹哈尔和艾利欧特（Azhar and Elliott，2003）则是在上述的基础上，提出了 S 指数，并认为 S 指数能够克服上述各指标的缺陷，可以更加全面的衡量产业内贸易水平的高低[12]。S 指数的具体表示形式如下：

$$S = \frac{\Delta X - \Delta M}{2(\max\{|\Delta X|, |\Delta M|\})} \qquad 公式（33-9）$$

S 指数的取值范围为 [-1, 1]。S 指数能够同时解释产业内的贸易程度以及贸易方向。当 S > 0 时，表示相较于上一期，本期的出口增加额大于进口的增加额，或者本期的出口减少额小于进口的减少额，表现为贸易的边际顺差，也就意味着该产业部门或者该产品处于出口扩张的状态；反之，当 S < 0 时，则表现为贸易的边际逆差，意味着该产业部门或者该产品处于进口扩张的状态。而当

$S=0$ 时，则表示为该产业部门或者该产品新增的贸易量完全采用产业内贸易的形式；反之，当 $S=1$ 或 -1 时，则表示完全是产业间贸易。也就是说，当 S 指数的取值越接近零值，该指标所解释的产业部门或者产品的产业内贸易程度越高，而当 S 指数的取值越接近 1 或者 -1 时，则表示该产业部门或者该产品是以产业间贸易为主。因此由于 S 指数具有遗漏信息少，能够反映贸易量动态变化和方向的优点，因此我们拟采用 S 指数来表示产业内贸易程度，进而来验证"平滑调整假说"是否适用于我国农产品部门。但是 S 指数和调整成本之间的符号关系是不确定的。因为 S 指数的取值范围是从 -1 到 $+1$，当 S 指数的取值越接近零值时，则表示该产业的产业内贸易程度越高，调整成本也就越小；而当 S 指数的取值越接近 $+1$ 或者 -1 时，则表示该产业的产业内贸易程度越低，调整成本也就越大。因此为了解决符号问题，我们借鉴许统生等（2012）的方法，对 S 指数取绝对值[27]。这样，当 S 指数的绝对值趋向于 0 时，说明产业内贸易水平高，劳动力的变动就相对较小，调整成本也较小；而当 S 指数的绝对值趋向于 1 时，说明产业内贸易水平低，劳动力变动就相对较大，调整成本也较大。因此，该指标具体形式如下：

$$|S_{i,t}| = \left| \frac{\Delta X_{i,t} - \Delta M_{i,t}}{2(\max\{\,|\Delta X_{i,t}|,\ |\Delta M_{i,t}|\,\})} \right| \qquad 公式（33-10）$$

其中，$\Delta X_{i,t}$ 表示第 t 年，i 产业的出口额，$\Delta M_{i,t}$ 表示第 t 年，i 产业的出口额。S 指数所涉及的进出口贸易额的数据来源于 UNCOMTRADE 的数据库。

（5）产业内贸易指数与贸易开放度的交互项（S * TRADE）。本章加入产业内贸易指数和贸易开放度的交互项这一变量，主要是要考察随着我国贸易开放程度的变化，产业内贸易的劳动力调整成本所受到的影响。数据来源于中华人民共和国国家统计局的数据库和 UNCOMTRADE 的数据库。

综上所述，本章在布鲁哈特和索普（2000）提出的模型基础上，借鉴 Ferto（2008）检验 SAH 理论在农产品部门适用性的方法，构建以下方程以来验证"平滑调整假说"在我国农产品部门的适用性[6][19]。方程具体形式如下：

$$Ln(\Delta EMPL_t) = \beta_0 + \beta_1 |S_t| + \beta_2 \Delta DCONS_t + \beta_3 \Delta PROD_t$$
$$+ \beta_4 TRADE + \beta_5 S_t \times TRADE_t + \mu \qquad 公式（33-11）$$

本章所研究的对象是我国农产品部门，研究的时间为 1992~2012 年，数据分别来源方面 UNCOMTRADE 的数据库和中华人民共和国国家统计局的数据库。

33.3.2　实证结果分析

本章采用计量软件 Stata 12.0，根据最小二乘法进行一般线性回归，估计结果如表 33-1 所示。

表33-1   "平滑调整假说"的适用性检验结果（采用 S 指数）

解释变量	系数	P 值
常数项	-2.62822 **	0.029
|S|	1.632489 **	0.024
ΔDCONS	36.59346 ***	0.000
ΔPROD	38.33377 ***	0.000
TRADE	-21.13315 *	0.100
S × TRADE	-15.67297 ***	0.001
F(5, 13)	16.87 ***	0.000
R-squared	0.8665	—
Adjust R-squared	0.8151	—

注：*** 表示满足1%的显著水平，** 表示满足5%的显著水平，* 表示满足10%的显著水平。

从表33-1可以看出，模型整体效果比较好，F 值在1%的显著水平下通过了检验，模型的判定系数 R 平方为0.8665，各解释变量也都通过了 T 检验。

从回归结果可以分析得出：

（1）模型中用于反映我国农产品部门产业内贸易水平的 S 指数绝对值的估计系数为1.632489，且在5%的显著水平下通过了检验。这也初步表明了我国农产品部门劳动力的就业变化与产业内贸易水平的高低有显著的关系，说明"平滑调整假说（SAH）"在我国农产品部门是具有适用性的。同时，正向的估计系数也验证了前面所提到的 S 指数绝对值与调整成本之间的关系。即当 S 指数取值趋向0时，S 指数所表示的产业内贸易水平就越高，则调整成本也就越低；当 S 指数取值远离0时，S 指数所表示的产业内贸易水平就越低，则相应的调整成本也就越大。

（2）显性需求变化 ΔDCONS 和劳动生产率变化 ΔPROD 的估计系数分别为36.59346和38.33377，均通过了1%的显著水平检验。这说明国内对于农产品的显性需求变化以及农产品部门的劳动生产率对我国农产品部门劳动力就业人数的变化量有一个正向的影响。

（3）贸易开放度 TRADE 的估计系数为-21.13315，说明我国农产品部门的贸易开放对调整成本有负向的影响。这可能是因为，随着农产品部门贸易开放度的提高，农产品产业间的专业分工促使贸易更多是以产业内贸易的形式进行，所以调整成本会有所减少。

（4）产业内贸易指数与贸易开放度的交互项 S × TRADE 的估计系数为-15.67297，通过了1%的显著水平检验。这说明，随着贸易自由化程度的加深，尤其是在我国加入 WTO 之后，我国农产品部门因为贸易开放受到的调整成本会有所减弱。这可能是因为贸易自由化促使产业分工，农产品间的贸易更多是以产业内贸易的形式进行，所以调整成本会有所减少。

33.4　本章小结

总结本章我们可以发现，贸易自由化所引起的资源重新配置并不如经典贸易理论所言的那样，可以自由、即时地充分流动和转移。在现实中，这些生产资源的重新配置是需要一定的代价，也就是存在调整成本。而衡量因贸易开放而引致的调整成本的大小则成为学者的关注焦点。

本章主要是为测量调整成本的大小提供一个方法，即是根据巴拉萨（1966）提出的"平滑调整假说"（SAH）来测量调整成本的大小。但是要运用该假说，首先需要先验证该假说。因此本章以我国农产品部门作为研究对象，选取了1992～2012年共21年的时间跨度，采用S指数作为衡量农产品部门产业内贸易水平高低的指标，并在布鲁哈特和索普（2000）提出的分析模型的基础上进行稍微修改，以此来测量"平滑调整假说"在我国农产品部门是否具有适用性和有效性。实证结果显示，该模型各解释变量均在10%的显著水平下通过检验，其中用S指数来代表的产业内贸易水平对劳动力的调整程度有着显著的负向影响。这也初步证明了"平滑调整假说"在我国农产品部门是具有有效性和适用性的。同时，该假说通过了验证也为测量我国农产品贸易引致的调整成本提供了相应的基础；因为根据"平滑调整假说"我们可以知道，如果一个国家的贸易是以产业内贸易为主，则这个国家的生产资源则能够更好地在产业内进行重新配置，贸易所带来的调整成本就会相对较小，即产业内贸易水平越高，贸易所带来的调整成本就越小。因此在后续的研究中，我们可以根据产业内贸易水平的高低来测量调整成本的大小，并在此基础上来探讨贸易开放对我国农业产业结构的影响。

第 34 章

贸易开放对我国农业产业结构影响的实证分析

——基于农产品贸易引致的调整成本视角

34.1　贸易开放对我国产业结构的影响机制

——基于调整成本的视角

关于产业结构的定义，在经济学上分为广义的和狭义的。广义的产业结构涉及的层面比较多，既包括各个产业之间的关系结构，也包括某个产业内部各家企业之间的关系结构；同时也可以指各个产业不同的地区分布结构，还涉及各产业不同的产业所有制等。而狭义的产业结构则是特指各个产业之间的关系结构。

产业结构优化则指通过对产业结构进行调整，使得各产业能够协调发展，并且能够满足社会不断增长的需求的一个动态过程。实现产业结构的优化则是要不断促进产业结构趋向合理化和高级化，以最终能够使资源有效地配置，达到资源配置最优化和宏观经济效益最大化，实现帕累托最优。

经典的国际贸易理论告诉我们，一国如果能够实行贸易开放，参与国际分工，则该国不仅可以获得比较优势所带来的利益，还可以使得国内的生产资源得到优化配置，从而促进产业结构趋向合理化和高级化。

但是，生产资源得到优化配置的前提条件是生产资源能够进行有效的配置。而只有当各生产资源要素的边际生产率相等时，生产资源才能够有效配置，进而达到优化配置。对于一个以追求利润最大化为目标的理性生产者而言，他总是追求能够在生产成本一定时达到产量最大化，或者在产量一定时把生产成本控制到最小，以能够达到最优的生产状态。这在经济学上被称作为生产者均衡。而产业结构的优化则是依托于生产者均衡的实现过程。因为这一过程的实质就是优化资源配置的过程，是生产者根据生产技术以及产品的价格和生产资源要素的价格不断地对各种投入生产的要素进行数量上的调整，以最终达到帕累托最优。

假设一国生产两种产品，即分别由生产者 A 和生产者 B 生产产品 X 和产品 Y，价格各自为 P_X 和 P_Y。两种商品都分别需要劳动力（L）和资本（K）的投入，则各自的生产函数为 $X = f(L_X, K_X)$，$Y = f(L_Y, K_Y)$，要素价格各自为 w_X，w_Y 和 r_X，r_Y。根据生产者利润最大化我们可以得出：

$$Max\pi_A(L_X, K_X) = P_X \times f(L_X, K_X) - w_X \times L_X - r_X \times K_X \qquad 公式（34-1）$$

$$Max\pi_B(L_Y, K_Y) = P_Y \times f(L_Y, K_Y) - w_Y \times L_Y - r_Y \times K_Y \qquad 公式（34-2）$$

一阶条件为：

$$\frac{\partial \pi_A}{\partial L_X} = P_X \times \frac{\partial X}{\partial L_X} - w_X = 0 \qquad 公式（34-3）$$

$$\frac{\partial \pi_B}{\partial L_Y} = P_Y \times \frac{\partial Y}{\partial L_Y} - w_Y = 0 \qquad 公式（34-4）$$

$$\frac{\partial \pi_A}{\partial K_X} = P_X \times \frac{\partial X}{\partial K_X} - r_X = 0 \qquad 公式（34-5）$$

$$\frac{\partial \pi_B}{\partial K_Y} = P_Y \times \frac{\partial Y}{\partial K_Y} - r_Y = 0 \qquad 公式（34-6）$$

进而可以推出

$$\frac{MPL_X}{w_X} = \frac{MPK_X}{r_X} = \frac{MPL_Y}{w_Y} = \frac{MPK_Y}{r_Y} \qquad 公式（34-7）$$

从第 33 章的分析我们可以知道，贸易自由化是需要一定的"代价"的。由于生产资源在现实中并不是完全自由流动的，所以贸易开放是存在一定的调整成本。而这种调整成本会造成劳动力的失业，一些产业原有的资源无法得到充分的有效利用，或者部门间要素价格的差异不平等，即 w_X 和 w_Y 或者 r_X 和 r_Y 在短期内会不相等。贸易引致的调整成本使得同一生产资源要素在不同的部门有不同的边际报酬和不同的边际生产力，这就使得生产者均衡无法实现，生产者只能在现有生产资源投入的基础上，尽力做到利润最大化。但是实际上，各种生产资源的配置明显没有达到帕累托最优，产业结构也就无法如经典理论而言的那样得到优化。而且，贸易引致的调整成本越大，说明生产资源的流动越困难，也就越不利于生产资源的重新配置，则产业结构的优化也就越不容易；当调整成本大到一定程度时，有可能就会造成一国产业结构的极度不合理化，以致其畸形发展，则该产业自然也就无法得到优化调整。

在第 33 章中，我们已经分析了贸易开放下调整成本的测量方法，主要是依据"平滑调整假说"来测量。根据"平滑调整假说"，如果一个国家的贸易是以产业内贸易为主，则这个国家的生产资源则能够更好地在产业内进行重新配置，贸易所带来的调整成本就会相对较小。而一国的产业结构则可以因为产业内贸易所带来的较低的调整成本和较大的规模经济等而趋向合理化和高级化，从而使得产业结构得到优化。这也说明了为什么有越来越多的学者从产业内贸易这一角度来研究一国产业结构的升级优化，并从实证方面验证了产业内贸易的增长能够促使一国产业结构的优化升级。（程婷、陈媛，2015；张静，2014；王腾，2013；柳剑平、张兴泉，2011；王福重，2007；Francoise Lemoines and Deniz Unal - Kesenic，2002；Clive Hamilton and Paul Kniest，1991 等)[66~72]。这是因为对于具有较高产业内贸易水平的产业，由于该产业受到贸易开放所带来的调整成本较低，所以这个产业的发展就更容易趋向合理化和高级化，因此该产业也就更容易得到优化。

因此基于上述的分析，本章拟从我国农产品贸易引致的调整成本这一视角来实证分析贸易开放对于我国农业产业结构的影响。

34.2 考察的农业产业结构的范围

由于受到数据不可获得性的限制，本章主要是集中于研究农业产业结构的一个重要环节，即农产品加工业。

农产品加工业是国民经济基础性和保障民生的重要支柱产业，是农业产业的重要环节之一。广义上的农产品加工业是指以农业物料（无论是人工种养的还是野生动植物资源）以及农业物料的加工品为基础原料所进行的工业生产活动。而狭义的农产品加工业是指以农、林、牧、渔产品及其加工品为原料所进行的工业生产活动。

根据《国际标准产业分类》，农产品加工业主要被划分为 5 大类，主要为：食品、饮料和烟草加工业；纺织、服装和皮革工业；木材和木材产品包括家具加工制造业；纸张和纸产品加工、印刷和出版；橡胶产品加工。

我国在统计上与农产品加工业有关的主要有 12 个行业，分别是食品加工业、食品制造业、饮料制造业、烟草加工业、纺织业、服装及其他纤维制品制造业、皮革毛皮羽绒及其制品业、木材加工及竹藤棕草制品业、家具制造业、造纸及纸制品业、印刷业记录媒介的复制和橡胶制品业。

上面的这 12 个行业是《国民经济行业分类》的行业划分，所以我们根据盛斌（2002）《国际贸易商品标准分类（SITC3）与我国各行业的对应关系》来找出各农产品加工业所包含的农产品 SITC Rev. 3 的编号，以探究贸易开放对我国农产品加工业产业结构的影响。同时由于受到数据获取性的限制，我们研究的农产品加工业主要是指狭义的农产品加工业，即为食品工业，包括食品加工业和食品制造业，饮料制造业和烟草加工业。

34.3 贸易开放对我国农业产业结构影响的实证分析
——基于农产品贸易引致的调整成本视角

34.3.1 模型的设定

由于产业结构具有较强的惯性，产业结构的优化升级存在一定的锁定效应和路径依赖，因此，应该考虑将产业结构优化的衡量指标的滞后项作为解释变量添加到模型中来。因此，本章采用动态面板回归模型，从调整成本的角度分析我国贸易开放和产业结构之间的关系。

动态面板模型的一般形式如下：

$$y_{i,t} = \alpha + \rho_1 y_{i,t-1} + \rho_2 y_{i,t-2} + \cdots + \rho_p y_{i,t-p} + x_{i,t}\beta + z_i\delta + \mu_i + \varepsilon_{i,t} \qquad 公式（34-8）$$

为了解决由于宏观数据而带来的模型内生性问题，以及随机误差项可能存在异方差和序列相关的问题，本章将采用当前应用较广的广义矩方法（GMM）。在分析动态面板模型时，主要采用的有奥雷拉诺和邦德（Arellano and Bond，1991）提出的"差分 GMM"（Difference GMM）和布伦德尔和邦德（Blundell and Bond，1998）提出的"系统 GMM"（System GMM）这两种估计方法[73][74]。而差分 GMM 估计方法容易受到弱工具变量的影响而得到有偏的估计结果，且布伦德尔和邦德（1998）的理论和实验都表示，相较于差分 GMM，系统 GMM 可以在很大程度上减少差分 GMM 估计量的偏误，提高估计的效率，并且可以估计不随时间变化的变量的 z_i 系数[74]。所以，本章将采用系统 GMM 来对模型进行估计分析。

34.3.2　变量的选取

34.3.2.1　被解释变量的选取

在第 31 章中，我们已经分析了，产业结构优化的一个衡量指标就是产业结构合理化。而判断产业结构是否合理化的重要条件之一就是产业结构是否能够满足有效需求，包括中间需求和最终需求，以及产业结构是否能够与需求结构相适应。本章借鉴冯春晓（2009）的方法，引入产业适应系数[14]。该系数主要是用以反映产业结构对需求结构的适应能力，产业结构对需求结构的适应能力越强，也就说明该产业结构系统越合理。

因此，本章以产业适应系数作为产业结构合理化的代理变量，具体形式如下：

$$RAT_{i,t} = 1 - \frac{|S_{i,t} - D_{i,t}|}{\max(S_{i,t} + D_{i,t})} \qquad 公式（34-9）$$

其中，t 表示时期，i 代表行业。$S_{i,t}$ 表示第 i 产业在第 t 年的产出值，用该行业每年总产值表示；$D_{i,t}$ 表示第 i 产业在第 t 年的市场需求，用该行业每年的销售值表示；$RAT_{i,t}$ 则表示第 i 产业在第 t 年的合理化程度，取值范围在 [0，1]。$RAT_{i,t}$ 的取值越接近 1，就说明该产业结构系统的产出结构越能够适应市场的需求结构，该产业结构系统就越合理。数据来源于《中国工业经济统计年鉴》。

产业结构优化的另一个重要衡量指标就是产业结构的高度化。根据杨德勇和张宏艳（2008）的观点，产业结构高度化可以分别从产值结构的高度化、资产结构的高度化、技术结构的高度化以及劳动力结构的高度化这四个方面来解释[15]。李贤珠（2010）在其实证分析研究中表明，在一定程度上，产值结构的高度化这个指标可以反映出产业结构的变化情况[16]。

因此，我们用产值结构的高度化这个指标来作为产业结构高度化的代理变量，具体形式如下：

$$ALT_{i,t} = \frac{Output_{i,t}}{\sum Output_{i,t}} \qquad 公式（34-10）$$

其中，t 表示时期，i 代表行业。$Output_{i,t}$ 表示第 i 产业在第 t 年总产值；$ALT_{i,t}$ 则表示第 i 产业在第 t 年的产值结构高度化程度，取值范围在 [0，1]。$ALT_{i,t}$ 的取值越接近 1，就说明该产业的产值结构高度化越高，产业结构高度化也就越高。数据来源于《中国工业经济统计年鉴》。

34.3.2.2 解释变量的选取

在解释变量方面，本章则是选择了产业结构优化的衡量指标的滞后项，贸易开放度（TRADE），贸易开放引致的调整成本（S）等因素作为解释变量放入动态面板回归模型。

（1）产业结构优化的衡量指标的滞后项。由于产业结构具有较强的惯性，产业结构的优化升级存在一定的锁定效应和路径依赖，因此，本章将产业结构优化的衡量指标的滞后项作为解释变量添加到模型来，具体形式分别如下：

$$RAT_{i,t-1} = 1 \frac{|S_{i,t-1} - D_{i,t-1}|}{max(S_{i,t-1} + D_{i,t-1})} \qquad 公式（34-11）$$

$$ALT_{i,t-1} = \frac{Output_{i,t-1}}{\sum Output_{i,t-1}} \qquad 公式（34-12）$$

（2）贸易开放度（TRADE）。经典的贸易理论告诉我们，对外贸易可以改善一国的产业结构。而且，根据前面的分析我们也可以知道，贸易开放能够引起生产资源的重新配置，从而影响到产业结构。但是，随着我国加入 WTO，在我国贸易开放程度有了很大提高的同时，我国的一些产业则因为贸易开放而受到较大的冲击，从而可能造成产业结构无法如经典贸易理论所言的那样得到优化。因此本章将贸易开放度作为一个解释变量，来探讨贸易开放度对产业结构的影响。贸易开放度的指标主要采取进出口总量之和在总产出中的占比，具体形式如下：

$$TRADE_{i,t} = \frac{M_i^t + X_i^t}{Output^t} \qquad 公式（34-13）$$

其中，$TRADE_{it}$ 表示第 i 产业在第 t 年的贸易开放度，$Output^t$ 表示第 t 年农产品加工业的总产值，M_i^t 和 X_i^t 分别表示第 t 年，第 i 产业的进口额和出口额。数据分别来源于中华人民共和国国家统计局的数据库和 UNCOMTRADE 的数据库。

（3）调整成本（S）。该解释变量是本章所要考察的关键变量。

从第 33 章的分析中，我们可以知道，贸易会引起各种生产资源要素的调整，从而产生调整成本。而除了劳动力之外，其他生产资源要素的调整成本都相对难以衡量。但是在本章的实证分析中，我们将从贸易引致的调整成本这一角度来分析贸易开放对农产品加工业的产业结构的影响。而各种生产资源要素是这个调整成本的主要承担主体，如果仅仅考虑某个行业里面劳动力这一生产资源要素的调整成本，则可能会造成实证分析结论的不全面性，毕竟产业结构的优化涉及的是行业里各种生产资源要素的优化配置。

但是，在第 33 章的实证分析中，我们已经对"平滑调整假说"进行了初步的验证。实证结果也表明该假说在我国农产品部门是具有适用性和有效性的。那也就是说，我们可以运用"平滑调整假说"所涉及的方法对我国农产品部门各个行业所面临的调整成本进行测量，包括对我国农产品加工业的调整成本进行测量。

根据"平滑调整假说"我们可以知道，如果一个国家的贸易是以产业内贸易为主，则这个国家的各种生产资源则能够更好地在产业内进行重新配置，贸易所带来的调整成本就会相对较小。即产业内贸易水平越高，则该产业各种生产资源在贸易开放中所承受的调整成本就越小。

因此，我们可以选择产业内贸易水平作为调整成本的一个代理变量。而衡量产业内贸易程度的指标也非常多，从最开始的 GL 指数，到较为常见的 A、B 指数，这三个指标都可以较好的衡量产业内贸易水平的高低。但是 GL 指数没有办法很好地刻画贸易量的变化形态，而 A、B 指数也存在无法很好的判定贸易方向，会遗漏一些贸易信息等缺陷。由艾兹哈尔和艾利欧特（Azhar and Elliott，2003）提出的 S 指数则能够同时解释产业内的贸易程度以及贸易方向，能够克服上述缺陷，可以很好的满足相关条件[12]。同时 S 指数跟调整成本之间的相关关系也已经在第四章的实证分析中得到验证。

当 S = 0 时，则表示为该产业新增的贸易量完全采用产业内贸易的形式；当 S > 0 时，表示该产业处于出口扩张的状态，产业内的各种生产资源要素承担着出口贸易所带来的调整成本；当 S < 0 时，则表示该产业处于进口扩张的状态，产业内的各种生产资源要素承担着进口贸易所带来的调整成本。单纯的 S 指数和调整成本之间的符号关系是不确定的。因为 S 指数的取值范围是从 -1 到 +1，当 S 指数的取值越接近零值，则表示该产业的产业内贸易程度越高，调整成本也就越小；而当 S 指数的取值越接近 +1 或者 -1 时，则表示该产业的产业内贸易程度越低，调整成本也就越大。但是在第 33 章的分析中，我们证明了如果用 S 指数来表示产业内贸易水平，则对 S 指数取绝对值，那么 S 指数的绝对值跟调整成本之间有负向关系；也就是说，S 指数的绝对值趋向于 0 时，说明产业内贸易水平高，则贸易开放所带来的调整成本就越小；反之当 S 指数的绝对值趋向 1 时，说明产业内贸易水平低，则贸易开放所带来的调整成本就越大。

因此，本章采用 S 指数来衡量产业内贸易水平的高低，并且对 S 指数取绝对值，从而作为衡量调整成本大小的代理变量。具体形式如下：

$$|S_{i,t}| = \left| \frac{\Delta X_{i,t} - \Delta M_{i,t}}{2(\max\{|\Delta X_{i,t}| + |\Delta M_{i,t}|\})} \right| \qquad 公式（34-14）$$

其中，$\Delta X_{i,t}$ 表示第 t 年，i 产业的出口额，$\Delta M_{i,t}$ 表示第 t 年，i 产业的出口额。数据来源于 UNCOMTRADE 的数据库。

（4）调整成本和贸易开放度的交互项（S×TRADE）。本章加入调整成本和贸易开放度的交互项这一变量，主要是因为随着我国贸易开放程度的变化，产业内各生产资源要素承担的调整成本也随着变化，对产业结构优化的影响也不同。该指标的数据来源于中华人民共和国国家统计局的数据库和 UNCOMTRADE 的数据库。

（5）劳动生产率的变动（ΔLP）。劳动生产率的提升是产业结构优化的一个重要因素，因此，本章把劳动生产率的变动也作为一个解释变量加入模型中来。劳动生产率变动的具体形式如下：

$$\Delta LP = \frac{LP_i^t - LP_i^{t-1}}{(LP_i^t + LP_i^{t-1}) \times 0.5} \qquad 公式（34-15）$$

其中，t 表示时期，i 代表行业。LP_i^t 表示第 i 年，t 产业的劳动生产率。数据来源于《中国工业经济统计年鉴》。

综上所述，本章将分别构建以下两个模型来从调整成本的角度分析贸易开放与产业结构优化之间的关系：

$$RAT_{i,t} = \beta_0 + \rho_1 RAT_{i,t-1} + \beta_1 |S_{i,t}| + \beta_2 TRADE_{i,t}$$
$$+ \beta_3 S_{i,t} \times TRADE_{i,t} + \beta_4 \Delta LP + \varepsilon_{i,t} \qquad 公式（34-16）$$
$$ALT_{i,t} = \beta_0 + \rho_1 ALT_{i,t-1} + \beta_1 |S_{i,t}| + \beta_2 TRADE_{i,t}$$
$$+ \beta_3 S_{i,t} \times TRADE_{i,t} + \beta_4 \Delta LP + \varepsilon_{i,t} \qquad 公式（34-17）$$

我们所研究的对象是我国狭义的农产品加工业，主要为：食品工业，包括食品加工业和食品制造业，饮料制造业以及烟草加工业，研究的时间为 1992~2012 年，数据分别来源于 UNCOMTRADE 的数据库、中华人民共和国国家统计局的数据库和《中国工业经济统计年鉴》。

34.3.3 实证结果分析

我们采用计量软件 Stata 12.0，采用系统 GMM 来对动态面板模型进行估计分析，估计结果分别如表 34-1 和表 34-2 所示。

表 34-1   **基于调整成本视角的贸易开放与产业结构合理化的系统 GMM 估计结果**

解释变量	系数	P 值
常数项	0.63018 ***	0.000
RAT（-1）	0.3911393 ***	0.000

续表

解释变量	系数	P 值
|S|	− 0. 0393646 *	0. 065
TRADE	− 0. 1055946 ***	0. 000
S × TRADE	− 0. 6061745 ***	0. 000
ΔLP	0. 3211106 ***	0. 000
Wald chi2（3）	2. 30e + 11	0. 000
AR（2）检验	− 1. 3824	0. 1668
Sargan 检验	58. 81267	0. 6599

注：*** 表示满足 1% 的显著水平，** 表示满足 5% 的显著水平，* 表示满足 10% 的显著水平。

从表34 –1 中我们可以看出，由于 AR（2）的统计值不显著，也就是模型扰动项的差分不存在二阶自相关。而 Sargan 检验的结果也表明，模型使用广义矩估计（GMM）不存在过度限制约束的问题。这两个检验也再次证明了使用系统 GMM 来对我们的（34 –16）这个模型进行估计分析是合理且有效的。而且，从表34 –1 中也可以看出，模型中所有的解释变量都在 10% 的显著水平下通过检验。

同时，从表34 –1 中，我们也可以得出：

（1）产业结构合理化指标的滞后项 RAT（ –1）的估计系数为 0. 3911393，且在 1% 的显著水平下通过了检验。即产业结构合理化指数的滞后一期变量对于当期变量的影响在我国农产品加工业中是显著为正的。这主要是因为，对于农产品加工业的生产者而言，他们会根据上一年市场的需求结构来调整当年的产品供给，从而可以使得产业的供给结构能够逐步与需求结构相均衡，生产者的利润能够达到最大化，生产资源要素也能够得到有效配置，产业结构也就更趋向合理化，且该产业结构的合理化有不断优化的趋势。

（2）调整成本 \|S\| 的估计系数为 – 0. 0393646，通过了 10% 的显著水平检验，即用 S 指数所代表的调整成本对于农产品加工业产业结构合理化的影响显著为负。这也正如我们之前所分析的那样，S 指数绝对值的数值越大，说明该产业的产业内贸易水平就越低，根据"平滑调整假说"，该产业所承受的调整成本也就越大，相应的也就说明，该产业内的生产资源要素流动性很差，在贸易开放的冲击下，资源的重新配置需要付出较大的"代价"，这不利于改善产业结构，也就无法很好地推进产业结构合理化。

（3）贸易开放度 TRADE 的估计系数为 – 0. 1055946，通过了 1% 的显著水平检验，即贸易开放度 TRADE 对于农产品加工业产业结构合理化的影响显著为负。这说明，我国农产品加工业的进出口贸易并没有如经典贸易理论所言的那样，即自由贸易可以改善其产业结构，并且促使该产业结构趋向更加合理化。这可能是因为贸易开放而引致的调整成本的存在，也可能是因为更大的贸易开放度意味着消费者对农产品加工品的需求范围更广，农产品加工业也面临着更加严峻的国外产品竞争，产业的供给结构无法与市场的需求结构相均衡，从而导致产业结构无法趋向合理化。

（4）调整成本和贸易开放度的交互项 S×TRADE 的估计系数为 −0.6061745，通过了 1% 的显著水平检验。这说明，随着我国农产品加工业贸易开放程度的加大，调整成本对于产业结构合理化的影响有所加强。

（5）劳动生产率变动 ΔLP 的估计系数为 0.3211106，通过了 1% 的显著水平检验。这说明劳动生产率的变动跟产业结构合理化之间有着显著的正向关系。劳动生产率的增加可以促进产业结构趋向更加合理化。

表34 –2　基于调整成本视角的贸易开放与产业结构高度化的系统 GMM 估计结果

解释变量	系数	P 值
常数项	0.0078219 ***	0.000
ALT （−1）	1.014892 ***	0.000
│S│	−0.005569 *	0.059
TRADE	0.0891239 ***	0.000
S×TRADE	−0.2110096 ***	0.001
ΔLP	0.0342312 ***	0.000
Wald chi2 （3）	234.72 ***	0.000
AR （2）检验	−1.06	0.2892
Sargan 检验	59.07422	0.6509

注：*** 表示满足 1% 的显著水平，** 表示满足 5% 的显著水平，* 表示满足 10% 的显著水平。

从表34 –2 中我们可以看出，由于 AR（2）的统计值不显著，也就是模型扰动项的差分不存在二阶自相关。而 Sargan 检验的结果也表明，模型使用广义矩估计（GMM）不存在过度限制约束的问题。这两个检验也再次证明了使用系统 GMM 来对我们的（5 –17）这个模型进行估计分析是合理且有效的。

同时，从表5 –2 中，我们也可以得出：

（1）产业结构高度化指标的滞后项 ALT（−1）的估计系数为 1.014892，且在 1% 的显著水平下通过了检验。也就是说，产业结构高度化指数的滞后一期变量对于当期变量的影响在我国农产品加工业中是显著为正的。而且，从回归系数的大小值来看，产业结构高级化受到产业结构惯性的影响程度相较于产业结构合理化更大。

（2）贸易开放度 TRADE 的估计系数为 0.0891239，通过了 1% 的显著水平检验，即贸易开放度 TRADE 对于农产品加工业产业结构高级化的影响显著为正。

这可能主要是因为，随着我国贸易开放程度的加大，我国农产品加工业面临着更大的竞争力，这迫使生产商不断提高生产技术，进行产品创新。所以，农产品加工业产业结构也就更加趋向高级化。

（3）调整成本 S 的估计系数为 -0.005569，说明用 S 指数所代表的调整成本对于农产品加工业的产业结构高度化有着负向的影响。而且，从调整成本和贸易开放度的交互项 S×TRADE 的回归系数可以得出，随着贸易开放程度的加大，调整成本对于农产品加工业产业结构高度化的负向影响逐步加强。

（4）劳动生产率变动 ΔLP 的估计系数为 0.0342312，通过了 1% 的显著水平检验。这说明劳动生产率的变动跟产业结构高度化之间有着显著的正向关系。劳动生产率的增加可以促进产业结构趋向更加高级化。

总体来看，产业结构的优化，不论是产业结构的合理化还是产业结构的高度化，都具有较强的惯性，前一期的产业结构状态对当期的产业结构优化都有较为显著的影响。在对我国农产品加工业产业结构优化的两个实证分析模型中，我们可以知道，农产品贸易开放并不如经典贸易理论所言可以改善农产品加工业的产业结构，并使其不断趋向更加合理化和高级化以最终实现产业结构优化。贸易开放度的提高对当前农产品加工业的产业结构趋向更加合理化有一定的负向影响，但却有利于其趋向更加高级化。而农产品贸易所引致的调整成本对农产品加工业的产业结构趋向更加合理化和更加高级化均有一定的负向影响，即农产品加工业产业结构的优化受到了调整成本的显著负向影响。

34.4　本章小结

总结本章我们可以发现，贸易自由化并不如经典贸易理论所言的那样可以改善一国的产业结构，并促使一国的产业结构得到优化。这是因为产业结构的优化是要不断促进产业结构趋向合理化和高级化，以最终能够使资源有效地配置，达到资源配置最优化和宏观经济效益最大化，实现帕累托最优。而由前面的分析我们可以知道，贸易开放所引起的资源重新配置是存在一定的调整成本。在现实中，这些资源要素很难可以自由地、即时地、无障碍地充分流动和转移。资源流动的不充分性使得同一生产资源要素在不同的部门有不同的边际报酬和不同的边际生产力。生产资源无法有效再配置，帕累托最优状态无法实现，产业结构也就无法在贸易开放下得到优化。

基于数据的可得性，本章主要是从贸易开放引致的调整成本视角实证分析了贸易开放对我国农业产业结构中一个重要的环节，即农产品加工业的产业结构的影响。在第 33 章分析结果的基础上，本章运用"平滑调整假说"的结论，采用 S 指数来测量农产品加工业各个行业的产业内贸易水平并以此作为衡量调整成本大小的代理变量，从而分析了贸易开放对我国农业产业结构的影响。

　　接着本章利用我国农产品加工行业 1992～2012 年的面板数据，运用动态面板模型，从调整成本这一视角实证分析了贸易开放对我国农产品加工业产业结构的影响。实证结果显示，农产品贸易开放并不如经典贸易理论所言可以改善其产业结构并使其不断趋向更加合理化和高级化以最终实现产业结构优化。贸易开放度的提高对当前农产品加工业的产业结构趋向更加合理化有一定的负向影响，但却有利于农产品加工业的产业结构趋向更加高级化。而农产品贸易所引致的调整成本对农产品加工业产业结构趋向更加合理化和更加高级化均有一定的负向影响，从而导致产业结构无法得到优化。

　　这一研究结果具有一定的重要意义。作为世界上的农业大国，我国在加入WTO 之时就从战略层面规划了农业的对外开放度。但是农产品的贸易开放涉及农业的生产发展、农民的收入等重要问题，因此关于农产品贸易开放的问题以及关于如何在贸易开放下优化调整我国农业产业结构以促进农业发展并提高农民收入的问题成为了当前的关注焦点。而基于农产品贸易引致的调整成本为我国农业的发展、农业产业结构的改善提供了新的参考方面。基于本章的结论，我们可以知道，调整成本对于我国农业产业结构的优化（包括产业结构合理化和产业结构高度化）有一定的负向影响，因此对于在贸易开放下承受较大调整成本的农业产业，我国政府应该给予适当的产业扶持。同时在未来的农业发展过程中，可以依据调整成本的大小来制定相关的农业贸易政策和产业政策。

注　释

［1］Ricardo, David. On the Principles of Political Economy and Taxation. London: John Murray, 1817.

［2］Heckscher, Eli. The Effects of Foreign Trade on the Distribution of Income. Ekonomisk Tidskrift, 1919 (21): 497 – 512.

［3］Ohlin, Bertil. Interregional and International Trade. Cambridge: Harvard University Press, 1933.

［4］Balassa B. Tariff Reductions and Trade in Manufactures among the Industrial Countries. American Economic Review, 1966 (56): 466 – 473.

［5］Saeed Rasekhi, Saman Ghaderi. Marginal Intra – Industry Trade and Employment Reallocation: The Case Study of Iran's Manufacturing Industries. J Ind Compete Trade, 2013 (13): 417 – 429.

［6］M. Brülhart, M. Thorpe. Intra – Industry Trade and Adjustment in Malaysia: Puzzling Evidence. Applied Economics Letter, 2000 (7): 729 – 733.

［7］HG Grubel, PJ Lloyd. Intra – Industry Trade: The Theory and Measurement of International Trade in Differentiated Products. The Economic Journal, 1975 (3): 98 – 103.

［8］Hamilton C, Kniest P. Trade liberalization, structural adjustment and intra-industry trade: A note. Review of World Economics, 1991, 127 (2): 356 – 367.

［9］Greenaway D, Hine R, Milner C, et al. Adjustment and the measurement of marginal intra-industry trade. Review of World Economics, 1994, 130 (2): 418 – 427.

［10］Brülhart M. Marginal intra-industry trade: Measurement and relevance for the pattern of industrial adjustment. Review of World Economics, 1994, 130 (3): 600 – 613.

［11］Dixon PB, Menon J. Measures of Intra – Industry Trade as Indicators of Factor Market Disruption. Economic Record, 1997, 73 (222): 233 – 237.

［12］Azhar A, Elliott R. On the measurement of trade-induced adjustment. Review of World Economics, 2003, 129 (3): 419 – 439.

［13］张平，王树华. 产业结构理论与政策. 武汉：武汉大学出版社，2001：56 – 60.

［14］冯春晓. 我国对外直接投资与产业结构优化的实证研究——以制造业为例. 国际贸易问题，2009 (8): 97 – 104.

［15］杨德勇，张宏艳. 产业结构导论. 北京：知识产权出版社，2008：53 – 60.

［16］李贤珠. 中韩产业结构高度化的比较分析. 世界经济研究，2010 (10): 81 – 86.

［17］M. Brülhart. Dynamics of Intra-industry Trade and Labor – Market Adjustment. Review of International Economics, 2000, 8 (3): 420 – 435.

［18］Haynes M, Upward R, Wright P. Smooth and Sticky Adjustment: A Comparative Analysis of the US and UK. Review of International Economics, 2000, 8 (3): 517 – 532.

［19］Greenaway D，Haynes M，Milner C. Adjustment，employment characteristics and intra-industry trade. Review of World Economics，2002，138（2）：254 – 276.

［20］G Erlat，H Erlat. Intra Industry Trade and Labor Market Adjustment in Turkey. Electronic Journal，2003（5）：110 – 126.

［21］Marius Brülhart，Robert J. R. Elliott，Joanne Lindley. Intra – Industry Trade and Labor – Market Adjustment：A Reassessment Using Data on Individual Workers. Review of World Economics，2006，142（3）：521 – 545.

［22］Imre Fertö，Károly Attila Soos. Marginal Intra – Industry Trade and Adjustment Costs – A Hungarian – Polish Comparison. Working Paper，2008.

［23］Michael Thorpe，Nuno Carlos Leitão. Marginal Intra – Industry Trade and Adjustment Costs：The Australian Experience. Economic Papers，2012，31（1）：123 – 131.

［24］Roger White，Cheng Chen. US manufacturing and vertical/horizontal intra-industry trade：examining the smooth adjustment hypothesis. International Journal of Economics and Business Research，2012，4（1）：1 – 20.

［25］Imre Ferto. Dynamics of intra-industry trade and adjustment costs. The case Of Hungarian food industry. Applied Economics Letters，2008，15（5）：379 – 384.

［26］吴学君. 产业内贸易与贸易调整成本. 湖南商学院学报，2011，18（5）：16 – 18.

［27］许统生，万兆泉，涂远芬等. 中美制造业产业内贸易对就业调整成本影响的估计. 经济学动态，2012（1）：35 – 40.

［28］孙孟. 经济一体化下中国贸易发展与劳动力市场调整关系研究. 财贸经济，2011（3）：67 – 73.

［29］郭东杰，邵琼燕. 产业内贸易对劳动力市场调整的影响分析——基于中国制造业面板数据的 SAH 检验. 国际贸易问题，2012（6）：18 – 31.

［30］于峰，卢进勇. "平滑调整假说"适用于中国农产品贸易吗——来自多元非参数回归模型的检验. 中央财经大学学报，2012（10）：62 – 67.

［31］莫莎，刘朝霞. 中美工业制成品贸易调整成本的实证研究——基于边际产业内贸易视角. 财经问题研究，2010（9）：96 – 100.

［32］马鹏，秦晓敏. 中国工业贸易调整成本的经验研究——边际产业内贸易视角的分析. 中央财经政法大学学报，2013（3）：59 – 66.

［33］钟钰，迟宝旭. 中国农产品贸易调整的能力与成本研究. 国际经贸探索，2008，24（6）：17 – 20.

［34］蒋琴儿. 中国园艺产品的贸易调整成本问题分析. 世界农业，2013（4）：124 – 128.

［35］朱晶，张姝. 贸易自由化对中国土地密集型农产品调整成本的影响分析——从边际产业内贸易的角度. 中国农村经济，2010（1）：10 – 18.

［36］Michael Michaely. Exports and growth：An empirical investigation. Journal of Development Economics，1977，4（1）：49 – 53.

［37］Bela Balassa. Exports and economic growth：Further evidence. Journal of Development Economics，1978，5（2）：181 – 189.

［38］Gershon Feder. On exports and economic growth. Journal of Development Economics，1983，12（1）：59 – 73.

［39］肖云．我国产业结构的演进及对外经济的战略选择．贵州社会科学，1994（5）：15－19．

［40］姜丽．国际贸易对中国产业结构优化的影响分析．辽宁师范大学学报，2012，35（4）：463－468．

［41］曲洋，支大林，唐亮．对外贸易与产业结构的关联性研究——基于东北地区的数据．华南师范大学学报，2011（1）：150－152．

［42］马章良，顾国达．我国对外贸易与产业结构关系的实证研究．国际商务，2011（6）：17－25．

［43］王家庭．四川省对外贸易、经济增长与产业结构——基于投入产出模型的实证研究．西部经济管理论坛，2014，25（3）：23－31．

［44］张晖，张德生．产业内贸易与海南热带农业产业升级．热带农业科技，2011，34（4）：43－46．

［45］柳剑平，张兴泉．产业内贸易与产业结构的优化——基于中国制造业动态面板数据的研究．世界地理研究，2011，20（3）：103－111．

［46］冼婷，马杰．广西产业内贸易对产业竞争力的作用研究．现代商贸工业，2012（3）：40－41．

［47］吴亚芳．陕西省产业内贸易与产业结构演进的实证分析．经营管理者，2012（19）：15－17．

［48］胡秋阳．中国的经济发展和产业结构——投入产出分析的视角．北京：经济科学出版社，2008. 67－69．

［49］张捷，林新孟．国际分工与产业结构变动的一般均衡理论模型．产经评论，2012（3）：41－51．

［50］马颖，李静，余官胜．贸易开放度、经济增长与劳动密集型产业结构调整．国际贸易问题，2012（9）：96－107．

［51］范爱军，李菲菲．产品内贸易和一般贸易的差异性研究——基于对我国产业结构升级影响的视角．国际经贸探索，2011，27（4）：4－8．

［52］厉英珍，倪伟清．我国加工贸易出口对产业结构优化升级的影响——基于半对数模型和协整分析．浙江树人大学学报，2014，14（3）：29－34．

［53］徐东，栾贵勤，吴哲．FDI对外贸易的产业结构调整效应分析——基于上海的时间序列数据分析．经济问题探索，2013（9）：42－46．

［54］梁树广，李亚光．中国产业结构变动的影响因素分析——基于省级面板数据的实证分析．经济体制改革，2012（4）：93－97．

［55］苏振天．我国产业结构与对外贸易互动关系实证研究．绵阳师范学院学报，2010，29（4）：5－10．

［56］王其猛，李辉．新疆对外贸易与产业结构关系的实证研究．山东工商学院学报，2011，25（3）：11－14．

［57］叶兴庆．加入WTO将促进我国农业结构调整．经济研究参考，2001（40）：2－10．

［58］武群丽，王健，姚金安．贸易自由化与农业产业结构调整．农业技术经济，2000（6）：50－53．

［59］牛盾．我国农业入世十周年回顾与展望．农业经济问题，2011（12）：4－9．

［60］熊启泉，邓家琼．中国农产品对外贸易失衡：结构与态势．华中农业大学学报，

2014 (1): 60 – 68.

[61] 林桂红. 中国—东盟自由贸易区框架下广西特色农业发展新思路. 学术论坛, 2011 (2): 119 – 122.

[62] Brülhart M, Robert J. R. Elliott. Adjustment to the European single market: inference from intra-industry trade patterns. Journal of Economic Studies, 1998 (25): 225 – 247.

[63] Brülhart M, M. Thorpe. Intra – Industry Trade and Adjustment in Malaysia: Puzzling Evidence. Applied Economics Letter, 2000 (7): 729 – 733.

[64] Cabral M, Silca J. Intra – Industry Trade Expansion and Employment Reallocation between Sectors and Occupations. Review of World Economics, 2006, 142 (3): 496 – 520.

[65] Brülhart M. Dynamics of Intraindustry Trade and Labor – Market Adjustment. Review of International Economics, 2000, 8 (3): 420 – 435.

[66] 程婷, 陈媛. 产品内分工影响中美产业内贸易的实证分析. 统计与决策, 2015 (1): 144 – 147.

[67] 张静. 基于产业内贸易理论的中国产业结构调整. 商场现代化, 2014 (19): 21 – 23.

[68] 王腾. 产品内贸易对中国产业结构升级的影响: [硕士学位论文]. 武汉: 华中科技大学国际商务系, 2013.

[69] 柳剑平, 张兴泉. 产业内贸易与产业结构的优化——基于中国制造业动态面板数据的研究. 世界地理研究, 2011, 20 (3): 103 – 111.

[70] 王福重, 崔卫. 我国产业内贸易与产业结构升级之间关系的实证分析. 国际商务, 2007 (6): 97 – 104.

[71] Francoise Lemoine and Deniz Unal – Kesenci. China in the International Segmentation of Production Processes. Working Paper, 2002.

[72] Clive Hamilton, Paul Kniest. Trade Liberalization, Structural Adjustment and Intra – Industry Trade: A Note. Weltwirtschaftliches Archiv, 1991, 127 (2): 356 – 367.

[73] Manuel Arellano, Stephen Bond. Some Tests of Specification for Panel Data: Monte Carlo Evidence and an Application to Employment Equation. Review of Economic Studies, 1991, 58 (2): 227 – 297.

[74] Richard Blundell, Stephen Bond. Initial conditions and moment restrictions in dynamic panel data models. Journal of Econometrics, 1998, 87 (1): 115 – 143.